社会システムの生成

大澤真幸

弘文堂

社会システムの生成◉目次

第Ⅰ部　社会システムの基礎理論……53

◆第3章　混沌と秩序——その相互累進

序　社会学理論のツインピークスを越えて

1．社会学の貧困

社会学という知は、近代社会の自己意識の純化された一形態として一九世紀に生まれた。つまり、社会学とは、「社会の自己記述」（ニクラス・ルーマン）であり、そうした記述への欲求と必要は、近代社会において初めて出現する。

本書は、私自身の社会学の理論——社会システム論——の骨格を提示した初期の論文を中心に収録している。これらの論文を通じて、私は自分の理論を、ゼロから構築した。今でも私は、このとき築いた理論に基づいて考えている。現在、私が、まさに起きつつある現象について、あるいは歴史的な現象について、曲がりなりにも社会学的な分析ができているのは、この理論のおかげである。

私の理論は、更地のようなところに土台から構築されているので、孤立した建物のように見えるかもしれない。そこで、この序章では、他の重要な社会学理論との関係で、私の理論がどのような位置にあるのかを、明らかにしておこう。社会学の諸理論の地図の中に、私の理論の場所を書き入れておき、私がそれらの理論との関係でどこを目指しているのかを、示しておきたいのだ。

ここで、私は、二つの社会学理論を準拠点として活用する。総合的な理論としては、つまり社会の局所ではなく総体を説明する理論としては、これら二つが、明らかに最も先を行っているからである。二つの先端的な理論の内容をかんたんに紹介して上で、それらとの関係で、私の理論が目標としている地点を指し示すこと、これがこの序章のねらいである。

ただし、誤解がないようにあらかじめことわっておけば、私は、理論を構築する過程で、以下に述べるような位置関係を最初から意識していたわけではない。ここに紹介する二人の社会学者の著作や論文を、私は本書でも、また別の自著でも、何度も引用したり、言及したりしてきた。その意味では、私は、彼らの研究の影響も受けているし、またそれらを念頭におきながら探究してきた。しかし、彼らの研究の総体と私の理論との位置関係を、以下のように理解するようになったのは、自分自身の理論の全体像が見えてきてから後のことである。要するに、現在の観点から私自身の理論の場所を見定めると、以下のように言うことができる、ということである。

＊

さて、社会学のさして深くはない歴史について、一通りの知識をもっている者ならば、誰もが気づいている。近年における理論の貧困に、である。社会学の歴史の中で、社会の構造や変動を説明するための理論はいくつも提起されてきた。学問の展開の通例の通り、社会学の二世紀弱の歴史の中で、先行の理論の可能性と限界を考慮し、それを修正したり、乗り越えたりしていると称する理論が、次々と現れてきた。ところが、二〇世紀の第四・四半世紀を最後にして、つまり一九八〇年代前後の研究を最後にして、影響力のある包括的・一般的な理論の生産は、ピタリと止まってしまった。

ということは、その段階の理論が、すでに十分正しく、説得的であり、もはや改善の余地がない、ということなのか。もちろん、そんなことはない。社会学者の多くが、その段階の理論に関して、これまでのところの「最長不倒距離」であった、という評価をもっているかもしれない。だが、それらが完全無欠で、十分な説明力があるとは思ってはいないはずだ。

その証拠に、量産されている経験的研究において、それらの理論が踏まえられたり、前提にされたりしているようには見えない。端的に言えば、大半の社会学の研究において、二〇世紀末の最長不倒距離の研究は、単純に無視されているのである。

そうなると、深淵な理論など不必要ではないか、と見なす論者すら出てくる。生の事実とされているデータに関してでさえも暗黙のうちに理論の負荷がある、という科学認識論で繰り返し指摘されてきた論点はおくにしても、つまり理論を不要と見なす研究者もすでに無意識のうちに理論を前提にしているという論点はとりあえずわきにおくにしても、理論への反省や探究を欠いた研究は、重大な犠牲を伴うことになる。犠牲とは、社会の全体性への視野を失うということである。どんな社会現象も、局所的な因果関係のみで生起するわけではない。複雑で無数の諸関係の中で、どの因果関係や論理的関係が重要かということは、全体社会におよぶ諸要素の相互関係の中でしか正しく決定できない。全体社会において、諸要因の間にどのような因果関係や論理関係があるかを説明し、概念化しているのが、社会学理論である。

要するに、理論への自覚を欠いた社会学的説明は、必然的に部分的であり、同時に通念の範囲を越えることは難しい。部分的な説明に対しては、社会学者には、「言い訳」として使うことができる専門用語がある。ロバート・K・マートンの「中範囲の理論 theory of middle-range」である。中範囲の理論とは、それぞれの調査を導く細々とした小さな作業仮説群と、包括的で体系的な一般理論とを媒介する理論のことである。マートン自身は、包括的な理論を否定したわけではなく――というかマートン自身も包括的理論に貢献するいくつもの鋭いアイデアや概念で知られている――、むしろ、そうした理論への着実な道を用意するために、検証もしくは反証が可能な範囲に理論を翻訳することの必要性を説いただけだ。しかし、しばしば、ちまちまとした局所的な説明を正当化するために、この語が用いられてきた。

ともあれ、社会学理論の停滞の学的な喪失は大きい。なぜ停滞したのか、そのことには、それこそ知識社会学的・科学社会学的に説明されるべき原因があるだろうが、ここでは、そうした考察を行うつもりはない。

では、二〇世紀末期までの社会学理論の頂点はどこにあるのか。どこまでわれわれは到達したのか。なお前進するためには、どのような理論的構想が必要なのか。

私の見るところ、目下のところ社会学理論の頂点は二つある。二人の社会学者によって代表されている二つの頂点があるのだ。両者は、一般にはまったく異なった関心と異なった主題を探究していると見なされており、方法もまた文体も対照的である。実際、互いの間に交流もなく、また影響関係も乏しかっただろう。それぞれの社会学者について研究している後進の学者・学徒は世界中にいるが、両群の学者たちの間の学問的な交流はほとんどない。要するに、両者の学説は独立に研究され、継承されてきたのだ。

だが、両者は正確に同時代人である。没年には十年以上の開きがあるが、生年は一年しか違わない。一方はドイツ人であり、他方はフランス人だ。二〇世紀中盤以降は、社会学の学的生産性が最も高かったのは、アメリカ合衆国だが、二〇世紀初頭の社会学理論の多産期にあっては、フランス（エミル・デュルケム）とドイツ（マックス・ヴェーバー）こそが、社会学の二つの中心だった。一見、異なっている二人の学者の理論は、実は同型的な構造をもっている。まずは、このことを示してみよう。すると、自然と、両者の理論のどこになお欠落があるのか。その先が示唆される。

二人の社会学者、社会学理論の双子の頂点とは、ニクラス・ルーマン Niklas Luhmann（1927-1998）とミシェル・フーコー Michel Foucault（1926-1984）である。両者の理論を、猛スピードの駆け足で概観してみよう。その上で、大澤の社会システム論が志向している場所がどこなのかをピンポイントで示すことにしよう。

2. ニクラス・ルーマンの理論――偶有性からの自己創出

【1】コミュニケーションと社会システム

ルーマンは、構造-機能分析と呼ばれる社会システムの理論を定式化したタルコット・パーソンズの下で社会学の教育を受けた。つまり、ルーマンもまた、社会を「システム」として概念化する理論を継承している。システムと見なしうる実体は、もちろん、社会のみではない。システムは、要素と関係によって定義される。要素の間に特定の関係があり、何らかの秩序が形成されているとき、それがシステムと呼ばれる。社会システムは、どのような特徴をもったシステムなのか。他のシステムとどのように違うのか。

重要なシステムには、少なくとも四つがある。機械、生体、精神（人格）そして社会である。ルーマンは、これら四つの中から、社会システムを次の三つの条件によって特定する。第一に、自己創出《オートポイエティク》システムであること。自己創出システムの厳密な定義は後に述べる。ここでは、外部に設計者をもたないこと、とラフに理解するとよい。機械は、外部に設計者がいる。しかし、生体、精神、社会はすべて自己創出的であること。第二に、意味を構成するシステムであること。この点では、精神と社会と共通している。しかし、生体にはそれがない。第三に、要素がコミュニケーションであること。この点で、精神と社会は区別される。精神システムにおいては、要素は、思考や感情といった精神プロセスである。

社会システムの定義に関して、三つの契機が重要だ。オートポイエーシス、意味、コミュニケーションだ。オートポイエーシスについては、いくぶんか複雑なので後で解説しよう。他の二つの契機に関して、簡単に説明しておく。ルーマンは、意味概念を現象学から借りてきた。意味の本質は、否定（区別）にある。すなわち、志向対象の意味（その対象が何であるかということ）は、可能性の地平の中での否定によって規定される。たとえば、「これ」が「テーブル」であるということは、「机ではない／椅子ではない……」等の否定を媒介にして規定される。意味の根本的な特徴は、それら否定された可能性が、消去されることなく保存されているところにある。つまり、否定され、選択されなかった選択肢は、無化されるのではなく、中立化され、カッコに入れられ、取られ得た選択肢として留保されているのである。

社会学史の標準的な理解では、社会システムの理論に意味概念を導入したことは、ルーマンの画期的な業績である。ルーマン以前には、社会学理論においては、「機能」の概念を中核においた社会システム論と「意味」の概念に中心的な役割を与える現象学的社会学を初めとする諸学派が、水と油のように対立しあっていた。ルーマンは、社会システム論に意味概念を取り込むことができることを示し、両者の間に橋を架けたのである。

意味に基づく世界体験には三つの次元がある。意味は、対象を何ものかとして指示することを可能にするが、そのとき、三つの次元にそった一般化が生ずる。この三次元は、ルーマンの論文や著作に頻繁に登場する。第一に、意味は事象的次元にそって一般化する。これも、あれも馬であって雌牛ではない等々、と。第二に、時間的次元の一般化が生ずる。対象を時間的な持続の中で、意味的同一性を保つ。見え方や姿が変わっても、あれは馬のままだ。第三に、社会的次元の一般化。「非自我」が、もう一人の自我として体験される。つまり、同じ対象や世界に対する異なる視界として体験されるということが、社会的一般化である。この社会的次元が、「コミュニケーション」に関係している。

社会システムの要素をコミュニケーションと看破したことに、それまでの理論からの飛躍がある。ルーマンは、このように自画自賛している。ルーマン以前は、たとえばパーソンズは、社会システムの要素を「行為」と見なしていた。言い換えれば、「人間」は社会システムの要素ではない。たとえば、（社会システムの部分システムである）経済システムは、さまざまな形式の売買を通じて作動するコミュニケーション・システムであり、このシステムにとっては、銀行口座を所有する「人間」は要素ではない。

コミュニケーションとは何か。コミュニケーションは、「情報」「伝達」「理解」という三つの選択の総合である。たとえば、AがBに「雨が降っているね」と語るとする。このとき、まずAによって、「今、雨が降っている」という事実についての情報が選択されている。Aは、Bが単に「今、雨が降っている」ということを知るだけでは満足しない。Aがまさに Bに伝えようとしているということを、つまり「Aの発話が原因となってBがその事実を知ることをAが意図していること」をBが認知することをAは意図している。これが伝達の水準の選択である。これら両方をBが理解したとき、コミュニケーションが完結する。私自身は、受け手側の情報の「理解」と伝達意図の「受容（あるいは拒否）」とを分けて、「情報／伝達」「理解／受容」の四つの選択の総合としてコミュニケーションを捉えた方がよりよいと考えているが、今は、このような各論に拘っているときではない。

コミュニケーションには、コミュニケーションが接続され、コミュニケーションが次々と生成されていく。コミュニケーションの接続とは、時間的に先行するコミュニケーションにおいて選択されたことが、後続のコミュニケーションの前提として採用されていることを指す。「前提として採用される」ということは、必ずしも受け手によって伝達が受容されたということを意味するものではないが、しかし、実際の接続においては、「拒否」よりも「受容」の蓋然性が高い。コミュニケーションの可能的な最大到達範囲、つまり可能なコミュニケーションの総体が、「全体社会Gesellshaftssystem」と呼ばれる。

さて、すると、われとしては、いくつかの理論的な疑問を覚えざるをえない。コミュニケーションは、どうして接続されるのか。なぜ、先行するコミュニケーションは、単純に無視されることなく、後続のコミュニケーションのための選択の地平を形成するのか。さらに、どうして、受容される確率が、拒否される確率よりも高いのか。こうした疑問は、ルーマンが提起したものではない。ここでは、銘記するに留めて、ルーマンの理論の紹介を急ごう。

【2】インプットもアウトプットもない

システム理論には、二つの世代があると言われている。ルーマンは、第二世代を代表するシステム論者の一人であると見なされている。第二世代のシステム理論は、「第二次サイバネティクス」の理論とも呼ばれる。ルーマン以前の社会システム論、つまりパーソンズを中心とする構造-機能分析の社会システム論は、第一世代のシステム論に対応している。

第一次システム理論と第二次システム理論ではどう違うのか。その違いを端的に理解するためには、それぞれの理論が、どの「区別」、どのような「差異」に焦点を合わせているかを注意すればよい。第一次システム理論にとって中心的な主題は、「部分／全体」の区分である。「全体」が、(どういうわけか)「部分」の単純な総和を越えている、ということがシステムのシステムたる所以である、というわけである。第二次システム理論にとっては、中心的な主題は、「システム／環境」の差異だ。

システムと環境は、どのように違うのか。システムを環境から区分するメルクマールは何か。両者を分かつのは、複雑性の落差である。複雑性とは、「要素」および「要素間の関係」の多様度のことだ。システムは、環境よりも複雑性が小さい。社会システムにおいては、その内側（システム）においては、コミュニケーションやその接続の多様度が、環境におけるそれよりも低くなる。わかりやすくするために、（社会システムの一つである）組織システムで考えてみよう。たとえば、大学システムでは、研究や教育に直接的・間接的にかかわるコミュニケーションのみが、その中の要素として認識（＝観察）される。環境では、友人同士の親睦のための集まりも可能だが、そうしたコミュニケーションは、大学システムにとっては関心の外にある。複雑性の縮減こそが、システムの根本課題、システムが存立するための最重要な条件である。

「ある種のシステムにはインプットもアウトプットもない」。そのようなシステムの中には、社会システムも含まれる。インプットもアウトプットもないシステムという概念化は、ルーマンが提起した説の中でも、最も強い反発を呼んだアイデアである。だが、インプットとアウトプットの不在は、システムが操作的に閉じている場合には、当然の論理的な帰結である。操作的に閉じているとは、「システム／環境」を区別する操作自体が、システムの内在的な要素になっている場合である。つまり操作的に閉じているシステムは、自己言及的なシステムである。たとえば、「言語」は操作的に閉じたシステムである。「言葉で表されないこと」とか、「言語によって指示される指示対象（物自体）」とかといったこともまた、言葉によって言い表すほかなく、言葉とその外部は、言葉によって区別されるからである。言語外の現実もまた、言語化されなくては、言語システムの中には入って、他の言語に影響を与えることはない。つまり「インプット」とされることも、すでに言語システムに内在する要素であって、純粋なインプットではない。

生体がすでに、操作的に閉じているがゆえに、インプットもアウトプットもないシステムである。典型は免役システムだ。免役システムにとっては、抗原となる侵入物がインプットであるように見える。しかし、自らがそれについてのレセプターをもち、識別できる抗原にしか、システムは反応しない。抗原は、言わば、免役システムが外部に対してもっているイメージであり、そのイメージに合致しなければ、まさに抗原として認識されないだろう。その意味で、抗原は、すでに免役システムの内的な要素である。

同じことは、精神システムや社会システムにもいえる。社会システムについて考えてみよう。コミュニケーションは、ただコミュニケーションに対してのみ反応し、コミュニケーションを接続させていく。操作的な閉じは、全体としての社会システムだけではなく、機能的な部分システムにおいても見出される。たとえば法システム。それは、「法である／でない」という判別基準にしたがって、「法」と見なしたコミュニケーションに対してのみ反応する。

このように自己言及的なシステムには、インプットもアウトプットもない。しかし、操作的に閉じたシステムたちは、互いを環境として必要としてもいる。たとえば、血液の循環システムと免役システムは、ともにそれぞれ操作的に閉じている。しかし、それぞれが環境になければ作動することはない。あるいは、経済システムも法システムも操作的に閉じているが、互いに互いを必要としている。このような状態が、「構造的なカップリング」である。

このような自己言及的システムをオートポイエティク・システムと呼ぶ。厳密に言えば、オートポイエティク・システムとは、自己言及的な創出が、システムの全体性（システム自身の同一性《アイデンティティ》）にだけではなく、システムの個々の要素にまで及んでいるケースである。たとえば、生体の要素（血液循環システムにとっての血液の循環、免役システムにとっての抗原や抗体、等々）は生体の活動を通じてしか生み出されない。精神システムの要素である思考や感情は思考や感情を通じてのみ次々と生まれる。社会システムにおけるコミュニケーションは、コミュニケーションのネットワークの中からしか生まれない。これらのシステムはすべてオートポイエティク・システムである。ルーマンは、このシステム概念を、「構造的カップリング」等の概念とともに、生物学者のフンボルト・マトゥラーナとフランシスコ・ヴァレラから借用し、社会システムに援用した。

確認すれば、システムのオートポイエティクな活動を通じて、環境の過剰な複雑性は縮減される。複雑性をより鋭く縮減させるためには、つまりシステムの選択能力を高めるためには、システムの内的な複雑性を高めなくてはならない。このことは、直観的にも理解可能だろう。複雑な分業や柔軟な指揮系統をもつ組織の方が、一枚岩の集団よりも、多様な環境に対応できるに違いない。したがって、複雑性を縮減させるためには、システム自体の複雑性を増大させなくてはならない、ということになる。これは、一種の逆説である。

システムが内的な複雑性を増大させ、選択能力を高める過程として、社会システムの進化を描くことができる。ルーマンによれば、進化は、大きく見れば、三つの段階を経てきた。環節的システム（同じようなシステムが横並び的に結合したシステム）から成層的システム（階層の分化をもったシステム）を経て、機能的に分化したシステム（さまざまな機能に特化したシステムを内部にもったシステム）へと変化してきたのだ。この第三段階のシステム、機能分化したシステムが、近代社会に対応する。

つまり近代社会は、機能的システムを分出させた社会システムである。どのような機能があるかは、ア・プリオリには決まってはいない。機能システムは、そのシステムに固有な「メディア」をもつ。この場合、メディアは、それぞれのシステムに関与的《レリヴァント》な二元コードによって定義される。たとえば、経済システムのメディアは貨幣であり、コードは「支払い／非支払い」の二元的な選択肢である。

【3】二重の偶有性

以上は、ルーマンの理論の標準的でオーソドックスな解説である。このように要約しただけでは、ルーマンの理論は、いささか退屈なものに見えるだろう。この理論の真髄を理解するためには、理論のこうした構成を駆動させているモチーフを知らなくてはならない。つまり、そうしたモチーフに直接に対応した概念をピンポイントに抽出する必要がある。それは何か。

偶有性Kontingenz, contingencyという概念こそが、それである。偶有性とは、必然性と不可能性の両方の否定によって定義される様相のことである。つまり、必然ではないが、不可能でもないことが、偶有的なことである。もっと端的に言えば、「他でもありえる」という留保をともないつつ現れていることが偶有的なことだ。たとえば、私は今、この原稿を書いているが、映画を観たり、お茶を飲んだりすることもできるかもしれない。私の選択は偶有的である。

複雑性の縮減こそが、システムの根本課題である、と述べた。このことは、システムにおいて、要素の創出や要素間の関係の様態が偶有的である、ということを含意している。要素（の間の関係）が、「他でもありえた」にもかかわらず、まさに「このよう」であるとき、システムは、複雑性を縮減している、と見なすことができるからである。

社会システムにおいては、偶有性は二重である。自己の選択が他でもありうるだけではなく、それに依存している他者の選択もまた他でもありうるからだ。というか、私の考えでは、社会システムにおいては、偶有性は、本源的に二重でしかありえない（つまり、一重の偶有性が二つ合算されて二重になるわけではない）。偶有性は、他者の定義的な要件の一つである。つまり、他者とは、その選択に関して偶有性を還元できない源泉である（つまり、何を選択するかを、確定的に予期することができないのが他者である）。その他者との相関で、初めて、自分自身の選択の偶有性もまた主題化される。つまり、他者がいなければ、偶有性そのものがありえなかっただろう。

複雑性を縮減し、秩序を創出することでシステムを環境から切り出すことは、偶有性を吸収し、秩序に（疑似）必然性の様相を与えることである。本来であれば他でもありえた関係が、あたかも「このようであるほかない」として現れたとき、秩序が成立し、システムが環境から区分されるからである。

ルーマンの理論の最も重要なポイントは、しかし、偶有性は決して還元されず、保存されている、ということにある。偶有性は、カッコに入れられ、無害化されているが、実際には保存されている。「意味」に関しても、また「コミュニケーション」を構成する選択に関しても、また各機能システムを定義するメディアの二元的コード（受容／拒否）に関しても、否定された「他なる選択肢」は、「ありうること」として温存されている。

ルーマンの理論は、したがって、ヘーゲルの弁証法を裏返しているのである。ヘーゲルにおいては――少なくとも教科書的に解釈されたヘーゲルにおいては――、内的で必然的な「本質」が、つまり大文字の「理念」が、現象のうちに自分自身を外化する。現象自体は、偶有的なものである。したがって、ヘーゲルの弁証法に関しては、われわれは、こう解釈しなくてはならないことになる。さまざまな偶有的な現象という仮面をかぶっているのは、必然的な理念である、と。ルーマンのシステム論では逆である。必然性を帯びて現れていることも、実は偶有的である。必然性こそが仮面であって、その実態は偶有性の方にある。ヘーゲルとルーマンの対照を次のように言ってもよいだろう。ヘーゲルにおいては、「必然性（本質）／偶有性（現象）」という対立自体を支えている様相は、必然性の方である（必然性＝{必然性／偶有性}）。ルーマンにおいては逆に、「必然性／偶有性」という対立の地平は、偶有性である（偶有性＝{必然性／偶有性}）。

あらためて整理すれば、ルーマンは次のように論じたことになる。システムの内に取り込まれることになる要素――社会システムの場合にはコミュニケーション――のあり方やその関係の様態は本来的に偶有的であり、過剰に複雑である。まさにそれゆえに――システムがアイデンティティを保つためには――複雑性は縮減されなくてはならない。したがって、システムは、自身の反転像、自身の否定（偶有性の否定）を、自身の「あるべき姿」として投射することを通じて、環境から自分自身を区分し、秩序を形成しているのだ。

【4】ラディカルな構成主義とラディカルなアイロニズム

ルーマンのオートポイエティック・システムの理論は、その論理的な含意として、反実在論にならざるをえない。客観的な「実在」とされるものも、それぞれのシステムの内的な操作であるところの「観察」の相関物だからである。つまり、システムに外在していると見なされる任意の「実在」は、それ自体、システムの構成物である。先に述べたように、免役システムは、生体にとっての「異物」を発見するが、それ自体、免役システムに固有の観察の産物でしかない。同じことは、もちろん、社会システムでも成り立つ。法システムは、違法行為や遵法行為を発見するが、そうした行為は、法システムに固有の観察が構成したものにほかならない。したがって、システムの構成物の外に、真の実在（物自体）の存在を認める必要はないし、またそうしてはならない。たとえば、「色」は客観的な実在に見えるが、色を識別する能力の一つの効果にすぎない。これと同じことが、すべての実在に成り立つ。これを「ラディカルな構成主義」と呼ぶ。

ルーマンの最晩年の著作は、奇妙なタイトルをもっている。『社会のX（X der Gesellshaft）』という構成をとっているのだ。このXの位置に、さまざまな機能的一分野の名称が、たとえば経済、法、政治、教育、芸術等が入る。タイトルは、それらXのすべてが、社会システムの構成の所産であることを示しているのだ。この「社会のX」の究極のヴァージョンは、Xが観察＝構成の主体へと自己言及的に回帰するケース、つまり「X＝社会」となるケースである。『社会の社会（Die Gesellshaft der Gesellshaft）』だ。つまり、社会は、その全体として、社会的構成物である。社会は、それ自体、一つの観察（認識）の形式であるところのコミュニケーションが構成した疑似的な実在だということになる。

このラディカルな構成主義の実践的な含意は何であろうか。当然ながら、普遍的な真理や普遍的な正義といった次元は、排除される。常に、特定のシステムの観点から見た、擬似的な「真理」や「正義」があるだけだ。真理や正義は、システムの観点によって相対化されてしまう。

とするならば、ラディカルな構成主義は、われわれの社会的な実践には、究極的には何も教えない。こう言ってもよい。ラディカルな構成主義が含意する実践的な態度は、ラディカルなアイロニズムである、と。人が「真理」や「正義」としてコミットしていることを、特定のシステムに内在していることから生ずる錯覚として、この理論は、アイロニカルに暴き出すことに専念するからだ。言い換えれば、学がなしうること、社会学がなしうることは、ただ事態を記述することだけだ。その記述すらも、「社会の社会学」にとっての相対的な「真理」でしかない。だが、そうであるとすれば、社会学とは何であろうか。それは何のためにあるのか。それはなぜ必要なのか。そのような疑問、不安をともなった疑問も禁じ得ない。

3. ミシェル・フーコーの理論——言説と権力

【1】研究の三つの段階

ルーマンとフーコーは、一般には、まったく資質の異なる学者であると見なされている。ここまで見てきたように、ルーマンの社会学は、徹底的に抽象的なシステムの理論を構築することに指向している。それに対して、フーコーの学問的な主題は、常に歴史、西洋の歴史である。探究の矛先が、学問や思想や哲学に向けられるときもあれば、政治的な実践や名も知れぬ人物の私的な営みであることもある。いずれにせよ、言説や言表に痕跡をとどめる歴史こそが、フーコーの生涯変わらぬ研究対象だった。

もっとも、抽象的な理論の構築を目標としていたルーマンも、その著作や論文を読めば、歴史についての膨大な知識をもち、歴史に対して並々ならぬ関心をもっていたことがわかる。これと正反対のことがフーコーには成り立つ。確かに、フーコーの最終的な狙いは、歴史にある。しかし、彼の歴史学は、通常の歴史学者のそれとはまったく違う。フーコーの歴史の探究は、抽象的な理論への関心と並走し、共振しているのである。

フーコーの思想の全貌を理解する上での鍵となるのは、次のことである。

フーコーの学問的な歩みは、明白に三つの時期に分けられる。初期のフーコーの研究の主題は、言説とエピステーメー（認識の布置）である。『狂気の歴史』（一九六一）から『言葉と物』（一九六六）を経て、『知の考古学』（一九六九）へと至る著作、つまり一九六〇年代に矢継ぎ早に発表された諸著作に対応しているのがこの時期だ。中期は、一九七〇年代であり、この頃のフーコーは、権力分析、とりわけ近代の生権力（生政治）の歴史的な起源に関する研究に専念する。代表作は、『監獄の誕生』（一九七五）と『知への意志　性の歴史1』（一九七七）だ。この時期の研究が、社会学に最も近接する。フーコーがまさに社会学者であるのは、この時期の研究があるからだと言ってよいだろう。そして後期であり、晩年でもある一九八〇年代。フーコーは、一転して、古代ギリシアの生の技法に関心を向ける。「自己への配慮」を核とする生の技法へ、である。代表作は、『快楽の活用　性の歴史2』（一九八四）と『自己への配慮　性の歴史3』（一九八四）だ。

フーコーの場合は、このように研究の段階がきわめてメリハリの効いたかたちで三期に分けられる。これらの間にどのような関係があるのか。どうして、研究の主題が、このように推移したのか。これらを一貫して導いている動機はなにか。これらの問いに答えることができれば、フーコーの研究の社会学理論としての骨格を抽出することができる。

【2】言説の分析

とうてい詳しく検討する余裕はないので、初期の研究については、代表作である『言葉と物』のみを、ごく簡単に見ておこう。この大著の主題は、西洋におけるエピステーメーの変化である。エピステーメーとは、ある時代や社会の思考のシステムの基本的な布置のことである。フーコーによれば、エピステーメーの準拠点、つまり各時代のエピステーメーの座標軸の原点となっているような事項が、次のように変化してきた。中世から連続しているルネサンスにおいては、それは「類似」である。それに対して、古典主義時代（一七－一八世紀）には、準拠点は「表象」に置き換わる。最後に、近代（一九世紀）のエピステーメーにとっては、準拠点は、「人間」、先験的かつ経験的な二重体としての人間である。

類似のエピステーメーの時代から表象の時代への転換に、フーコーは、一七世紀の初頭に出たセルバンテスの『ドン・キホーテ』（第一部一六〇五、第二部一六一五）を見る。フーコーの解釈は、あまりにも有名である。ドン・キホーテは、まだルネサンスのエピステーメーを生きている。そのエピステーメーによると、書物に書かれていることは、世界そのものと連続し、類似していなくてはならない。ドン・キホーテは、世界という織物が書物と繋がっていることを証明するために、旅に出る。彼が世界を解読するために用いる手段は、常に「類似」である。わずかな類似を手がかりにして、彼は、旅籠屋を城と、家畜の群れを軍隊と、女中を貴婦人と見なすのだ。しかし、すでに「類似」の時代は終わっていた。類似に基づく解釈の妥当性は証明されない。ドン・キホーテのふるまいは滑稽なだけで、妄想や幻覚の類によるものにしか見えないのだ。

古典主義時代の知、つまり博物学、富の分析、一般文法の三つは、互いに独立した分野だが、すべて「表象」という太陽の中心を回転するかのようにさまざまな言説が配置されている。一九世紀になると、博物学が生物学に、富の分析が経済学に、そして一般文法が文献学に置き換わる。この置き換えは、独立に生起しているのに、まったく同じ形式をとっている。どの転化においても、中心が、「表象」から「人間」へと移行しているのだ。このように、エピステーメーの三つ目の準拠点は、認識する主体でありつつ、同時に認識において客体にもなるような、有限な人間である。

フーコーの見立てでは、その「人間」も、今や――つまり二〇世紀の後半――主役の座から降りようとしている。人間は、「波打ち際の砂の顔のように消え去ろうとしている」と言うわけである。ここだけ見ても、フーコーとルーマンが同時代的に共振していることがわかる。ルーマンの社会システム論は、人間主義の消滅という、フーコーの予言を例証するようなタイプの学問だからである。ルーマンが、社会システムの要素は、行為や人間ではなくコミュニケーションだと主張したとき、彼は、社会学の理論から、「人間」を排除しようとしていたのだ。

さて、このようなエピステーメーの変化は、どのようにして見出されるのか。言説の分析を通じて、である。フーコーの言説discoursは、言語の意味とともに、言語の存在条件（ある言語の存在を支えている具体的な条件の全体）を同時に指している。言説の集合をシステムとして捉えたときには、「アルシーヴ」と呼ばれる。

時代や社会ごとに言説が稀少化されている。つまり、文法的に許されることがすべて言われるわけではない。つまり、アルシーヴは、ラングlangueの範囲よりもずっと限定されている。とはいえしかし、アルシーヴは、現に話されたり書かれたりしたものとしてのパロールparoleの総体よりも大きい。つまり、アルシーヴには、可能的なものが含まれている。また、アルシーヴは、階級的な利害に縛られたイデオロギーよりはずっと広い。が、いずれにせよ、繰り返せば、それは、文法的に言われうることのすべてではない。ルーマンの術語を借用するならば、言説の複雑性は縮減されている。

言説の稀少化には、つまり言説の集合の複雑性の縮減には、時代や社会ごとに明確な傾向性がある。その傾向性を支配している法則を見出すことができれば、つまり何が基準になって稀少化に特定の方向性が生じているのかを見出すことができれば、それこそ、エピステーメーの準拠点である。

フーコーの言説分析は、ルーマンのラディカルな構成主義と同じ精神を共有していることがわかる。これによれば、近代の知が外的な実在と見なしているもの、つまり言説の実定的な根拠とされているもの、「人間」は、言説による構成物だ。このような見方が、構成主義と親和的なことは明らかだろう。

もっとも、このような構成主義の徹底化は、S・ウールガーとD・ポーラッチが「存在論的線引きontological gerrymandering」と呼んだ問題をどうしても残してしまう、という点は確認しておこう。存在論的線引きとは、「実在」が社会的に構成されたものであるとする議論が、暗黙のうちに、そのような構成から逃れた客観的な実在を前提にしてしまう、という問題を指している。

たとえば、古典主義時代の富の分析と近代の経済学を比較することによって、「人間」という実在が言説的に構成されていたことに気づく。富の分析とは、交換価値の学であり、ある商品は、常にそれによって交換されうる他の商品の表象として扱われる。しかし、一九世紀の経済学は、労働という活動は表象の分析には還元できないことを示した。富に一定の秩序があり、何かが何かで買うことができるのは、人間が時間、労力、疲労、そして究極的には死に支配されているからだ、ということに経済学は気づいたのである。このとき、表象から人間への転換が生じている。つまり、労働し、死へと向かって時間を消費する「人間」という実在が、経済学によって構成されている、というわけである。しかし、このような分析が可能であるためには、「富の分析」と「経済学」が、同じものについての異なる言説だという了解が必要である。さもなければ、両者を比較することもできまい。このとき、一方では表象(交換価値)によって、他方では人間(労働)によって把握されている「同じもの」が、言説外的な実在として前提にされている。このように、実在が構成されたものであることを示す研究は、構成されざる客観的実在を気づかぬうちに前提にしてしまう。このとき、構成された疑似実在と客観的なほんとうの実在との間に、恣意的な境界が設定されている。これが、存在論的線引きの問題である。ここでは、われわれはこうした理論上の問題があることのみを確認して、先を急ごう。

【3】権力の分析

言説の集合の複雑性は縮減されている。つまり、言説は稀少化されている。そのことによって、言説の分布に特定の傾向性が生ずる。では、このような言説の出現や存在を決めている要因は何なのか。その回答として、フーコーが提起したのが、権力である。われわれは、普通、権力を、抑圧という作用として見る。それに対して、フーコーが見出した権力は、言説の生産を煽動する権力、つまり構成する権力である。フーコーの初期の言説の分析は、こうして、権力の分析へと受け継がれていく。

まずは、『言葉と物』が見出した近代の人間主義的な主体、これを構成した権力の輪郭を描くことが課題となる。そのような権力は、実際、フーコーによって発見される。フーコーは、これを「生権力 bio-pouvoir」と名づけた。古典的な「殺す権力」に対して、「生かす権力」である、と。

生権力は、近代から現代へとつながる包括的な権力の類型である。その生権力の一形態が、『監獄の誕生』の中で詳しく描かれている規律訓練型権力である。ベンサムが考案した監獄、パノプティコンが、その物質的・建築的な隠喩になっている。また、規律訓練型権力の最も重要で劇的な効果は、『知への意志』で詳述された「告白」である。規律訓練型の権力によって監視されている者は、たえざる告白へと駆り立てられる。私は正しくふるまっているか、私は何かよからぬ欲望をいだいていないか、私はそもそも何者なのか、等々の強迫的な自己反省と告白は、終わらない。その告白の結果として、個体の「内面」が産出されることになる。告白しても告白してもなお語り尽くされない源泉としての「内面」が、である。

フーコーの研究は、さらに、告白を強いる権力、規律訓練型権力の歴史的な起源へと遡ろうとする。その結果、最終的に見出されたのが、古代のヘブライズムの伝統の中にある牧人的権力である。ヘブライズムの世界では、神と人間との関係が、牧人と羊の隠喩によって語られてきた。牧人は、一頭一頭の羊に気配りしている。これと同じように、神は、一人ひとりに気配りし、見逃すことがない。このような隠喩は、フーコーによれば、ヘブライズムの伝統の中にしかなかったものだ。牧人的権力が、やがて、近代において、規律訓練型権力となって普及し、社会の全体に浸透していくことになる。

生権力の特定のタイプに対する従属が、近代の人間主義的な主体を産出する。フーコーのこの分析はあまりに鮮やかで、説得的であった。しかし、このことがかえって、ひとつの困難を呼び寄せることになる。学問的な困難というより、実践的な困難を、である。このことに、フーコー自身も、またフーコーの追随者たちも気づいていた。

もし、主体が、権力の相関物として構成されたのだとすれば、いかにして、権力に抵抗するのか。どうしたら、権力からの解放のルートを開くことができるのか。伝統的には、主体こそが、権力への抵抗の拠点であった。主体は、権力とは独立の実体だったのだ。だが、今や、主体こそが、権力の主要な産物であったことがわかってしまった。このラディカルな構成主義とも相即する結論を前にしたとき、われわれがなしうること、なすべきことは何であろうか。ルーマンと同じようなアイロニズムだけが残された道であるように見える。社会的には何もせず、啓蒙された立場から事態を冷笑的に記述することだけが、とりうる態度であるように見えるのだ。

だが、フーコーの場合には、別の道を見つけ出そうとした。それが、後期の、つまり晩年の探究と相関している。

【4】自己への配慮

フーコーは、脱出のための手がかりを、キリスト教以前の古代のうちに、ヘブライズムとは異なる西洋の伝統の中に、見出そうとした。こうして行き当たったのが、古代ギリシアの思想のうちに見出される。「自己への配慮 souci de soi, epimeleia heautou」という観念である。

フーコーによれば、自己への配慮は、全ギリシア思想に貫通している中核的な観念である。たとえば、ギリシア思想の中心的なテーゼとして、とりわけソクラテスの名と結び付けられているテーゼとして、「汝自身を知れ」という命令がある。しかし、この命令は、自己への配慮の一部でしかない。ソクラテスが、アテナイの道行く人をつかまえては説いたのは、自分にとって付属物であるようなもの——富や地位など——を自分自身に優先させてはならない、自分自身に気をつけて、できるだけ善い者となるように、思慮ある者となるように配慮しなさい、ということである。もう一例、挙げておこう。フーコーは、ストア派が、自己への配慮のために、自己吟味の四つの技術を提案していることに注目している。同志の間で互いの生活の細部を記述しあう書簡、自己の良心の点検、自己認識のためのアスケーシス（禁欲）、そして夢の解釈がそれらである。

このように、自己が自己自身に対して統治可能であるように自己への配慮を保持するための生の技法があれば、やがて規律訓練型の権力へと成長していく牧人型の権力の支配を逃れる、抵抗の拠点が確保できるだろう。これが、フーコーの暗黙のもくろみだ。

古典古代における「自己への配慮」という観念を探究する中で、フーコーの最終的な関心は、「パレーシアparresia, parrhesia」というギリシアの概念に集中していった。死の直前の二年間を、フーコーは、パレーシアの研究に費やしている。パレーシアとは、率直な語り、真実を語ること、真理への勇気等を意味するギリシア語である。自己への配慮を通じて、真理へと到達した主体は、パレーシアを実践するはずである。「自己への配慮」がギリシア思想の中心的な観念であるとすれば、「パレーシア」は、その中心の中の中心である。

古典古代の文化の内部で、パレーシアとパレーシアならざるものとの区別を付けておこう。フーコーがパレーシアと鋭く対立する実践と見なしいるのは、「レトリック」である。パレーシアとは、端的に言えば、「真理を語ることdire-vrai」である。それに対して、レトリックの眼目は、「うまく語ることbien-dire」にある。レトリックの教師の典型は、ソフィストである。それに対して、ソフィストに対抗し、彼らの欺瞞を暴いたソクラテスこそは、パレーシアの人だと言えるだろう。

パレーシア、つまり真理についての率直な語りは、確かに、権力にとっては脅威だったと思われる。そのことは、ソクラテスの最期を見ただけでも、容易に想像がつく。彼が、当時のアテネの支配層に疎ましく感じられ、ついに民会で死刑まで言い渡されたのは、ソクラテスが、体制にとってきわめて危険な人物だったからである。

さて、われわれは、ここまでフーコーの思考を追いかけてきた。だが、この最終地点に至って、大きく躓かざるをえない。自己への配慮やパレーシアを摘出するフーコーの思想史研究者としての手腕は、相変わらずすばらしい。だが、われわれは、ほんとうに探していたものを見つけたのだろうか。つまり、これらは、主体を構成する権力、規律訓練型の権力や生権力への抵抗の拠点になるのか。それらからの解放の糸口は、これらの観念や実践の中にあるのか。

ある疑問がどうしても浮かんでくる。自己へと配慮する個人と規律訓練型の権力や牧人的権力が生み出す主体性とは、どう違うのだろうか？　自己自身に自己言及的に配慮する個人とは、主体の定義そのものではないか？　権力への抵抗の拠点として見出されたものが、その権力の産物とあまりにも似通っている。抵抗の根拠とはなりえない、として不合格の烙印を押されたものと、あまり変わりがないものが、あらためて提出されているように見えるではないか。パレーシアについても同様だ。パレーシアは「告白」とよく似ている。次のように問わざるをえない。告白とパレーシアは、どう違うのか（どう同じなのか）？

結論的に言えば、「自己への配慮」とか「パレーシア」は、原罪によって追い出される前に人類が住んでいた楽園のようなものだ。それらは、すでに一種の「告白」である。それは、原初的な告白、まだ無垢で、原罪を犯す前の告白だ。告白が、強迫的な徹底性を帯びるのは、それが、たとえば神＝牧人による、あるいはパノプティコンの監視者による、普遍的な視線を前提にしているからだ。そこまでの徹底した普遍的視線への参照を含んではいないときには、告白の強迫的な反復は帰結しない。ここで、「原罪」にあたるのは、普遍化した監視である。そうした監視の前にある、無垢な告白、それが「自己への配慮」であり、また「パレーシア」なのではあるまいか。

だが、これは、ほんとうにわれわれが求めている回答であろうか。無垢で、原初的な告白は、権力への抵抗の拠点を与えるものなのか。結局、自己への配慮やパレーシアに権力から逃れるための根拠を求めることは、「徹底した告白はだめだが、ほどほどの告白ならばよい」と言っているに等しい。しかし、徹底した告白が権力の効果に内在しているならば、ほどほどの告白でもそうである。たとえば、今、ここに極端な優等生と、ほどほどにサボりはするがまずまず勉強もして、校則もおおむね遵守している（しかしときどき違反もしている）生徒と、二種類がいたとしよう。前者は、学校権力に内在している。後者は、どうか。後者は、権力から解放されているのか。後者は、権力を震撼させる力があるか。もちろん、そんなことはない。極端な優等生が学校権力に内在しているならば、ほどほどによい——したがってほどほどに悪い——生徒もそうである。フーコーの晩年の議論は、しかし、ほどほどの生徒になることで、学校の支配から逃れようという提案に近い。たまに授業をサボる程度のことで、学校権力はびくともしない。

ルーマンの場合には、理論の帰結に忠実な実践的な態度へと到達した。それが、徹底したアイロニズムである。フーコーの場合には、逆である。理論的な含意を徹底的に追求しないことによって、何か、権力の支配に抗する拠点を見出しえたかのように感じられる。しかし、それは不徹底からくる疑似的な抵抗に過ぎない。真の抵抗も解放もそこにはない。

4　神の受肉のように

【1】ユダヤ教の反復

社会学理論の二つの頂点を概観してきた。これら、二つの頂点との関係で、私が構築しようとしてきた、社会システム理論の位置を定めることができる。言わば、社会学の理論という地図の上に、これら二つの山頂との関係で、私が目指す地点を書き込むができるのだ。

一見、まったく対照的なものに見える二人の社会学者、ルーマンとフーコー。両者は、しかし、まったく同一の論理にしたがって、社会現象を説明している。説明しようとしている現象には違いがあるが、その生起を説明するための論理は同じ形式を共有している。この点に気づくことがまずは重要である。

端緒には、言説やコミュニケーションに関する、複雑性もしくは偶有性の過剰がある。ルーマンにおいてはこの前提は明示的であり、フーコーの場合には黙示的だが、同じような前提から出発している。ついで、端緒の過剰性を還元しうる超越（論）的な契機が、外部に、コミュニケーションや言説の集合の外部に、自律的に措定される、と見なす。その超越（論）的な契機が、ルーマンにあっては「社会システム」と呼ばれ、フーコーにおいては「権力」と呼ばれる。その超越（論）的な契機は、つまりシステムや権力は、コミュニケーションや言説の立場から見れば、自分自身の無力を補償する、己の反転像のようなものである。ここで言う「無力」とは、過剰な複雑性を処理しえないということ、言い換えれば、「他でもありうる」という偶有性を中和し、無害化することができないということである。こうした無力を解消する契機が、超越（論）的な外部に措定される。ルーマンもフーコーも、社会の作動をこのような筋で説明している。

さて、そうだとすると、この論理はユダヤ教的である。いきなり、宗教と類比させるのは、まことに意外だと思われるかもしれない。しかし、ルーマンやフーコーが、社会学理論において活用している論理は、古代のユダヤ教が無意識のうちに発動させていた論理と同じ形式をもっている。どういう意味なのか。説明しよう。

ユダヤ教は、人類史の上で最初に生まれた厳密な一神教である。ユダヤ人は、人間に対して可能な限り徹底的に超越的で、全知全能でもあるような唯一神を信仰した。ところで、かつてヴェーバーが注目したように、ユダヤ人の歴史は苦難の連続であった。古代のユダヤ人の共同体の周囲には古代の強大な帝国があり、それらに比してユダヤ人はあまりにも弱かった。ユダヤ人は、戦争にはただただ負け続け、しばしば侵略され、自分たちの王国を滅ぼされ、集団的に捕虜にされたりもした。普通は、不幸が襲ったり、戦争に敗れたりすれば、その共同体の神は見捨てられる。繁栄と勝利のためにこそ、人は神を信仰しているからである。もちろん、ヤハウェも、そのような期待のもとで信じられ、崇められていた。とすれば、ユダヤ人ほどに不幸や敗北を経験すれば、ヤハウェへの信仰は廃れてもよさそうなものだ。ところが、そうはならなかった。どうしてなのだろうか。これがヴェーバーの疑問であった。

消滅した民族を別にすれば、これほど苦難や敗北ばかりを経験した民族はほかにない。だが、ユダヤ人は、ヤハウェへの信仰を捨てなかった。逆に、彼らは、全知全能の唯一神を編み出したのだ。どうしてなのか。全知全能の神こそは、ユダヤ人の極端な弱さを補償しているからである。全能の神は、ユダヤ人自身の像である。ただし、それは反転した像、ユダヤ人自身の実態をひっくり返した像、ユダヤ人とは逆接によって対応するような像である。弱きユダヤ人は、強き神という形で自分自身を外化し、それを超越的な水準に措定したのだ。ユダヤ人の弱さは、神の強さによって補われ、解消された。だからこそ、ユダヤ人は、相次ぐ敗北と侵略と離散にもかかわらず消滅することなく、ユダヤ人というアイデンティティを保ち続けることができたのだ。

突飛だと思われるかもしれないが、ルーマンやフーコーの社会学理論は、抽象的で形式的な水準で、このユダヤ教を生み出した同じメカニズムを反復している。コミュニケーションや言説の水準には、一見、収拾しがたい弱さがある（過剰な複雑性、馴致できない偶有性）。そして、この弱さを反転させて映し出す超越（論）的契機が、つまりシステムや権力が、この困難を解消する。

【2】神の受肉の論理

しかし、宗教と社会学理論との間のこうした類比にどんな意味があるというのか。これに、社会学という知に内在した認識上の利得があるのか。このようにいぶかしく思われるだろう。しかし、意味も利得もある。

　この類比は、社会学理論の二つの頂点を越えてさらに前に行くべき道があることを示唆するからである。思い起こすとよい。ユダヤ教は、それだけでは完結しなかった。ユダヤ教の後には、キリスト教が後続するのだ。ユダヤ教にキリスト教が付け加えたものは何か。それはたった一つしかない。その全能の神の受肉という着想である。

　社会学理論のこれまでの到達点が、ちょうどユダヤ教の論理を無意識のうちになぞっているのだとしよう。そうだとすると、「神の受肉」に対応する部分にまで歩みを進めた理論がありうるはずではないか。神の受肉の論理の中に合理的な核を吸収した社会学理論が可能なはずではないか。「神の受肉」は、ユダヤ教の論理に何を付け加えているのだろうか。ユダヤ教までであれば、それは、フォイエルバッハ的な疎外論に還元することができる。フォイエルバッハは、神とは人間の類的な本質の外化である、と述べたのであった。ここまで論じてきたように、唯一神としてのヤハウェは、確かに、ユダヤ人の類的（共同的）本質を――反転をともなって――外化させたものである。その神が受肉するとは、どういうことなのか。もちろん、それは、神が人間になることを意味している。しかし、それはどういう意味なのか。

　共同的・類的本質が、「神」という形態で外化されているときには、神と人間の間には逆接の関係がある。「全能の神」という観念は、共同的・類的本質（弱さ）を反転させた像だからである。もちろん、その逆接は本来、人間そのものに内在している矛盾であり、分裂である。その分裂における一方の極を神として外化することで、人間は分裂を隠蔽しているのだ。だがここで、神が人間になる。ということは、神自身にも、同じ分裂・矛盾が内在している、ということではないか。「人間／神」という形式の分裂が、超越的な神自身に内在していたのだ。とすれば、今や、神と人間の関係は、逆接ではなく、順接へと転化したことになる。なぜなら、「人間／神」という分裂は、本来は、人間そのものに内在している矛盾だったのだから。

同じことをもう少し平易な表現で繰り返そう。人間たち（ユダヤ人の共同体）は弱い。そうであるがゆえに、逆接の形式で（反転像という形式で）、その弱さを否定した強力な唯一神が措定されていた。しかし、その神が人間になる。つまり、神もまた人間と同じように弱いのだ。この人間と神との同一性（「同じように」という関係）を、ここでは、順接と呼んでみた。

この受肉の論理まで組み込んだ社会学理論が、さらに構想可能なはずである。

【3】第三者の審級と求心化／遠心化作用

それこそ、私の社会理論が目指していたことである。本書で提起している社会システムの理論が目標としている地点が、そこにある。

かねてより、私は、社会システムの秩序を説明する上で、「第三者の審級」なる概念を活用してきた。本書に収録した論文の中で、この概念は創られた。第三者の審級は、ルーマンの「システム」や、フーコーの「権力」や、あるいはユダヤ教の「全能の神」と等価な働きをする超越（論）

的な契機である。この点は、容易に理解できるだろう。ここまでであるならば、私の理論もまたユダヤ教的である。

だが、まだその先がある。私は、身体についての現象学——とりわけメルロ＝ポンティの現象学——に着想を得て、任意の志向作用は、二重の作用によって成り立っていると考えている。二重の作用を、私は、「求心化作用／遠心化作用」と呼んできた。世界に内属する身体は、現象を常に、この〈私〉に求心的に配備した相で把握する。つまり、現象は、常に〈私〉に対して、〈私〉にとって、という形式で現れる。これが求心化作用である。これと同時に、求心化の中心を、〈私〉の外部へと遠隔化する働きが活性化する。こちらが遠心化作用だ。求心化作用と遠心化作用の表裏一体性を確実に実感できるのは、「触れる」という体験である。〈私〉が触れること（求心化作用）は、ただちに〈私〉の身体が触れられること（遠心化作用）へと反転するからだ。あるいは、エマニュエル・レヴィナスに倣って、〈私〉が（〈他者〉の）顔を見るときのことを考えても、この二重の作用のことが理解できる。だろう〈私〉があの顔を見ているとき（求心化作用）、〈私〉はとりたてて意識的な反省や推論や感情移入やらをせずとも、あの顔もまた〈私〉を見ていることを直観している（遠心化作用）。

この点からも分かるように、いわゆる「表情知覚」には、求心化作用のみならず遠心化作用が働いている。表情知覚は、対象を単なる「事物」と見なす知覚に対して、二次的・派生的なものではない。科学的な観察や実験のときのように、対象を表情なき事物と見るためには、むしろ意識的な努力が必要なことからも明らかなように、表情知覚の方が本源的である。

求心化作用とともにある遠心化作用を通じて、〈私〉は、〈他者〉の存在を、つまり〈私〉と同権的なもうひとつの身体、志向作用の座となりうる異なる身体の存在を、自明なものとして直観する。この求心化／遠心化作用は、ルーマンの社会システム理論と対応させれば、コミュニケーションに相当する要素である。いや、厳密に言えば、求心化／遠心化作用こそは、コミュニケーションが可能であるための条件である。〈私〉が伝達しようとするのは、あるいはまた〈私〉が理解しようとするためには、まず、対象を〈他者〉として認知しなくてはならない。つまり、それが、もう一人の〈私〉（もうひとつの自我）でありながら、決して、〈私〉が同一化できない無限の差異でもある、という矛盾が体験されなくてはならない。こうした体験を可能なものにしているのが、求心化／遠心化作用である。

求心化／遠心化作用を前提にしたときには、身体たちのあいだに間身体的連鎖が形成される。つまり、同じ対象についての経験が共帰属している複数の身体が，単一の身体のように感じられる。たとえば人は、誰かが指差しをすると、その指先の延長上にある対象を、一緒に眺めることになる。このとき、一つの同じ対象を眺める多数の眼が、さながら一個の身体のように感受される。これが間身体連鎖である。

間身体的連鎖は偶有的・偶発的に生成される。詳しくは、本文の諸論文で説明しているが、間身体的連鎖は、逆接や否定の契機をはらまずに、順接的に第三者の審級もたらすことになる。つまり、間身体的連鎖は、自分自身を直接に――反転させることなく――第三者の審級として投射するのだ。ところで、先に述べたように、神の受肉の論理とは、人間と神との間の順接の関係と等価であった。とするならば、第三者の審級を間身体的連鎖にまで還元できたときには、われわれは、受肉の論理をその中に組み込んだ社会理論を得たことになるのではないか。

従来の社会学理論の到達点は、ユダヤ教に見立てることができる。私が目指しているのは、ここにキリスト教的なひねりを加えることだ。神の受肉に対応する契機を含み持つ社会学理論を構築すること。一神教との類比で語るならば、私のねらいはここにある。

*

実践的な含意についても、ひとこと述べておこう。ルーマンはどうだったか。彼は、社会変革を目指す任意の運動を、アイロニカルに静観する。それは、社会運動をこんなふうに見るだろう。どうせ運動は失敗するに違いない、それらは偏見や幻想に基づく運動だからだ(自分たちの相対的な価値観を普遍的で絶対的だと勘違いしているのだから)、と。フーコーは違う。彼は、逆に運動に積極的に参加しようとする。だが、やはり失敗するだろう。なぜならば、彼は運動へと自分自身を駆り立てるために、時代遅れの古代的な価値観に依拠しなくてはならなかったからだ。そのような価値観も基づく運動は、幽霊と闘うようなものである。

では、キリストの受肉の原理まで組み込んだ理論があったとしたらどうだろうか。それは、実践について何を示唆するのか。多分、その理論が指示する運動もまた失敗する。ただし、それは正しく失敗するのではないか。つまり、後でふりかえったとき、それこそが成功であった、と見なされるようなかたちで失敗するのではないか。

このことは、キリストのことを思えばよくわかる。救済者としてのやってきた神が、結局、人間からの裏切りにあい、惨めにも死刑になってしまう。これほどの失態はあろうか。人間を救済するどころか、逆に、神が犠牲になってしまったのだから。しかし、この失敗こそがキリスト教をもたらしたのだ。もし、神がこれほどの大失敗を演じなかったら、キリスト教はありえなかった。もしイエスが、誰からも裏切られずに、順調に活動を続けていれば、それは、後に、キリスト教という新しい世界観をもたらすことはなかっただろう。空前絶後の大失敗こそが、成功のための条件だったのである。

＊　＊　＊

あえて不遜な態度を貫きながら、本書で提示する社会システム論のねらいとする場所を指し示しておいた。

以下の第Ⅰ部には、社会システムの基礎理論にあたる論文を、そして、第Ⅱ部では、応用的な性格をもった論文を収録した。すべての論文（章）は、もともと独立に書かれているので、他から切り離して読むことができる。どの論文（章）から読んでいただいてもかまわない。

Foucault, Michel　1961　*Histoire de la folie à l'âge classique*, Paris: Plon = 1975　田村俶訳『狂気の歴史』新潮社

――――　1966　*Les mots et les choses*, Paris: Gallimard = 2000　渡辺一民・佐々木明訳『言葉と物』新潮社

――――　1969　*L'archéologie du savoir*, Paris: Gallimard.

――――　1975　*Surveiller et punir*, Paris: Gallimard = 1977　田村俶訳『監獄の誕生』新潮社

――――　1976　*Histoire de la sexualité, Vol.1, La volonté de savoir*, Paris: Gallimard = 1986　渡辺守章訳『知への意志　性の歴史1』新潮社

――――　1984　*Histoire de la sexualité, Vol.2, L'usage des plasirs*, Paris: Gallimard = 1986　田村俶訳『快楽の活用　性の歴史2』新潮社

――――　1984　*Histoire de la sexualité, Vol.3 Le souci de soi*, Paris: Gallimard = 1987　田村俶訳『自己への配慮　性の歴史3』新潮社

――――　2009　*Le courage de la vérité*, Seuil/Gallimard.

Luhmann, Niklas　1968　*Zweckbegriff und und Systemrationalität*, Tübingen: J.C.B. Mohr = 1990　馬場靖雄訳『目的概念とシステム合理性』勁草書房

――――　1975　*Macht* Stuttgart: Enke = 1986　長岡克行訳『権力』勁草書房

――――　1984　*Soziale Systeme*, Frankfurt: Shurkamp = 1993　佐藤勉『社会システム理論（上）（下）』恒星社厚生閣

――――　1988　*Die Wirtshaft der Gesellshaft*, Frankfurt: Shurkamp = 1991　春日淳一訳『社会の経済』文眞堂

――――　1993　*Das Recht der Gesellshaft*, Frankfurt: Shurkamp = 2003　馬場靖雄・江口厚仁・上村隆広訳『社会の法』法政大学出版局

――――　1997　*Die Kunst der Gesellshaft*, Frankfurt: Shurkamp = 2004　馬場靖雄訳『社会の芸術』法政大学出版局

――――　1997　*Die Gesellshaft der Gesellshaft*, Frankfurt: Shurkamp = 2009　馬場靖雄・赤堀三郎・菅原謙・高橋

徹訳『社会の社会』法政大学出版局
Merleau-Ponty, Maurice 1961 *L'Œil et l'esprit*, Paris: Gallimard
——— 1964 *Le visible et l'invisible, suivi de notes de travail*, Paris: Gallimard.
Merton, Robert K. 1949 *Social Theory and Social Structure*, New York: Free Press. = 1961 森東吾・森好夫・金沢実・中島竜太郎訳『社会理論と社会構造』みすず書房
Moeller, Hans-Georg 2011 *The Radical Luhmann*, Columbia University Press.
Parsons, Talcott 1951 *The Social System*, New York: Free Press = 1974 佐藤勉訳『社会体系論』青木書店
熊野純彦 1999『レヴィナス　移ろいゆくものへの視線』岩波書店
上野千鶴子篇 2001『構築主義とは何か』勁草書房

第 I 部

社会システムの基礎理論

第1章 物質と形式の交わるところ——社会的身体論の試み

ツァラトゥストラが変転する霊の最終的境地に位置づけた幼児《おさなご》は、いともあっさりとかく語る、「わたしは身体であり魂である」と。さらに、これにひき続いて、ツァラトゥストラは、次の「識者」の言葉を引いている。「わたしはどこまでも身体であり、それ以外の何物でもない。そして魂とは、たんに身体における何物かをあらわす言葉にすぎぬ」。

ニーチェが既存の哲学と道徳に抗して発見したのは、まさにこの〈身体〉であり、しかも、彼は、これを、一つの理性として、精神に先立つなにものかとして、主体に先行し主体の作用がそこにおいて保証されるような場として、発見した。さらに、驚くべきことに、ニーチェは、この〈身体〉を、三人称の代名詞をもって呼称している。曰く、「あなたの身体はかれなのだ[1]」。

V・ターナーが記述したンデンブの人々は特殊な演劇的所作を伴った犠礼の表象のうちに、ニーチェの発見した身体のこの特殊な位相の痕跡を留めている。

1．ンデンブ族のイソマ儀礼

【1】自然性と文化性

V・ターナーは、モルガン講座での講演を中心にしてまとめあげた著書の最初の章で[2]、ンデンブ族のイソマIsomaと呼ばれる儀礼の過程を、驚嘆すべき鮮明さをもって、記述している。イソマは、女性が一時的な不妊に苦しんだとき、すなわち彼女が「怒った亡霊《かげ》によって生殖の力Jusemuを〝停められた〟ku-kasila」（訳書一七頁）[3]ときにとり行なわれる儀礼的な治療である。イソマ儀礼に関するターナーの記述を全体として考察するならば、この儀礼が、自然性の海へと没し去った患者の身体の文化性への上昇を画しているということが、直ちにわかる。だから、女性の身体の身体自身の（再）生産能力＝生殖力の回復は、それ自体、文化の生産でもあるわけだ。

儀礼の担う、このような自然性から文化性への移行過程としての意義は、様々な象徴によって繰返し表現される。

たとえば、ターナーによれば、一般に儀礼の要素・単位は、チジキジルchijikijilu と呼ばれるが、この語は、境界標・道標または目標を意味し、狩猟活動からのアナロジーなどによって、既知の領域と未知の領域との接続・（無秩序《カオス》に対する）構造化された秩序（＝文化）といった含意を担っている（同、二二頁）。

自然性／文化性の対立は、さらに、患者と呪医達（儀礼集団）のそれぞれの身体の表層に直接に備給された身体の対立的局面によっても表象される。病人とその夫（彼も治療を受ける）は、腰布の他は何も身につけていないが、対照的に儀礼集団の人々は、衣服を身につけている。前者の裸体は、原住民によると幼児と死体の象徴であり、明らかに、儀礼集団の文化的位相に対する病人の欠損性を有徴化している（同、四六頁）。

このような観点から、ターナーが注目しているイソマ儀礼と成女式との並行関係が再考されなければならないだろう。――病気の女性が儀礼のあとの隔離期間中に使用する草の小屋は、成女式のあとの隔離期間中に娘たちが置かれる小屋になぞらえることができる（同、三一―三二頁）。このような、二つの儀礼の類比的な関係は、イソマ儀礼の患者と成女式前の未熟な娘とがンデンブの社会構造に対して持つ意義が等価であるということ、成女式がその未熟な娘達を制度化された社会的・文化的秩序へと統合するのと同様に、イソマ儀礼が患者を同じ秩序の内へと移行させ統合させるのだということ、これらのことを示唆しているように私には思われる。

また、ターナーは、儀礼の場となる聖地とその外部の原生林との対立が、エリアーデのいう「コスモス」（秩序）と「カオス」（混沌）の対立と等価であると指摘している（同、五四頁）。この空間的構造は、儀礼が混沌（原生林）のただ中に、文化的秩序を構築する試みであるということを、説明しているだろう。

同様な対立が、聖地の内部でも反復される。たとえば、聖地の中央に二つの穴が掘られるが（両者は、トンネルで結びつけられる）、この穴は、かつて動物の巣穴・隠れ穴のあった所であり（同、三〇―三三頁）、だから、――ターナーは、明示的には語っていないが――ここに置かれる病人とその夫は、まさに彼らの位置によって動物性を表象し、地上の儀礼集団の人間的位相（文化）と対立するような仕掛けになっている。

従って、もう一度繰り返すことになるが、イソマの治病の儀礼は、身体の生理的機能の回復と厳密に同時に、身体に文化的秩序を刻印するものと考えなくてはならない。

【2】男根的な神

ところで、このような儀礼における身体の自然性から文化性への上昇的移行は、直接的に共同的=協働的な実践の成果として獲得される。

ターナーによれば、治療は、病気を患う女とその夫に施され、そのための儀礼を主宰するのは、複数の呪医達によって構成された儀礼集団である。呪医達は、以前に同種の儀礼を体験することによって、病気治しの儀礼集団に加入することができた女性、又は母系親族か姻戚関係に以前病気にとりつかれた女性がいる男性であり、このような意味において病人は儀礼集団への「入団志願者」であり、呪医はその集団の「熟練者」である、と看做されている（同、二〇頁）。

この熟練者達は、儀礼のための聖地や薬を準備し、病人にその薬をふりかけるだけではなく、二手に別れて（男―右、女―左）、儀礼の過程を視守り、儀礼の歌を歌い、舞踊をとり行なう。従って、儀礼においては、病人の身体に直接に施される一種の苦業を想起させるような浄化の操作〔聖地に準備された二つの穴（冷たいイケラikelaと熱いイケラ）の間のトンネルを、定められた順序に従って、患者夫婦が何度も往復し、その間、それぞれのイケラ（穴）で、一定の薬をふりかけられる〕とともに、複数の監視するまなざしと、律動的な身体の運動（舞踏）、リズミカルな声の反響が、共存する（同、四七―四九頁）。

このような儀礼の手続きは、物質の生産と意味の生産に同時に関与する、一組の効果＝病の解決を、共同態に対して呈出する[4]。

第一に、儀礼は物質的効果をもつ。すなわち、儀礼を通じて、病人の身体は、（社会にとっての）正常な器官を備給され、生殖力＝生産力を回復する。

しかし、同時に、儀礼は、第二番目の効果として、表現的な効果をも伴っている。儀礼は、生産されつつある言語の最もプリミティヴな様態を、反復的に現前させる。舞踏は、最も原初的な身体による世界の分節的編成であり、リズムは、欲動が形式性を宿したときの最初の形態である。これらは、ほとんど身体の自立的な運動過程に隣接しているとはいえ、すでにそれに一種の独特な波長を与えており、直接の所与性を越えたプリミティヴな概念性・理念性を受胎させている。つまり、これらは生成局面にある演劇なのである。この最初の概念性は、儀礼集団の複数のまなざしによる監視と相関しているため、共同主観的な妥当性も保証されており、最初の規範性でもある。儀礼の過程で執拗にあらわれる「名付けること」「指示すること」への熱意も、このような文脈からおそらく理解されねばならない。たとえば、ターナーによれば、治療に先立って蒐集される薬のうちいくつかのものは、主として、病人の身体の状態を「出現させ、示させる」ku-sololaために用いられる（同、三八―四一頁）。病気として現われる身体の不吉な状態は、いわば表象可能な象徴界の彼方にあり、治療は、命名することによる、かかる状態の転位・無効化という意義をもっている。「〝危険〟であり〝有害な〟chafwanaのは〝隠されたもの〟chamusweka」（同、三八頁）なのだから。[5]

さて、治療の共同的な実践を支える儀礼集団は、奇妙に両性具有的な性格を有している。儀礼集団は、すでに述べたように男女両性を含むが、「儀礼集団の〝長老格の〟mukulump、あるいは〝すぐれた〟weneni熟練者は、イソマのような女性の儀礼においてさえも、通常男性である」（同、二〇頁）から、基本的に男性的ではある。しかし、同時に、儀礼集団の呪医達は、ンデンブ族の文化体系の内部で女性的だとみなされる多くの属性（ひき臼で薬を搗き砕く、女性たちの身体に手を触れてプライベートな話をする）をもっている（同、五〇―五一頁）。

この両性具有的な儀礼集団は、病人に対しては相対的に男性的であるが、同時に病人とは全くかけ離れた男性的極を具現しているわけではない。この二重性によって、儀礼集団は、病人と男根的な力のシンボルたるムヴウェンイMuweng'iとの関係を媒介する中継点としての役割を果たすものと思われる。この亡霊ムヴウェンイとの関係の悪化こそが、病の原因とみなされている当のものに他ならない（同、二五頁）。ムヴウェンイは、少年の割礼儀礼に登場する霊であり、彼らの社会的成熟を先取的に具現するが（同、二四―二五頁）、このイソマ儀礼においても、儀礼集団によって儀礼の過程で取られる主要な手続が、すべてムヴウェンイを何らかの形で志向しているという事実が、儀礼集団の中継点としての機能を論点するここでの議論の傍証となるだろう。第一に、ターナーが紹介しているイソマ儀礼において、患者に施される薬のうち〝最上のもの〟と説明されたものは、割礼儀礼においても用いられる薬で、それの使用者は「比類なき男らしさ」が与えられると考えられている（同、三七頁）。第二に、儀礼集団によって歌われる例の歌の一つは、割礼儀礼の時の歌であり、また彼らの演ずる舞踊はムヴウェンイ・イキシ（ムヴウェンイの仮面をつけた者）のそれである（同、四八―四九頁）。すなわち、先述の言語のアルカイックな様態が、ともにムヴウェンイを志向している。

さらに、ンデンブ族の少年の割礼儀礼において、ムヴウェンイの仮面をつけたイキシが割礼式の修練者の隔離小屋の近くに現われたときに唄われる次の唄は、この霊が、男根的であると同時に、彼らにとっての象徴的・政治的完成者にして力の源泉である先祖・首長を形象化したものであることを示している。

祖父さん、おお祖父さんやって来た、
　われらの祖父さん、首長さん。

チンポのさきっぽ、チンポのさきっぽ乾いてる、
精霊トゥレンバ追い散らす、チンポのさきっぽ乾いてる（同、二四─二五頁）。

ところで、イソマ儀礼の目的は、患者をムヴウェンイの世界に統合することではなく、それとあるべき距離を回復することにある（同、二五頁）。従って、患者を文化的秩序へと統合するための上向運動を喚起する治療的実践の操作は、二重になっている。──①切離された男根によって表象されるような共同態にとっての完全性のイメージを、病人の身体に対して先取的に構成する。②かかる完全性の永続的な実現不可能性を告知する。

このような共同態にとっての力の集中的表現である男根は、それが現実の器官から切離された一種の象徴的機能を果たす限りで、おそらく男性にとってさえも究極的には同一化不可能な理念的位相を実定化している。（社会的に意義ある）男女の性差は、先所与的に存在するものではありえないから、厳密には、かかる切離された身体像との距離に応じて反照的に規定されるものと看做すべきであろう。

ともあれ、儀礼に具現されるような身体の文化的位相への引き上げ作業は、ある種の完全性を形象化する身体像の先取と連動している。ドゴン族の呪医オゴテメリも、やはり身体によって表象される完全性に対して、ことばが持つ依存感のようなものを、表明している。[6]

【3】女の移動

（社会的な）男女の分化が、切離された身体像との相関によって、後から形成されたものであるとすると、両性間の対立は、この儀礼の中に転位的に表象されている一連の操作の作用原因としてではなく、その効果として理解されなくてはならないだろう。

効果として確立される女性原理と男性原理の対立は、ンデンブの社会構造上のもう一つ対立――母系出身と夫方居住婚の対立に対応している。すなわち身体を自然性の準位から文化性の準位へと上昇移行させる儀礼的実践は、その最終的な効果として、身体の直接的連結（母系出自）と、身体の準契約的連接形態（夫方居住婚）とを調停する。その際、病人の生殖器官に変調をもたらしたのは、「直接関係にあるかの女の母系親族の女性たち――母親、ないし母親の母親――の亡霊であると考えられている」（同、一八―一九頁）点は、非常に重要である。つまり、病気は、身体がその直接的連結領域へ過度に埋没することによって招来され、儀礼は、身体を、かかる状態から救出し、姻戚関係によって示される社会のもう一つの交通形態へと接続する。[7] このような身体の移行は、儀礼の中の様々なシンボリズムで示されるが、とりわけ聖地に準備されたトンネルの中での病人の移動が、これに空間的な表現を与えている。

2. 身体と言語の精神医学

【1】知覚したところのものになってしまう

分裂病に見出される自―他の身体的癒着体験は、自然の母胎へと埋没したイソマ儀礼における患者の体験相と論理的に同型である。クローンフェルトがメタコイノンと呼んだ共同性の初源的層がこれにあたる。レインは、「その人が知覚したところのものになってしまう傾向」として、ある分裂病者の身体と世界との癒着的同一化を記述している。

「ジュリーにとっては、すべての知覚が自分と対象との間に混同を生じさせそうに見えた。そのため、彼女は、この困難を思いわずらって、多大の時間をさかねばならなかった。〈雨だ。私が雨かもしれない。〉〈あの椅子……あの壁、私は壁かもしれない。……〉」[8]。

レインが「呑みこみ（engulfment）」と呼んだ分裂病者の独特な感覚は、この種の体験に由来する。

【2】まなざしの石化作用

このような世界と癒着した身体の原初的層に第一次的に抑圧を加えつつ、分裂病者が自然に対して屹立するとき、同時に、第三者の位格をもって彼の身体を知覚する（典型的には〈視る〉）ことによって定型化する超越的な審級が派生する。
レインがサルトルにならって「石化（petrification）」と呼んだ現象は、このような第三者の審級の（分裂病者の）身体に対する力学的作用である。身体が石化されるのは、他者のまなざしがメドゥーサの神秘的力を宿しているからではなく、それが、共同的＝協働的に期待されている身体の姿態（廣松渉ならば役柄存在と呼ぶだろう）を顕在化させ、このように予期的に先取された存在へと現実の身体が直ちに整型化されるからに他ならない。してみれば、現前する他者のまなざしは、その揚には現前しない多数の他者達（第三者達）のまなざしの代表として、――こう言って良ければ、多数の他者達のまなざしとともに――知覚野に与えられるのであり、これら多数の他者達に期待されることによって存在が宿らせた規範性が、石化の圧力を帰結するのである。たとえば、ジェームズと呼ばれるレインの患者は、自己の存在感を保持するために、他の人々のまなざしを必要とした。他者達のまなざしが、彼の身体の無定型な流れを凝固＝石化させ、そこに相対的に安定した形式性を実現するからである。つまり、ジェームズ自身の表現を借りれば、〈他の人びとが私に私の存在を与える〉というわけである[9]。

盗聴器や隠しカメラを通して第三者に監視されているという分裂病者に非常に多い関係妄想も、この種の視る審級による分裂病者の身体に対する作用の一ヴァリアントに他ならない。この第三者による被監視感は、おそらく、容易に第三者による被制御感へと転轍されていく。たとえば、木村敏のある患者は、中耳炎手術の折に後頭部に埋設されたトランジスター製装置によって他人から遠隔操作を受けている、と訴える。さらに、次の患者の感覚は、より直接的である。「だれとははっきりいえないけれども、なにか自分ではないものが自分の中にはいってきて、そのために自分の心が自分の自由にならず、かき乱される[10]」。

分裂病者が自然に対する原抑圧によってそこから浮上するときに派生させるこのような第三者の知覚する審級は、イソマの治療行為の中で、患者を視つめ続ける儀礼集団のまなざしの系列を想起させる。分裂病者の抑圧的上昇移行の中で不可避的に生起せざるをえなかったこの超越的審級を、イソマの儀礼集団は現実に肉化しているのではあるまいか。

さて、分裂病者の基本的苦悩は、世界に対して開放的な脱自的身体と、あの三人称的審級に発する一種の社会的圧力によって課せられた身体像との基本的齟齬に由来する。いわば、分裂病者の身体的生は、石化した身体像を常に溢出しているのである。そしてこの湧出した過剰部分は、自立的な運動過程を経て最終的には、自然性へと回帰していく。分裂病者が、時に他者のまなざしを、存在感の獲得のために要求しつつも、過度に視られることを拒否するのは、このような身体的生と身体像との隔たりの拡大による。レインのある患者は、「他者を〈適量〉だけ服用するために、しかし〈服用しすぎにならないように〉、短時間の略奪をしに社会生活のなかへ出かけていくのをつねとした[11]」。

だから、第三者の力の審級は、分裂病者において特別に強力なのではなく、むしろ逆に特異なまでに弱体なのであり、それ故にこそ、生きられた身体の自立的な拡散・分節過程を効果的に抑止しえないのである。分裂病者における第三者の審級のとりわけて明確な自覚は、むしろその弱体の故に顕在化する生きられた身体の抵抗に、その源泉を持つ。そして、生きられた身体（過程としての身体）と課せられた形式的身体像との極端な乖離は、後者が、あらゆる意味で、前者の自立的過程とは無縁な、それとは逆立する足枷となるまでに深化しうる。この時、外界は、すべての欲望に対して破壊的な、レインのいう内破的（implosive）なものとして体験されることになるだろう。さらに、次の告白は、この種のずれに起因する極限的な体験を表明していると思われる。「彼らは私をなぐることができるだけで、現実的な損害を少しも私に与えることはできなかっただろう[12]」。

身体の自立的な運動過程の中での自由な拡散・分断は、分裂病にあって、このような第三者の審級の無効性の故に、共同的な妥当性をもった安定した形式性へと移行しえないだろう。すなわち、表現的価値のある身体の分節（シニフィアン）は、概念（シニフィエ）を宿らせることができない。換言すれば、概念は、身体的な欲動によって効果的に裏打ちされていないわけだ。宮本忠雄は、分裂病者の言語の病態の中心に、このような〈シニフィアン〉と〈シニフィエ〉の分離によるシーニュの解体が存在すると指摘している[13]。このような身体的生と概念との隙間が、分裂病者に通常の言語の生動感を与えるのを拒んでいる。J・クリスティヴァは、彼女の患者の臨床例の中に見られる主要な症状として、まさにこの言語の困難をあげている。彼女の患者は訴える、「私のいうことと現実とのあいだには距離が、空っぽな空間がひろがっている[14]」。

そして、分裂病におけるこのような言語の困難は、――繰り返すことになるが――身体の分節を定型化する視る審級の特別な弱体に起因するのである。換言すれば、それは自然性から離陸するための垂直的上昇力の不足ということでもある。

しかし、それでもなお、分裂病者が身体の自然への回帰に対抗して、自身体の限定されたテリトリーを回復しようとするとき、取られる手段は、他人に見られること、身体に損傷を与えることによって知覚器官を活性化すること（例の視る審級は、主体の観る操作と同時発生するのだから）、そして懸命に名付けること等であるが[15]、これらの手段が、彼らの身体に対して持つ効果はすべて等価である。

ところで、ンデンブ族においても、病として顕現する身体の特異な状態は命名困難な事態とみなされ、イソマ儀礼には、それの表象界への昇華という困難な責務が課せられていた。しかし、そこでンデンブ族が取る手段は、空転してほとんど実効をもたらさない分裂病者のそれよりはるかに絶妙である。そこでは、少なくとも三つの系列の手続きが、同時に、しかも巧妙に、利用される。病者の身体器官に一連の治療行為が直接にさし向けられると同時に、欲動に与えられた最もプリミティヴな形式としての声と身体運動のリズムが、身体的生と制度化されたラングのシステムを媒介し、しかも、それらは臨在する多数の眼の監視する現揚でとり行なわれるのだ[16]。かくして、身体の不吉な状相は、概念への「命がけの飛躍」に成功する。

以上の考察は、その対偶として次のことを明らかにする。分裂病者が自然を対象化する言語的主体として己を実現しようとしたとき、まさにその脆弱さの故にこそ自覚されるようなあの第三者の審級は、意味作用の可能性の必要条件になっているということ、これである。ラカンがとりわけファルスに帰したところの現実の身体から離切された特異な身体形象は、この第三者の審級に志向的に相関することによって形成される純粋な形式性である[17]。

ファルスは、器官としてのペニスとは区別される純粋なシニフィアンであって、ラカンに従えば、その現前によって諸シニフィエの配列を条件づけ記号の安定性を保証する。すなわち、ファルスは、器官をもった身体の現実の過程から切り離されることによって、現実の身体によっては至りえない超越的な場所を占拠し、かかる場所との距離に応じて諸シニフィエに安定した位置価を与えるのである。

ラカンによれば、以上のような特異点を占取するファルスの特別な意義は、幼児と父親（彼こそが母子の想像的二者関係に介入する第三者に他ならない）との、次のような両義的な関係を通じて確立される。すなわち、幼児は、まず母親を満足させるために父親のファルスへの同一化を欲望し、ついでその欲望を断念し、最終的にその欲望の部分的・相対的な実現を甘受する。この発達過程を通じて幼児が父親＝第三者のファルスとの間に確立する関係は、次の二つの対極的な意義を担っている。第一に、ファルスは幼児の欲望の対象であり、第二に、その欲望は決して充足されない。ところで、この両義性はイソマ儀礼を通じて確立される、共同態の男根たるムヴウェンイと患者の二重の関係と同型的である。

とは言うものの、分裂病者の生において極大化する、生きられた身体の流動性は、ファルスによって特に代表される超越的なシニフィアンの効果のもとに標定される意味作用からの脱出の可能性を示唆してはいる。

【3】〈否定〉の発生

フロイトの着想に基いてルネ・スピッツが定式化した、幼児における言語性のコミュニケーションは、否定〈ノー〉の習得によって開始されるというテーゼは、広く知られている。[18] ここで重要なことは、このコミュニケーションの成立は、幼児における分裂病性の体験の克服と相関しているということである。

スピッツの課題は、首振りが〈否定〉としての意味内容《シニフィエ》を獲得するに至る過程を跡づけることにあった。本来反射的現象である首振り運動は、生後三ヶ月ぐらいになると、乳房を求める探索運動として肯定的な意味をもつ一種の信号《シグナル》となる。しかし、メラニー・クライン[19]が分裂病的な段階として記述した妄想性態勢が克服されたしばらく後、すなわち抑鬱性態勢の開始にやや遅れた時期（生後六ヶ月）に、この首振り運動の意味はドラスティックな逆転を被り、むしろ拒否を示す否定の運動パターンへと変換される。そして、最終的に抑鬱性態勢も克服された後二―三ヶ月ほど経た時期（生後十五ヶ月）に、首振りは、人物一般に対する拒否、すなわち概念としての否定を表示する記号《シンボル》として、完成される。概念としての否定は、言語的な禁止とこれに伴うフラストレーションが首振り運動に結合されることを、その不可欠な成立要件としているが、分裂病性の態勢の克服とともにあらわれるこのような禁止とフラストレーションの体験は、例の第三者の審級による身体に対する拘束的関与の帰結に他ならない。

他方、フロイトも、「否定」[20]と題する論文の中で、医者と患者のコミュニケーションにおいて、患者の否定的言表が持つ意識を論じている。フロイトによれば、無意識は、本来いかなる意味での〈否〉をも知らないが、意識の発生と同時に否定が導入される。抑圧された思考内容は、否定されることによってのみ、意識の検閲を通過するのである。従って、否定は、抑圧を解消する一つの手段ではあるが、それは部分的なものにすぎない。「否定の助けによって解消されるのは、抑圧過程の一部だけであって、その表象内容は意識されないのである」。ともあれ、フロイトの患者である神経症者の心的境位の中では、肯定（A）と否定（Ā）が並置されることになる[21]。しかし、重要なことは、（意識による）抑圧という条件のもとで、肯定と否定の非両立関係が確認され、肯定の方を忘却することによってのみ、言語的な交通の可能性が拓かれるという点にある。このような次元の確立のためには、分裂病的体験は克服されなくてはならない。木村が指摘するように、分裂病者は、範例的連合をなすAとĀを、（意識と無意識のような）排他的水準へと分化させることなく、直接的に共存させているからである[22]。

以上の言語＝情報のコミュニケーションの可能性を確立する〈否定〉の意義に関する考察は、あらゆる水準におけるコミュニケーション一般の可能性の普遍的条件を示唆しているのではあるまいか。我々は、ンデンブのイソマ儀礼において、身体の文化的領域への原初的な超越とその代価としての原抑圧が、最終的な効果として、女性の移転を喚起することを確認しておいた。ところで、女性こそ、シンボリズムの内部にあって、身体の水準の否定性を吸収する当のものに他ならない。

3. 規範の生成

【1】「超越性」の自然的基礎

V・ターナーによるンデンブのイソマ儀礼に関するレポートを、我々は、精神医学が全く別の領域で獲得した知見と対応させてきた。

文化的なるものの可能性は、共同態が、一個の「超越性」として、自然生態系の他の水準から超出することによって、与えられる。しかし、かかる超出は、与えられたものではなく、基礎づけられたものである。すなわち、文化性の自然性からの離脱は、社会が先験的に具備していた「超越性」によって招来されるのではなく、逆にこの「超越性」自体、自然性によって基礎づけられ、そこからの連続線上に位置している。

文化が自然と連続的であるのは、それを構成する我々が徹頭徹尾身体的存在でしかないということに基いている[23]。文化は、間身体的な連鎖としての一種の生地の上に構築される。

身体についての現象学的反省は、身体が皮膚的境界面を越えて脱自的に拡大し、環界を自らの内に併呑するような癒合作用を持っていることを明らかにしている。たとえば、杖を常用する者が、その先で対象を触知するとき、その杖は、彼の身体の一部をなす[24]。してみれば、このような拡大する身体は、自然そのものと自らを完全に合致させるところまで伸長しうるだろう。このように溯行的に設定される身体＝自然的世界は、幼児や精神病者の身体経験の内に厳密に実現されており、生殖力を失ったンデンブの例の病人が、ンデンブ社会に対して持つ意義も、この点から理解されねばならない。

伝統的社会の中で、病人は、文化的秩序の網の目からはみ出した一種のほころびなのであり、社会の持つ文化性を自然性へと呼びもどす脅威にして魅惑でもある。イソマ儀礼は、そのほころびを修復するための社会的反応装置であり、儀礼の行為の内に、自然性から文化性への超出が転位―表象されるわけである[25]。

【2】第三者の審級

主体と自然とのほとんど初源的かと思われる分離を画する次のような身体上の出来事を、メルロ＝ポンティは、アンドレ・マルシャンの言葉から引いている。

「森のなかで、私は幾度も私が森を見ているのではないと感じた。樹が私を見つめ、私に語りかけているように感じた日もある……。私は、と言えば、私はそこにいた、耳を傾けながら……。画家は世界によって貫かれるべきなので、世界を貫こうなどと望むべきではないと思う……。私は内から浸され、すっぽり埋没されるのを待つのだ。おそらく私は、浮び上ろうとして描くわけなのだろう[26]」。

ここで、自然としての原身体性の全一的な展がりは、知覚器官を備えた身体の二重の作用によって、差異化・分節化され、文化と呼ばれる形式性への最初の一歩を踏み出す。この身体の二重の作用を求心化と遠心化と名付けるのが適当であろう。あらゆる身体的な知覚・行動は、今、この座にある私の身体へと向けて配列されており、私の身体に粘着したパースペクティヴを持つが、このような身体の持つ無際限な自己中心化の働きを、ここでは求心化と呼ぶ。しかしアンドレ・マルシャンの体験の最も核心的な特徴は、身体が求心化しつつあるまさに丁度その時に、志向性の中心を他へと移転させる遠心化の作用を共働させているところにある(「樹が私を見つめ、私に語りかけているように感じた[27]」)。

身体は、このような二重の作用によって、経験の核となる中心の多極性を生きるわけである。身体が生み出す遍在する諸中心は、互いに求心的に世界を配備せしめることによって中心間に一種の斥力を生み、そこに界面を産出する。このような相互に干渉し合う身体の多極的中心間の分裂の運動を、メルロ＝ポンティは、遺稿の中で「裂開(déhiscence)」「相互包摂(Ineinander)」「侵蝕(empiètement)」「交叉配列(chiasme)」等の言葉で表現しようとしたのである[28]。

身体によるこの種の界面の構成は、身体の潜在的にして無節操な遠心化の作用と連動している。

従って、構成された界面は、必然的に多極的な知覚中心に向性的に相関せざるをえない。換言すれば、身体が己を切断することによって構成した世界の一領野は、この中心（求心点）に対する存在としての意義と同時に、他の散在する諸中心（遠心点）に対する存在としての意義をも担っており、従ってそれら諸中心に対して同時に妥当する一個同一の事態としてのみ存立する。つまり、身体が切断する世界の一領野は、求心化しつつ遠心化してやまない身体の作動過程の必然性の故に、常に多極的な志向中心に向性的に相関している。従って、構成された世界の分節は、唯一の知覚中心に対する直接の射映的所与性を越えたそれ以上のあるもの（etwas Mehr）として、その度に形式性＝理念性を宿らせることになる。このような身体による分節化に形式性＝理念性を与える多極的な諸中心が、先述の第三者の審級として結実するのであり、これを、分裂病者は特有の関係妄想の中で具体化し、イソマ儀礼は治療に立ち会う「儀礼集団」のまなざしとして肉化したのである。

おそらく、自然生態系に対する社会の最初の超越を画するこの三人称的な審級こそが、昇華されることによって、王や神の可能性をも与えるのであろう。アフリカの諸社会は、しばしば、神をその呼称をもって（「万物の監視人」、「耳が長い」神、「偉大な目」）、知覚機能に関連させているが[29]、それは、この審級の当初の認知機構の痕跡なのかもしれない。

ともあれ、身体がおのれを分節することによって実現する形式性は、以上で述べたように多極的な諸中心に向性的に相関することによって、次の二重の帰結を生む。

①頻度、強度、及び順序[30]において最も優位な諸中心に相関する形式化された身体像が、一種の

規範的有意義性を帯び、共同態にとっての理想態として確立される[31]。

②一旦確立された形式性は、以後ひき続いて生成される切断・分節の偶然的な偏奇に対して、相対的な安定性を獲得し、身体の現実的な作動から独立する。固定化された形式性は、運動してやまない身体の実際の作用に対して遅延するため、身体の事実上の活動においては実現されない未在の虚焦点としてのみ存立する。すなわち、かかる身体の特異な形式性は、未在住においてのみ存立する。

かくして、理想態は不可能性と合体する。この二重の帰結は、イソマ儀礼において、患者を文化的秩序へ向けて上昇移行させる際に採用された二重の操作に正確に対応している。以上のような機制を通じて、身体は恒常的な欲求不満とやみがたい超越への渇望を刻印されるのである。

すでに幼児期においてさえ中心的性感帯たるペニスは、それへの関心の高さの故に、しばしば現実の身体から切離された理想態としての身体形象へと変換される。フロイト—ラカンによって発見された男根《ファルス》とは、まさにこの種の身体形象に他ならない。ンデンブ族のムヴウェンイは、全共同態的な身体の欲望の効果として産出された理想態としての男根である。とは言うものの、かかる身体形象の特異点が、ファルスである論理的必然性はないだろう。

この虚焦点としての理想態は、その規範的有意義性の故に、身体的生に拘束力を及ぼすこととなる。すなわち、第三者の審級に由来する理想態は、それが許容する枠組を逸脱する身体過程を排除し禁止する力を帯びる。

しかし、それによって身体の自立的な求心化―遠心化の作用が停止するわけではない。従って、身体は、理想態としての身体形象の課する可能性の枠組から常に溢出する危険性をも有する。身体のこの逸脱的過剰部分と身体の理想的形象の課する枠組とのあまりに大きな偏差こそが、分裂病の主要な苦悩として体験され、また伝統社会においては病の脅威によって集中的に表現されるわけである。

既述のように、身体が必然的に派生させる例の三人称的審級こそは、分節化された世界に付与される理念性の根拠として、言語象徴に最初の可能性を与えるが、さらにその安定的な構成のためには、この三人称的審級を確立せしめる身体の多極的中心の積分的表現である、理想態としての切離された身体形象の統括作用＝拘束力が、決定的に重要である。身体による被構成物たる特異な身体形象が、今や、身体による象徴形成に構成的に関与する。しかし、この種の超越的な力の審級の固有の脆弱さの故に、分裂病者は、安定した象徴形成に成功しないのである。

以上の線に沿って見ていくならば、イソマ儀礼は、この身体の最もアルカイックな超越化の運動を、（言語というより）行為の象徴的対立のうちに転位させ、保存していると、考えることができる。確かに、それは象徴の形式的秩序の内に取り込まれ内閉化されている限りにおいて、初源的身体の痕跡にすぎずそこからの失墜でさえある。しかし、それは、ある種の病という現実の中で、ンデンブの人々が強迫的に繰返さなくてはすまないような類の痕跡であり、それによって、共同態の間身体的連鎖の上に書き込まれた規範の網の目から逸脱する流動的身体の前対象的体験が、共同態の秩

表

ヨコ		タテ		高サ	
左手の火 ――	右手の火	動物の穴 ――	新しい穴	表面下 ――	表面上
女 ――	男	墓 ――	生殖の力	志願者 ――	熟練者
病気の議 ――	病人の夫	死 ――	生	動物 ――	人間
栽培された根 ――	森林にある薬	神秘的不幸 ――	治療	裸 ――	着衣
白い牝の若鶏 ――	赤い牡鶏	熱い薬 ――	冷たい薬	薬となる根 ――	薬となる葉
		火 ――	火の欠如	亡霊 ――	生者
		血 ――	水	白い牝の若鶏 ――	赤い牡鶏
		赤い牡鶏 ――	白い牝の若鶏		

序の方へと再捕捉されるような類の痕跡なのである。

V・ターナーは、イソマのシンボリズムを三組の二項対立と三組の三項対立に整理しているが、前者（次表）は、以上に述べてきたような転位の十全なる例示である（前掲訳書、五五頁）。第一に、ターナーが主として女―男の対立に結びつけているヨコの対立は、治療の出発点における対立であり、また共同態の欲望が直接に投入されるとき（つまり薬をふりかけるとき）の患者と儀礼集団の空間的布置を表現している。それ故、これは、器官を備給された身体の最初の自―他の分離を表象する。この最初の対立は、直ちにひき続いて治療過程における生と死の二つの穴の間のタテの往復運動を惹起する。この儀礼過程の中で繰り返し患者とその夫に強いられる身体の座そのものの移動は、我々が遠心化と呼んできた身体の志向的中心の移植の、具体的行為の上への投影ではあるまいか。この運動と並行して、患者の身体は、儀礼集団の声と身体運動のリズム（歌と舞踏）に晒され、おそらくこのことによって、身体は最初の形式性を宿らせる。そして最後に、この二つの対立のコラムが自然―文化の対立に最もふさわしい高サの次元での対立へと結合されることによって、治療は完了する。なぜなら、この場合、治療の完了とは、病人が儀礼集団に加入し熟練者の一員となること、動物性から人間性へと上向すること、裸の幼児から成人へと通過すること、結局、〈表面上〉の人々のまなざしが志向する理想態としての身体形象と安定した関係に入ること、すなわち規範を受胎することに他ならないのだから。これら一連のプロセスは、次のような治療の手続と効果の三つの次元として整理される。

	効果		手続
ヨコ――	知覚の活性他	←――	器官の備給
タテ――	リズムの受胎	←――	リズムと舞踏
高サ――	規範の受胎	←――	まなざし

【3】贈与への内圧

従って、身体は、必然的に自己関係的に己を分節化しつつ文化の構造を構成する。しかし身体が自己にかかわるこの再帰的な循環性は、根本的な不安定性を残さざるをえない。すなわち、身体が自己を切断しつつ形成する二つの領野は、両者の排他的関係自体を支える第三の水準（第三者の審級）を同時に要請するが、この三番目の水準自体が再び身体であるが故に、問題の保証メカニズムは効果的に作動しえない。

第三の審級をも同時に要請する身体の最も原初の分節化の運動は、徹底的にポジティヴな様式のもとで、すなわち直接的な身体の欲望の効果として遂行される。フロイトは「無意識のなかからいかなる『否』を見つけだすこともでき」ないと論じているが、ここで彼が「無意識」と呼ぶものこそ、未だ安定した言語へと十分に回収されない、身体の原初の運動過程に他ならない。

しかし、身体の分節とともに、遠心化する身体の流れの内に形成される第三者の審級は、既に述べたような機序に従って、特権化され、排除と禁止の力を内蔵させるに至る。身体の直接的な欲望に対して逆立することによって、身体にはじめて否定性を刻印するこの力の審級の実際の作動は、次のような効果を生まざるをえない。すなわち、かかる力の審級への身体の肯定的関与を忘却させ、身体とその超越的審級との二重の関係（肯定と否定）の端的な並置が抑圧されること、これである。

かくして、力の審級の否定化＝負性化のメカニズムは、現実化されざるをえないが、同時にその審級への肯定的関与との共存は避けられねばならないから、一種の二重拘束状況の下に置かれることになる。身体の自己分節化されたシステムとしての第一次的共同態の内部でのかかる状況の深化は、問題の否定性自体を内化させた媒体《メディア》の他の共同態への贈与またはそこからの略奪を動機づけることになるだろう。こうして、言語（＝超越化された身体）の水準においては、内化された禁止としての否定の言表をもって最初の伝達が開始され、身体それ自体の水準においては、有徴化された身体＝女性の交換が機縁づけられる。

この女性の贈与—略奪によって、社会は、相補的な身体の二重の結合様式を、その共同性の基礎として獲得したことになる。

①身体の求心化と遠心化に基く直接的連結と有徴化された身体を排除する内圧をともなった第一次的な共同性。

②有徴化された身体の交換に基く準契約的な接続様式（姻戚関係）。

イソマは、この二つの結合様式を調停するための最初の一歩を踏み出しているのである。

ターナーは、既に述べた三組の二分法と並べて、三組の三分法を、イソマ儀礼に関するレポートの総括部にあげているが（前掲訳書、四九—五三頁）、それらの三分法は、女性の移動をめぐる二つの身体の結合様式の調停を、儀礼的に表象していると考えることができる。三組のうちターナーが最初にあげている二組は、それぞれ苦悩（問題）の様式と治療（解決）の様式を表わし、各項は男—女の対立軸にそって次のように配列されている。

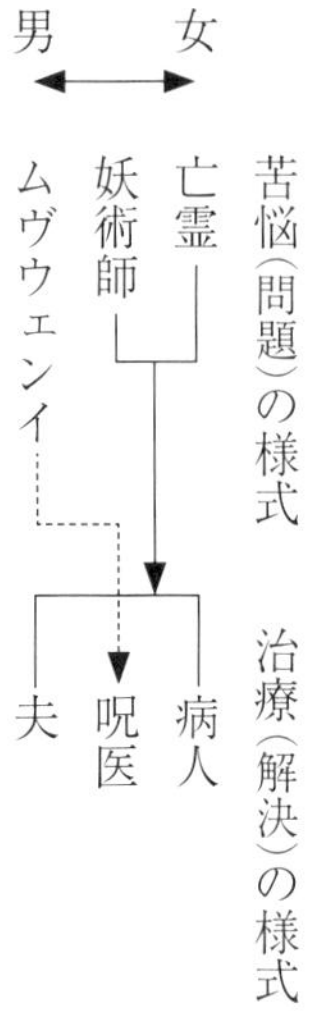

対応する項の間には密接な関係がある。亡霊と妖術師は母系親族（身体の直接的連結）であり、病人とその夫は婚姻によって結びつく（身体の準契約的接続）。ムヴウェンイと病人との関係の不調和が病苦をもたらし、呪医がそれを除去する。この解決は、呪医を病人と夫の間の仲介者として挿入すること、男性的極にあるムヴウェンイを仲介者としての呪医へと置換すること、によってもたらされる。最後に、社会構造上での女性の移動は、第三の三分法によってもう一度確認され具体的に可視化される。この第三の三分法は、冷たい薬と熱い薬が使用される回数が二対一であることによって表示される。それぞれの薬は動物の穴と新しい穴でふりかけられるため、この三分法はトンネル内での病人の移動にかかわっているが、ターナーが述べているように（同、五三頁）、この移動を、社会構造上の女性の実際の移動に擬することができる。

しかし、この身体の移転が、常に、その度に、他の共同態への贈与（またはそこからの略奪）の衝動によって駆動されているならば、社会は、決して閉じることのできない贈与（または略奪）の繰り返しを強いられていることになる。してみれば、このような身体の移転は、最終的な破綻の極へと至らざるをえず、そこにおいて、再び身体の自己関係的な構造化の過程自体を露呈させる一種の社会のほころびたるを、避けえない。このような回収不可能な逆説性に対する自覚において他に並ぶもののなき激越さをもってしたツァラトゥストラは、幼児《おさなご》をあらゆる体験の至高の位置に置いているが、その幼児は、さながらこの種の壊乱を一挙に極大化するかのように、ただひとこと語る、「然り」と。[32]

物質的かつ形式的な生産＝表現を遂行する身体は、以上で述べたような意味で社会的規範の質料的基盤をなしており、まさにそれ故にこそ、恐らくかかる規範の制約から脱出する場所たりうるだろう。社会的規範を、その存立機制の総体を統握することによって超克することを目論むならば、その時我々の視線は必ずかかる身体の前主体的－前客体的体験へと向けられねばならないが、しかしこの不遜な試みは、規範を解読するその視線が再び規範の課する形式的枠組の内に嵌入されている以上、決して十全たりえない。従ってかかる試みは永遠の反復を積極的に甘受しなくてはならず、この論考もその反復的営為の小部分をなす。

注

1　Nietzsche F.W.: *Also Sprach Zarathustra.* 氷上英廣訳『ツァラトゥストラはこう言った』岩波書店、一九六七年、第一部「身体の軽蔑者」。
2　Turner V.: *The Ritual Process—Structure and Anti-Structure.* Cornell Univ. Press 1969 Chap. 1. 冨倉光雄訳『儀礼の過程』思索社、一九七六年、第一章。ここで簡単に民族誌的事実に触れておくのが適当であろう。ザンビア北西部に住むンデンブ族は、母系制で、農耕と狩猟を同時にいとなみ、それに高い儀礼的な価値を与えている。ターナーは、彼らが木彫や塑像においてすぐれ、また洗練された宗教儀礼のシンボリズムを発達させている、と紹介している（訳六頁）。
3　この怒った亡霊とは、すでに亡くなった患者の母系親族の女性であり、その亡霊を、患者は、その肝臓から忘却してしまったと考えられている。

4　以下に整理する効果の二重の層は、分析的にのみ区別されうる。この整理は、ターナーの記述をもとに私自身が行なった。

5　レヴィ＝ストロースも、象徴化の治療上の効果について次のように語っている。「シャーマンは、その患者にいい表わされず、またほかにいい表わしようのない諸状態がそれによって直ちに表わされることができるような言葉をあたえるのである。そして、生理過程の解放、すなわち患者がその進行に悩んでいた一連の過程の好ましい方向への再組織をひき起こすのは、この言語表現への移行である」（Lévi-Strauss, C.: *Anthropologie Structurale*, Librairie Plon, 1958. 田島節夫他訳『構造人類学』みすず書房、一九七二年、二一八頁）。

6　尤も、ドゴン族の場合、この完全性は男根によって表象されているわけではない。オゴテメリによれば、彼らは神の孫である八人の始祖の末裔であるが、やがて全ての人間に共有されることになる言葉に関する知識を最初に入手するのは、そのうち七番目の始狙である。「というのも七というのは……女の数である四と男の数である三を合わせたものであるため、男と女の全面的な結合の、つまり統一の象徴であり、一連の完全性の帰結だった」からである。（Griaule, M.: *Dieu D'eau*, Fayard, 1948. 坂井他訳『水の神』せりか書房、一九八一年、四〇頁）。

7　すでに述べたように、女性性の構成は、一つの効果であるから、ここで病の原因と思念される母系親族の女性の亡霊は、後に女性として転位的に表象されることになる身体の即自的自領域の言語的な表現とみなすべきであろう。いずれにせよ、この点についての最終的な検証は、後段に譲らなければならない。

8　Laing, R. D.: *The divided self—An existantial study in sanity and madness*, Tavistock, 1960. 坂本健二他訳『ひき裂かれた自己—分裂病と分裂病質の実存的研究』みすず書房、一九七一年、二八〇頁。

9　同、六七頁。

10　木村敏『分裂病の現象学』弘文堂、一九七五年、一一九—一二〇頁、二九〇頁。

11　Laing, R. D. 前掲訳書、六八頁。

12　同、八六頁。

13　レインが、「身体化されない自己」と「身体化された自己」乖離と呼んだところの事態が、このようなシーニュの解体現象の中核的部分を構成している（Laing, R. D.前掲訳書、第二部4）。というのも、レインが指摘した事態は、むしろ、生きられた身体の脱自的拡散・分節過程（シニフィアン）と社会的に課せられた身体像の含意する意味内容（シニフィエ）との乖離と改釈されるべきであり、してみれば、それは限定された自領域と他領域を画するシーニュの構成の挫折に他ならないのだから。なお、このレインの改釈については、木村、前掲書、二七五頁参照。我々は、ここでの木村の理説を批判的に継承した。

14　Kristeva, J.: "La relation d'amour et la représentation—à la lumière de la théorie psychanalytique" 三浦信孝訳「愛の関係と表象—精神分析理論に照らして」『現代思想』十巻一号、一九八二年、四四—四五頁。この論文の中で彼女が言及しているのは、厳密な意味での分裂病ではなく、「境界例《ボーダーライン》」と呼ばれる症例である。因みに、彼女がこの論文で「Abjet（対象以前の母）」および「想像的父」なる概念をもって説こうとした「ナルシシズムの8字型ねじれ構造」は、おそらく本稿で論じられている事態と近似的に対応する。もし彼女の理論を社会的身体の一般的領野へと解放するならば、それは本稿の中で十全なる位置を発見するだろう。

15　これらの例は、すべてレイン前掲書による。

16　分裂病者が身体の自然への回帰に対抗するときに取る前段に例示した三つの手段が、ここでは同時に動員されているわけである。

17　ファルスの意味作用に関するラカンの理論に関しては、以下の論文を参照。
Lacan., J.: "Die Bedeutung des Phallus." "La relation de la cure et les principes de son pouvoir", *Ecrits*. Seuil, 1966. 佐々木他訳『エクリⅢ』弘文堂、一九八一年。

18　Spitz, R.: *No and Yes—On the genesis of human Communication*, Intl. Univ. Press, 1966. 古賀義行訳『ノー・アンド・イエス—母子交流の発生』同文書院、一九六八年。

19　Klein, M.: *Die Psychoanalyse des Kindes*, Internationaler Psychoanalytisher Verlag, 1932.

20　Freud, S.: „Die Verneinnung" (Gesammelte Werke XIV 9-15), 1925. 高橋義孝他訳「否定」『フロイト著作集第三巻』人文書院、一九六九年。

21　坂部恵「人称《ペルソナ》的世界の論理学のための素描」、講座現代の哲学2『人称的世界』弘文堂、一九七八年、三七—三八頁、参照。

22　木村はこのような事態を「比喩の事実化」と呼んでいる（木村、前掲書、一四五頁）。また分裂病者の言語における統辞的連鎖に対する範例的連合の優位については、以下の諸論文参照。Truphème, R. et al. : "Essai d'approche linguistique du langage delirant", *L'encéphale* 57 : 5, 1968. 宮本忠雄「妄想と言語」『分裂病の精神病理２』東京大学出版会、一九七四年。

23　身体を、知覚しつつ知覚されうる存在、感覚しつつ感覚されうる存在の総体として定義しておく。

24　逆に身体的な自我の縮小といった事態も当然起こりうる。

25　自然性から文化性への移行自体が、すでに言語的表象の内部に取り込まれた相でしか表現され得ない限りにおいて、それは、文化的秩序の内部にある。だから、我々の目的は、直接的にイソマ儀礼等のシンボリズムを解明するところにあるわけではない。問題は、そのようなシンボリズム自体を効果として産出する前表象的な作用原因を摘出するところにある。そのためには、文化性の内部へと自然性が吸収されていくことによって生じた固有の転位を、かかる作用原因の方へとさしもどさなくてはならない。

26　Merleau-Ponty, M. : *L'œil et l'esprit*, Gallimard, 1964. 滝浦・木田訳『眼と精神』みすず書房、一九六六年、二六六頁。

27　ここで言う遠心化は、ピアジェや市川浩の言う「脱中心化」と区別されねばならない。脱中心化が主に表象を介した知的・反省的操作であるのに対して、遠心化は、身体に関するあらゆる対象的・主体的体験に先行する自立的な作用であって、求心化と同時に作動しうる。

28　Merleau-Ponty, M. : *Le visible et l'invisible*, Gallimard, 1964, p.157, p.165, p.257, p.302, p.172, p.316.

29　Mbiti, John S. : *African religions & philosophy*, Heinemann, 1969. 大森元吉訳『アフリカの宗教と哲学』法政大学出版局、一九七〇年、三三三頁。

30　身体像は、多極的中心に相関するが故に、生起するやいなやプリミティヴな規範性を宿し、後続する界面の生成に対して排除的に働きかける。従って、相対的に先に生起した諸中心が、その意義を残存させる傾向がある。

31　このことは、当該社会で最も平均的な身体像が理想態としての価値をもつことになる、ということを意味しているわけではない。前註で述べたような理由により、理想態は、身体の比較的初期の欲望に対応するような形で構成される。この①のメカニズムによって、欲望の効果が、その目的へと変換される。

32　Nietzsche, F. W. 前掲書、第一部「三段の変化」。

第2章 身体の微視政治技術論

1.「かごめ」の神秘

「かごめかごめ」は神秘的な技法である。

「かごめ」は、今日児童の遊戯として知られているだけだが、民俗学の知見によれば、その本来の形態は、共同態に規範的判断をもたらす儀礼的実践だったらしい。即ち、それは、一種の「占い」の如き実践だったのだ。「かごめ」のこのような性格は、今日の遊戯においては、擬態された命名儀式の形式としてのみ残存している（「うしろの正面だあれ」）。命名は、判断の原子とも言うべき原基形態であり、特定の所与、とりわけ身体を、特定の規範的形式において措定するものである。[1]

「かごめ」の本来の形態は、さらに、命名判断よりももっと複雑な判断を獲得するときにも、使用されていたと思われる。

柳田國男は、「かごめ」が、中央の一人の身体に神を依らしめる特殊な技法であった、と論じている。その中央に置かれた身体は、共同態にとってみれば神を吸引する「招《お》ぎ代《しろ》」であり、神にとってみれば来臨するための「依《よ》り代《しろ》」をなしているわけだ。この「招ぎ代＝依り代」を目標に来訪する神は、折口信夫ならば「まれびと」と呼ぶだろうような異邦の身体である。規範的判断は、この異邦の身体に発するものとして、共同態を覆うのである。

さて、この「かごめ」の技法がいかなるいみにおいて「神秘」かを知るためには、「システム」としての社会の構成について一定の洞察を持っていることを要する（「かごめ」的な儀礼が実践されたであろう共同態もまた、一種の「社会システム」であることは言うまでもない）。

社会システムとは、行為の一つの集合であるが、それがまさに「システム」と呼ばれるのは、そこに包含される諸行為が、「意味」を通じて互いに関係づけられ、他の諸可能性の環界から境界区分されているからである（Luhmann〔1968：121〕）。したがって、社会システムの振る舞いを方向づける情報は、行為（および認知）の集合を、選択されている許容域と選択が禁止されている非許容域とに弁別する性能を、備えていなくてはならないことになる。我々が「規範」と呼ぶのは、このような性能を備えた情報のことである。社会システムは、この規範によって自己の同一性を確保する。

N・ルーマンも指摘しているように、人間の体験がそこに帰属するところの世界は、端緒的には、複合的で偶有的な可能性を、人間に対して提供する。複合性とは、現実化されうる以上の可能性が常に存在していることをいみしている。換言すれば、ある種の体験や行為の現実化が、選択的な意義をもって他の可能な体験や行為の選択肢を排除していないとき、世界は複合的であると言われる。他方、偶有性とは、後続する体験や行為の予期の困難を示す概念である。たとえばエントロピーの高い系の内部では、個々の要素の動きは偶有的なものとして現れる。結局、世界が複合的であり且つ偶有的である状況とは、行為や認知が内属する空間が、その範域を、可能性の十分に縮減した領野として確定していない場合を指しているわけだ。社会システムは、このような複合性・偶有性に対処して、これらを縮減・解消するものであると言える。この縮減・解消をもたらすものが、先に定義したような規範であることはすぐ見て取れるだろう。規範は、行為や認知の特定の選択肢を構成しつつ、同時に他の選択肢を排除することによって、このような働きを実行するのである。

社会システムが世界にこのような効果をもたらすためには、しかし、社会システムは、次の如き課題に直面せざるをえない。即ち、自らの同一性と自らの状態を決定する情報たる規範を、自ら自身の活動の所産として構成するという課題に。ところで、この種の課題を遂行しうるシステム、つまり自らの状態を選択する情報自体を選択しうるシステムを、我々は通常「自己組織システム」と呼んできた。この意味で、社会システムは、典型的な自己組織システムである。

「かごめかごめ」と呼ばれる技法の神秘は、この技法が、まさに社会システムの自己組織性を実現するパーフォーマンスとしてある、という点に存する。社会システムが自己組織システムであるということを看破したとしても、社会システムが如何にして自己組織化を達成したかを知ったことにはならない。社会システムの特定状態たる行為が、一体如何にして、その行為を含む諸行為が「しかじかのもの」であることを「根拠」づけているように見える規範自身を備給することができるというのだろうか。規範の産出装置たる「かごめ」として我々がよく知っている「かごめ」は、いとも易々とこの課題を克服してしまっているように思われる。「かごめ」として我々がよく知っているあの単純な手法から発せられた判断が、共同態の成員に規範として受付取られ得るのは何故か、あるいは受け取られてしまうのは何故か。[2] 結局、「かごめ」の神秘とは、社会システムの内部要素である行為が、社会システムの状態を決定しうるような情報＝規範を準備してしまうこと、の神秘である。この神秘は、次のようなヴィトゲンシュタインの記述と呼応している。

「我々がゲームをするとき――『やりながら規則をでっちあげる』ような場合もあるのではないか。また、やりながら――規則を変えてしまうような場合もあるのではないか」。

（Wittgenstein〔1936–1949＝1976：84〕）

「かごめ」が一連の手続きの内に分散させているところの技法を、言わば高速度に展開し一個の行為の内に凝縮するならば、その行為は、社会というゲームを営みながら規則＝規範をでっちあげたり、変更したりする操作として現れることとなろう。我々が「かごめ」に見た神秘は、ここでヴィトゲンシュタインが記述している言語ゲームにも内在している。それは、いつでもどこでも見られる現象である。

2．散逸構造

システム理論の最新の展開は、社会システムの以上に見たような神秘を理解するための非常に重大な示唆を与えている。

自己組織システムと呼ばれるシステムは、社会システムに限られるわけではない。直感的な言い方をすれば「悪いシステムから良いシステムへ」と変化するように見えるシステムは、一般に自己組織的であると言われる。即ち、進化するシステム・発生するシステムなどが、自己組織システムとして認知されてきた。それらのシステムは、システムの状態を方向づける情報自体を選択するような性能を有するように見える。だが、自己組織システムを思考の対象としようとした途端、システム理論家は、重大な知的困難に遭遇せざるをえなかったのである。それらの困難として、ここでは、次の二つを指摘しておこう。

第一の困難は、物理学的なものであると言える。自己組織的と形容されるシステムは、自らが有する「秩序」を創出し、また高度化させていく。しかし、このような現象は、孤立系（断熱的な系）

のエントロピーの不可逆的増大を予言する、いわゆる「熱力学第二法則」にあからさまに矛盾するように見える。第二法則によれば、孤立系は、最も無秩序な状態たる平衡状態へと自然に推移していく。[3]このエントロピーの増大は、情報の劣化に精確に対応している。ところが、生物などの自己組織的と言われるシステムに見られる秩序の維持・高度化の現象は、この傾向に明らかに反している。要するに、自己組織システムは、物理学的な見地からすれば、不可能な現象であるように見えるのだ。

第二の困難は、論理的なものである。我々が「かごめ」に見た先の神秘もまた、実はこの問題に関与している。論理的困難は、形式体系が自ら自身を基礎づけることが不可能であることを述べた有名なゲーデルの不完全性定理の、特殊ケースとして理解することができる。即ち、ゲーデルの定理を、自己組織化がおよそありそうもない逆説的事態であることを表現する定理へと、換位することができるのである。[4]「かごめ」は、この定理が表明する逆説性を言わば実践的に克服してしまっているように見えるが、我々はこれを如何に理解すべきだろうか。

したがって、今日のシステム理論は、これらの諸困難を解決しうるものでなくてはならない。解決の方途は、第一の困難に対する現代システム理論の対処から現れ、さらにその対処法は、我々の理解によれば、第二の困難に対する解決をも暗示するものであった。プリゴジーヌ等が展開した散逸構造論こそ、まさにそのような対処法だったのである。

自己組織的現象は、第二法則と矛盾するような仕方で説明されるべきではない。プリゴジーヌ等の理論構成は、自己組織的現象を生起させうるシステムが開放系――より正確には平衡から遠く離れた状態にある系――であることについての徹底的な自覚から出発している。システムが高秩序の下で変動するためには、自由エネルギーを必要とする。即ち、システムがもし自己組織的に振る舞い得るとすれば、システムは、その内に自由エネルギーを絶えず湧出させていなくてはならないことになる。そのためには、システムは、それぞれエネルギーの源《ソース》と吸い込み《シンク》になるような二つの外部のシステムに対して関かれていることを、必要条件とする。

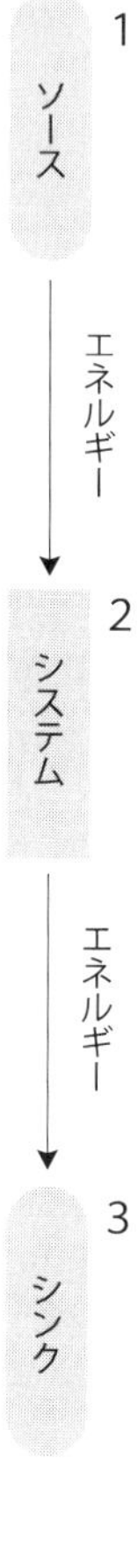

このようなエネルギーが移動するシステム（図の系2）にあっては、最初の状態より小さなエントロピーの状態が実現されたとしても、必ずしも第二法則と矛盾するわけではない。システム内に移動するエネルギーを平衡状態へと至らせようとする傾向に対抗する仕事に使用される可能性があるわけだ。システムをこのように外部との連関で把握することによってのみ、自己組織的現象を積極的に論定する道が拓かれるのである。

　プリゴジーヌ等によって理論的に解明された自己組織的な秩序の創出機制は、〈ゆらぎによる秩序の創出〉という言葉がよく要約している。それは、おおむね次のような連関を言う。非平衡系は、平衡近辺にあるシステムとは異なり、ミクロな状態のゆらぎに対して不安定である。そのため、非平衡系では、ゆらぎの中からある種のものが選択的に増幅される。このような傾向は、平衡状態からの距離が大きいほど強力になる。システムが平衡状態から離れることによってゆらぎが拡大され、やがて統計処理されたマクロな平均値の振る舞いに影響を与えるまでに至ったとき、システムのマクロな相にカタストロフィックな変化が生じ、以前には存在しなかった新しい秩序がシステムに与えられることとなる。プリゴジーヌが「散逸構造dissipative structure」と名付けたのは、このようにして出現する秩序のことである。

プリゴジーヌ等の議論は、以上のような説明によって、ある種のシステムが自己組織的に秩序を生成しうることを理論的に確証しようとするものである。自己組織化を可能ならしめる基礎的な原理を解明するために、より現象の細部に立ち入った考察を加えてみよう。

システムのマクロな相に散逸構造的な動的秩序が創出されるときには、必ず、ミクロな水準にゆらぎに関する自己複製機構が存在していることがわかる。自己複製機構とは、A→X なる変化をX自身が加速する機構のことである。それは、最も一般的には、

A＋X→2X（＋B）

のような式によって表現することができる。

たとえば、散逸構造の最も単純な場合としてしばしば「ベナールの輪」と呼ばれる規則的な対流

が挙げられるが、ここでもミクロな水準での自己複製機構が重大な役割を果たしている。即ち、ベナールの輪は、十分温度差がある二つの系（エネルギーの源と吸い込みになる）に接している液体に生ずるわけだが、そのためには、ミクロな水準でゆらぎとして生じた小さな対流が、自己複製的に増幅されなくてはならない。

自己複製機構の最も典型的な例は、いわゆる「自己触媒反応」である。次のような一連の化学反応を考えてみよう（清水博〔1978〕）。

$$A + X \xrightarrow{k_1} 2X \quad ①$$

$$X + Y \xrightarrow{k_2} 2Y \quad ②$$

$$Y \xrightarrow{k_3} B \quad ③$$

ここで、k_1、k_2、k_3は、それぞれ反応速度定数（単位時間あたり各反応が起こる確率）を表している。このA→Bの反応が、自己触媒反応とみなしうるのは、反応中間体X、Y自身が、①②の反応を触媒しているからである。この反応が、時間に関する次の微分方程式で記述できることは、容易に理解できよう。

$$\frac{dx}{dt} = k_1 ax - k_2 xy$$

$$\frac{dy}{dt} = k_2xy - k_3y$$

ここでx、y、aはそれぞれX、Y、Aの濃度を表している。方程式に現れる二次の非線型の項(k_2xy)が、このシステムが自己触媒反応を含むことを示している。この方程式を解くと、xとyが、それぞれ一定値$x_0=k_3/k_2$、$y_0=k_1a/k_2$のまわりを振動することがわかる。即ち、この自己触媒反応は、一種独特の秩序を実現してしまうのである。

しかし自己複製機構の存在は、秩序創出の必要条件ではあっても、十分条件ではない。システムに秩序が実現されるためには、複製が、増殖的・協同的に進行するための条件がシステムに備わっていなくてはならない。要するに、システムは十分に平衡から遠く離れた不安定なものでなくてはならない。たとえば、先の「ベナールの輪」が生ずるためには、液体は、十分大きな温度勾配(接している二つの系の温度差)によって不安定化していなくてはならない。温度勾配の小さな段階でも、小さな対流がゆらぎとして生ずるが、それは直ちに解消されてしまい、マクロな対流へと成長しないのである。

一度マクロな秩序を実現したシステムは、反応効果に関する遠達性を持ち、一つの全体のように振る舞うこととなる。ミクロな変化によって媒介されて成立したマクロな秩序が、逆にミクロな水準における変化を方向づけることになるわけだ。換言すれば、マクロな水準における散逸構造が、システムの状態を選択する情報としての位置価を獲得したことになる。

さてここで、我々は、自己組織システムを思考する際に生ずる知的課題として指摘しておいた二つ目の困難、即ち論理的困難について再考してみよう。この困難は、システムの状態を選択する決定の連関が自己準拠してしまうことから生ずる決定不能性に由来している。ゲーデルの定理と同一の構造を持つこの結論は、しかし、それ自身では必ずしも破壊的・否定的なものではないということに思い致るべきである。自己組織性を発揮しうるシステムでは、システムの状態を選択する情報自身が、その情報によって選択される状態としてシステムの内部に参入していることになる。だから、もしシステムの状態が、その度にシステムのその状態を選択しうる情報を投射できるような条件を備えていることが確認できれば、システムの自己組織性を十分に現実的な可能性とみなすこともできよう。

不確定なゆらぎからの自己組織的な秩序の創出の機制を解明した散逸構造論は、まさにこの条件を確定する作業だったと見ることができる。以上で展開した観察から、我々としては、そのような条件として少なくとも二つをあげることができる。[5] ①ミクロな因子を自己複製する機構をシステムが備えていること。②複製が増殖的・協同的に連鎖しうるような不安定性をシステムが備えていること。散逸構造論の示唆するところによれば、システムは、それを構成する素材に関わらず、これら二条件を備えているとき自己組織化の可能性を持つ。今や、この結論の社会システムの理論に対する含意を考察すべき段である。

3. 先向的投射

メルロ＝ポンティは、その最晩年の思索を展開する中で、アンドレ・マルシャンの次の言葉を引用している。

「森のなかで、私は幾度も私が森を見ているのではないと感じた。樹が私を見つめ、私に語りかけているように感じた日もある……」。（Merleau-Ponty〔1964＝1966：266〕）

この体験の記述は、身体の有する志向作用が、次のようないみでほとんど不可避的に二重化されてしまっている様を表現している。あらゆる志向作用は、事象をこの座にある身体（求心点）の近傍に配列させた相（パースペクティヴの構造）で把握する。このように身体的な志向性には一種の自己中心化の働きがあり、これを「求心化作用」と呼ぶことにしよう。と同時に――アンドレ・マルシャンの体験の特徴もこちらにあるわけだが――身体は、事象がそれへと配列されているところの志向作用の帰属点を他処（遠心点）へと移転させる操作（私が見つめているところの「樹が私を見つめ、私に語りかけている」）を随伴させることができるのであり、これを「遠心化作用」と呼んでおこう。求心化－遠心化の二重の作用を、身体の発動しうる最も基礎的・原緒的な操作として認めることができる（実際、たとえば、生後間もない幼児の身体においてすら、この二重の作用が作動していると見なしうる十分な証拠がある）。

重要なことは、遠心化作用が、求心化作用からの二次的な派生ではなく、求心化作用と同じ権利で直接的であるということだ。求心化作用と遠心化作用は、あるいは求心点と遠心点は、完全に相互に反転可能なものとしてある[6]。たとえば、アンドレ・マルシャンの身体が遠心化して樹木を捉えるや、逆に樹木の方こそが、能動性の中心（求心点）となって、アンドレ・マルシャンの身体を対象化してしまうわけだ。求心化作用と遠心化作用は、異なる場所に帰属しつつ、なお本質的に同質の体験として互いに互いを反射しあうのである。

求心化－遠心化作用の連動、とりわけ遠心化作用こそが、他者（異和的な志向作用が帰属する身体）を顕現せしめる当の機制である。求心化作用と遠心化作用が連動することによって、あの座に、この座に帰属する志向作用とは異なる志向作用が帰属することを、身体は明証的に覚知してしまうのである。その「あの座」が、十分持続的に志向作用の帰属点たりうる場所として安定化したとき、そこに確立した身体像を持ったものとしての「他者」が立ち現れる[7]。

さて重要なことは、連動する求心化－遠心化作用は、非常に厳密な志向作用の複製機構としての意義を担うということである。志向作用が把捉する任意の内容は、遠心化作用が必然的に顕現せしめる多数の志向作用（他者達）に均しく帰属した相で、捉えられることになるはずだ。即ち、対象は、一つの間身体的連鎖の上に共起する一連の志向作用（他者達）に共帰属するわけだ。この共帰属性は――複数の志向作用を一個同一の内容へと指し向けられた者として資格づけるので――複数の志向作用間の差異を無関連化するだろう。それ故、今一方の志向作用の内容を x_1、他方の志向作用の内容を x_2 とし、求心化-遠心化作用による両者の接触の操作を＋で表現すれば、この操作は、次のような自己複製機構を含意していることになる。

$$x_1 + x_2 \longrightarrow 2x_1$$

この自己複製機構は、身体の集合から成る社会システムに、ちょうど散逸構造形成に対してゆらぎの自己複製機構が果たしていたのと同等な効果をもたらすことが期待できよう。

さて、もし同時に顕現し感受されている志向作用（他者達）が十分大きければ——つまり志向作用が十分に増殖的に複製されれば——、志向作用の内容は、どの個別の志向作用に対しても既在性の相のもとで現前し[8]、且つどの個別の志向作用に対しても自らの悠意的な改変から独立したものとして現前することになるはずだ。[9] 換言すれば、複製機構を通じて互いに同調しあう志向作用（他者達）が十分大きいときには、志向作用の内容は、それら多数の志向作用（他者達）に共帰属してしまうため、どの個別の志向作用の不確定（偶有的）なゆらぎからも独立した特別な分節化の形式に分凝し、その形式を自らの「正当な様態」であるかの如く身に帯びてしまうのである。このことは、対象をその「正当な様態」たるところの形式として把捉する志向作用の有りかたが、一つの「規範（的に妥当なもの）」として確立されたことをいみしている。

以上のプロセスと並行して、個別の志向作用の規範への内属を強制する「拘束力」の発源点と見なされる審級が、擬制されることとなろう。この審級は、述べてきたような機序を通じて生成される「規範」が帰属する（かのように現象する）、一種超越的な身体の座であり、この超越的な身体は、規範に内属するどの個別の身体も直接には対峙できないような「第三者」のように現れる。この超越的身体＝第三者の審級は、志向作用の複製機構を通じて連接しあう多数の身体達（他者達）を全体として代表するものであり、このことによって個別の身体から独立した固有の実在性を有するため、諸身体の共在する社会空間の局所的な場への粘着から（相対的に）解放されて、社会空間の諸々の場に臨在することができるかのように想定されるだろう。この第三者の審級は、規範の正当性の備給源として、行為し認知する身体の現在に対して論理的に先行する場所に位置するかのように構成されるから、この「後からくるものによる、先行する場所への構成」を、我々は「先向的投射」と呼ぶことにしよう。

以上のような微細な身体的相互作用を通じて、社会システムは、自らの状態を決定する情報たる規範を構成すると考えることができる。今や、我々としては、社会システムの自己組織化の（少なくとも一つの）実質は、規範と第三者の審級の双対的な構成であるところの、「先向的投射」にあるのだと結論することができるだろう。その一連の過程は、プリゴジーヌ等が定式化した散逸構造的な自己組織化と、非常に正確に対応している。即ち、ミクロな因子の自己複製機構の存在、複製の増殖的な連動によるマクロな秩序の創出。この社会システムの散逸構造的な自己組織化は、身体が自らの行為を指令する特殊な情報たる規範を準備する機制であるという意味において、言ってみれば、身体の即自的な政治技術である。

以上のような理解を通じてはじめて我々は、例の「かごめ」の技法の神秘を解明することができる。柳田國男は、「かごめ」に類する儀礼的遊戯の様を次のように伝えている。

「……仲間の中で一番朴直なる一人を選定して真中に座らせ、之を取り囲んで他の一同が唱え言をする。多くは神仏の名をくり返し、又は簡単な文言もあります。こんな手軽な手法でも、真中の若者には刺激がありまして、二三十分も単調な詞をくり返す中に、所謂催眠状態に入ってしまふのです。さうすると最初の中は、『うん』とか『いや』とか一言で答えられるものばかりを尋ねますが、後には一段と変になって色々のことをしゃべるそうです。後暫く寝かせて置くと、いつの間にかもとの通りに復すると申します」(柳田國男〔1975-1980：20巻340〕)。

真中の身体は、共在する他の諸身体の志向作用(まなざし、声の聴取)の交錯の中心にあることによって、その個体としての同一性を解体してしまうまでに、自らの志向作用を共在する他の諸身体の方へと遠心化してしまっている。この事態は、共在する諸身体の方から捉え返せば、その特権的な中央の身体が、共在する諸身体の方からも自由に遠心化できるような特別な場所を形成しているということである。要するに、中央の身体は、そこに共在するどの身体でもありうるものとして定位されてしまい、そのことによって、他の諸身体達は、その特権的な身体の志向作用を通じて、自らの志向作用を覚知してしまうのである。こうして、各個別の身体は、中央の身体が代表する間身体的な全体の一部分として自身を（即自的に）同定してしまうだろう。それ故、中央の特権的な身体を通じて表明された判断が、各個別の身体には、共同化された規範の表現として聴かれてしまうのである。中央の身体に降臨するとされる「神＝まれびと」は、実はかかる規範の帰属点として構成された虚焦点に他ならず、そのことによって、身体の共在する現場から独立した特異な実在性を与えられる。「神＝まれびと」は、我々が言う第三者の審級の特殊ケースであり、「かごめ」は、おそらく、これを投射する機制を儀礼の中で擬態するものなのだ。

第三者の審級を先向的に投射する一連の過程は、「精神」の発達過程の中にも、ある痕跡を留めているように見える。たとえば、ジュリア・クリステヴァは、言語――それは最も基礎的な規範だ――を可能ならしめる基本条件を、ある種のナルシシズムの構造として剔出し、その中で、母子の双数的関係に第三者として介入する「想像的父」が、欲動を言語へと生成する作用素としての位置を持つと論じている（Kristeva〔1982〕）。彼女によれば、この「想像的父」の審級が脆弱だった場合、身体は、欲動によく裏打ちされた表現として言語を使用することに、特別な困難を示すという。その例として彼女があげているある境界例の患者は、父性機能を担う要素が非常に希薄で（彼の父は実際、妻からも息子からも見捨てられた形で死亡している）、逆に母からは大変溺愛されているのだが、言語の空虚化に深く苦しみ、しきりに訴える、「ぼくの言葉はまるで去勢されている」と。我々の理解からすれば、この「想像的父」とは、例の第三者性の審級の最も原緒的な形態であり、それはやがて、「象徴的父」と名付けられるようなより抽象度の高い第三者の審級へと移行していくのである。

我々は、社会システムの自己組織化の実質を第三者の審級の先向的投射に見てきたが、留意すべきは、この機制が、社会システムの空間的・時間的に特化された部分――たとえば特殊な儀礼的実践や精神発達の特別な段階――に、局在するわけではない、ということだ。むしろ社会システムに内在する任意の行為が、この先向的投射の特殊な実現形態であり、そのことによって、「暗黒の中の正当化されない飛躍」（Kripke〔1982＝1983〕）であるところの実践が、まさに社会システムの要素たる「行為」として自らを資格づけることができるのだ。即ち、任意の行為は、その行為に承認を与える第三者の審級を、自身の現在に論理的に先行する場所に前提にしつつ、遂行され、そのことによって、自らをなんらかの規範に従っているものとして資格づけるわけだ（大澤真幸〔1986b〕）。この意味で、全ての行為が、社会システムの自己組織化の媒体である。[10] ただ、いくつかの儀礼や、精神発達のある位相が、通常は隠蔽されているこの連関を可視化するだけだ。

4．秩序に内在する反秩序

我々は、社会システムの自己組織化が一種の散逸構造的な秩序創出として把握できることを示してきたが、その際、よくよく理解されなければならない要点は、次のことである。社会システムに秩序を与える機制は、身体が常に異和的な志向作用の可能性を発見してしまうような特殊な力能（遠心化作用）を有していることに依存しているわけだが、この異和的な可能性それ自身は、むしろ秩序に対して常に壊乱的であるということ、これである。他者の志向作用は、その本性上、特定の同一性として捕捉されることを拒むからだ。この異和的な可能性が秩序の内に統合されるように見えるのは、異和的可能性が多数連結することから生ずる統計学的錯視とでも呼ぶべきものによる。それは、丁度散逸構造的な自己組織化におけるゆらぎの効果に似ている。ゆらぎは、常に、個々に取り出してみれば、ある秩序に対する偏差としてある。それが、秩序をもたらすように見えるのは、連結した多数のゆらぎを一つの全体のように見たときだけである[11]。

この点から興味深いのは、たとえば「かごめ」の技法が、第三者の審級にある身体を、共同態をその外部から襲う異邦の身体（まれびと）として想念していた、という事実である。第三者の審級は、身体が発見する異和的な可能性を集積させたところに登場する。しかし、その「異和性」を了解にもたらすためには、一旦閉じられた秩序が構成された後に、その秩序に対する外部としてそれを位置づけることによる他ない。共同態に規範と秩序を与えるものと見なされる審級が、反規範的・反秩序的な空間と見なされる外部の場所からやってくるかのように理解されることの逆説性は、おそらく以上のことに由来している。同様な連関は、クリステヴァの言うナルシシズムの構造にも認められる。彼女によれば、身体と想像的父との関係は、形式的な同定の後でそこから排除されたものとして理解されるしかないような前対象的な媒体（abjet）に対する身体の両義的関係と、ある釣り合いを形成している。この媒体は、形式的秩序が構成されたときには棄却されるべき「おぞましきもの」としての位置づけを得るのだが、他方で身体を魅了するものでもある。想像的父は、身体を魅了するこの媒体の独特な「魅力」を言わば奪い取り、身体の肯定的関与を自らの方へと引き寄せることで初めて実質をもつわけだ。

だとすれば、自己組織的にもたらされる社会システムの秩序は、常に、それ自身を否定しさるような特別な危険とともにあるということになる。身体が、遠心化作用を通じて秩序に対して外的であるような可能性を発見してしまう危険性が常に存在し、しかもその外的な可能性が新たな第三者の審級へと全体化される可能性は予め約束されているわけではないからだ。しかも社会システムにとって致命的なのは、自らを危険に陥れるその同じ機制に自らの存立も支えられているということである。

注

1　身体を命名することの特殊な社会的効果については、Derrida〔1967 = 1972〕の考察が秀抜である。
2　ある判断が規範として受け取られるとは、その判断が表明する内容を学習することの妥当性が社会システムの任意の成員に帰属するかの如く認知される、ということである。
3　実際には第二法則の物理学的な位置づけ自身がはっきりしない。この法則は、他の物理法則とは非常に異なっている。この法則は、「時間」（不可逆過程）の存在を示す、唯一の物理法則だからだ。時間については、大澤真幸〔1984〕参照。
4　システムの自己組織性を、システムの状態を選択する任意の函数・を選択する函数が、システムに対して存在すること、として定義しておくと、いわゆる「対角線論法」を使用することによって、ゲーデルの定理と実質的に同一の含意をもつ定理を証明することができる。詳しくは、大澤真幸〔1985〕参照。
5　清水博〔1978〕の論述が参考になった。
6　この点で、遠心化は、ピアジェの言う「脱中心化」とは全く異なる。
7　ルーマンによれば、世界の偶有性は二重化されている。世界は、「私」に対して存在しているだけでなく、「もう一人の私」である他者に対しても存在しているからである。世界の偶有性がどうしても二重化されてしまうことの必然性は、我々の理解からすれば、身体がここで論じてきたような固有の作用によって、他者を不可避の体験として受容してしまうことに由来する。
8　ある内容が、ある個体の志向作用に対して現前したときには、既に別の個体の志向作用に対して現前していたものとして、受け取られてしまうから。
9　志向作用が捉えた内容は、複数の志向作用の「全体」に帰属しているのであって、特定の志向作用に専一的に帰属しているわけではないから。
10　ルーマンが所論の中で特に強調している行為の自己準拠性の実質を、我々がここで論じてきたような自己組織化の操作であると解釈できないだろうか。
11　このような問題を理解するのに、数学でいう「カオス」が、興味深い類比を与える。カオスと呼ばれる状態にあっては、ある変量の軌道が初期値に非常に鋭敏に反応する。だから、ほんのわずか初期値が異なるだけで、軌道は大きく異なったものとなり、個々の軌道をとってみれば、ほとんど規則性のない出鱈目な運動を示しているかのように見える。ところが、変量の軌道は、決定論的な微分方程式や差分方程式によって記述できるのだ。だからこの軌道を支配する規則が存在することになる。言わば、カオスにおいては、偶然性と必然性が一致しているのである。実は、この一致は微妙な視点の移動によってもたらされているのである。軌道がほとんど偶然的な運動を呈していると言うとき、我々は、一つ一つの軌道を別々に捉えている。このとき我々は、ミクロな視線によって現象に関与している。それに対して、軌道がある決定論的な規則に従っていると言うときには、我々は、方程式が含意することができるような、無限長の軌道と無数の軌道を、一挙に捉えている。このときには、我々は、無数の軌道の全体を捉えるようなマクロな視線によって現象に関与している。

文献

Derrida, J. 1967 *De la grammatology*, Minuit = 1972, 1977 足立和浩訳『根源の彼方に―グラマトロジーについて』(上)、(下)、現代思潮社

今田高俊 1986『自己組織性―社会理論の復活』、創文社

Kripke, S. 1982 *Wittgenstein on Rules and Private Language : An Elememtary Exposition*, Basil Blackwell = 1983 黒崎宏訳『ウィトゲンシュタインのパラドックス―規則・私的言語・他人の心』、産業図書

Kristeva, J. 1982 "La relation d'amour et la représentation" = 三浦信孝訳「愛の関係と表象」、『現代思想』一九八二年一月号

Luhmann, N. 1968 *Zweckbegriff und Systemrationalität. Über die Funktion von Zwecken in sozialen Systemen*, Tübingen

――― 1972 *Rechtssoziologie*, Rowohlt, Taschenbuch. = 1977 村上淳一・六本佳平訳『法社会学』、岩波書店

――― 1982 "Autopiesis, Hundlung und Kommunicative Verständigung", *Zeitschrift zur Soziologie* 11-4

Merleau-Ponty, M. 1964 *L'Œil et L'Esprit*, Paris : Gallimard =1966 木田元訳『眼と精神』みすず書房
大澤真幸 1984 「意味の生成・時間の生成」『記号学研究』4
——— 1985 「社会システムの自己組織性」（日本社会学会大会報告）
——— 1986a 「〈日本〉」『ソシオロゴス』10
——— 1986b 「規則随順性の本態」（未発表）→1994 『意味と他者性』勁草書房
Prigogine, I. 1984 *From Being to Becoming : Time and Complexity in the Physical Science*, W. H. Freeman and Company. = 1984 小出昭一郎・安孫子誠也訳『存在から発展へ—物理科学における時間と多様性』、みすず書房
Prigogine, I., P. Gransdorf. 1971 *Thermodynamic Theory of Structure, Stability and Fluctuations*. Willey-Interscience. = 1977 松本元・竹山脇三訳『構造・安定性・ゆらぎ—その熱力学理論』、みすず書房
Prigogine, I, I. Stangers. 1984 *Order out of Chaos : Men's New Dialogue with Nature*, Bantam Books
清水縛 1978 『生命を捉えなおす』、中央公論社
Wittgenstein, L. 1936-49 *Philosophische Untersuchungen(MS)*=1976 藤本隆志訳『哲学探究』、大修館
柳田國男 1975-1980 『定本柳田國男全集』

第3章
混沌と秩序——その相互累進

1. 内側の剰余

【1】窓の効果

われわれは「宇宙」を秩序だった全体として体験する。つまり、認知と行為の任意の対象は、同一性《アイデンティティ》をもった存在者として、秩序の内に位置づけられている。したがって、逆に、純粋な混沌は、認知と行為の志向に対して対象としての同一性を結ばない、端的な空虚であるほかない。秩序は、それゆえ、混沌に照応する空虚の次元の抑圧を前提にしてのみ構成可能なはずである。だが、秩序はこのような危険な空虚と隣接してもいるらしい。ロバート・ハインラインのＳＦ小説『ジョナサン・ホークの不快な職業』は、このことを例示している。

舞台は現代のニューヨークである。そこで働くジョナサン・ホークは、彼が建物の（実在しないはずの）十三階の職場に入った後に、彼の身に何が起こるかを調べてもらうために、探偵のランドルを雇った。ホークは職場での活動をまったく覚えていないのだ。ランドルがホークの後をついていくと、ホークは十二階と十四階の間で突然消えてしまう。同じ夜ランドルの寝室の鏡にランドルの分身が現れ、ランドルに鏡を越えてついてくるように要求する。鏡の向こう側には、奇妙な委員会のメンバーがおり、彼にここがまさに「十三階」であることを告げる。彼らは、ときどきランドルを召喚し、彼にあれこれと尋問した。その間に、ランドルは、彼らが、宇宙を支配しているとされる「偉大な鳥」を信仰していることを知る。謎は、最後に自分の正体を想起することに成功したホークの話を通じて、解かれる。ホークは、ランドルとその妻をピクニックにさそい、次のような話をした。――ホークによれば、彼は一種の美術批評家である。われわれの世界は、実在する諸世界の一つであり、それら諸世界の真の支配者は、未知の神秘的な存在たちである。彼らは、世界を美術作品として創造する。われわれの世界もこんな作品の一つである。この「神」である芸術家は、作品を真に完成させるために、ときどき彼らの仲間をその作品の内部に送り込む。ホークもそうして送り込まれた者の一人である。十三階の委員会は、真の神たちの活動を妨げようとする、邪悪な低レベルの神々である。――このように語ったあとホークは、この世界に小さな欠落が一つだけあり、それを直ちに修理しなくてはならないと告げる。ホークは、忠告さえ守ればランドルたちはこの欠落に気づくことすらないだろうと述べる。その忠告とは、ニューヨークに帰るまで、決して車の窓を開けてはならない、というものだった。だが、帰路、交通事故を目撃してしまった二人は、忠告に反して、車の窓を開けてしまう。と、そこには、恐るべき光景が、というより「光景の不在＝不在の光景」が現れた。直前まで見えていた警官も、子どもも、日光すらもなく、ただ純粋な無だけが、すなわち「灰色の無定形な霧」だけが脈打っていたのだ。恐怖におののいた二人は、あわてて車の窓を閉めた。すると、窓の向こうには日常的な街の風景がまた現れるのであった。

一切の存在者を飲み込む「灰色の無定形な霧」は、世界の綻び、世界の亀裂であって、純粋な「混沌」の表象である。この小説の中では、混沌が、秩序のいわばすぐ裏側にあり、いつでも偶発的な仕方で秩序の内に侵入しうる危険として、描かれている。混沌を消去し、世界に秩序を与えるのは、直接には観察されない「神的な第三者（芸術家）」である。この神的な存在者に対抗している十三階の委員会は、その機能からすれば、神的な存在者の存在を間接的に表示する、その相補的な相関項と見なすべきだろう。

興味深いのは、混沌が浸潤してくる場所である。この点に着眼して、ハインラインのこの小説を分析したのが、スラヴォイ・ジジェクだ（Žižek［1991：14-6］）。混沌の侵入は、内側を外側から分かつその境界線上で生じているのである。具体的には、車の外側と内側とに分かつ窓を通じて、混沌は秩序を侵すのだ。ジジェクは、内側と外側の不均衡についての、次のような現象学的な体験に想起を求める。すなわち、しばしば、われわれは車を外から眺めた場合には、それを極めて狭小なものと見なすが、一度車の中に入ると、それは圧倒的に広く、快適なものとして現れてくるのである。それ自身の内側から体験された「内側」は、外から観察された「内側」よりも広いのである。このような心理的な効果が現れるのはなぜだろうか？　さしあたって目下の現象——車を乗降する体験——に定位して述べておけば、内側と外側が境界線で区分されているとき、つまり窓を通じて外側が眺められているとき、外側は、内側のリアリティとは直接には連続しないもう一つのリアリティとして、「虚構」のようなものとして——スクリーン上の映像に比すべきものとして——現れるからである。だから、逆に突然窓を開けたり、慣れないオープン・カーに乗っていると、ときに不安を感ずる。外側と内側がごく薄い窓によって隔てられているだけで、極めて近接していること、つまり外側は内側と直接に連続していることが、あらためて確認されるからである。内側の拡張は、境界を通じて体験された外側の虚構化＝映像化が与える「錯視」である。ジジェクの表現を借りれば、（内側から体験された）内側には「剰余」が発生するのだ。内側と外側の区別が廃棄され、この剰余が消去されたときに、混沌が侵入する。ハインラインの小説のメッセージはこれである。車の窓を突然開けたときに誰もがわずかに感ずるあの「不安」のことを思うと、これは決して単なる絵空事ではない。無定形な霧＝混沌の侵入に対するランドルたちの恐怖は、この不安の単なる極大化でしかないからだ。不安から恐怖への否定的感情の極大化は、車の内側と外側の区別を、世界の内側と外側を分ける境界線へと移行することで得られる。もちろん、混沌は、この世界の外側からやって来るわけだ。もしわれわれが車の窓が開いているときに不安を感じているとすれば、このときわれわれは混沌が秩序に侵入してくるときの恐怖を再認しているのかもしれないのだ。小説は、世界の内側／外側を区別することから生ずる剰余を、ビルの十三階の委員会の存在によって暗示している。

【2】神と悪魔の同一性

「空虚（無）」という「表象の欠如」によって表象されるほかない混沌の次元が排除され、封鎖されている限りにおいて、宇宙の秩序は可能である。これは、当然の論理的要請であるように思われる。しかし、にもかかわらず、人間社会が構築する諸文化において、混沌（カオス）と秩序（コスモス）の間には奇妙な依存関係があることも、広く知られている。

原始共同体においては、たとえば秩序と規範を体現する神――単一であるとは限らない――は、多くの場合、同時に反規範的な混沌（反倫理性・異常性・破壊性など）の象徴でもある。このことは、アフリカ等で採取される多数の神話によって実証することができる。ドゴン族のある長老は、「秩序の存続のために必要なのは明白な無秩序である」とまで断定している（阿部［1981：115, 174］、竹内［1981：296］）。秩序に対する否定性は、しばしば、女性の身体によって、とりわけ女性の女性性を指示する物質である「経血」によって表現されている。すなわち、経血は不浄なものとして禁忌されたのだ（タブーの対象となる）。だが他方で、経血は、ときに有用な治療薬でもあり、したがって秩序の修復に効果を有すると見なされてもいる。

多くの原始共同体において、今し方示唆したように、秩序や規範は、たとえば「神」のような超越的第三者によって、表現される。すなわち、秩序や規範は、神によってもたらされると観念されていたり、神の遂行によって内容が提示され、神によって守護されていると見なされるのだ。だがしばしば、同じ超越的存在は、混沌を表現し、混沌と肯定的な関係を結んでもいる。たとえば、日本社会の「神」の表象について、折口信夫は次のように指摘している。神は、悪魔や死霊など（反規範的な存在）と多くの性質を共有しており、とりわけこれらがすべて「夜の世界」（混沌）に属するという点で顕著に類似しているのだ、と。たとえば祭りでは、太陽神（昼の神）とされている至上神（主として秩序《コスモス》を代表した神）ですら、暁には神上げをしなければならなかったという（折口［1975］）。また折口によれば、「神」と類似の意味を担った最も古い言葉は、「たま」であり、そこには善と悪との二重性が、すなわち秩序へと連なる方向性と混沌へと連なる方向性とが同時に含意されていた。前者に純化されたのが後の「神」であり、後者に純化されたのが「もの」である（折口［1975：261］）。アフリカの諸部族の事例に見られることからもわかるように、このような状況は、日本の古代社会に特有なものではない。インドのように、二つの方向性を二語によって区別している社会においてすら、当初の段階では、神々 Deva と魔神 Asura の区別は不明確であったという（竹内［1981：285］）。

神話的な想像力の内部における「超越性」だけではなく、それが具体的な人物によって担われ、政治的な効力をもつような場合でも、類似の事態が見出される。たとえばターナーによれば、アフリカのンデンブ族の首長の任命式では、首長は「道化」的な存在として扱われ、人々の嘲りの対象となる。このように共同体の最高の権威者の権威を停止し、一般の人々が彼に対してむしろ権威者として振る舞い、逆に権威者を一切の権威をもたない最低の身体――つまり奴隷――として扱うという「身分逆転」の儀礼は、非常に広く見られる。秩序を構成する権威を担う身体が、秩序に対して否定的な意味を担った身体としても指示されているのだ。

秩序と混沌のこのような直接の交錯を端的に示す事例の一つは、共同体に規範をもたらす超越的な存在を共同体の外部からの来訪者と見なす認知である。外部は、しばしば、反規範的な混沌を表象する空間だからだ。折口が「マレビト」と呼んだ形象は、このような超越的な存在の典型である。折口は、実際、マレビトが本来、神でありかつ鬼でもある二重性を担っていたと推定している。

このような秩序を構成すると認知された因子が、同時に混沌をも含意し、混沌を導入する媒体でもあるという両義性が可能だったのはなぜか？　秩序の可能性がそれによって保証されていると認知されている存在者の存在が、同時に秩序の反対物である混沌の肯定を含意しているのだとすれば、それは、自らの同一性を構成するような作用によって自らを否定しているのであり、ここにはエピメニデスの逆説[1]と同型の不可能な循環が構成されていることになる。原始共同体にとりわけ広く見出しうる認知（想像力）の中で、しばしば秩序と混沌とが同置されるということは、宗教社会学者や文化人類学者には広く知られていた（山口［1975］など）。しかし、不可能なはずのこの逆説が平然と容認されていることの根本の理由を、われわれはまだ知らない[2]。

だが、秩序と混沌のこのような直接の交錯は、単純な構造の社会、すなわち原始共同体においては広く見出される現象だが、社会の複雑化にしたがって、やがて解消されていく。すなわち、両者は異なる契機として分離されるのだ。先に折口にしたがって述べておいた、「たま」という日本の古語が「かみ」と「もの」へと分解する過程も、そのような展開の一種と見なしうる。山口昌男は、本来の神は、善悪の両義性を備えた双面神だったが、後になって、善と秩序のみを代表する至高神への純粋化が生じたと論じている。興味深いのは、ギリシアで起きた次のような現象である。秩序と混沌の対照は、ニーチェの有名な図式を用いれば、もちろん、アポロンとディオニソスの対立に対応させることができる。ディオニソス神は、アポロンに代表されるオリュンポスの神々とのあまりの性格の相違のため、異国の影響で後から加えられた神であると、長い間信じられてきた。しかしミノア線文字Bの解読によって、ディオニソス神は、オリュンポスの神々の中の最古層に属するものの一つであることがわかったのだ。だが、後代のギリシア人は、ディオニソス神を、異国の、オリュンポスの神々とは本来無縁な神と見なすに至ったのである。ここでは、秩序と混沌との分離が、空間に投影されている。

竹内芳郎［1981］は、秩序と混沌との分離が、国家権力（とそれと同時発生した文明）の登場とともに生じた、という注目すべき仮説を提起している。たとえば、日本社会では、混沌――ケガレ――は、身体の二つの境界的（とみなされた）状相によって象徴されてきた。それらは、死者の身体と女性の身体である。前者を抑圧するものとして、死穢の観念が、また後者を抑圧するものとして、産穢や血（＝経血）穢の観念が登場する。竹内が歴史学や民俗学の諸研究を参考に結論するところによれば、これらの観念は、決して太古からあったものではなく、古代天皇制の支配や国家神道の整備とほぼ並行して、生み出されたものであるらしい。たとえばかつての日本の共同体においては、死を禁忌する意識は低く、死者を住居の傍らに埋葬する事例も少なくなかった。だが律令制下の支配層は、極端に死を忌避し、その意識は、たとえば、皇都と公路の近傍における埋葬を禁ずる、律令の「喪葬令」の定式化を促した（高取［1979］）。また産婦を否定的なものとして、自らの圏域（境内）から排除しようとしたのは、神社神道や国家神道の中で高い位階を占めている有名神社の神々や氏神である。そして産婦を援助したのは、このような体制の内部に位置づけをもたなかった「産神」や「山の神」であった（宮田［1979］）。つまり天皇制に内化された神々によってこそ、産婦への禁忌は構成されたのだ。血穢も類似の過程の中で生み出されている。すなわちそれは、山岳仏教や修験道が発展する中で、霊山が男性に独占されたことの反作用として一般化したのだ（宮田［1979］）。

2. 社会システムとその秩序

【1】「複雑性」「システム／環境」「観察」

ここで、今までの議論の中で直観的に使用してきた「秩序」、「混沌」等の諸用語に正確な定義を与え、問題解明のための理論的な前提を整備しておこう。秩序（order, cosmos）とは、諸存在者のクラスが、次のような条件を満足している場合である。すなわち、それらの諸存在者の間に――何であれ――非任意的な（つまり限定的な）関係があり、したがって、それら諸存在者のそれぞれに、関係の内部で反照的に規定される位置価が与えられるとき、それらの諸存在者のクラスは秩序を有する、ということができる。言い換えれば、秩序の内部にある任意の存在者は、そこで、関係＝差異を媒介にして（付加的な）同一性を獲得する。[3] 秩序を時間の次元に投影すれば、それは、予期の容易さとして現れるだろう。秩序があるということは、ある存在者（出来事）が他のすべての存在者（出来事）と関係することができないということ、したがってすべての存在者（出来事）間の接続関係が可能なわけではなく、そこに特定の傾向性が見出されるということを含意しているからである。ある存在者のクラスに関する情報（量）とは、そこで秩序として実現されている関係の非任意性の程度であると、定義することができるだろう。

　したがって、混沌（disorder, chaos）は、諸存在者の間の関係の任意性、相対的な非限定性として定義できる。諸存在者の任意の同一性は、（限定された）関係＝差異の内部でその存在者が占める位置を通じて、媒介的に構成される。そうであるとすれば、あらゆる秩序の外部にあっては、すなわち純粋な混沌においては、存在者は一切の同一性を奪われたものとして、すなわち存在者としての自身の完全な否定として、純粋な空虚として定位されるほかない。ハインラインの小説が描く「灰色の無定形な霧」が表象しているのは、このような空虚である。

図

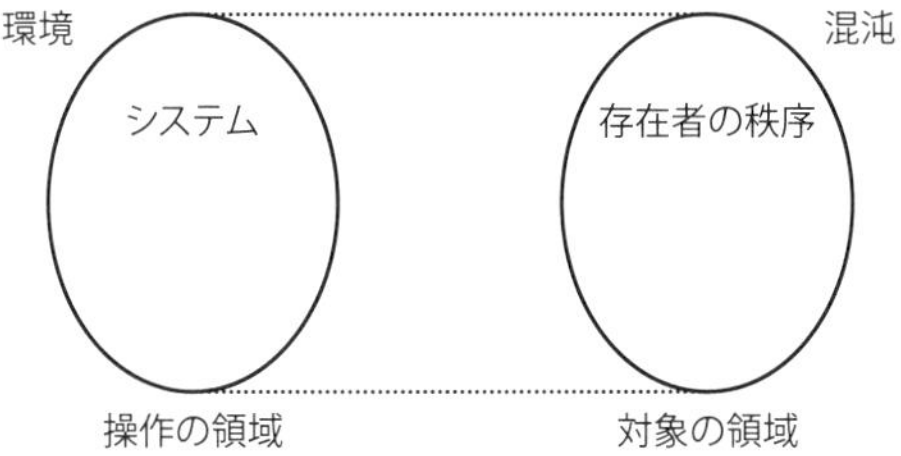

秩序／混沌の対立を、複雑性 complexity ということを準拠にして表現することもできる。複雑性を直観的に定義すれば、それは、予期の困難さの程度である。言い換えれば、それについての情報の獲得が困難なものは、複雑であるということができる。[4] たとえば、ある存在者（出来事）に結合可能な存在者（出来事）が多様でありすぎ、その結合を認知可能な閾値の内部に収めるために、可能な結合関係のある部分を否定しなくてはならないような場合に、それら存在者（出来事）のクラスは複雑であるということができるだろう。したがって、複雑性を、クラスの内部の存在者の多様性とそれらの存在者の間の関係の多様性に対応させることができるだろう。このように複雑性を大雑把に定義しておけば、混沌とは、過剰な複雑性のことであり、秩序とは適当な範囲内の複雑性のことだと言うことができる。

今、対象となる存在者に関して定義した秩序は、存在者をまさにそのようなものとして捉え、それら存在者に働きかける諸操作のクラスに、双対的に写し取ることができる（図）。すなわち、存在者のクラスに秩序が見出されるときには、その秩序に関係する諸操作のクラスに同型的な秩序が存在する。このような、非任意的（限定的）な関係によって相互に結びついた諸操作のクラスを、一般に「システム」と呼ぶことができる。システムにとって最も重要な関係＝差異とは、システムの同一性を規定する差異、すなわちシステムとその外部＝環境の差異である。環境（システムの外部）は、諸存在者の関係の包括的な可能性の領域であり、したがって、システムにとって環境は、秩序の欠如として、つまり混沌として現象するはずだ。

システム／環境の差異とは、それゆえ、――ルーマンが社会システムについて述べているように――複雑性の落差である。システムは、つねに、環境からの複雑性の縮減として構成されるのだ。システムが秩序をもっているということは、システム内の諸操作の集合に特殊な「偏寄」があるということである。このとき、システムは、そのような振る舞いを選択した、と解釈することができる。これが「複雑性の縮減」ということの意味である。このような選択＝縮減を指定する因子が「情報」である。

ある対象の選択とは、その対象とその対象の否定（その対象ではないもの）との区別を介して、その対象を指示する操作である。そのような指示の操作を、「観察」と呼ぶことにしよう。観察のこのような一般化は、G・スペンサー＝ブラウンの「指示の算法」に由来し、ルーマンによって継受されたものである（Spencer = Brown［1969 = 1987］）。システムの要素である諸操作の対象への関与は、まさしく、このような広義の観察であると概念化しておくことができる。対象の集合が秩序を構成しているとき、それに関与する操作は、（その秩序の内部で）許容されていない関係から許容されている関係を区別することを通じて、――後者の関係の一要素として――対象の同一性を指示することになるからだ。だから、システムにおいて、観察は二重の水準で生起している。第一に、述べたように、システムの要素がそれぞれ観察の操作を構成している。第二に、システムと環境の区別が、それ自身、再び（システムの同一性の）観察である[5]。

スペンサー＝ブラウンは、指示のために対象を区別する操作を、横断crossと呼び、マークによって表示している（Spencer＝Brown［1969＝1987］）。横断は、平面上に自己完結的な――境界を「横断」することなしに一方の側から他方の側に移動できないような――「囲い」を設定する操作に見立てることができるだろう。指示の算法の根本的な特徴は、指示のための操作＝演算と指示された状態＝演算数が、完全に同一であるということだ。したがって、この算法は、マークされた状態とマークのない状態の二値によって成り立つ。今し方指摘しておいた、存在者（対象）に見出される秩序とそれに関与する操作に見出される秩序との間の双対性は、この数学の中で完全に厳密に表現することができる（大澤［1988］）。

【2】「行為」「意味」「規範」

目下のわれわれの関心の標的となっている「操作」とは、行為である。行為とは、自らが志向する対象を（自らにとって）妥当な状態として指示＝観察しつつ実現される身体的な遂行である。行為に対して現れる対象の（妥当な）同一性が、その対象の「意味」である。したがって、行為にとって、存在者たちの秩序とは、それらに備給された意味の関係として実現されている。存在者は、

「意味」を帯びたものとして現前している限りにおいて、（少なくとも最低限の）秩序の内に位置づけられている。純粋な混沌は、意味において措定される同一性を欠落させた「空虚」の次元を構成する。1【2】で概観した諸事例の内に見出された、混沌を表示する諸形象――死者の身体・女性の身体・悪霊・外来する神等々――は、いわば、このような空虚を疑似的に代行するものである。すなわち、それらを、混沌という意味の不在自身を一個の意味として同定する「記号」――意味の欠落という意味を有する記号――として、解釈することができるだろう。

さまざまな行為が対象となる諸存在者を「意味」において指示しており、それらが相互に関係しているとき、それらの関係しあう行為の集合もまた秩序をもった全体を構成する。対象を特定の意味において措定する諸行為と、それらの諸行為を受容することによってこれらに接続した諸行為は、対象についてのまさにその特定の意味的な措定を妥当なものとして承認し、他の可能性を否定することによって、諸行為とそれらの間の接続の可能性を縮減したことになるからだ。このようにして、意味を通じて関係しあう行為の集合こそが、社会システムである。なおここで問題になる行為の間の関係とは、行為そのものにとって存在している関係、すなわちある行為の他の行為に対する――顕在的または潜在的な、そして直接的または間接的な――観察である。社会システムとは、それゆえ、互いに観察しあう行為の集合であると、とりあえずはいっておくことができるだろう。

したがって、社会システムには、対象を「特定の意味」において措定する行為を妥当なものとして指示し、他の行為の可能性を否定する「情報」が随伴しており、この情報を通じて、自らの秩序を実現する。このような「情報」を「規範」と呼ぶ。後に明らかになるように、規範は、本源的に社会的な——すなわち他者の存在を前提にしてのみ可能な——現象である。システムの内部の任意の要素（行為）に対する妥当性が（潜在的な直観においてではなく自覚的に）認知されている規範を、とくに（そのシステムにとっての）制度と呼ぶ。すなわち、制度とは、社会システムに対する妥当性が自覚的に認知されている規範のことである。規範の設定は、社会システムと環境の区別を設定する操作に相当する。つまり、社会システムは、規範を通じて「観察」されるのである。

規範は、その本性上、社会システムの要素である行為に対して、超越（論）的なものとして作用する。超越（論）的な作用とは、経験の可能性を保証する働きのことである。行為そのものの実現に先立って、行為の可能性を限定する規範は、具体的には、行為に関する整合的な予期の集合の形態をとるはずだ（ルーマンは、このような予期の集合を「構造」と呼んでいる）。だが、規範が（行為にとって）超越的な作用であるとするならば、ここには、次のような謎めいた関係が構成されていることになる。一方で、規範の作動は、システムを観察する外部の超越的な視点を前提にする。すなわち、規範が構成する（妥当な行為に関する）選択の作用は、選択されるべき行為に対して論理的な先行性《プライオリティ》をもったものとして現れるわけだ。だが他方で、十分に包括的な社会システムに対して、システムの同一性を先行的に規定する超越的な視点を前提にすることはできない。システムを観察する選択の操作も、それ自身、システムに内在する一つの「行為」（経験）を構成するほかないからだ。システムの前提条件自身が、再びシステムの同一性を前提にしているというこの循環は、どのように理解されるべきなのだろうか。この点は後に考察しよう。

規範は、行為とその接続関係についての複雑性を縮減し、社会システムに秩序を与える。環境は、システムよりも、常に高い複雑性を有するものとして現れている。システムと環境の全体を世界と定義しておくことができるだろう。世界は、そこから、システムと環境が切りだされてくる存在者＝出来事の総体である。つまり世界は、それに対してシステム／環境の区別が設定される場（空間）である。ところで、既に述べたように、何ものかの存在は、システムの秩序が構成され、その何ものかが意味的に規定されていることが前提になる。つまり、無規定な複雑性は、積極的には現れることはない。そうであるとすれば、システム／環境の区別が配列される世界は、その区別に先立って存在するのではなく、まさに区別とともに生成されているのだと解さざるをえない。すなわち、システム／環境の区別とともに、区別のための与件が生成されているのである。区別＝選択が、それ自身の前提を結果とせざるをえないという奇妙な循環は、今し方みた、行為と規範との間の捩じれた関係と類似したものである。

【3】複雑性の縮減／増大

以上に準備してきた諸概念を用いながら、1節で提起しておいた問題をあらためて概観してみよう。ハインラインのSFから暗示されることは次のようなことである。（社会）システムは、過剰な複雑性（混沌）を排除することによって成立するが、その排除された複雑性は、偶発的な仕方でシステムの内部に侵入しうる。システムの秩序は、内部＝システムと外部＝環境とを区別することによって可能になる。不思議なことに、この区別とともに、内部の方に剰余が発生するのだ。すなわち、システムの内部は、まさにその内部に属する視点から観察した場合には、外部からの観察において認定されている可能性よりも多くの可能性を内包しているかのように現れるのである。言い換えれば、システムの内部を構築し、複雑性を縮減したとたんに、逆に、内部は（縮減によって生じた限定的な可能性を越える）それ以上の複雑性を有するかのように、ほかならぬ内部の視点に現れるのだ。したがって、ここには、複雑性を縮減することによってかえって複雑性が増大するかのような、一種の錯視が生じているのである。この錯視が生ずるのはなぜだろうか？

他方、原始共同体に見出される、「秩序《コスモス》」についての諸体験が、表示しているのは、次のような逆説である。社会システムに秩序をもたらすと認知されている因子それ自身が、同時に混沌を含意しているということ、これである。それゆえ、この関係を単純化し、切り詰めてしまえば、結局、混沌を通じて秩序がもたらされているのだと要約することができるだろう。ところで、混沌とは、複雑性の過剰であった。そうであるとすれば、今度われわれが見出すのは、ハインラインの小説に示唆されていたのとは逆の因果関係である。すなわち、原始共同体に見出されるのは、複雑性が増大することによって、複雑性が縮減していくという現象なのである。

事態をもう少し緻密に認識するために、ここで、秩序《コスモス》の二つの層を区別しておくことにしよう。原始共同体が秩序と混沌についての観念を発達させている場合には、まさに生成状態にあると見なされている（システムや事物の）秩序と、既成化されている秩序とが区別されている。竹内芳郎［1981］に倣って、前者を能産的秩序《コスモス》、後者を所産的秩序《コスモス》と呼ぶことにしよう。所産的秩序を「ノモス」と呼ぶこともできるだろう。能産的秩序と所産的秩序の対立は、「聖」と「俗」の対立であると言うこともできる。特定の時空間や事物において見出される秩序が、他の秩序がまさに秩序として成立するための準拠として機能し、そのような意味で、秩序を構成する働きを担うとき、この秩序の性質を「聖」と呼ぶことができる。「俗」とは、「聖」を準拠にして構成された秩序である。「聖／俗」の対照は、「超越性／内在性」の（論理的な）対立の時空間への射影である。経験を可能ならしめる秩序の選択性の帰属点である超越的審級を、特定の事物の働きとして想定すれば、その事物は、まさに今定義したような意味での「聖性」を帯びるはずだ。

秩序のこのような二層を区別した上で、先の論題をあらためて吟味するならば、次のようにいうべきだろう。すなわち、カオスと隣接し、カオスそのものを含意してしまうような秩序とは、主要には、能産的秩序である、と。秩序がまさに生成されてくるとき、そこに秩序の反対物が混入されるのである。

3．宗教

【1】意味の「地平」

1節で、存在の秩序が成立するときに奇妙な逆説が生じているということを確認しておいた。2節では、この現象に関連する諸概念を整備した。もちろん、これは、問題の解決ではなく、そのための準備である。提起された諸概念は、とりあえず問題を鮮明にする。すなわち1節で見てきた逆説は、複雑性の増大と縮減の間の反転した因果関係として、とりあえず整理することができるのだ。問題の核心には、社会システムの生成機制についての問いがある。2節で論じたように、存在の秩序と社会システムの秩序とは、双対的な現象なのだから。あらためて基礎的な水準に回帰して、存在とシステムの秩序に可能性をもたらす要因を探究してみよう。

存在の秩序は、「意味」を通じて実現される。既に述べたように、任意の行為（社会システムの要素）は、存在者を何ものかとして、すなわち意味を担ったものとして指示する操作を本質としている。対象となる存在者を何ものかとして指示するということは、それが他である可能性を否定することである。つまり、対象の意味は、他の諸可能性との差異を媒介にして規定される。それゆえ、意味的な同定は、「観察」の操作を構成するわけだ（「観察」の定義参照）。重要なことは、差異を媒介にした規定、すなわち否定の操作は、他なる諸可能性を単純に排除することではない、ということだ。差異が構成的なものとして働くためには、他なる諸可能性は、それとの反照において対象の同一性が構成される背景として、維持されていなくてはならない。つまり、それらはまさに「十分にありえた可能性」として保存されていなくてはならない。したがって、意味によって対象を同定する操作（観察）は、不可避に、偶有的である。このような意味構成の場、すなわちそれに対する差異＝区別の設定によって対象の同一性が構成される場のことを、「内在性」と呼ぶ。

したがって、任意の「意味」は、そこにおいて差異が設定される諸可能性の集合を、「地平」として、背後に前提にしている。「意味」が偶有的でありながら（他でありうるにもかかわらず）、その偶有性が否定され（つまり「他なる可能性」から区別され）、一義的に規定されうるのは、「地平」が前提として与えられているからである。確定的な地平の内部でのみ、相互に否定関係にある排他的な区別を構築しうるからである。

ところで、地平もまた、それが同定されるためには、他との差異を媒介にせざるをえないはずだ（地平の観察）。つまり、地平もまた「意味」として同定されなくてはならない。地平を確定する働きは、――内在性の領域に差異を設定する行為に対して――、超越的な作用であるということができるだろう。地平を同定することが、諸行為――意味を用いた観察――の可能条件をなしているからである。許容可能な行為の集合を指定する操作は、規範であった。してみれば、規範は、行為の地平を指定する働きであると見なすこともできるだろう。

だが、実際には、究極の地平には、決して到達することができない。すなわち、任意の「意味」の前提となるような最終的な地平を、直接に観察することはできない。このことは、超越性の働きを担う存在者に経験の方から直接には到達できないということを含意する。超越的な審級を直接に観察することはできないのだ。たとえば、ある「地平」を、直接、積極的に規定（観察）したとしよう。このような規定の操作は、差異を媒介にしてのみ実現しうるのだから、今度は、その「地平」が、偶有的なものとして現れるだろう。この偶有的な「地平」の同一性が規定可能であるとすれば、それは、この「地平」が、より包括的な「地平」に包囲されているからである。つまり、どのような地平も、積極的に規定されたとたんに、さしあたって未だに主題化されていないより包括的な地平を前提にしてしまうのである。究極の地平に到達できない、ということの含意は、このような地平の本源的な未規定性である。同じことは「規範」に関係づけて次のように論じてもよい。すなわち、最終的な前提を構成するような包括的な規範を、積極的に主題化し、直接に指示する（観察する）ことはできないのだ、と。超越性は、地平あるいは規範のこのような未規定性に対応している。

【2】暗号

ここから、次のように結論せざるをえない。一方では、地平は主題的に措定され、積極的に観察されることはない。だが他方では、——諸存在者の意味が規定されているときには——、地平は、同定された統一体として実効的な前提をなしていなくてはならない。したがって、地平は、積極的に観察されてはいないのに、観察されたのと同等な効果を保有しているのである。任意の観察——対象の意味的な措定——は、この観察されることのない地平の存在によって、可能になる。つまり、地平は、観察の「盲点」だが、観察に対して構成的に機能する積極的＝肯定的な盲点である。ルーマンが、観察には不可避に盲点（観察を可能にするが、それ自身は直接には観察されない区別それ自身）

が伴う、と述べたのは、このためである（Luhmann［1990］、清水［1993：232］）。
スペンサー＝ブラウンの指示の算法によれば、任意の「囲い」（区別を付された状態）は、「書かれざる囲い」によって包囲されている（大澤［1988］参照）。書かれざる囲いとは、区別の操作が備給される空間を構成する囲いである。重要なことは、この囲いが、「書かれていない」ということ、つまり主題化されることはないということである。書かれざる囲いは、「地平」という構成的な盲点の、指示の算法の内部での対応物である。

（妥当なものとして）選択可能な行為の集合を与える（包括的な）社会システムは、定義上、最終的な地平を構成する、と解釈することができる。存在者の意味の秩序における地平と同等な働きを、行為の秩序においては社会システムが果たしており、地平は、行為（操作）の領域における社会システムの、存在の領域における志向的な相関項なのである。したがって地平と社会システムは双対的な現象であり、同じことの表裏なのだ。

それにしても、地平が観察されてはいないのに、観察されているのと同等でありうるのは、いかにして、であろうか？　地平が、さながら観察されているかのような「同一性」を獲得するためには、まさに地平に、「観察されていないということ」――つまり「未規定性」――という規定性を与えなくてはならない。言い換えれば、「超越性」に、それ独自の形象を与えなくてはならないのだ。超越性が端的な未規定性であるならば、それは文字通り何ものでもありえず、したがって地平はどのようにも限定されないからだ。超越性に独自な形象を与えること、つまり地平の未規定性を未規定性として規定すること、これこそが「宗教」の本質である。たとえば「神」は、超越性に与えられた形象の典型である。地平の未規定性がそれ独自の形象を得ることによって、地平の未規定性は規定可能性へと転換する。言い換えれば、システム（内部）と環境（外部）の差異が規定可能性を獲得する。未規定性を規定可能性へと転換するということは、いかようでもありえたものを、勝手に変化できないものへと置き換えることである。このような理路を辿ることで、われわれは、宗教を「超越／内在」の二項図式によって定義したルーマンの理解と同じものに到達したことになる（Luhmann［1987］［1989］、西阪［1990］）。

ルーマンは、超越性に形象を与えることを「暗号化」と呼んでいる（Luhmann［1977：33］）。暗号は「記号」ではない。記号は、二重に他のものとの関係で機能する。第一に、記号は、他のなにものかの同一性を積極的に指示する。第二に、そのような指示が可能なのは、記号が、他の記号との差異のもとにおかれているからである。だが暗号は、何ものかの同一性を指示することなく、ただ「未規定性」を――つまり「何ものでもありえないということ」を――代理するのみである。さらに暗号は、単独で機能するのであって、他との差異において機能するのではない。つまり、暗号の同一性は、どちらの水準においても他に送り届けられることはなく、「ただそのもの」なのである。暗号化された形象は、先に定義したような意味で「聖性」を帯びた事物として現れる。

しかし、なお問わなくてはなるまい。同一性（意味）は、他との差異（区別）を前提にしているのではなかったか？　暗号が、地平が、したがって包括的な社会システムが、他（外部）との差異を主題化されることなく、それ自体として、同一的ななにものかとして機能し、存在することができるのは、いかにしてなのだろうか？

【3】偶有性と必然性

既に述べたように、意味は、本質的に偶有的なものである（他でもありうるということ）。しかし、にもかかわらず、意味が実効的であるためには、その偶有性は相対化され、いわば抑圧されなくてはならない。「これ」が特定の「何ものか」であって、他ではない（他ではありえない）かのように見えていなくてはならないのだ。要するに、意味は、一方では、自らの否定の可能性を保存しつつ（偶有的でありつつ）、他方で、その否定の可能性を効果的に背景化し、肯定と否定が混交する危険性を抑止していなくてはならないのだ。偶有性が抑圧可能なのは、差異が設定される地平が同一的なものとして前提されているからである。【1】にも述べたように、全体が規定されてある場合にのみ、その全体を、相互に排他的な関係にある（二つの）部分に分割することができるからである（いわゆる「直和な分割」）。

逆に、純粋な偶有性は、本源的な規定不可能性である。偶有性がいささかも相対化されず、完全である状況とは、「これ」が何ものかであるということと、他の何ものかであるということが完全に同等に成立してしまい、したがって、何ものかとしての確定的な同一性を保持できない事態なのだから。これは、先に「混沌」として定義した状態に対応するだろう。全体としてのシステムの視点に立脚した場合に、混沌（過剰な複雑性）として現れる現象は、システムを構成する個々の要素（行為）に定位する視点に対しては、過剰な偶有性として現象するのである。

ここで次のような疑問が生ずる。行為が——純粋なものであるにせよ相対化されたものであるにせよ——偶有性を有するのはなぜか？　行為は、その度に、単一の選択を現実化してしまう。それであるにもかかわらず、その行為が「他でもありえた」といいうるのはなぜか？　行為がその度に単一の選択であるにもかかわらず、いかにして、それが別様でもありうるという可能性を保存し続けることができるのか？　それは、他なる選択を採用するかもしれない異なる選択の帰属点の存在が想定可能だからである。要するに、他者が存在しているからである。他者の存在可能性が奪われた独我論的な世界では、「行為が偶有的である」という言明は、完全に没概念化してしまうだろう。他者が存在しない世界においては、混沌は存在せず、したがってその否定である（システムの）秩序も存在しない。他者の存在は、混沌／秩序の対立が可能であるための（十分条件ではないが）必要条件なのである。

ルーマンは、社会システムにおいて、偶有性は二重である、と述べている。この視点にとって世界が偶有的なだけではなく、他者の視点に対しても偶有的だからである。われわれは、この主張をさらに前に進めることができる。偶有性は、そもそも二重でなくては存在しないのだ、と。すなわち、偶有性は、本性上、視点の複数性を前提にしているのだ、と。

以上のような理解は、システムの要素の作動をそもそも最初に動機づける「差異」は何か、という問題に新しい照明を与える。個人主義的な社会理論のもとでは、行為者の利己心、目標、選好などから行為の作動を説明するのが当然のように認められている。だが、選択のまさに選択としての資格が、その選択が帰属する自己と同じ／異なる選択をなしえたかもしれない他者の存在に、要するにその選択への他者の承認／否認に依存しているのだとすれば、行為を方向づける主導的な差異は、他者（パートナー）がこの行為の選択結果を受容するのか拒否するのかという問題であるはずだ。このような理解は、ルーマンが「二重の偶有性（ダブル・コンティンジェンシー）の公理」からの結論と呼んでいるものとも合致する（Luhmann SS 173）。

ともあれ、地平は、地平に内在する行為の偶有性を去勢し、相対化する。だが、地平そのものの同一性《アイデンティティ》の水準では、この相対化のベクトルは極限にまで進められ、「矛盾」（とその隠蔽）にまで高められる。超越性が何らかの形象すなわち「暗号」によって担われているものとして現れているとき、それを指示することによって、その超越性に対応する包括的な地平（世界）そのものが、偶有的なものに見えてくるだろう。だが暗号は、他との差異を介さず単独で機能すると述べておいた。このことが、地平の偶有性に特殊な含みを加えるのだ。すなわち、暗号に対応した包括的な地平は偶有的であると同時に、その地平の特定のあり方が、したがってまた地平の内部（内在性）が、他ではありえない必然的なものとして現象することにもなるのだ。地平の全体性に対応した「暗号」は、否定（他なる可能性）を介さずに作動できるからである。したがって、超越的な形象＝暗号は、偶有的な対象でありながら、そのことによって自らの偶有性を背後に後退させ、そこに帰属すると認知された選択を必然的なものとしてみせることになるのだ。たとえば人は、世界のあるあり方を神の恩寵や意志の結果として感謝したりすることがある。つまり、世界のあり方を神の選択に応じた偶有的なものとして認知する。が他方で、まさに神がそのように選択したがゆえに、世界のそのようなあり方は、他ではありえない必然（宿命）であるとも認知するのだ。ここには、偶有性をまさに必然性として知覚させる「詐術」がある。

偶有性と必然性を同じものに見せる、このような詐術が可能な理由を、さしあたってこの段階では、次のように説明しておくことができる。超越的な選択は、つねに地平の内部（内在性）の方からしか捉えることができない。つまり、地平に内在した行為にとって、超越的な選択は、たとえ選択であっても、自らにとってはどうしようもない疎遠な外部として認知される。かくして、その超越的な選択は、偶有的な選択であったとしても、内在的な選択には依存しない必然として迎えられるほかない。だが、問題は、自らが依存する恣意的な選択（超越的な形象に帰属していると認知される選択）を、自らにとって疎外された形態において所有し、しかもそれに依存する機制である。

4. ペニエル（神の顔）

【1】神を見た者

社会システムの秩序はいかにして可能かを解明すること、このことは、同時に宗教の可能性の条件を解明することでもある。いかにして超越的形象が、すなわち暗号が可能なのか？　いかにして、暗号は、差異を主題的に指示されることなく、自存することができるのか？

『旧約聖書』の神についての記述を問題解明のための手掛かりとして利用してみよう。ここでは、創世記にあるヤコブの物語をとりあげよう。ヤコブの物語が有用であろうと予想するのは、次の二つの理由による。第一に、ヤコブの物語は、一個の包括的な共同体の起源についての説明となっているという点で、興味をひく。ヤコブの物語は、さまざまな点で、「イスラエル」という共同体の起源に関係づけられて読まれるべきものである。たとえばヤコブの子等の名前は、実在したイスラエル十二部族の名前である。イスラエルを構成する諸部族が共通してヤコブをその祖として理解していたことになる。実際、ヤコブの生涯の紆余曲折した流れは、諸部族の多様な起源を、一つの物語の内に組み込み、諸部族の統一性を表象させようとした苦心のあとを感じさせる。だから旧約聖書の創世記以外の部分では、「ヤコブ」は、個人名としてではなく、むしろ民族的な共同体を指すのに使われている。そして、よく知られているように、ヤコブの物語は、「イスラエル」という名前の起源も説明しているのだ。「イスラエル」とは、ヤコブの「代わりの名前」だったのだから。このように共同体の起源についての内的な了解は、全体的な社会システムの生成機制についてのわれわれの問いに示唆を与えるに違いない。もちろん、社会システムは「行為」を要素とする集合なので、「人間」を要素とする共同体と同一視するわけにはいかないし、イスラエルを充足した全体社会と見なすことも厳密には正しくないが、しかしそれでも近似的な理解は提供するだろう。

第二に、より一層重要なことは、ヤコブの生涯には「神」と出会うという希有な経験が含まれているということである。ヤコブは、普通の人間と対面するかのように、神と出会っている。旧約聖書では、神の顔を見る者は死ぬとされているので、通常は、ヤコブのように神と直接に対面することは、不可能なことである。旧約聖書のこの部分だけは、神の超越性を所与の前提とすることなく、経験が超越性に媒介される様式について語ろうとしていることになる。神に代表される超越的形象を可能なものとする機制を解明するということが、われわれの課題なので、聖書のこの部分の記述を導いている要因を理解することは著しく重要である。しかも、この超越性を獲得する過程は、民族の起源という先に述べた課題と連動しているのだ。ヤコブがイスラエルという名前を獲得するのは、神と対面したときなのだから。

ヤコブの物語については、E・レヴィナスの卓抜した考察がある（Lévinas［1980］）。われわれは、これを参考にすることができる。ここでの考察は、ときには、これを変形し、ときには、レヴィナス自身によっては語られず前提にされていた部分を、さらに説明することにもなるだろう（合田［1988］も参照）。

ヤコブは、イサクとリベカのあいだに生まれた双子の弟で、詭計を用いて兄エサウから「長子としての権利」と「父の祝福」を奪った。そのため兄の怒りをかい、いったんカナンを去るが、その後多くの子どもを得、富を築き、兄のもとに帰ってくる。ヤコブが神とおぼしき謎の人物と会ったのは、兄のもとへの帰路においてである。謎の人物は、ある晩、ヤコブの前に現れた。二人は、夜明けまで死をかけて闘った。謎の人物は、最後に、ヤコブを祝福して去っていく。つまり、最後になって、この人物が神であることが明示される。

謎の人物との死をかけての闘いは、関係の混沌《カオス》的様相を表象しているだろう。ここではまず、謎の人物は、ヤコブの前に、神として現れるのではなく、通常の他者として、ただし純化された他者として現れている。突然外部から襲来し、闘いをいどんでくる他者の意志は不可解であり、偶有性（不確定性）は極大値に達している。ところで、他者こそは偶有性（不確定性）の源泉であった。謎の人物について、他者の「純化された」形態であると述べたのは、このためである。

この人物は、ヤコブの強い要請に応じて、ヤコブを祝福して去っていく。このことで闘いは終結する。ここでは、この人物は神として振る舞ったのである。謎の人物が去った直後に、ヤコブはこう言う。「わたしは顔と顔をあわせて神を見たが、なお生きている」と。そのため、この地を「ペニエル（神の顔）」と名付けた。

先にも述べたように、神の顔を見たものは死ぬことになっている（出エジプト記33・20）。にもかかわらず、彼は死なない。逆にいえば、顔を見ることによる死という構成が、顔を見ることによってもたらされる超越性という構成に置き換えられているのである。この置き換えの可能性は、両者のある種の等価性を暗示している。

【2】他者と死

何らかの種類の志向作用（心の作用）が帰属していると認定されうる存在者を、身体と呼ぶ。志向作用の直接の帰属によって定義される身体が、自己である。他者とは、直接の志向作用とは異なる志向作用が帰属する身体である。

「顔」は、他者がそこにおいて存在していることが認知される場である。われわれは通常の事物のようには、顔を知覚しない。われわれは、顔において表情を知覚するのだ。むしろ、表情が知覚される事物は、すべて、われわれにとって顔である、というべきかもしれない。だが表情知覚とは何か？　表情知覚は、知覚された対象に、知覚する作用と同等の異和的な志向作用が帰属していることの直観を伴う知覚である。要するに、私がそれ（顔）を知覚しているとき、それもまた私を知覚している（ということが私にはわかる）のだ。だから、表情知覚においては、事物をこの志向作用の対象として確保する操作が、同時にその操作の反転――知覚する作用（が帰属する身体）を対象としうるあの志向作用の顕現――と協働していることになる。しかも、「反転」は、最初の志向作用の否定を含んでいるのだ。なぜならば、この志向作用に対するあの志向作用の同権性は、後者が前者の対象の内に確保されえないということにおいてこそ、はじめて確保されるのだから。つまりあの志向作用（あの顔が私を見つめる作用）は、この志向作用（私が見ること）の単なる対象ではない。

顔の知覚についての以上の簡単な考察を一般化することで、他者についての体験を構成する契機を剔出することができる。他者の存在を避けがたく認知してしまい、そのようなものとして、つまり（単なる事物としてではなく）自らに帰属するものと同権的な、しかし異なる志向作用がそこに現生しているものとして、この他者に相対する体験は、志向作用の発動に随伴する次に述べるような二重の作用から導かれるのだ。第一に、任意の志向作用は、対象を自己（私）に対するものとして、自己の身体の近傍に配備する。宇宙とその構成要素（存在者）は、志向作用に対する「現象」とは独立して存在するわけではないので、志向作用の発動は、自己の身体を中心におく単一の「宇宙」を構築することでもある。[6] この作用を「求心化作用」と呼び、中心にある身体を「求心点」と呼ぶ。しかし、第二に、この「近傍の中心（求心点）」を他へと移転する作用が、これと連動するのである。近傍の中心が移植された場所が「顔」として顕現するわけだ。これは、「宇宙の内に内部化されえない」という否定性において、対象（＝顔）を顕現させる作用であるということもできる。述べたように、求心化作用は、志向作用に対して現れる宇宙を、求心点の「近傍」として定義する。つまり「求心点」と「宇宙」の存在は、同値な事態である。そうであるとすれば、この求心点と同権的な志向作用の帰属点――すなわちそれに対してもやはり固有な宇宙が帰属しているもう一つの中心――は、求心点に帰属する宇宙の内的な要素とはなりえず、ただこの宇宙から逃れていくという否定性においてしか現象しえないはずだ。この志向作用に随伴しながら、志向作用の積極的な対象化から逃れるということにおいて対象を現出させる作用、すなわち志向作用の近傍の中心を外部に移転する作用を、「遠心化作用」と呼ぶ。また外部化された中心は「遠心点」である。遠心化作用によって遠隔に現れる遠心点こそは、他者の萌芽的な形式にほかなるまい。

　だから、原理的にいえば、他者と自己との差異は、調停不可能な差異である。すなわち、両者の差異を相対化する上位の同一性を想定できない差異である。このような純粋常態にある他者を、〈他者〉と表記しよう。〈他者〉は、私（自己）の了解、私の予期の彼方にあり、常にそれを裏切りうる可能性として存在する（〈他者〉の根本的な偶有性）。このことの心理的な反応の極限には、〈他者〉に殺されるかもしれないという恐怖と、〈他者〉を殺したいという意欲があるだろう（Levinas [1980]）。ヤコブと謎の人物との死をかけた闘いは、このような反応が導く必然として解釈しうる。また、〈他者〉と死との同値性にも注目すべきだろう。死とは、経験可能な宇宙からは到達できず、また宇宙に構成的に働きかけてくることもない疎遠な外部の表象である。それは、〈他者〉のあり方と本質的に同じものだ。〈他者〉を、まさに〈他者〉として経験する者は、それゆえ死という経験の否定へと導かれるしかない（神を見る者は死ぬ）。日本の古代社会を含む多くの社会で「死」と「死者の身体」が混沌の表象となっていた理由も、この点を考慮すれば理解することができるだろう。死は、純粋な偶有性の源泉である〈他者〉の等価物であるがゆえに、混沌への通路と見なされたのである。

ところで、非常に重要なことは、求心化と遠心化は相互に反転しうる、ということである。すなわち、求心点として現れた身体が、遠心点としても定位されうるということである。たとえば、われわれは顔を見て——求心点は見る身体の側にある——、そこに表情を見る。すなわち、その顔がこちらを見ているのを明証的に確信する。と、そのとたんに、今や求心点は、あの顔の方に転換し、あの顔に対面する自己の身体の方が、あの顔にとっての顔へと、つまり遠心点へと逆に転換するのだ。それゆえ、自己の身体もまた、〈他者〉なのである。〈他者〉が自己にとっての絶対の差異として現れるのは、すなわち〈他者〉〔遠心点〕がもう一つの固有の宇宙の帰属点として現われうるのは、自己がまた〈他者〉でもありうるからである。自己が〈他者〉として定位されるこの構成の中で、〈他者〉は自己との同権性を確保することができるのだから[7]。

ヤコブが双子の兄弟の内の一人であるという設定は、この点で注目すべきことである。双子とは、自己のような他者、他者のような自己の表象なのだから。またヤコブが、「もう一つの名」を得ることの理由も、この点から解釈すべきだろう。ヤコブは、謎の人物との闘いの後、その人物から「イスラエル」という「もう一つの名」を与えられる。固有名のこのような置き換えは、自己が〈他者〉であることからくる必然として理解すべきだろう。

【3】暗号の原型

さて、〈他者〉が自己に対する絶対の差異であること、しかし同時に自己もまた〈他者〉であること、この二つの条件から、次のような機制が発動する可能性〔必然性ではない〕が生ずる〔大澤［1990］も参照〕。

既に述べたように、〈他者〉は直接に対象として現前することはない。〈他者〉は現前しないという形式において現前するのである。このような〈他者〉の志向作用〔〈他者〉に帰属する偶有的な選択の作用〕の否定的な現前が、十分に強度の高いものとして感受されている場合には、〈他者〉の存在に独特な分裂が生じることになるだろう。〈他者〉は自己（私）の志向作用がそれを捕らえようとして追いかけるときには、その姿（〈他者〉としての志向作用）を消している。そのため、私が直接に対面しているこの〈他者〉とは別に、もう一人の他者が、すなわち、「既に私を見ていた」と見なされる他者、「既に私（自己）を対象とする志向作用を発動してしまっている」とされる他者が、自己に対して存在しているかのような仮象が生まれるのである。もちろん、本来は、このもう一人の他者は、私が直面し、私と現在を共有する〈他者〉と別のものではなく、〈他者〉の否定的な現前の反作用によって生み出された虚の焦点である。しかし、〈他者〉（異なる選択の作用＝志向作用）の存在に関して感受される現実性の強度が十分に高いとき、ここに、既在する他者の仮象が生み出されるのだ。

しかし、この既在する他者、もう一人の他者は、さしあたっては、まさに〈他者〉の場所において生み出される。既在する他者は、先述のように、〈他者〉との絶対的な距離を媒介にして存在を開始するからだ。それゆえ、さしあたっては、自己を捉えていたもう一人の他者の存在は、自己と直接に対面している〈他者〉と異なる場所に構成されるわけではなく、いわば〈他者〉に付属しているのである。つまりそれは、〈他者〉の場において発生するかのような印象を生み出すだろう。「既に見ていた」という意義を有するこの他者の視線は、直面する〈他者〉を経由して現実化するのである。したがって、〈他者〉の場において、二つの意義を有する視点が重層するのである。

ところで、自己（私）もまた〈他者〉であった。それゆえ、〈他者〉がこの既在的な他者へと転換されるということは、〈他者〉である限りでの自己もまた同じこの他者へと転換されうるということである。自己に帰属する志向作用（の特定のあり方）は、求心化－遠心化作用の連動のゆえに――あるいは同じことだが自己も〈他者〉の一人であるがゆえに――、（自己と共存する）〈他者〉にも共帰属する。この〈他者〉に共帰属した志向作用は、述べてきたような機序によって、さらに、「既在する他者」に帰属する志向作用として現れることになろう。〈他者〉の志向作用は、それを積極的に捉えようとすると、「既に活動していた志向作用」として意義づけられてしまうのだから。ところが、この既在する他者に帰属することになる志向作用は、自己の志向作用でもあったはずのものである。それゆえ、既在する他者が、それ自体として独立の存在であるかのような仮象をもった場合には――ただしそれはさしあたっては〈他者〉の場において〈他者〉と不可分な形式で存在しているわけだが――、それは、自己の志向作用をいわば奪いとり、自己の志向作用が「そうであるはずの形式＝本来の形式」を表現することで固定しうる存在者として現象するに違いない。しかも、自己の志向作用の「本来の形式」は、既在性の相において、すなわち自己の経験に先立つものとして提示されるはずだ。

したがって、このもう一人の既在的な他者に帰属すると認知された判断（志向作用＝選択）は、自己にとって、自己が本来そうであるはずの選択を、つまり自己が学習すべき選択を提示する（既定する）ことになる。要するに、その判断は、自己にとって規範なのである。このような経験に先立つ場所、つまり超越論的な場所に現れ、規範の帰属点として機能する他者を、「第三者の審級」

と呼ぶ。

第三者の審級は、既に述べたように、対面する〈他者〉の場所で発生する。しかし、それが帯びる実在性の強度が高まれば[8]、やがて、〈他者〉とは独立の実体として感覚されるに違いない。第三者の審級は、〈他者〉と自己の両者に対して超越する、独立の公的な第三者として現れるに至るのだ。もちろん、この「第三者」としての意義は、それが、〈他者〉に直結して存立していた段階でも、既に与えられているのだが（だからこそ、それを「第三者の審級」と呼ぶのだ）。

第三者の審級に帰属する規範的な選択において、偶有性と必然性が、いわば交錯する。一方では、それは一個の選択であって、否定可能な偶有的なものとして現れる。しかし、他方で、第三者の審級に帰属すると認知された選択は、否定しがたい必然性の相をも帯びるのである。自己の選択が偶有性を帯びるのは、もともと、その選択を否定しうる〈他者〉が想定可能だからである。しかるに、第三者の審級は、偶有性を構成する〈他者〉の選択をも自らの内に統合しており、自己と〈他者〉とに共帰属するはずの選択を積極的に提示するものとして現れる。このとき、第三者の審級が提起する判断は、自己（の志向作用）も〈他者〉（の志向作用）もそこに囲いこまれるほかない必然的な領域を表現するかのように現れるわけだ。

それゆえ、今や、次のようにいうことができる。第三者の審級こそが、さまざまな「暗号」の原型なのだ、と。もう少し厳密にいいなおせば、暗号とは、第三者の審級の作用を帰属せしめられた事物、もしくはその作用を補完し、構成的に指示する働きが帰属せしめられた事物である。こうして、たとえば「神」のような形象が可能になる。ヤコブが、闘わざるをえなかった謎の人物〈〈他者〉〉との対面を通じて、神の存在を確信することになったのは、このためである。神は〈他者〉の変形なのだ。

たとえば、ヤコブは、兄と再会し、和解したとき、兄の顔に「神」を見る。ヤコブの双子の兄エソウは、既に見てきたように、〈他者〉の隠喩であった。それゆえ、この場面は、〈他者〉から神が分離してくる瞬間を捉えているのである。しかし、神が現れるときには、それは、不可避に超越論的なものとして、つまり既在するものとして与えられるほかない。ヤコブが本質的に「遅れてきた者（弟）」であるのは、このためである。

第三者の審級に帰属していると認知される選択（判断）を通じて、社会システムの同一性が規定される。第三者の審級に肯定的に言及（＝承認）されている（と認知される）行為のみが、規範的に妥当な要素として指定され、他が排除されるのである。つまり、こうして複雑性が縮減され、そのことに応じてシステムの内部に秩序がもたらされるのだ。たとえば「神」を受け入れたヤコブは、神の規範（律法）に従わなくてはならない。こうして、われわれは、社会システムを可能にする最小限の条件を剔出したのだ。それは、第三者の審級の設立だ、と。

ハインラインの小説の中に登場した神的な芸術家のことを想起しておこう。このような超越的第三者を想定することで、世界の秩序が守られると信ずることができたのだ。

【4】指示の算法

規範を構成する以上の連関は、自己準拠の循環をなしている。以上の議論は、身体の経験的な活動に形式を与える超越（論）的な選択自身が、諸身体の経験的な遂行によって構成されている、ということを示している。ただし、この自己準拠は、自らを隠蔽する作用をともなってもいる。第三者の審級（超越的他者）の存立は〈他者〉との相互作用に依存するのだが、この事実自体は、不可視化されているのだ。すなわち、第三者の審級は、あらかじめ超越論的（先験的）場所に既在していたかのような仮象の内にあるのだ。超越論的場所は、「常に過去であるような場所」として意識されるだろう。身体の経験的な相互作用が、第三者の審級を構成＝選択しているのだが、この構成＝選択自体は、自ら痕跡を消去してしまうわけだ。つまり、それは「観察の盲点」となっているのだ。重要なことは、この盲点自体が、一種の観察（選択）の作用だということだ。地平――その内部で可能な選択を通じて「意味」が構成される場――は、このようにして観察（選択）されるのである。

ともあれ、第三者の審級が自己準拠的に構築されるということを確認することが、まずは肝要である。いま社会システム――あるいは包括的な地平――の同一性をｓで表してみよう。自己準拠の循環は、スペンサー＝ブラウンの算法を用いて、次のような等式で表現することができる。

$$s = \overline{s|} \qquad (1)$$

システムの同一性自身が、一個の地平の内部で指示されているのである。地平は右辺の囲いで現されている。それは左辺のｓにとっての「書かれざる囲い」を明示化したものだ。左辺にとって所与であるところのものが、右辺において「区別」の対象となっていること、このことによって、必然性と偶有性の交錯が表現されているわけだ。

この等式の重要な含意は、社会システムとその外部（環境）の差異自身が、システムの内部に再参入しているということにある。このことによって、ハインラインの小説が示唆していた「内部の剰余」を、理論的にもありうることとして説明することができる。確かに、システムは秩序を確立することによって、内的に閉じられた領域となる。しかし、それは、身体的遂行の身体的遂行に対する自己準拠を通じてしかもたらしえない。このとき、必然的に、システムの内部／外部の区別は、内部に再参入することになる。社会システムは複雑性を縮減し、外部から区別された内部を構成するのだが、その内部には、外部（環境）そのものが含まれているのである。したがって、社会システムの内部から眺めた場合には、内部は、「外部」にも開かれた無限の領域として意識される。もちろん、その「外部」は、外部から眺める客観的な観察者から眺めれば、既に内部化されており、縮減された選択肢の一部でしかないのだが。たとえば、車の中で快適さを覚える者が、車を実際より広く感じるのは、彼らが、それを、外部から遮断された内部として知覚しているのではなく、――外部を窓ガラスによって映像＝虚構化することで――外部にまで拡がる空間として感受しているからである。同じことは社会システムに当てはまる。要するに内部の剰余とは、自己準拠に伴って内部化される外部のことなのである。[9]

先に世界は社会システムと環境の総体によって定義される、と述べておいた。社会システムの秩序が確立したのちには、社会システムの内に、社会システムと環境の差異が再参入しているのだから、ここでは、今や、社会システムそれ自体が世界と化していることになる。このことから、規範が、決して（狭義の）妥当性を規定しているだけではない、と結論することができる。妥当な選択肢が、それとの差異において「妥当性」という性格を帯びるような選択肢の領域、妥当な選択肢がまさに否定しようとしているところの選択肢の集合、要するに非妥当性をも、規範は規定しているのである（後にわれわれはこの問題をもう一度とりあげ、そもそも妥当性、非妥当性とは何かということを定義するだろう）。このことは、世界が、とりわけ（システムの）外部が、規範を用いた認知的・価値的な予期の内に含まれているということである。もちろん、その外部は、もはや内部化された外部であって、真の外部ではない。言い換えれば、それは、既に準備された予期の範囲内の出来事であって、真の驚きをもたらすような不確定性（混沌）ではない。内部化された世界は、規定された世界となる。世界が、そこからシステムと環境の区別が切り出されてくる領域であるとするならば、それは、本来は、規定不能な空間であり、既に述べたように、それ自体としてみるならば、端的な無であるほかない。しかし、内部化された世界は、規範化された予期の中で秩序を与えられ、積極的に規定された現象形態をもつ。両者の区別を明示するために、前者の規定されざる世界を〈世界〉、後者の規定された世界を「世界」と、それぞれ表記しておこう。繰り返し強調すれば、

〈世界〉は、決して積極的な同一性をもたず、「世界」としてのみ規定されるのである。

したがって、一度システムに内在してしまえば、つまりシステムの同一性を規定する規範を受容してしまえば、内部から外部に出ることはできない。獲得したと思われる外部も、予期された範囲の「意外性」であって、それ自体、もう一つの内部でしかないからだ。このような状況は、スペンサー＝ブラウンの算法を用いて、次のように表すことができる。（1）より、

$$s = \overline{s\,}| = \overline{\overline{s\,}|\,}| \qquad (2)$$

のような変形を得ることができる。これは、システムの内部の否定（$\overline{s\,}|$）＝環境が、それ自体、再び、システムの内部に囲いこまれていることを示している。もちろん、再び内部を否定しても、同じ事態が反復されるだけであり、結局、

$$\overline{\overline{s\,}|\,}| = \overline{\overline{\overline{s\,}|\,}|\,}| = \cdots\cdots = \overline{\overline{\overline{\cdots\cdots}|}|}| \qquad (3)$$

のような無限の再帰的反復が帰結する。要するにスペンサー＝ブラウンの算法は、内部の剰余を、このような無限の反復しうる再帰的循環を通じて表現しているのである。ここであらためてフッサールが使った「地平」という比喩の本質的な意義が確認される。われわれは地平の向こう側に出よ

うとしても、常にその度に、さらに向こう側に地平を見出してしまい、いつまでたっても地平のこちら側にとどまらざるをえないのだ。

さて、社会システムの秩序を可能なものとする機制について論じてきた。それは、宗教を可能にする機制でもあった。しかし、システム形成の可能性を特定するという課題からすれば、この結論はまだ、二つの意味で制限されている、という印象をもたれるだろう。第一に、それは社会システムを可能にする最低限の条件とそれに対応する最小限の秩序を説明するかもしれないが、一見、システムの内部に成立しうる、より特定された多様で派生的な秩序を説明することはできないようにみえる。第二に、以上の議論は、宗教に関与した領域における社会秩序を説明するが、超越的形象に直接には言及しない、宗教から時間的・空間的に隔てられた領域における社会秩序を説明しないようにみえる。前者は、最低限の前提と派生的な帰結の論理的距離を、後者は、宗教と他の社会領域の事実的距離を、それぞれどのように埋めるかという問題である。両者の問題は、実際上は分離できない。たとえば、ささいな日常的な相互作用にも見て取ることができる秩序をどのように説明するかが、この後の課題だが、そのような相互作用は、論理的にも事実的にも、宗教にかかわる行為の領域から隔たっているといいうるからだ。以下の議論は、「非宗教的」なものにみえる領域の秩序も、ここまでに提起してきた理論の直接の援用によって説明できることを示すだろう。

5. コミュニケーション・メディア

【1】諸選択の総合としてのコミュニケーション

行為にともなう志向作用とともに、既に述べたような一連の操作――求心化・遠心化作用と第三者の審級の投射――が発動する。このことは、任意の行為＝選択が、他者へと提示されており、その承認を求めているということを含意する。提示されている他者とは、もちろん最終的には第三者の審級だが、既に述べたように第三者の審級が〈他者〉の場において生起する以上は、実際上は、直接に接触している他者（たち）である。ここから、任意の行為は、それ自体、コミュニケーションである、と結論することができるだろう。ここで、コミュニケーションというのは、他者の選択へと提供され、そこで前提として採用されることを志向する選択のことである。

したがって、行為とコミュニケーションは異なる出来事を構成するわけではない。コミュニケーションに含まれている選択を、特定の身体へと帰属しているものとして指示するとき、それは行為と見なされるのだ。ところで、社会システムの同一性を基礎づけているのは、行為にともなう志向作用（選択）が他者へと志向しているということであった。そうであるとすれば、「社会システムの要素は行為である」という先の言明は、「社会システムの要素はコミュニケーションである」という言明に置き換えられるべきであろう。これは、ルーマンの結論とも合致する（Luhmann［1984＝1993］）。

そうであるとすれば、前節の最後にかかげた問い、「宗教的領域から時間的・論理的に隔たった、社会システムにとって（相対的に）派生的な秩序はいかにして可能か？」という問いは、コミュニケーションの間の整合的な秩序を可能ならしめる機制についての問いとして特定することができるだろう。コミュニケーションの間の整合的な秩序とは、各行為者の他者についての予期＝期待が、高度な蓋然性をもって満たされうる状態である。

行為が本源的にコミュニケーションであるということは、そこに複数の選択が総合されているということを意味する。第一に、行為には、志向内容についての選択が含まれている。志向内容とは、その行為がとらえた世界（＝システム）の状態、すなわち情報である。それは、意味的に同定された存在者の間の、その行為にとっての妥当的＝適合的な（現実的あるいは可能的な）関係である。これに加えて、この第一の選択に対してメタ的な水準から関与する選択の第二の水準が存在するということを、ここまでの考察は示唆している。それは、志向内容がまさに他者に対して提示されているということを示す選択、すなわち伝達の選択である。コミュニケーションの送り手における、これらの選択の二水準にちょうど対応して、受け手の側にも選択の諸水準が見出される。志向内容の選択に対応して、志向内容の理解を構成する選択が存在する。理解とは、他者の志向内容を自らに共帰属させようとする過程である。理解は、受け手が志向内容を受動的に注入される過程ではなく、志向内容を選択的＝能動的に構成する過程なのである。最後に、伝達の選択に対応して、その伝達の受容と拒否の二項対立によって成り立つ選択の水準がある。受容とは、送り手が伝達した志向内

コミュニケーションにおける諸選択

	送り手		受け手
メタ・レベル	伝達	➡	受容（拒否）
オブジェクト・レベル	志向内容（情報）	➡	理解
		時間	

容（ただし受け手が理解した限りにおける）を、受け手が自らの選択にとっての肯定的前提となすことであり、拒否とは、否定的前提となすことである。受容（拒否）の選択の水準は、理解の選択に対して、さらにメタ的な水準に立っている。したがって、これは、論理的にも時間的にも、選択の最終審とも呼ぶべきものである。コミュニケーションは、志向内容、伝達、理解、受容の四つの選択の統合として概念化しておくことができる[10]。

たとえば、A（送り手）がB（受け手）に、「今日はとても寒いよ」と教えてあげる、とする。このとき、「今日は寒い」という部分が、送り手の志向内容（情報）mにあたる。Aは、Bにこれを知らせようとしている、つまりAは「Bが『Aがmを（Bに）伝えようとしている』（しばしば、ここにさらに、『だから今日は厚着していった方がよい』とか『外出しない方がよい』といった推薦等の意図が加わるが、複雑になるので省略する）ということを知って欲しい」と意図している。これが、「伝達」の水準の選択にあたる。Bは、まずmを理解する。その上で、Aが伝達したということを前提にして、つまり受容して次の行動を起こしたり、それを無視したりする。

原始的なコミュニケーションにおいては、選択の諸水準（メタ・レベルとオブジェクト・レベル）は、直接に一体化している。すなわち、原始的なコミュニケーションにおいては、顕在的には志向内容が選択されるのみであって、それがまさに他者に提示されているということは、志向内容の選択において潜在的に指示されるにとどまるわけだ。しかしやがて、伝達の選択がいわば対自化され、志向内容の選択とは独立に、それ自体として指示されるに至る。伝達の選択への自覚的な指示をともなうコミュニケーションは、「狭義のコミュニケーション」と呼ぶことができるだろう[11]。

さて、コミュニケーションが選択の諸水準の統合であると見なすことから、さらに問題を特定化しておくことができる。すなわち、送り手と受け手における対応する選択の水準同士の関係は、いかにして確保されるのか、と。この問題は、二つに分割しうる。第一に、志向内容が適切な理解（と送り手もしくは受け手がみなすもの）へといかにして接続されるのか？　第二に、伝達の選択が、拒否よりも受容に高い蓋然性で遭遇することができるのはなぜか？　とりわけ焦点となるのは、後者の問題である。既に述べたように、受容／拒否の選択こそが、コミュニケーションの最終審であり、これによってコミュニケーションの間の整合性の存否が決定されるのだから。

【2】共有知のパラドクス

コミュニケーションに整合的な秩序をもたらすということは、二重の偶有性を還元することである。すなわち、それは、他者（受け手）の選択がまったく不確定であって、どのような方向（受容と拒否）にも同じように開かれているという状況を、克服することである。

この問題は、次のような配備によって解決されるとする理説が、流布している。すなわち、受け手と送り手がある（規範化された）認知的あるいは価値的な判断（予期）を共通に所有しており、これを前提に行為することから、不確定性が吸収されるのだ、と（たとえばParsons［1951＝1974］）。このような、コミュニケーションの参与者に共通に所有されている判断の集合を、「共有の知識」あるいは単純に「共有知」と呼ぶことにしよう。このような説明は、肝心な部分で論点を先取しており、循環論法に陥っている（まさに共有知がいかにして可能かが問われているのだから）。が、いずれにせよ、共有知に訴えるこの見解は、コミュニケーションに秩序があるような状況を記述している、と多くの場合信じられている。しかし、このように譲歩したとしても、なおこの見解には重大な見落としがあるのだ。共有知は、単に共有されているだけではなく、共有されている（他者も同じ判断を所有している）ということが参与者に知られていなくては――より正確には、真偽はともかく、共有されていると参与者に信じられていなくては――、情報（志向内容）の発信にも受信にも利用することができない。共有性について知られることによって、共有知は、はじめて確定的な前提として想定することができるのだ。共有知の存在は、さしあたっては、コミュニケーションを外から客観的な対象として眺め、参与者たちの志向作用を見通すことができる第三者によって、認定されているに過ぎない。

だが、共有されていると（参与者によって）見なされている判断のみが有効な共有知の要素たりうる、との前提にたった場合には、当惑すべき結論に至る。ある判断が共有されているという判断自身が、再び、それ自体としては有効な共有知とはなりえず、コミュニケーションの確実な足場を与えることにはならないからだ。したがって、共有されているという判断自身が、共有されていると見なされなくてはならない。しかし、もちろん「共有されているという判断が共有されている」という判断に関しても、同じ問題が生じてくる。こうして、どの段階の判断の共有性についての判断に関しても、同じ事態が再帰的に繰り返される。言い換えれば、共有知が発効するためには、無限階に至る判断の共有性についての判断が必要となるのだ。しかし、そうだとすれば、共有知の存在は、偶有性を解消するどころか、むしろ純粋な偶有性のもう一つの表現であるというべきであろう。無限階にまで至る判断の反復は、決して完遂されないからである。ここから得られる結論は、共有知をあまりに完全なものとして追求するならば、かえって無秩序が帰結するということである（大澤［1987］参照）。

【3】コミュニケーションの原型としての宗教

しかし、そうであるとすれば、共有知によってコミュニケーションに秩序がもたらされているようにみえるということを、どのように解釈しなおさなくてはならないのか？　まず留意すべきことは、判断の共有性は、コミュニケーションの原因ではなく結果だということである。しかし、結果において確立されることが、あらかじめ前提にされており、「原因であった」かのように見せるトリックが、どこかに仕組まれているのである。

判断の共有性についての事実が、客観的な視点にたつ第三者による観察において認定されれば、それで十分であるならば、無限階へと至る判断の反復は必要ない。したがって、もし、コミュニケーションの関係に内在する参与者が、同時に、超越的な第三者の視点を取りうるならば、判断の無限階に至る再帰的反射は除去されるはずだ。ここに示唆されている状況を、もう少し繊細に説明しておこう。

コミュニケーションの秩序が可能なのだとすれば、まずコミュニケーションを始発する者、すなわち情報の送り手は、視点を二重化させなくてはならない。一方では、送り手は、判断（情報）の直接の担い手であり、その判断において示される選択性の固有な帰属者として現れる。しかし他方では、送り手は、判断の共有性を——すなわち選択性が送り手と受け手に共帰属することを——観察する者でなくてはならない。受け手の方にも、これと相補的な事態が成立していなくてはならない。すなわち、受け手から見た場合、送り手は二重化されており、発信される判断（情報）の固有な担い手であると同時に、受け手もやがてそれを共有することを先行的に指定してしまう第三者としても現れていなくてはならないのである。

ここで重要なことは、判断の共有性についての判断は、送り手それ自身としての資格においてではなく、超越的な第三者、超越的な他者としての資格において下されていなくてはならない、ということである。その判断は、あらためてもう一段上位の判断の中で確証されない限り確立しえないような偶有的なものとしてではなく、それ以上の確認の不要な確実な必然性のように、コミュニケーションの内在的な参与者（受け手とそれ自身としての送り手）には現れているのである。それゆえ、共有性を確認された判断は、受け手にとっては、そのあるはずの様態を規定＝既定する規範のように作用することになる。

以上のような事態が成り立っているとき、共有知が先行し、その前提の範囲内で双方が行為したときに帰結するだろうと考えられる、整合的な秩序が、コミュニケーションにもたらされるはずだ。共有知をあとから規範としてもたらすことを可能にする超越的な第三者が、あらかじめ存在しているかのように想定されるために、共有知は、コミュニケーションの原因として転倒した相で認知されるのである。

だが、それにしても、このような事態は、実際に可能なのか？　可能である。われわれは既にこのことを確認してあるのだ。送り手が、受け手にとって、直接に対面する内在的他者でありながら、同時に、そこにおいて超越的な第三者が現れる場としても作動しているというこの関係性は、宗教を可能にした構図と、まったく同じものなのだから。ここで示唆したい理論的な提題は、コミュニケーションは送り手を焦点にして不断に第三者の審級を投射するダイナミズムではないか、ということである。その意味で、任意のコミュニケーションは、宗教的なコミュニケーションの反復なのである。言い換えれば、宗教的なコミュニケーションは、すべてのコミュニケーションの原型なのだ。実際、もし（コミュニケーションの参与者の、とりわけ受け手の）身体において求心化―遠心化作用が作動するならば、宗教の可能性の条件を論定したときに示した機制にしたがって、送り手

（＝〈他者〉）の場に、第三者の審級が構成されうるはずだ[12]。

【4】「妥当性」とは何か

コミュニケーションの中で整合的な秩序をもって諸選択が接続されている様を、以上に概観した機制との関係で、明らかにしてみよう。そのためには、ここまでとりたてて定義してこなかった、規範が対象とする二項対立、すなわち「妥当性／非妥当性」の区別とは、そもそも何か、ということをあらためて議論しておく必要がある。

第三者の審級の投射は、既にのべたように自己準拠の形式を採っている。その顕著な帰結は、内部と外部の差異がシステムの内部に再参入していることであった。この再参入を表現するスペンサー＝ブラウンの（1）の等式は、

A＝｛A/～A｝　　(4)

のような等式で書き表すこともできるだろう。もちろん～AはAの否定である。｛　｝によって、その内部の差異の全体を指示している。

システムが構築されているときには、確かに、秩序に対して肯定的で妥当な選択肢Aとそれに対して否定的な選択肢～Aの両方の選択に対して開かれた状況（自由）が、構成されはする。しかし

それは、Aという妥当な選択肢を受け入れるまさにその限りにおいてなのである。（4）が含意しているのは、このことである。すなわち、Aということの最小限の妥当性を受け入れることを条件にして、Aと~Aの両方を選択することが許されるわけだ。そうであるとすれば、Aと~Aの両方を選ぶ自由が行為者に対して与えられているとき、既にAを選択することは先決してしまっていることになる。しかし、この先決の営みは、決して行為者には自覚されない。それは、「盲点」とならざるをえないのだ。これこそが、第三者の審級を投射する操作にほかならないのだから。そうであるとすれば、仮に行為者に開かれた選択肢が与えられていたとしても、その行為者は、否定的な選択肢~Aを採ることは、実質的には不可能だ。あるいは少なくとも、否定的な選択肢~Aを採るにしても、それは、肯定的な選択肢Aの優位を承認するかぎりでのみ――つまりAが本来の妥当な選択肢であることを認知する限りでのみ――、可能なのである。要するに、~Aは、「違背」として自らを性格づける限りでのみ、可能なのだ。

というより、厳密には、「妥当性／非妥当性」ということを以上のような文脈から逆に定義すべきである。自己準拠的な方法で選択の領域が構成されるときには、相互に否定関係にある二項的な区別のうち、一方の項は区別された二項の全体と合致し、他方はそうはならない。妥当性とは、前者の項、すなわち区別された部分でありながら、区別される領域の全体と合致する選択肢の性格であり、非妥当性とは、後者の項の性格なのである。全体と合致した部分としての意義を担う選択肢の方が、純粋に部分でしかない選択肢よりも、本源的に選好される。選択の可能性そのものが、前者の選択肢の選好に既に囲いこまれているのだから。それゆえ、秩序に反する真に外部的な選択――混沌の領域に属する選択――がありうるとすれば、それは、もちろん～Aの選択ではありえない。それは、「A／～A」という選択に対する完全な無関心としてしかありえないだろう。

ここで全体＝部分であるような選択肢Aをめぐって、再び、偶有性と必然性の交錯という現象を見出すことになる。偶有性と必然性の（疑似的な）合致こそが、妥当性ということを弁別する特徴である。偶有的なものでなければ、妥当という性格は生じない。ある選択が妥当であるのは、他なる選択（非妥当性）がありえたからなのだから。しかし、妥当性と非妥当性は、対称的な選択肢を構成するわけではない。妥当な選択肢は、本来は、そうであるほかないような選択肢として現れる。この意味では、それは（疑似的な）必然性の様相を帯びるのである。

【5】受容の蓋然性

もし通常のコミュニケーションが、宗教的なコミュニケーションの――それゆえまたシステム形成の――機制の反復であるならば、今述べたことと同じことが、各コミュニケーションにおいて、いわば小規模化されて再演されるはずだ。コミュニケーションが最終的に主題にする二項対立は、「受容／拒否」の対立である。コミュニケーションが第三者の審級を投射するダイナミズムであるとすれば、システムの全体水準（構造水準）ばかりではなく、コミュニケーションというシステムの個々の要素の水準（過程水準）でも、自己準拠の循環が構成されているはずだ。そうであるとすれば、ここに、やはり再参入の構図が出現するだろう。選択を発信する送り手の側で、第三者の審級が生成されていることを考慮すれば、再参入は、次のような等式で表現することができる。

受容＝｛受容／拒否｝　(5)

したがって、コミュニケーションにおいて、他者に指示された選択の受容は、必然性に近似した様相を帯びるのである。つまり、それは、より選好される選択肢として現れるわけだ。そのために、コミュニケーションは受容に遭遇する蓋然性を、拒否に遭遇する蓋然性よりも高めることができるのである。こうして、社会システムは、コミュニケーションを通じて、過去になされた選択を保存することができるようになるのだ。

ただし、通常のコミュニケーションにおいては、肯定的な選択肢が帯びる疑似必然性の様相は――社会システムの全体水準で妥当な選択肢が帯びるそれよりも――はるかに弱められる。社会システムは包括的な選択肢の領域であり、それ自体一個の「世界」として現れているため、その否定は端的に空虚なものに見えている。それに対して、一般のコミュニケーションは、社会システムの局所であり、社会システムの他の領域に囲まれている。したがって、われわれは個々のコミュニケーションの同一性を否定しながら、なお社会システムに内在し続けることができる。各コミュニケーションの外部（のコミュニケーション）へと出て、そのコミュニケーションを相対化することが容易に可能なのだ。この外部との関係において、コミュニケーションに対して肯定的な選択肢が偶有的なものとして見えてくるわけだ。「受容」の帯びる性格を、「妥当性」というよりも「選好性」という語によって表現する方が適切に見えるのは、受け手への強要を構成する「必然性」の様相が、このような意味で弱められているからである。

コミュニケーションの特殊な集合が――そしてそれのみが――共通して関与する｛妥当性／非妥当性｝の対立を集約するような、一般的な主題が見出されれば、それがルーマンのいう「象徴的に一般化されたコミュニケーション・メディア」を構成する。このとき、主題化される二項対立が、そのメディアが準拠する「コード」である。コミュニケーション・メディアは、一群のコミュニケーションの集合に対して完全に一般的なものだが、それは｛妥当性／非妥当性｝をたった一つの主題に特殊化することによって果たされるのである。たとえば「真／偽」というコードによって「真理」というメディアが、「命令の受容／拒否」によって「権力」というメディアが、また「支払いの受入れ／拒否」によって「貨幣」というメディアが、それぞれ構成されるだろう。あるメディアが他のメディアの働きに従属することなく、それ自体で独立に主題化されるに至ったとき、そのメディアによって接続されるコミュニケーションの領域は、「機能的な部分システム」として成立することができる。

こうして、宗教から論理的にも事実的にも隔たった社会システムの領域で、秩序はどのように構成されるのか、という疑問は解かれた。それは、宗教を可能にした身体的関係性を、通常のコミュニケーションにおいて、縮小して再現することによって、可能になるのだ。

6．カオスとしてのコスモス

【1】「カオス」の数字

だが、社会システムの秩序についての理解の中で、秩序《コスモス》そのものが、その反対物であるはずの混沌《カオス》に依存しているように見えていいのはなぜだろうか？　言い換えれば、「複雑性の縮減」が「複雑性の（過度な）増大」に依存しているかのように、表象されているのはなぜだろうか？　1節に確認しておいたこの奇妙な現象を、ここで提起してきた理論的な仮説の中で、どのように解釈することができるだろうか？

数学でいう「カオス」についての理論が、われわれの考察に示唆を与える。「生命」のような複雑で自律的な運動を示す秩序（システム）は、しばしば、「カオス」と隣接した領域で生ずることが知られているからである。「カオス」は、次のような二条件を満たす離散的な力学システムで生ずる。第一に、任意の自然数nに対して、n周期の軌道が存在していること。第二に、周期的ではなく、かつ周期的な軌道に漸近することもない軌道が存在していること。

「カオス」の本質をなす最も重要な特徴は、初期条件への極度な感応性である。「カオス」的な振る舞いを示すシステムにおいては、ほんのわずかな初期条件の相違が、大きく異なる結果を導くことなる。先に（2節）、混沌《カオス》は予期の困難さと相関した現象であると述べておいた。初期条件への強い依存性は、観察者にとっては、将来の予期の困難さとして現れるだろう。そうであるとすれば、数学的な「カオス」は、先の議論の中で提示した混沌の本性を、よく捉えているということができるだろう。もっとも、すぐ後に述べるように「カオス」は、予期の可能性のある種の完全性とも結びついているのだが。

複雑なふるまいを示す興味深い秩序は、しばしば、「カオス」が単純な秩序へと移行する直前の領域で現れる。S・カウフマンは、この領域を「カオスの縁 edge of chaos」と呼んでいる。たとえば、セル・オートマトンの挙動において、このような状況をみることができる。セル・オートマトンとは、複数のオートマトン（細胞《セル》）を並列し、近傍のオートマトンの状態を刺激にして、次の時点の各オートマトンの状態を決定していく方法である。個々のオートマトンが方形の枡目で、黒と白の二つの状態をとりうるとし、ここに、たとえば「隣接の八つのオートマトンのうち四個以上が白のとき、自分自身の状態を変化させる」等の規則を与えておくわけだ。こうすると、集合している複数のオートマトンが、全体として大域的な挙動を示すことになる。

多くの力学的なシステムの挙動は、不動点、周期性そして「カオス」の三種類のいずれかに分けられる。セル・オートマトンも、同じような三種類の様相を呈する。それぞれ、クラス1（すべてのセルが一様の状態になる）、クラス2（短い周期の反復）、クラス3（非周期的で不安定）と呼ばれている。ところが、ウルフラムは、セル・オートマトンの挙動には、これらとは異なる四番目のクラスが見出されることを示した。クラス4のセル・オートマトンは、複雑な秩序を、すなわち複雑な局所的パターンや周期の長い反復を呈する。クラス4は、クラス2（単純な秩序）とクラス3（完全な混沌）の間のごく小さな領域で生ずる。ラングトンによれば、クラス3は、情報を操る潜在的能力の最大値に対応している。

「カオスの縁」においてこそ、最も「高度な」秩序が見いだされるという事実は、秩序が混沌と単純に対立しているわけではないということ、それはある種の混沌との依存関係の内にあり、混沌と接する境界部においてこそ現れるということを示唆しているだろう。これは、社会システムに関してわれわれが見いだしてきた現象と対応する。これらのことは、秩序と混沌（あるいは無秩序）の間の伝統的な理解に刷新をせまるものである。

混沌と秩序の間の依存関係の極限には、「カオス」の不規則な軌道が、同時に決定論的な予期に服してもいるという事実を見ることができるだろう。「カオス」と「ランダム性」とは、区別しなくてはならない。後者の方が、いってみればより強い無秩序であり、複雑性もより大きい（「カオス」には、任意のn周期が少なくとも一つのパターンが存在していれば十分なのだが、「ランダムな状態」においては、任意のn周期の任意のパターンが存在している）。「ランダム性」は、数ある「カオス」の内の一つに過ぎない。だが、「ランダム性」は「カオス」の極端なケースであり、「カオス」を「カオス」たらしめている要素の強化されたあり方だということはできるだろう。

以上のような留保をつけた上で、「ランダム性」を含む「カオス的な過程」が、決定論的な差分方程式で記述することができるという数学的な事実に注目してみよう。システムの挙動を決定論的に記述することができるということは、その将来を完全に予期することができるということである。予期の可能性は、秩序の水準と対応している（2節）。この見地からすれば、「カオス」自身が一個の秩序だ、ということになる。しかし、原理的には可能な決定論的な予期は、初期条件への極度な依存性のゆえに、事実上は阻まれており、この点ではまさしく、それは混沌《カオス》と呼ばれるに相応しい。われわれの議論の文脈との関連で興味深いことは、「カオス」においては、必然性（決定論的な過程）と偶然性＝偶有性（ランダム性）とが、厳密な意味で合致しているということである。見てきたように、必然性と偶有性の交錯は、規範的な秩序の特徴であった。

【2】〈他者〉の効果としての秩序

社会システムの秩序の可能性は、〈他者〉の効果に依存している。〈他者〉を媒介にし、〈他者〉の場において超越性（第三者の審級）を見出すことによって、秩序はもたらされるのだ。「生命」に類似する挙動を示すシステムの「カオス」への依存に対応する現象を、社会システムにおいては、〈他者〉への関係の内に見出すことができる。

〈他者〉は、純粋な差異である。すなわち、〈他者〉の〈他者〉性は、いかなる同一性からも逃れた規定不可能性の内にある。秩序の〈他者〉への依存性は、社会システムに内在する視点に対して、どのようなものとして現象するだろうか？

〈他者〉に見出される本源的な規定不能性、不確定性とは、社会システムにとっては、規定不可能で過剰な複雑性である。しかし、社会システムの秩序が構築された後には、（過剰な）複雑性の性格が変換される。規定不能な形式から規定可能な形式へと。すなわち、（過剰な）複雑性は、それ自身、（システムに）内部化＝再参入された「内部／外部」の対立の中で、したがって規範的な「妥当性／非妥当性」の対立の中で認知され、処理されるのである。このとき、〈他者〉の〈他者〉性（規定不能性）は、内部化された外部（非妥当性）に置き換えられ、そのようなものとして――その本性をずらして――表象されるほかないだろう。〈他者〉の不確定性（規範からの逸脱の可能性）は、規範的に否定的な可能性（非妥当性）として形式化されるよりほかに、表象＝代行されえないからである。言い換えれば、〈他者〉性は、「混沌《カオス》」を表象する諸形象によってシステムの内部の視点に対しては表現されるのだ。システムの秩序をもたらす第三者の超越的審級は、〈他者〉への直面を通じて、〈他者〉の場所に生成される。こうして、秩序を保証するこの超越的審級が、同時に混沌を連想させる諸性格によっても特徴づけられることになるのだ。秩序――とりわけ能産的コスモス――が、同時に、混沌《カオス》をも担うものとして、原始的な共同体が表象せざるをえない理由は、おそらく、この点にある。社会システムの秩序形成における〈他者〉への依存は、「カオスの縁」における秩序《コスモス》の「カオス」への依存と、構造的に同型である。

〈他者〉をこのように内部に再参入した外部によって置き換えることは、〈他者〉性を去勢することでもある。〈他者〉は、どのような積極的な可能性に対しても他（差異）でありうること、によって特徴づけられよう。しかし、これを内的な〈他者〉性に置き換えることは、他であることの可能性を、システムの内的な変異（多様性）の範囲に制限することでもあるからだ。

以上のような論点についても、数学的な「カオス」との類比は興味深い。「カオス」は、一般に、システムを構成する要素のあいだに十分に多くの相互作用がある場合に見出される。たとえば、複数のモード（それぞれの物体に固有な周期運動）が存在する物理的なシステムをとりあげてみよう。モードが互いに独立の振動を示しているあいだは、「カオス」は出現しない。「カオス」が現れるためには、モード同士を互いに結合しなくてはならない。「カオス」が出現するためには、少なくとも三つの振動子が必要なことがわかっている。相互作用が、少なすぎるときには、単純な秩序しか現れない。逆に相互作用が大きすぎるときには、今度は単純な混沌しか現れない。興味深い複雑な秩序は、相互作用（接続）の数が、中間的な場合に現れる。[13]〈他者〉によって誘発されうる多様性が極端に大きいときには、秩序は現れないが、それを適度な範囲内に限定しうるときには、むしろ多様性が建設的な刺激となって、秩序が生成される社会システムの場合と、ちょうど同じ事情を、ここに見ることができるだろう。物理システムにおける要素間の接続の数は、社会システムにおいては、〈他者〉との関係性が含意しうるコミュニケーションの多様性（複雑性）として、概念化できるだろうから。

【3】第二次の自己準拠としての「国家」

社会システムにおいて、秩序そのものが混沌を通じてもたらされる、と表象されるのは、秩序の創出の機制が直接に自己準拠の循環をなしているからである。すなわち、経験に秩序を与える超越論的な規範が、〈他者〉との経験的な相互作用の帰結として、存在しているからである。実際、秩序が、秩序の否定（混沌）を前提にしているという関係は、──既に指摘したことだが──、嘘つきのパラドクス──ある文が真であることが、その文が偽であるとする前提から導かれる──と同一の構造をもっている。したがって逆に、自己準拠性が抑圧されれば、秩序と混沌の直接の癒着は破られるはずだ。

竹内芳郎が指摘しているように、国家権力の登場とともに、秩序と混沌との間の分離が進捗する。[14]国家は、どのような社会システムとして描くことができるのか？　もはやここではていねいに議論する余裕はないが、結論だけ述べておけば、国家のような広域におよぶ権力中枢をもつ社会システムは、多数の自己準拠的な社会システムの間の自己準拠的な関係──第二次の自己準拠──として記述することができる。すなわち、それは、自己準拠の関係の重層性として、描きだすことができるのだ。原始的な共同体は、直接的な自己準拠の循環（第三者の審級の投射）によってもたらされる、最も単純な社会システムに対応する。このような自己準拠的なシステムが、互いの間のコミュニカティヴな関係を通じて、再び自己準拠的な仕方で超越性（第三者の審級）を投射したときに、「国家」と呼ぶに値する社会システムが登場する。だから、（前近代の）国家は、原始共同体を、その構成単位として直接に利用している。

第二次の自己準拠（自己準拠的関係の間の自己準拠的関係）は、構成単位となる原始共同体――第一次の自己準拠――に内在する視点から捉えた場合には、どのようなものとして現れるだろうか？原始共同体から眺めた場合には、自己準拠性が間接化されたことで、まさにその「自己準拠性」が見えにくいものになっているはずだ。自己準拠性が隠蔽されるわけだ。言い換えれば、本来は自己準拠的に構成されている（第二次の）超越的審級――これを経験的な実体に具体化することで権力中枢が生まれる――が、諸身体の経験的な相互作用からは独立に自存しているかのような、錯覚が生み出されるはずだ。これは、自己準拠性の抑圧と類似の効果をもつだろう。

国家の登場とともに、秩序の可能性を保証している存在者が、混沌を表象する諸形象から独立するのは、以上のような機制が作動しているからである。秩序化の原点となる超越性は、〈他者〉との経験的な相互作用に直接に依存してその存立の可能性を得ている間は、混沌を表象する存在者に癒着せざるをえない。しかし、「〈他者〉との経験的な相互作用」と「経験を規制する超越的な審級」とを結ぶループが間接化した場合には、秩序とその否定（混沌）との危険な共存は、背景に退いていく。こうして秩序《コスモス》は、純化されるのである。

しかし、実は、国家を可能にする二次的な超越性を構成する機制もまた、社会システムの混沌への依存関係を作用因にして、作動しているのである。すなわち、秩序の純化自身が、再び混沌（複雑性の増大）を通じて可能になっているのである。

注

1　クレタ人であるエピメニデスは、こう言ったとされている。「すべてのクレタ人は嘘つきだ」。この言明は、ほんとうなのか嘘なのか。

2　たとえば竹内芳郎［1981］は、次のように説明する。本能による確たる導きをもたない無定形な衝動につき動かされる人間にとって、世界はまずは混沌《カオス》である。したがって、人間は、世界に「記号／意味」を通じて秩序《コスモス》を与えなくてはならない。しかし、こうして創出された秩序《コスモス》は、恣意的なものでしかないから、つねに混沌《カオス》の襲来の脅威にさらされている。そのため、秩序《コスモス》は、その度に再確認（原初の創造の模倣《ミメーシス》）されなくてはならない。だが、秩序《コスモス》の再確認のためには、いったん原初の混沌《カオス》に立ち帰らなくてはならない。かくして、秩序《コスモス》の創出のときが、同時にカオスでもあるという両義性が出現する。

この説明にはいくつかの疑問が残る。第一に、既に恣意的・偶有的なものとして現象してしまった秩序に対して、原初の創造過程を反復することで、その恣意性・偶有性を克服しうるのはなぜだろうか？　秩序《コスモス》が恣意的なものとして現れるのだとすれば、それは、そもそも、創造過程が恣意的なものとして現れているからではないか？　第二に、秩序の創造の前提に、無秩序＝混沌が存在しなくてはならないとしても、両者は、当然、論理的には、異なる水準を構成する。秩序化される混沌、秩序化する作用、創出された秩序は、もちろん、秩序の創造の神話にすべて必要な契機だが、論理的に首尾一貫した物語を構成しようとすれば、これらは、相互に区別されていなくてはならないようにみえる。だから、秩序の（再）創造のために混沌が前提になるということだけからでは、秩序や秩序化の作用が同時に混沌としても意味づけられているということの両義性を直接には理解できない。第三に、人間は無定形な過剰な欲望につき動かされていという前提を受け入れるとして、そのような人間が、いかにして秩序を創造しえたのか、ということこそ問われるべきだろう。すなわち混沌としての世界に直面する状況から秩序の平面への飛躍は、どのような機制に媒介されているのか？

3　たとえば自然数の数列は、秩序（順序）を有する。その中では、たとえば「3」は、「2」に直接に後続し、「4」に直接に先行しており、それ以外の関係は不可能だからだ。この「2に後続し、4に先行する」ということが、自然数列の内部で構成される「3」の同一性である。

4　複雑性は、たいへん難しい概念である。ここで提案した定義は、ソロモノフ、コルモゴロフ、チュイチン等によって案出された「計算複雑性」の概念を、概括的に一般化したものである（Solomonoff［1964］、Kolomogorov［1965］、Chaitin［1966］［1974］）。計算複雑性の概念そのものは、たとえば、われわれがある種の物理現象や社会現象を複雑であると見なすときの直観をすべてくみ取っているとは必ずしも言えないだろう（Nicolis & Prigogine［1989＝1993：29-31］参照）。

5　ここで、存在者、出来事、事物、対象といった諸概念の関係を簡単に整理しておく。存在者を、時間的な持続の中での位置づけを強調するときには「出来事」、空間的な領域との関係で理解するときには「事物」と呼ぶ。また存在者が観察の操作の相関項であることを強調する場合には、それを「対象」と呼ぶ。

6　宇宙とは、もちろん、可能的・現実的な存在者の総体が帰属している領域である。

7　ここで述べているのは、自己として定位された身体が、志向作用の直接の帰属点ではなく、直接のこの志向作用に対して否定的に現前するあの志向作用の帰属点となりうる、ということである。しかも、自己が単純に自己であること（この志向作用の帰属点であること）と、〈他者〉であることとは、対称的な関係にはない。どちらでもありうるということは、単一の身体の上で、志向作用の間の異和性（絶対的差異性）が孕まれるということである。すなわち、どの志向作用でもありえない、ということが、最も原初的・基礎的な体験の層位を構成する。そうであるとすれば、この身体が〈他者〉であることが、より根本的な規定である、ということになる。

8　第三者の審級は、述べてきたような機制が与える錯覚のようなものであり、それ自体として実在しているわけではない。ここで「実在性の強度」とは、これに従属する身体にとって、その実在性に疑念をもつことの困難さの程度（実在性の自明性の程度）である。

9　ルーマンは、ヴァレラとマツラーナのシステム理論にもとづいて、社会システムは「閉鎖することによって開放される」と述べているのも、このためである。

10　ルーマンは、コミュニケーションを、情報の選択、伝達の選択、選択的理解の三者の総合とし、受容／拒否の選択をコミュニケーションの外の選択と見なして考察している。しかし、ここで論じておいたように整理する方が、選択の諸水準の間の論理的な関係について、明確な見通しをもつことができるように思われる。

11　「原始的なコミュニケーション」と「狭義のコミュニケーション」の区別は、言語行為における「原始的な言語行為」と「顕在的な言語行為」の区別の一般化である。ただし執行動詞が発話されないからといって、伝達の選択への自覚が存在しないとは限らないので、狭義のコミュニケーションは顕在的な言語行為よりも広い概念である。

12　以上のコミュニケーションについての説明は、本当は、まだ単純すぎる。送り手が、受け手にとって、一種の第三者の審級として現れると考えただけでは、そもそも、送り手において、コミュニケーションが、いかにして動機づけられるのか、ということが説明できない。送り手のコミュニケーションが誘発されるのは、送り手にとっては、逆に受け手の方が、第三者の審級が発生する場として現象しているからなのだ。受け手の「受容／拒否」の選択が、第三者の審級による「承認／否認」の選択に対応する働きをする。このような理解は、任意のコミュニケーションは、行為のもつ本源的な「他者への志向性」に由来している、とする本節の冒頭の議論とも整合する。送り手は、受け手において生成している第三者の審級を、自らの場に奪い取ってしまうのである。このような逆転の機制については、本論文では論じていない。関連する考察については、大澤［1990b］［1991］［1993］参照。

13　たとえば、カウフマンは「ブール式ネットワーク」において、接続の数が一個のときは、一様な秩序（単純な秩序）が生まれ、接続の数が多数の場合には、システム全体の状態が激しく揺れる「カオス」が、そして接続がちょうど二つのとき、複雑な秩序が生まれると述べている。

14　竹内芳郎は、その原因を、支配者のいわば狡猾な意図に求めている。しかし、このような説明では、なぜ、国家権力による支配が受け入れられ、可能だったのかを理解することはできない。

文献

阿部年晴　1981　『アフリカの創世神話』、紀伊國屋新書

大澤真幸　1987　「心の社会性」、『現代思想』15巻5号

――――　1988　『行為の代数学』、青土社

――――　1990a　『身体の比較社会学Ⅰ』、勁草書房

――――　1990b　「コミュニケーションと規則」、『現代哲学の冒険11――交換と所有』、岩波書店→1994　『意味と他

者性』勁草書房
——— 1991 「もの言わぬ双子の二つの闘い」、『現代思想』19巻7号、8号
——— 1992 『身体の比較社会学Ⅱ』、勁草書房
——— 1993 「言語と貨幣の間を往復する」、『月刊言語』22巻12号
折口信夫 1975 『折口信夫全集 第三巻』、中央公論社
合田正人 1988 『レヴィナスの思想』、弘文堂
清水太郎 1993 「『近代』のトポロジー」、『ライブラリ相関社会学1』
高取正男 1979 『神道の成立』、平凡社
竹内芳郎 1981 『文化の理論のために——文化記号学への道』、岩波書店
西阪仰 1985 「意味・行為・行為の連鎖——ハーバマース＝ルーマン論争への一視座」、『社会学評論』143号
——— 1990 「コムニオ・サンクトルム——宗教について」、土方透編『ルーマン／来るべき知』、勁草書房
宮田登 1979 『神の民俗誌』、岩波新書
山口昌男 1975 『文化と両義性』、岩波書店
吉澤夏子 1987 「世界・〈できごと〉・時間」、山岸健編『日常生活と社会理論』、慶応通信
——— 1988 「『観察』と他者性」、『哲学』第86集（三田哲学会）
吉田敦彦 1979 「ディオニソス」、『思想』661号
Chaitin,G.J. 1966 "Om the length of programs for computating finite binary sequences," J. ACM 13
——— 1974 "Informatintheoretic computational complexity," IEEE Trans. Inform. Theory IT-20
Kauffman, S.A. 1969 "Metabolic stability and epigenesis in randomly constructed genetic nets," J.Theor.Biol. 22
Kauffman, S.A. & Johnsen, S. 1991 "Coevolution to the edge of chaos," J.Theor.Biol. 149.
Kolmogorov, A.N. 1965 "Three approaches to the definition of the concept 'quantity of information'", Probl. Peredachi Inform. 1
Langton, C.G. 1990 "Computation at the edge of chaos : phase transitions and emergent computation, Phisica D 42
Lévinas, E. 1980 Totalité et Infini, Martinus Nijhoff. ＝1989 合田正人訳『全体性と無限』、国文社

Luhmann, N.　1977　Funktion der Religion, Shurkamp.

——— 1984　Soziale Systeme, Suhrkamp. = 1993　佐藤勉監訳『社会システム理論』、木鐸社

——— 1987　Soziologische Aufklärung 4, Westdeutscher Verlag.

——— 1989　Gesellschaft und Sematik, Shurkamp.

——— 1990　Die Wissenschaft der Gesellschaft, Suhrkamp.

Nicolis, G. & Prigogine, I.　1989　Exploring Complexity, Freeman & Co. = 1993　安孫子誠也・北原和夫訳『複雑性の探究』、みすず書房

Osawa, M. 1990　"Algebra of Action and Phenomenology of Sociality," Shimizu, H. ed. Biological Complexity and Information, World Scientific

——— 1993　" Self-Observation of Social System," Nonlinear Theory and its Applications 93

Parsons, T. 1951　The Social System, The Free Press. = 1974　佐藤勉訳『社会体系論』、青木書店

Ruelle, D.　1991　Chances and Chaos, Princeton Univ. Pr. = 1993　青木薫訳『偶然とカオス』、岩波書店

Solomonoff, R.J.　1964　"A formal theory of inductive inference," Inform. and Contorol 7.

Spencer-Brown, G.　1960　Laws of Form, George Allen and Unwin Ltd. = 1987　山口昌哉監修　大澤真幸・宮台真司訳『形式の法則』、朝日出版社

Turner, V.　1969　The Ritual Process,Aldine Pub. Co. = 1976　富倉光雄訳『儀礼の過程』、思索社

Wolfram, S.　1984　"Universality and Complexity in celluar automata," Physica10D

Wolfram, S. ed.　1986　Theory and Application of Celluar Automata, World Scientific.

Zizek, S.　1991　Looking Awry, MIT Pr.

第4章 社会システムの基底としての「カオス」

1．システムの秩序

【1】自己組織的・自己創出的なシステム

社会システムは、「意味」を用いて互いに関係しあうコミュニケーションの集合である。したがって、社会システムは、対象をある特定の「意味」において措定している行為を妥当なものとして指定し、他の可能性を否定する情報を備えている。それが、「規範」である。後論が示唆するように、規範は本性上社会的な現象である。社会システムの内部の任意の要素（コミュニケーション）に対する妥当性が自覚されているような規範を、「制度」と呼ぶことにしよう。なお、行為とコミュニケーションは、質的に異なる出来事を構成するわけではない。コミュニケーションにおける選択性が、特定の身体に帰属しているものとして指示されているとき、それを行為と呼ぶのである。

規範は、社会システムの内部で許容される選択とその接続関係についての複雑性（多様性）を規定する。それは複雑性を縮減することである。複雑性の縮減とは、論理的には可能な出来事の内、ある特定の部分のみを生起させるということである。縮減された複雑性は、システムにおける秩序として観察される。環境は、常に、システムよりも高い複雑性を有する領域として現れている。社会システムと環境の差異とは、複雑性の落差である。

社会システムは、自己組織的《セルフオーガニゼーショナル》であり、かつ自己創出的《オートポイエティク》なシステムである。システムの全体としての同一性を指定する情報（社会システムにあっては「規範」）が、その当のシステム自身の作動を通じて選択＝産出されているとき、そのシステムは自己組織的であるという。また、自己創出的なシステムとは、——大雑把にいえば——、システムの要素（社会システムにあっては「コミュニケーション」）が、その当の要素の間の関係（ネットワーク）を通じて生産されているようなシステムである。自己組織性は、全体としてのシステムの同一性をめぐって生じている自己準拠性であり、自己創出性は、要素の水準で生ずる自己準拠性である。

知的な課題は、社会システムにおいて、自己組織性・自己創出性はいかにして実現されるか、という点にある。システムの全体水準におけるものにせよ、要素水準におけるものにせよ、自己準拠性は、論理的な「矛盾」を構成してしまうように見えるからだ。この「矛盾」はいかにして克服されているのか？　要するに、社会システムが、その要素（コミュニケーション）を次々と再生産し、それらの間の秩序を実現することができるのは、いかにしてなのか？

【2】神降ろし

さて、われわれはかつて、社会システムの自己組織性・自己創出性をまさに実現しているようにみえる固有な社会的「技術」の一つとして、日本の伝統的共同体に見出されるある単純な「祭儀」を分析したことがある（大澤［1993］）。それは、憑依を利用した技術であり、「神降ろし」などと名付けられている。それは、しばしば、村落共同体の「時間」が言わば更新されるときに、すなわち春祭・秋祭（豊穣祈願の穀霊祭）のときに執り行われた。この技術が、システムの全体と要素における自己準拠性を実現しているように見えるのは、これを利用して共同体が、自己自身に対して認知的あるいは価値的な規範的判断をもたらすことに成功しているからである。規範的判断は、招来された神を経由するような形態で、もたらされる。すなわち、共同体は、成員の一人を選び出し、この成員に神を憑依させ、その成員の口から一種の託宣として規範的判断を導き出したのである。

この技術の実際を民俗学者の報告をもとに、もう少していねいに記しておく。神が憑けられる人物、すなわち神の「依代」になる人物は、原理的にいえば、誰であっても構わない。一般には、性格が素朴な人物が適しているようである。その選ばれた一人を囲んで、人々はまわりで囃し立てる。するとやがてこの人物は、自覚的な意識を失い、一種の催眠状態に陥る。このとき、神が彼の身体に憑依した、と見なされる。人々は彼を起こし、託宣させる。そこで表明された判断は、その年の共同体のあるべきあるいはあるはずの様態を表示する「予期」と見なされるのである。

この種の、規範をもたらす形式化された行為としては、神降ろしは、最も単純で初歩的な類型に属する。それゆえ、また、これと類似の技術は、原始的な共同体のほとんどすべてに見出すことができるのである。

神降ろしは、システムの自己組織性・自己創出性を実現しているように見える。というのも一群の特殊なコミュニケーション（神降ろし）が、「規範」をシステムに対して備給し、それによって、諸々のコミュニケーションの生起と接続を根拠づけているからである。それは、システムの要素（コミュニケーション）の出現とその間の接続を、規範的に「妥当なもの」として価値づけた上で、可能にしているのである。この単純な技術が、システムの自己準拠性が含意する「矛盾」を克服しているように見えるのだ。

「矛盾」の克服を可能にしている契機は、自己準拠の循環を見かけの上で断ち切ってしまう要素、すなわち「神」である。「神」は、規範の選択性の帰属点として機能する超越的身体である。つまり、それは、私が「第三者の審級」と呼んできたものの一例をなしている。第三者の審級とは、「そこに帰属していると見なされた選択に関して、システム内の任意の身体が学習することの妥当性が既定されている、と認知されている身体」のことである。第三者の審級に帰属していると認知された選択は、システムの内部で、正統性を帯びた規範として、作動することができるのである。

神降ろしが例示する技術は、この第三者の審級を信憑可能な現実として生産する社会的な方法となっている。この方法は、身体の特殊な性能に基礎づけられているようだ。しかし問題は、それがいかなる性能なのか、ということである。そして、その性能は、システムに規範を、したがってまた秩序をもたらす機制を、いかにして作動させうるのか？

【3】まれびと

さしあたって、確認しておいてよいことは、神降ろしにおいて、選出された人物（依代）を目指して降臨する神——これが第三者の審級として機能する——は、折口信夫のいう「まれびと」だということである。まれびととは、外部から共同体に来訪する神のことである。重要なことは、外部という空間的領域が帯びる意味である。伝統的な共同体においては、それは、位置についての単純な空間的認知を越えた含意を担う。空間についての「内部／外部」の対立は、そのまま、規範的な価値の「正（妥当性）／負（非妥当性）」の対立と重合しているのである。この場合に問題になっている規範的な区別は、システムの同一性を規定するような対照——身体の正則性／非正則性の対照（大澤［1992：27］）——である。外部は、出来事（コミュニケーション）が、システムの内部の要素に対しては当然に期待することが可能であるような形式を必ずしも持たない領域として、表象される。つまり、それは、過剰な複雑性を担った「システム環境」の空間的な投影なのである。「まれびと」のような外来する身体を利用するということは、規範的に正価値を帯びた秩序をもたらすために、わざわざ規範的な負価値を担う要素に訴求すること、つまり秩序をもたらすために、あえて秩序の反対物と連合している要素に訴求することを意味するだろう。言ってみれば、複雑性を縮減するために、敢えて過剰な複雑性を導入しているのである。

　このような両義性は、折口信夫によれば、「神《かみ》」へと連なる言葉の　歴史の内にも反映している。「神」と類似の語義をもつ最も古い言葉は、「たま」である。ところが、そこには、規範的な正（善）と負（悪）の意味が両方とも含まれている。つまり、「たま」には、秩序への連想と秩序の反対物への連想が、ともに含意されているのである。秩序への連想の方のみが純化されたのが、後の「かみ」であり、逆に、反秩序の含意が純化されたのが「もの」である（折口［1975：261］[1]）。共同体に秩序をもたらす要素が、同時に秩序の反対物を担う要素であるとも見なされている、という両義性は、別段、日本の伝統的な共同体に特徴的な現象というわけではない。これは、世界中の、少なくとも原始的な共同体（無文字社会）において見出される、きわめてありふれた現象なのである。アフリカのドゴン族の長老は、端的に、次のように断じているという。「秩序の存続のために必要なのは明白な無秩序である」と（阿部［1981：116, 174］、竹内［1981：296］）。

2.「カオス」の条件

【1】第四のクラス

数学でいうところの「カオス」の理論が、有効なヒントを提供するように思われる。というのも、この理論は、ある種の物理的あるいは数学的なシステムが、いま社会システムについて確認してきたのとよく似た両義性を呈しつつ、秩序を生成する、ということを教えているからである。

「カオス」とは、初期条件に対して著しい感応性を示す時間発展のことである。通常、われわれは、時間を通じての変化は、初期条件にほぼ比例するだろう、と予期している。つまり、最初に似ていたものは、最初から大きく異なっていたものに比べて、その後も、だいたい似たような状態を示すだろう、と予期している。初期条件のごく小さな相違は、その後も、相対的に小さな差異しか帰結しないはずだ、と普通は見なしているわけだ。ところが、「カオス」的に振る舞う現象の場合は、このような常識的な予期は、必ずしも満たされない。そこでは、ほんのわずかばかりの初期条件の相違が、きわめて大きな差異として結果するのである。

「カオス」をもう少し厳密に規定しておこう。「カオス」は、次のような二つの条件を満たす、離散的な力学システムで生ずる（なお、力学システムというのは「力学」とは関係ない。それは、時間的に発展していく動的なシステムということである。また離散的であるというのは、微分方程式であらわせるように連続的に変化するのではなく、時間的な変化が、自然数に対応させることができるような形で記述される、ということである）。第一に、その内部では、どのような自然数nに対しても、n周期の軌道が見出せるということ。第二に、周期的ではなく、かつ周期的な軌道に漸近することすらないような軌道を帰結する初期値が見出され、しかも、そのような初期値が非可算個ある（つまり自然数の数よりも多い）こと。リーとヨークが、システムが、この二条件を満たしているかどうかを判別する数学的な方法を案出している。よく言及される象徴的な言い方を使えば、ちょうど周期が3であるような軌道が見出されれば、それはカオスである。[2]

さて、複雑な振る舞いを示す興味深い秩序は、非常にしばしば「カオス」が単純な秩序へと移行する直前の領域で現れる、ということが確認されている。この領域のことを、S・カウフマンは「カオスの縁 edge of chaos」と呼んでいる（Kauffman & Johnson［1991］）。

セル・オートマトンの場合は、カオスの縁は、ウルフラムがいうクラス4に対応している（Wolfram［1984］［1986］）。セル・オートマトンとは、複数のオートマトン（セル）を並列させ、周辺のオートマトンの状態を入力にして、次の時点のオートマトンの状態を次々と決定していく方法である。多くの力学システムは、不動点、周期性、そして「カオス」の三つの状態を呈する。セル・オートマトンの場合も、この三つに対応する様相が見出される。すなわち、セル・オートマトンが最終的に呈する状態に着眼した場合には、すべてのセルが一様になるクラス1、短い周期を示す（単純な秩序）クラス2、非周期で不安定な状態（「カオス」）に至るクラス3の各類型が見出される。だが、セル・オートマトンには、この三つのいずれとも異なる四番目の類型がある。そのクラス4は、複雑な秩序を構成する（複雑な局所的パターンや周期の長い反復）。クラス4は、クラス2とクラス3の中間のきわめて狭い領域で現れる。これが、「カオスの縁」である。ラングトンは、クラス4が情報を操る能力が最大になる場合である、と述べている（Langton［1990］）。

「カオスの縁」において、興味深い「高度な」秩序がシステムに現れる、という事実は、社会システムに関して指摘しておいたあの「両義性」とちょうど対応している。「カオスの縁」が高度で複雑な秩序を構成するのだとすれば、秩序とその反対物である混沌とが端的に対立している、という常識的な見解は、必ずしも妥当しないということになる。秩序と混沌が対立しているならば、高度な秩序は、混沌から最も離れた領域でこそ見出しやすいはずだ。ところが、実際には、秩序はむしろ混沌との境界部（「カオスの縁」）でこそ見出される。まるで秩序が、混沌にある種の仕方で依存しているかのようなのだ。社会システムの場合もまた、秩序は、混沌を導くような要因を通じてこそ、もたらされていたのである。

【2】予期の（不）可能性

「カオス」に関する最も驚くべき性質は、そこでは、「偶然性」と「必然性」とが数学的な厳密性をもって合致している、ということである。「カオス」においては、偶然の過程を、決定論的に——つまり必然の過程として——記述することができるのである。完全な「偶然」を含む「カオス」の不規則な過程が、同時に決定論的な予期に服してもいるという二重性は、混沌と秩序の依存関係の極限である、と言うことができるだろう。秩序があるということは、時間的な層では、未来が容易に予期しうる、ということを含意している。秩序があるとき、起こりうる出来事の可能性が限定されている（つまり任意の出来事が起こるわけではない）からである。予期の可能性が完全であるときには、決定論的な過程として変化を描くことができるだろう。それに対して、秩序がないときには、起こりうる出来事が多様・複雑でありすぎ、未来を見通すことが困難になる。

「カオス」における偶然性＝必然性の関係を説明する前に、「カオス」と「ランダム性」とは異なる、ということに留意を求めておこう。「カオス」の方が「ランダム性」よりも広い概念であり、「ランダム性」は「カオス」の一特殊ケースである。「ランダム性」の内には、可能な軌道のすべてが含まれている。たとえば、「カオス」には、任意のｎ周期の少なくとも一つのパターンが存在していればよいのだが、「ランダム性」には、任意のｎ周期のあらゆるパターンが存在している。だが、他方で、「ランダム性」は、「カオス」の「カオス」たる所以の強化された形態であり、「カオス」の極致である、と言うこともできる。「カオス」は、秩序のある状態に比して、過剰に複雑である。時開発展のすべての可能性を包含してしまう「ランダム性」は、複雑性の過剰度の最高値である、と言うことができるだろう。「ランダム性」は、最も強い反秩序なのだ。

以上の点を留意した上で、「ランダム性」を含む「カオス的過程」は、決定論的な差分方程式で記述することができる、ということに注目しよう。このことを、解説書的な仕方で、ごく簡単に例示しておこう。たとえば、$x_{n+1} = 4x_n(1 - x_n), 0 \leqq x_n \leqq 1$ で表現できるような数列 $\{x_n\}$ を考えてみる。この数列は、もちろん、決定論的である（x_n が決まれば、一義的に後続 x_{n+1} が決まる）。それゆえ、初期値が定まれば、他でありようのないものとして――つまり必然的なものとして――一つの軌道（数列）が決まってしまう。ここで、［0、1／2］の領域をA、［1／2、1］の領域をBと呼ぶ。いま、AとBからなる無限列を、まったくランダムに作ってみる。この場合、AまたはBは、まったく偶然にしたがって出現していることになる。にもかかわらず、AとBのどのような列が与えられたとしても、適当な初期値をとってやると、数列｛x_n｝を、そのAとBの列に対応させることができる（もちろん、この場合、数列の各項 x_n の値を、それが所属している、AまたはBという領域の名に置き換える）。つまり、$x_{n+1}=4x_n(1-x_n)$ という決定論的な過程は、「ランダム性」に対応した「カオス」なのである。このように、まったく偶然の出来事の連鎖を、必然的な決定論的過程として表示できるのである。

秩序の存在が、予期の可能性と相関している、という先の指摘にもどってみよう。この見地からすれば、決定論的に予言できる「カオス」自身が、一個の秩序なのだ、と言うこともできる。だが他方で、初期条件に鋭敏に反応する「カオス」においては、完全な予期は、事実上、阻まれている。ほとんど検出が不可能なほどのほんの小さな差異が、未来に対して大きな影響を与えるからだ。この点に着眼すれば、「カオス」は、まさに混沌《カオス》という名が示すような状態であると言ってよいことになる。つまり、「カオス」そのものの上で、秩序性への可能性と反秩序性への可能性が、直接に交錯しているのである。

3. ホモクリニックな点

【1】拡張＝収縮する傾向

以上の「カオス」についての数学を基底にすえて、社会システムにおける自己組織性・自己創出性を可能なものとする機制を考察してみよう。「カオス」の理論が教示していることは、社会システムと同様に、複雑な秩序は、反秩序（混沌）と接触する場所（「カオスの縁」）において出現する、ということであった。

「カオス」において、秩序への傾向と反秩序への傾向とが交叉するのはなぜか？　きわめて不規則な、（ほとんど）偶然の過程が、決定論的に記述できるような必然性を帯びるのはなぜか？　その数学的な「からくり」の中核は、「カオス」が、ホモクリニックな点（同質二重漸近点）において現れている、ということとの内にある。ホモクリニックな点というのは、不動点Pの安定多様体と不安定多様体が交わる部位である。不動点Pの安定多様体の上では、Pの周辺の点がPに接近していこうとする傾向をもっている。不動点Pの不安定多様体の上では、逆にPの周辺の点がPから遠ざかっていこうとする傾向をもっている。両者が交叉する点が、ホモクリニックな点である。

直感的に理解しやすい表現を使えば、ホモクリニックな点とは、拡張していこうとする傾向（不安定多様体）と収縮していこうとする傾向（安定多様体）が共存している点だということができる。「カオス」は、初期値に鋭敏に反応する現象なので、ほんのわずかしか離れていない点に発する二つの軌道が、時開発展につれて、非常に遠くにまで急速に離れていく。しかし、このような拡張への傾向しかなければ、「カオス」は起こらない。ここで、事態を見やすくするために、前節で例示に使った一次元の「カオス」 $x_{n+1}=4x_n(1-x_n)$ を、想起してみよう。この写像をグラフに表現すると、区間［0、1］で折れ曲がった形状をしている。このことは、一方では、この写像が区間を拡張する傾向を有している——たとえば区間［0、1／2］はその二倍の区間［0、1］に写される——のに、他方では、変換が一つの区間［0、1］に完全に封じ込めれている、ということを示している。いわゆる「パイこね変換」は、ここに示した二つの傾向を重ねることから生ずる（引き延ばし、そして折り畳むということの繰り返しなのだから）。「カオス」は、言わば、拡張への傾向と収縮への傾向のせめぎあいの内にあるのだ。両者のバランスが絶妙なものになったとき、特定の秩序が生成される。

【2】ホモクリニックな身体

さて、社会システムを生成する「素材」においても、この「ホモクリニックな点」と同型的な作用をもつ契機を見出すことができれば、その自己組織的・自己創出的な秩序生成の機制を解明することができるかもしれない。まず、最初に念頭に置くべきことは、社会システムに関しては、秩序は、言わば抽象的なものだ、ということである。秩序は、必ずしも、外的に観察可能な行動の規則性ではない。秩序を有するということは、社会システムに参与する者たちの間で、対象の意味的な把持＝判断に基本的な同一性があり、互いに対する予期・期待が、高度な蓋然性で整合している状態をいう。判断の一致や予期・期待の整合性は、結果として、特定の行動への傾向性を導くが、それ自身は、必ずしも直接に観察可能なわけではない。それゆえ、もしホモクリニックな点と類同な作用によって社会システムの秩序がもたらされるのだとしても、その作用は、抽象的な規準において、ホモクリニックな点の性質と類似性をもっていればよいわけだ。

軌道の拡張性と収縮性という二つの傾向性は、社会システムに関しては、複雑性（可能な出来事＝コミュニケーションの多様度）の拡大と縮減のそれぞれの傾向ととりあえず対応させておくことができる。問題は、複雑性の拡大と縮減の両方の傾向性を同時に発揮させる要因である。

第1節でみたように、社会システムの自己組織的・自己創出的な作動は、第三者の超越的審級の産出として描くことができる。解明すべきことは、だから、第三者の審級を現実的なものとして導きだす機制である。それは、特殊な性能を有する身体の間の相互作用を基礎にしているように見える。

どのような身体も、志向作用を作動させるや否や、双対的な二つの操作を活性化させる。それらを、「求心化作用」と「遠心化作用」と呼ぶ。どのような志向作用も、事象を、この身体（の上の一点）の「近傍」に配列させた相で把握する。この志向作用の自己中心化の働きが、求心化作用である。同時に、身体は、この「近傍の中心」を、他へと移転させる作用を協働させうる。それが、遠心化作用である。この二重の作用のゆえに、どの身体に対しても他者が、不可避に顕現する。結論的に言えば、身体が有するこの双対的な作用こそが、ホモクリニックな点に対応した働きを示すのである。

複雑性の拡大、すなわち過剰な複雑性は、自分自身が実現していない異和的な選択をなしえた他者への参照を前提にしている。原理的に言えば、社会システムの複雑性は、次のような場合にのみ、拡大することができる。すなわち、志向作用を発動させつつある身体が、自ら自身を、他者たちへと遠心化させ、他なる志向作用の可能性を認知し、それよって彼の選択＝行為がより広い可能性の領域に開かれていることを理解する場合、これである。「カオス」の過程にも、これと類似した傾向を見ることができる。「カオス」は、拡張していく写像であった。それは軌道が互いに離れていく過程である。言い換えれば、きわめて類似した、ほとんど同一なものの間に差異が現れ、そして成長する過程である。求心化しつつ遠心化する身体も、自身を、言わば他者性へと開放し、そのことによって同一性を解除し、差異化していくのだ。

「カオス」においては、拡張していく写像は、同時に閉じられてもいる。同様に、遠心化－求心化する身体たちが互いに共存している場合には、互いの間の遠心化を通じた相互の干渉によって、彼らが（妥当的なものとして）採用しうる選択の可能性（複雑性）を限定することにもなるのである。この限界づけられた可能性＝複雑性の、全体としての同一性を代表するのが、第三者の審級なのである。第三者の審級が構築されるまでの機序を厳密に解説している余裕はないので、ここでは、それを、あの「神降ろし」のケースを利用して、簡単に例証しておこう。

依代として選出された身体は、他の身体たちの志向作用（眼差しや声）が交錯する中心に置かれることによって、自らの同一性を解体させてしまう。この特異的な身体は、自身の志向作用を、共存する他者たちの方へと、全面的に遠心化してしまうからである。催眠状態が、彼の身体の同一性が解除したことを示している。この特異的な身体は、同一性を欠落させることによって、逆に、周囲のすべての身体が、そこへと遠心化しうる空虚な点を構成しよう。諸身体は、この特異的な身体への遠心化を通じて互いに連接し、一個の間身体的な連鎖を産出する。この間身体的な連鎖が、各個別の身体をその部分として定位させるような、独立の同一的な実体として現象するにいたったとき、あの特異的な身体を含むどの個別の身体とも異なる超越性へと——つまり「第三者の審級」へと——変換される。この第三者の審級（神）は、諸身体の全体性を代表するものとして実体化されるがゆえに、そこから表明された判断は、それ自身、直接に共同化された規範として、受容されてしまうのである。

第三者の審級は、身体の（求心化しつつ）遠心化する性能に依存して成立する。それは、言わば、身体が自らの内に他者性を見出し、複雑性を拡大する機制である。この部分は、「カオス」的な過程における不安定多様体の「拡張していく傾向性」に相当している。しかし、遠心化する身体たちが互いの交通によって、第三者の審級（超越的実体）を結晶させた場合には、各身体たちは、自らにとって（妥当的に）可能な選択の領域を、（第三者の審級に帰属させうる判断が肯定的に言及する）特定の限界の内部に閉じ込めてしまうのである。この可能性＝複雑性の閉じ込めは、安定多様体の

「収縮していく傾向性」に対応させることができる。「拡張していく傾向性」を基底にしつつ、それを凌駕する十分な強度をもった「収縮していく傾向性」が確保されたとき、システムが特定の秩序を呈する可能性が出現するのである。

注

1　反秩序を共示する語が「事物」を意味する語でもある、ということはとても興味深い。事物の単純な実在ということが、規範的な秩序にとっての脅威をも、同時に指示しているわけだ。それは、なぜだろうか？　大澤［1994b］が、この問題を考察するためのヒントを与えていると思う。

2　リー・ヨークの条件とは、区間［0、1］で定義されている連続関数 f(x) が、この区間内の点 p、q、r、s（ただし s≦p＜q＜r）に対して、

　f(p)＝q、f(q)＝r、f(r)＝s

という関係を満たしていること、である。この条件を満たすとき、関数 f によって定義される離散力学システムが、本文で述べた二つの性質を呈することになる。s と p が等しいときには、周期3になる。

文献

阿部年晴　1981　『アフリカの創世神話』、紀伊國屋書店
Kauffman, S. A. & Johnson, S.　1991　"Coevolution to the edge of chaos", *J. Theor. Biol.* 149
Langton, C. G.　1990　"Computation at the edge of chaos", *Phisica D 42*
大澤真幸　1993　「自己準拠の条件―社会システムにおける」、『現代思想』二一巻一〇号→本書第I部第7章

――― 1994a 「混沌と秩序―その相互累進」、『社会科学の方法X』、岩波書店→本書第I部第3章
――― 1994b 「実在=現実とは何か」、『イマーゴ』五巻三号
折口信夫 1975 『全集第三巻』、中央公論社
竹内芳郎 1981 『文化の理論のために』、岩波書店
Wolfram, S. 1984 "Universality and Complexity in celluar automata", *Phisica 10d*
Wolfram, S. ed. 1986 *Theory and Application of Celluar Automata*, World Scientific

第5章 失敗に内在する成功——機能主義的社会システム論・再考

1．社会システム

【1】社会システム論の諸概念

行為／コミュニケーションの集合的な様態を、システムとして把握する試みは、理論社会学の中の主要な潮流の一つを形成している。この種の社会学的なシステム論は、とりわけ、機能主義的な社会理論と結託して発展してきた。ここでは、第一に、社会（システム）についての機能主義的な説明が、原理的に不可能なこと、しかし、第二に、まさにその不可能性こそが、社会（システム）についての機能主義的な理解のもう一つの可能性を支える根拠をなしているということ、この二つのことが示されるだろう。

社会学的な機能主義sociological functionalismを、とりあえず、直感的に規定しておこう。それは、特定の社会現象（社会状態）や社会構造の出現を、それらの社会現象・社会構造が指向している「目的」や「効用」によって説明しようとする理論である。たとえば、病院の普及を、「傷病者を減少させる」という「目的」によって理解したとすれば、それは、機能主義的な説明である。機能主義は、理論としてとりたてて定式化されなくとも、われわれが日常的な理解の中で自然と援用してしまう、ごく普通の説明の方途である。しかし、このたいへん自然にみえる方法は、社会現象（社会状態）の説明として、十分な一般性をもちえない。このことをまず示しておこう。そのために、最初に、機能主義という説明の論理を、もう少し厳密に定義しておく必要がある。機能主義は、数学的な表現を用いて定義することができる。こうして得られた数学的な定式化は、非常に高い一般性の水準で、機能主義が内包する射程を表示するものになるだろう。

社会システムの要素は、可能的・現実的なコミュニケーションまたは行為である。行為は、志向する対象を特定の「意味meaning」において把握する（身体的な）遂行であり、コミュニケーションは、「意味」的な把握において含意されている選択の接続である。[1] 社会システムとは、対象の「意味」への志向が相互に整合しており、そのことによって直接的・間接的に接続している可能的・現実的な行為とコミュニケーションの集合である。志向する「意味」の同一性・整合性によって、社会システムは、その環境から境界区分されている。[2] 行為およびコミュニケーションについて「可能的」という規定を加えたのは、たとえば予期されたり想定されたりしただけの行為やコミュニケーションもまた、社会システムの要素と見なすことができるからである。システムの状態は、要素＝変数（行為・コミュニケーション）が取りうる状態＝値の組み合わせである。

　システムが取りうる状態とその遷移に特殊な方向づけを与える要因となる事象を、一般に「情報 information」と呼ぶ。情報は、システムの（論理的に）可能な状態空間に、現実に出現しうる部分集合と出現しない部分集合との区別を与える性能を、（少なくとも）含んでいなくてはならない。社会システムの場合、この「情報」に対応する契機は、（最も広い意味での）「規範 norm」である。「規範」は、行為とコミュニケーションに、妥当的な形式と非妥当的な形式とに弁別する。規範が与える「妥当性／非妥当性」の弁別の中で、行為／コミュニケーションとその対象の「意味」に与えられた位置が、「価値 value」である[3]。機能主義の根本的な特徴は、さらに、ここで述べたような社会システムの「情報」の働きを、機能的な評価の操作として理解するところに、理論上の特質がある。

　システムの中には、情報を自己決定しているように見えるものがある。このようなシステム、すなわち、自らの状態を選択する情報を、自ら自身で選択することができるシステムのことを、「自己組織システム self-organizing system」と呼ぶ。生体や意識は、このような意味での自己組織システムの事例である、と考えられてきた。社会システムの状態を指定する情報は、もちろん、先験的に与えられているわけではなく、システムは自らの挙動（状態の変動）を通じて、自ら選択しなくてはならない。この意味で、社会システムも自己組織的なシステムの一例である。

さらに、要素も自己決定しているように見えるシステムを、マトゥラナとヴァレラは「自己創出《オートポイエシス》システムautopoiesis system」と呼んだ。自己創出システムとは、要素が、自ら自身も参入することになる要素のネットワークを通じて生産されているシステムである。社会システムの要素である行為やコミュニケーションといった出来事は、行為／コミュニケーションが接続する関係性（ネットワーク）から独立しては同一性（アイデンティティ）をもちえず、存在することはない。ルーマンが述べているように、社会システムは、自己創出的なシステムである。

自己が自己へと関係する循環が、システムの全体性の水準に見出されるとき、自己組織システムであり、システムの要素の水準に見出されるとき、自己創出システムである。社会システムについての理論は、このようなシステムの自己準拠性を説明できるものでなくてはならない。

【2】構造－機能理論の諸概念

冒頭に述べたように、社会システムについての理論は、主要には、機能主義と合流するような形で発展してきた。機能主義的な発想は、ときには顕在的に、またときには潜在的に、社会（科）学史をかざる初期の巨人たちの多くが、すでに採用してきたものである。しかし、これを明示的に取り出し、方法的に整備したのは、とりわけ、タルコット・パーソンズ、そしてロバート・K・マートン、マリオン・リーヴィらの一九四〇年代から五〇年代にかけての活躍した社会学者たちだ。彼らの業績は、構造－機能分析structural-functional analysisとして知られている方法的な立場へと結実していった。

やがて、構造－機能分析に代表される機能主義的な社会理論に対して、代替的な立場から批判する声も現れてきた。たとえば、パーソンズらの構造－機能分析によっては社会変動や社会的紛争を扱えないといった論理的な不備を指摘する批判や、構造－機能分析が体制擁護のイデオロギーに転化しうるといった政治的（外在的）な批判が、それである。しかしながら、批判によって相対化されたことをきっかけに、批判が提起していた問題の意義やそれを乗り越えようとする試みの可能性が十分に検討されないまま、構造－機能分析に対する社会理論家たちの関心は、実質的に低減してしまったように、思われる。

構造－機能分析こそが、機能主義的な発想の集大成である。少なくともそれまでに提起されてきた機能主義のほとんどを、構造－機能分析の内部に包括することができる。もっとも、構造－機能分析の唱導者たちの主張はあいまいであり、また論者の間にもさまざまな不一致がある。批判すべき対象が不明確であっては、批判は不可能だ。そこで、われわれとしては、細かな不一致や偏差を包括する一般的な水準において、構造－機能分析の内実を明確にするようなモデルを立てておくことにしよう。そのような理論的に理想化された構造－機能分析のモデルを、ここでは構造－機能理論structural-functional theoryと呼ぶことにする[4]。

構造－機能理論とは、（任意の）社会状態の出現とその変動（別の社会状態への遷移）を、次の二つの分析局面を通じて説明する社会理論である。第一の分析局面は、相互連関論であり、第二のそれは、機能評価である。社会状態（社会システムの状態）は、互いに関係のある（有限個の）要素＝変数の組み合わせによって表現できる。ある要素＝変数の変化は、別の要素＝変数の変化へと波及する。このような要素（変数）の間の相互関係を分析するのが、相互連関論である。しかし、このような相互連関論だけならば、たとえば（経済学の）一般均衡論などにも典型的に見られるものであって、とりたてて、構造‐機能分析に特徴的なものではない。構造‐機能理論を、とりわけまさに機能理論として特徴づけるのは、社会状態が、社会の目的ともいうべき機能的要件functional requisiteの達成度に関して、正負の評価を受けている、と理解するところにある。ここに暫定的に規定しておいた構造‐機能理論が内実をより精確に確定するために、次節で、集合論を用いて、これに数学的な表現を与えることになる。

機能主義的な説明が、社会（システム）の理解にとして、高度に自明な自然さをもっている、ということをとりあえず確認しておこう。社会システムは、行為の集合である。行為は、ある特定の可能性の選択である。どのような選択も、何らかの目的へと指向している。「目的」とは、選択が未来において実現しようと企図している状態（目標）が有する（選択者にとっての）価値である。さて、そうであるとすれば、少なくとも「組織」のようにまさに同一の目的を達成すべく自覚的に構成された（と信じられている）システムにおいては、まさにそのような共通の目的こそが、システムに存在理由を与えているように見える。もちろん、多くの社会システム——たとえば都市や農村のような「地域社会」——は、目的の共通性についての明確な自覚を前提に構成されてはいないが、そのような場合でも、複数の選択＝行為が最低限の整合性をもって共存している以上は、システム内の選択＝行為において直接的・間接的に共通に指向されている（広義の）目的の存在を想定することができるように思われる。こうして、社会システムが選択＝行為の集合である以上は、システムの内部の任意の選択＝行為が、積極的にであれ、消極的にであれ共通に指向している目的が存在しているように見えるのであり、まさにその「目的」を、システムそのものが指向している目的＝機能的要件と見なすことが、自然なものと考えられるのだ。なお、ここで、ある目的を積極的に指向している、ということは、その目的にかなった目標を実現することが、行為が指向している状態の十分条件を構成している場合であり、ある目的を消極的に指向している、ということは、その目的に矛盾するような目標状態の実現を忌避するということが、行為にとって最低限の必要条件として前提されている場合である。

【3】機能主義的な寓話

サミュエル・ベケットの有名な戯曲『ゴドーを待ちながら』を、機能主義的な寓話として解釈することができる（大澤［1992］を参照）。この作品は、エストラゴンとヴラジーミルの二人組が、ただひたすらにゴドーの到来を待っている様を演劇化したものである。ゴドーとは何者か、二人はなぜゴドーを待つのか、こういったことは、作品の中で一度も説明されない。

待つということのみで成り立っている二人の関係は、社会システムの最小値とでも呼ぶべきものを構成する。「二人」は、もちろん、システムの最小規模である。と同時に、待つということは、行為が行為の否定へと没する臨界点でもある。それは、積極的には行為しないこと、積極的には何も選択しないこと、そのこと自身を行為となすこと（選択すること）なのだから。したがって、同一のものを待つことにおいて成立する二人の関係は、コミュニケーションの臨界点でもある。

ほとんどいかなる出来事も生起しない二人の関係を、単一のシステムとして構成しているのは、この関係が、一つの機能的要件＝目的を指向しているからである。ここで、機能要件としての価値を与えられていることがらは、もちろん、「ゴドーの到来に立ち会うこと」である。ゴドーの到来は、実際、終極的な目的――つまり「世界終わり」――として言及される。

しかし、他方で、この究極の機能要件が充足される瞬間は、すなわち終末の瞬間は、決して訪れないだろう、ということが作品の構成を通じて暗示される。作品は二幕で構成されている。第一幕の終わりに、少年を通じて、ゴドーからの「明日は必ず行く」というメッセージが伝えられる。しかし、まさにその翌日であると考えられる第二幕でも、同じ「明日行く」というメッセージが届けられる。この反復は、ゴドーの到来が、いつまでも「明日」に留まり続けることを示唆している。「目的」を設定し、それを達成すべく企投することは、行為の基本的な条件である「能動性（選択性）」を構成する。しかし、決して到達することのない目的に指向し続けることは、逆に、行為に「受動性＝従属性」の意味合いを与えることになろう。つまり、能動的・自律的であるために、行為受動的・従属的でなくてはならない、という逆説が見出されるのだ。ヴラジーミルとエストラゴンの「待つ」という営みを能動的な行為たらしめているのは、かれらが、ゴドーの到来に遭遇するという目的を設定し、そのために積極的に待つことを選択しているからである。しかし、その能動性それ自身が、この二人の場合は、ただ待つという最も受動的なあり方において現実化されている。仮に待つという消極的な行動（行動の不在）でなかったとしても、決して到来しそうもない目的に反復的に従うのみであった場合には――たとえばシシュポスのことを思えば容易に理解できるように――、それ自身、受苦性＝受動性の様相を帯びるだろう。能動性が、待つという受動性の極点において実現されているこの二人のあり方は、指摘したような逆説を純化して表現しているのである。

このような逆説は、デカルトによって、思考の自律性（コギト）との関係で、確認されていることである。すべてを疑うことがコギトの自律性の条件だが、それにもかかわらずデカルトは、『方法序説』の中で、哲学的な日常を生き抜くために必要な諸格率として、次のようなことを要請する。第一の格率として、彼は意外にも、自分が生まれた国の慣習や法の権威に疑問を抱くことなく、それらに従うべきことをあげ、さらに、この規定を第二の格率において一般化し、「いかに疑わしい意見にでも、いったんそれを尊重すると決めたら、まったく疑いのない意見の場合と比べて少しも劣らず、それに従うこと」を、森で迷った旅人の比喩を使って説得する（大澤［1992：156-7］）。

『ゴドーを待ちながら』の第一幕と第二幕の両方において、ポッツォーとラッキーという名の二人組が登場し、ヴラジーミルとエストラゴンの前を通過していく。ラッキーは、まるで犬のように首に綱をかけられている。綱を握るのはポッツォーである。ラッキーはポッツォーの奴隷なのだ。ラッキーは、あらゆる些細な行為を含めて、すべてポッツォーに命令されてのみそれを遂行する。ラッキーの行為（の能動性）は、ポッツォーへの徹底した従属を前提にしているのである。要するにラッキーのポッツォーへの関係は、ヴラジーミルとエストラゴンの二人のゴドーへの関係の再現なのだ。ポッツォー――イタリア語の「泉」――は、ラッキーの行為の「源泉」であり、その可能性の要件の実体化されたものである。ラッキーがポッツォーに従属するのと同様に、ヴラジーミルとエストラゴンの「目的（機能的要件）」への指向は、両者のゴドーへの従属と同じことになる。ポッツォーのラッキーへの命令の中で最も重要なものは、まさしくデカルト的な命令――「考えよ」――である。しかし、悲惨な奴隷「ラッキー（幸福な）」の名前は、奴隷の勝利を予感させてもいる。

ベケットの機能主義的な寓話を考察は、ひとまず、ここで中断しておこう。われわれは後に、ここでの考察に立ち返ることになるだろう。ひとまず、機能主義的な理論の集大成である構造－機能理論の論理を、数学的な厳密さで規定する作業に取りかかることにしよう。

2. 構造－機能理論[5]

【1】社会構造

理論の説明の対象となるのは、現実的・可能的な社会状態（社会現象）である。社会システムを

構成する要素の値を、変数 x_i の値で表現すると、社会状態 x は、n個の変数の値の組によって[6]、

$$x = (x_1, x_2, x_3, \ldots, x_n)$$

と表すことができる（志田［1980］等を参照）。どのような変数 x_i を用いるかは、理論上の必要に応じて、さまざまでありうる。ここまでの論述と整合する、わかりやすい最も単純な解釈は、変数 x_i がシステムに参与している行為者 i の行為選択を表示すると見なすことである。この場合、社会状態は、これに参与しているn人の行為者の行為選択の組によって、表現されることになる。

社会状態を構成する各変数の変域を、それぞれ $X_1, X_2, X_3, \ldots, X_n$ としよう。変数 x_i が i の行為選択を表現するとみなす解釈のもとでは、X_i は、行為者 i にとって可能な選択肢の範囲を示していることになる。およそ論理的にありうる社会状態の全体は、これらの変数の直積空間X（x_1 から x_n までの変数の可能な組み合わせの集合）として得ることができる。つまり

$$x \in X = \prod_{i=1}^{n} X_i$$

である。この直積空間Xのことを、社会状態空間と呼ぶことにする[7]。

いま、社会状態を構成する変数 x_1 の値が変わったとしよう（たとえば、先の解釈のもとでは、行為

者1が異なる行為を選択したとする）。このとき、変数x_2も特定の方向に変化するだろう（たとえば、行為者1の選択に応じて、行為者2も異なった行為を選択するだろう）。これと同様に、$x_3, x_4, \ldots, x_n$にも、変化は波及していくだろう。

このように、ある変数の変化が、他の変数の特定方向への変化を引き起こすのは、それらの変数のあいだの関係に制約があるからだ。言い換えれば、変数の間に特定の関係のパターンが維持されているからである。社会構造とは、このような、変数の間の関係のパターンである、と解することができる。言ってみれば、それは、諸変数の間の関係を表現する関数（の関数形）である（小室［1974］）。

変数の間の関係に制約を課すということは、社会状態空間Xの部分集合を指定することに等しい。変数の間の制約条件は、一つだけではなくいくつもあるだろうが、有限個で枚挙可能なものでなくてはなるまい。社会構造は、結局、社会状態空間Xの空ではない部分集合の集合（非空部分集合族）として、表現することができる。社会構造をSで表せば、

$$S = \{S_1, S_2, \ldots, S_m\}$$
$$\text{ただし } S_i \subseteq X \text{ かつ } S_i, \neq \psi \ (i = 1, \ldots, m)$$

である（志田、恒松［1980］ほか）。

S_iで表現されている構造的な制約のすべてを満たすことが、社会システムの「均衡条件

equilibrium condition」である。均衡条件を満たす領域X^0を、均衡領域と呼ぶ。すなわち、

$$X^0 = S_1 \cap S_2 \cap \dots \cap S_n = \cap \{S_i : S_i \in S\}$$

である。X^0に属する社会状態x^0が、均衡値（$x^0 \in X^0$）である。

社会構造の変動を、社会変動と呼ぶ。社会変動は、要素の間の制約関係を変化させるので、当然、社会状態の変化を帰結する。

相互連関論が成功したとすれば、説明すべき社会状態が、ちょうど均衡値（の一つ）と合致していなくてはならない。理想的には——つまり結果を一義的に導出できるような理論のもとでは——均衡領域は、現実の社会状態を要素とする単元集合（$X^0 = \{x^0\}$）になっているはずだ。

【2】構造 - 機能理論の論理構成

構造 - 機能理論の、まさに機能主義としての特徴は、機能的要件を仮設することにある。機能的要件とは、社会システムが存続するために実現されなくてはならない条件のことであり、社会システムが——自身の存続を前提する限りは——達成することを指向せざるをえない目的である。機能的要件を仮設することは、数学的にはどのような構成を要求するのか？

もともとパーソンズは、機能を、（社会）過程のシステム全体にたいする貢献（影響）として定義していた。しかし、相互連関論のアイディアに厳密に立脚するならば、システムの部分を恣意的に切り出して、それの全体に対する貢献を分析することはできない。言ってみれば、全体の全体に対する貢献を評定するのでなくてはならない（志田［1981：156］）。もう少していねいに言い直せば、社会状態そのものが、社会システムに対して課されている（と仮設されている）機能的要件の充足の程度に応じて、評価されなくてはならないのである。

だが、機能的要件（システムの目的）の具体的な内容は何か？ 機能主義的な理論を採用するにしても、実際には、どのような機能的要件が存在していると見なすかが、最大の問題となる。個々の具体的なシステムごとに、適当と思われる機能的要件を想定してみる場合もある。たとえば、病院というシステムの機能的要件は、傷病者の治療であり、学校の機能的要件は、学生の教育である等と。また、すべての社会システムに対して要請されている一般的な機能的要件を想定する場合もある。たとえばパーソンズは、すべての社会システムは、四つの機能的要件、すなわち「適応Adaptation」、「目標の達成Goal-Attainment」、「統合Integration」、「潜在的構造維持と緊張緩和Latent-Pattern Maintenance and Tension-Management」を充足しなくてはならない、としている。このパーソンズの枠組みは、これら四つの要件の頭文字をとって、「ＡＧＩＬ図式」と呼ばれている。いずれにせよ、後に示すことになる構造‐機能理論への批判は、具体的にどのような機能的要件を仮設するか、ということにはまったく依存しない。それゆえ、ここでは、機能的要件の内容について、まったくオープンのまま議論を進めても、問題はない。

さて、機能的要件FRを仮設することは、要件の充足度に応じて、社会状態に順序を与えるのと同じことである。このように、機能要件の仮設が、数学的には、社会状態に（選好）順序を与えることを意味している、ということを明らかにしたことが、志田の最も重要な理論的貢献である（志田［1980］）。機能要件とは、要するに、社会状態に与えられた「弱順序」である。

弱順序≿とは、社会状態空間Xで定義される二項関係で、任意のx, y, z∈Xに対して、（1）反射律（x≿x 同点を許容する）、（2）連結律（x≿y∨y≿x 二つの社会状態をもってくれば、必ず選好の順序が定まる）、（3）推移律（x≿y∧y≿z ⇒ x≿z　yがx以上に選好され、zがy以上に選好されている場合には、zはx以上に選好される、という推移の関係が成り立つ）が満たされているもののことである。社会システムに一つの機能的要件を課すということは、このように定義される順序を社会状態空間に一組仮設することと等価なのである。

機能的要件は、順序構造だけではなく、社会状態空間に許容域ADと非許容域AD^Cとの区別を与えるものでなくてはなるまい。許容域と非許容域の区別によって成り立つ空間（許容域と非許容域の和集合）を、評価空間Yと呼ぼう。許容域とは、もちろん、特定の条件の充足（度）に関連して、出現することが許容されているような社会状態の集合である。許容域は、社会状態空間Xの真部分集合でなくてはならず、非許容域はその補集合である。さらに、許容域／非許容域の区別は、FRがもたらす順序との間に整合的な関係をもっていなくてはならない。以上の諸条件は、次のように表示することができる。

（1）$AD \subset X$

（2）$AD^{c} = X \sim AD$

（3）$s \in AD \wedge s' \in AD^{c} \Rightarrow s' \precsim s$

（3）の条件の意味することは、許容域に割り当てられる社会状態が非許容域に割り当てられた社会状態よりも、機能的により選好されている、という不合理があってはならない、ということである。

特定の社会状態が、種々の構造的な制約の均衡によって出現する、ということを示しただけでは、機能主義的な説明ではない。機能理論の特徴は、均衡値（である社会状態）が、機能要件FRが与える順序構造の中で評価されている、と解することにある。

機能評価とは、社会状態にFR内の順位を与える割り当て、その順位をもとに、その社会状態の許容性／非許容性を判定する操作である。この操作を表現する関数を、機能評価関数fと呼ぶ。fは、すなわち、「社会状態空間Xから機能要件（空間）FRへの写像f_1」と「機能要件（空間）FRから評価空間Yへの写像f_2」を連結することによって、得られる（$f = f_2 \circ f_1$）。機能評価関数fは、社会状態空間Xの内部の任意の要素に対して、その許容性／非許容性を決定できなくてはならない。

$$f: X \xrightarrow{f_1} FR \xrightarrow{f_2} Y$$

構造－機能理論は、【1】で定式化した相互連関分析に、機能的要件による説明を接続することによって完結する。それは、次のような論法を採用することである。すでに述べたように、社会構造から社会状態を導くことができる（相互連関分析）。その社会状態は、機能的要件に応じて機能評価が下される。機能的要件に応じて、社会構造が制御される。すなわち、その社会構造のもとで導かれる社会状態が、許容域に属する場合は、社会構造は維持され、非許容域に属する場合には、（許容域に属する社会状態を帰結するような社会構造への）社会変動が生ずる。したがって、構造－機能理論による説明は、基本的には、上図のような構図によって要約できる。

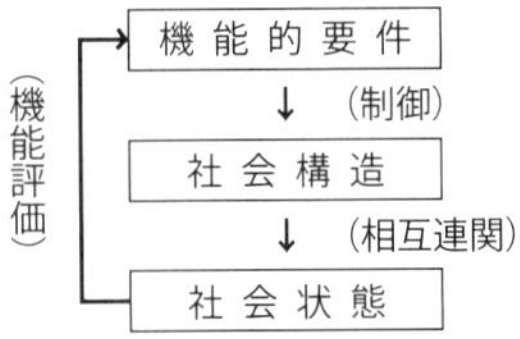

【3】複数の機能的要件の集計

先にも述べたように、機能主義的な社会理論には、多くの批判がなされてきた。しかし、その多くは、外在的なものであったり（理論のイデオロギー的な効果や前提についての批判）、またあいまいなものであったりした。理論的な意義をもつ批判は少ない。その中で、最も重要なのは、以上のように構造－機能理論を定式化するのに最も貢献のあった、日本の社会学者たち（志田基与師、恒松直幸、橋爪大三郎）によって、提起されている。その内容をここでかんたんに検討しておこう。

批判の中核は、二点に整理される。第一の批判は、一つの社会システムが充足しなくてはならない機能的要件は、通常、いくつもある、ということからくる困難に着眼したものである。一般的には、社会システムが満たさなくてはならない要件は、一つより多いと考える方が適当であるように思われる。たとえば、先に略述したＡＧＩＬ図式のもとでは、四つの機能的要件が同時に充足されていなくてはならない。しかし、それぞれの機能的要件に応じて、社会状態の評価は変わってくるに違いない。つまり、異なった機能的要件は、社会状態に、異なった（選好）順序を与えるだろう（たとえば、「企業」の機能的要件が、利潤の極大化と従業員の心理的満足であったとする。ある企業の状態は、利潤を延ばすが、従業員の不満を昂進させる、ということがありうる）。そうだとすれば、説明を完成させるためには、複数の機能的要件から、総合的な評価を導き出さなくてはならない。つまり、複数の機能的要件を集計しなくてはならない。

この「集計」は、結局、社会状態についての複数の（選好）順序を総合して、一つの（選好）順序を導出することを意味する。ところが、志田基与師によると、各機能要件の要請を適切に反映しているといいうるような、妥当な集計は、不可能なのである。この推論の詳細は、ここでは紹介しないが、この結論は、社会的選択理論の領域において、アローが証明している「一般不可能性定理」を、直接に応用することから得られる、ということだけ指摘しておこう。アローの定理は、通常は、「民主主義の不可能性」を証明していると解釈されている。アローは、それぞれの個人が有する選好を、民主主義的と言いうるような条件を満たすような形で、集結することができるかを問う。アローは、民主主義的な条件（四つある）に数学的な表現を与え、それらが相互に矛盾するために、すべてを満たすことが不可能なことを示したのである。それと同様に、機能的要件を、「民主主義」にかなうように集計し、総合的な機能的要件を得ることができない、というのが志田の結論である。

しかし、この批判は、機能的要件が一つだけですむ場合には、妥当しない。あるいは、機能的要件の間に、アプリオリに優先順位を指定できると考えられるような場合にも、批判は妥当しない。実際、多くの社会システムにおいて、そのシステムの「存在理由」を構成するような決定的な機能的要件——その不充足がシステムの非存続を意味してしまうような機能的要件——を、一つのものに特定することができるように思われる。その要件が充足される（許容化される）範囲内において、他の要件の最適化がはかられればよいのかもしれない。

だが、たとえ機能的要件が単一であったり、複数の機能的要件の間に（選好）順序が仮定できたとしても、恒松・橋爪・志田が提起する第二の批判は回避できない。第二の批判の主眼は、社会変動の説明として、構造‐機能理論が不十分である、ということである。恒松等によれば、機能要件の充足／不充足（許容／非許容）に応じて、社会変動が生起するという言明のみから、社会変動を特定することはできない。そのため、構造‐機能理論は、社会変動を説明するために、機能理論とは無関係な追加的な仮説をどうしても必要とする。しかも社会変動の方向を最終的に特定するのは、この追加的な仮説の方である。

しかしながら、理論のエレガンスをいくぶん犠牲にしてもかまわないのだとすれば、この批判も致命的であるとは言いがたい。構造－機能理論は、社会変動の最小限の必要条件のみを規定し、それ以上の説明は、追加的な仮説によって補足する、ということも不可能ではない。第二の批判は、第一の批判のように理論に「矛盾」が生じうる可能性を述べているのではなく、理論がまだ弱い、ということを指摘しているに過ぎないからだ。

こうして、日本の社会学者によって指摘された二つの難点も、構造－機能理論の完全な死を宣告するものではなかった。だがしかし、以上の定式化のもとで、構造－機能理論を徹底させた場合には、以上の二点とは別の理由から、それは、内的に破綻してしまうのである。そのことを次節で証明しよう。

3. 機能主義の不可能性

【1】自己組織システムの構造－機能理論

志田等の構造－機能理論への批判は、――機能的要件の複数性に拘泥しなかったならば――、変動の説明の不備へと集約される。しかし、このことは、実は当然のことなのである。なぜならば、先に（前節【1】【2】）定式化したような形式のもとでは、そもそも、構造－機能理論は、変動の理論を含んでいないからである。それゆえ、問題は、機能主義としてのアイデンティティを喪失せずに、構造－機能理論を、変動の理論を含みうるものへと拡張することができるか、にある。志田等は、追加的な仮説が要求される、と決めつけている。しかし、変動の理論を含んだ構造－機能理論の可能性を、内在的に吟味する必要がある。

社会変動とは、社会構造が変化することである。ところで、社会構造は、機能的要件によって制御されているのだから、結局、機能的要件そのものが変化しない限り、社会構造の変動はありえない（先の定式化のもとで、構造－機能理論が変動の理論を含んでいないと述べたのは、機能的要件そのものを変化させる働きが、そこに勘案されていないからである）。それゆえ、社会変動の説明を内包した機能理論は、機能的要件の設定それ自身を、説明しうるものでなくてはならない。

このことは、構造－機能理論を、自己組織システムの作動を説明しうる理論として、構築することである。自己組織システムとは、自身の状態を決定する情報自身を決定する性能をもったシステムであった。ところで、機能主義的な理論のもとでは、まさにこの「情報」に対応する働きを担っているのが、機能的要件である。それゆえ、機能主義的に理解される自己組織システムは、機能的要件を選択しうるシステムとして、社会システムを理解しなくてはならない。

構造－機能理論がまさに機能主義的であるのは、社会状態（とそれを帰結する社会構造）を評価する関数をシステムが有しており、しかも、それが、ある特定の社会状態の出現を導く究極の原因として理解されているからである。もし、この延長上で、社会システムを自己組織システムとして概念化するのならば、「（ある機能的要件によって規定された）特定の評価関数によって社会状態を選択しているということ」それ自身が、評価関数によって機能的に評価され、選択されていると見なさなくてはならない。

社会システムが機能主義的に理解されうるものであり――これを簡単に「機能的」と表現しよう――、かつ自己組織的であるということは、数学的には、次のような含意をもっている。

機能的であり、かつ自己組織的な社会システムは、次のような性質をもった、社会状態空間の直積X×X（社会状態を表現する変数が対になったもの）から評価空間Yへの評価関数gをもっていなくてはならない。

任意の評価関数f:X→Yに対して、あるa∈Xをもってきたとき、

g（x,a）＝f（x）

とすることができる。ただし、x∈Xである。

この数学的な表現の意味を、簡単に解説しておこう。ここまでの論述から明白なように、評価関数fは、ある機能的要件の存在と対応している。もし自己組織化を機能主義的に理解しようとすれば、われわれは、評価関数fを指定するようなメタ評価関数を見出さなくてはならない。関数gは、まさに、そのようなメタ関数であり、「任意の評価関数fに関して、それが社会状態xを選択している／選択していないということ」を選択しているのである。その際、注意すべきことは、評価関

数ｆ自身が――したがってシステムがｆに対応した機能的要件を指向しているということ自身が――、システムの内的な状態ａに「翻訳」されている、ということである。さもなければ、ｆ（による評価）は、ｇが表現する評価の対象とはなりえないのだから。

【２】構造－機能理論の不可能性

しかし、もし以上のような万能な評価関数ｇが、システムに対して存在している、と仮定すると、ここから論理的な矛盾が導かれてしまう。このことは、背理法を用いて証明することができる（数学的証明の詳細に関心のない読者は、途中を省略して、この項の＊の後から読み進めることもできる）。

まず、システムに普遍的な評価関数ｇが存在しているとき、「ローヴェルの不動点定理」と呼ばれる命題が満たされていることを証明しよう。

〔定理〕　もし関数ｇが存在しているとき、任意の関数 $u: Y \to Y$ に対して、不動点 x_0 が存在する。

$$u(x_0) = x_0 \quad (x_0 \in Y)$$

〔証明〕システムの内部状態を表現する要素ｘ（∈Ｘ）は、全体として、たかだか可算個なので（つまり最も多く見積もっても自然数個なので）、それぞれのｘに一個の自然数を割り当てるこ

とができる。その値を、$g(x, a)$ に代入したものを、次のように並べる

$$
\begin{array}{llllll}
g(0,0) & g(1,0) & g(2,0) & \cdots\cdots & g(k,0) & \cdots\cdots \\
g(0,1) & g(1,1) & g(2,1) & \cdots\cdots & g(k,1) & \cdots\cdots \\
g(0,2) & g(1,2) & g(2,2) & \cdots\cdots & g(k,2) & \cdots\cdots \\
\cdots\cdots & & & & & \\
g(0,k) & g(1,k) & g(2,k) & \cdots\cdots & g(k,k) & \cdots\cdots \\
\cdots\cdots & & & & &
\end{array}
$$

以上から対角線の要素を取り出す。

$$g(0,0)\ \ g(1,1)\ \ g(2,2) \cdots\cdots g(k,k) \cdots\cdots$$

いま任意の関数 $u : Y \rightarrow Y$ が与えられたとして、

$$u(g(k,k)) \quad (k=0,1,2,\ldots)$$

は、ある評価関数 f によって、

$$u(g(k,k)) = f(k) \quad (k=0,1,2,\ldots)$$

と表されるとしよう。ところで、

$$f(x) = g(x, a)$$

だから、

$$u(g(k, k)) = g(k, a)$$

である。ここで、$k = a$ をとれば、

$$u(g(a, a)) = g(a, a)$$

となる。$x_0 = g(a, a)$ とおけば、これが関数 u の不動点である。■

以上の証明では、「カントールの対角線論法」と呼ばれている推論が使われている。

さて、証明したように、メタ評価関数 g が存在しているとき、評価空間 Y から Y への任意の関数 u に、不動点が存在していなくてはならない。しかしながら、不動点をもたない関数 u を、簡単に作ることができる。Y は二値的にできている――つまり $Y = \{0, 1\}$ ――ことに注意しておこう。このとき、

$$u(0) = 1 \quad u(1) = 0$$

のような関数 u は、不動点をもたない（ちなみに、この関数が表現しているのは、否定の操作である）。したがって、評価関数の設定自身を評価するメタ評価関数 g が存在しえない。[8]

*

つまり、（ここで構造‐機能理論として定式化された）機能主義的な社会システム理論を徹底させることは、原理的に不可能なのである。ここでの証明は、社会システムの自己組織的な挙動を、機

能主義的に説明することはできない、ということを示している。社会システムが機能的要件（目的）をもっているように見える、という現象自身は、機能主義的な説明の射程の外にあるのだ。

しかしながら、そうであるとすれば、社会システムが、まさにシステムとして成立している限りにおいては、たとえ消極的なものであったにせよ、それ自身の「目的（機能的要件）」を備えているように見える、ということ自身を、どのように理解したらよいのか。機能主義的な社会理論は、システムが呈するこの目的指向性に対する、素直な直接的反応である。しかし、機能主義が不可能なのだとすれば、この現象は、どのように説明したらよいのか？

4．目的の機能

【1】システムの根本問題

機能主義的な社会システム論を、構造-機能理論として定式化し、その原理的な不可能性を示してきた。構造-機能理論のもとでは、機能（的要件）とは、システムにとっての（一種の）目的である。このように捉えられる目的＝機能（的要件）は、説明概念とはなりえないということを、確認してきたのである。むしろ、目的は説明されるべき現象である。それぞれの社会システムが、特定の機能的要件＝目的を備えているようにみえるのはなぜなのか？

しばしば、機能的要件の設定は、システムを外部から観察する研究者が、恣意的に仮設したものである、と説明されている。しかし、単に研究者にとってのみ存在している条件なのだとすれば、それは、いかなる意味で、システムにとっての一種の「目的」でありうるのか？　すなわち、それは、いかなる意味において、システムがそれを達成すべく事前的に指向している（価値を帯びた）事象であると言いうるのか？　「機能的要件」が、単なる「結果」ではなく、システムが事前に指向していた事象であると見なすことができるのだとすれば、それは、システム自身の視点に対して存在していなくてはならない。すなわち、たとえ明示的に自覚されていないにせよ――つまり「無意識」の内であるにせよ――、いわばシステム自身に最終的な選択性が帰属されるような形式において、機能的要件（目的）は措定されていなくてはならない。

ところで、機能主義の名のもとで社会システム論を構築しつつあるルーマンは、ここまでの構造-機能理論批判の標的には入らない。彼はまったく別様に「機能」を理解しているからである。ルーマンの議論が、われわれの探究に示唆を与えてくれるかもしれない。ルーマンは、「目的の機能」を主題化しているからである。

ルーマンにとっては、機能は、「あるはたらきが一定の観点に対してもつ関係」として定義される（Luhmann［1968＝1990：171］）。ある特定の観点のもとでは、さまざまな働きが同一視される（つまり等価なものとみなされる）。では、問題にすべき「観点」とは何か？　社会システムにとって、最も根本的な観点とは何か？

それは、――ルーマンによれば――複雑性の縮減である。複雑性とは、可能性の多様度のことである。社会システムに定位した場合には、行為とコミュニケーションが含意する選択の可能性の多様度が、複雑性である。複雑性を、時間上に射影すれば、可変性として現れる。システムは、外部との対照で自己を一個の内部として規定することにおいて、自身の同一性を維持することができる。つまり、システムは、複雑で可変的な環境の中で、内部／外部の差異を安定化しなくてはならない。そのような差異の安定化をもたらすのが、複雑性の縮減である。システムは、環境（外部）では許容されている過剰な可能性を縮減し、また環境の不断の変化から自己を守らなくてはならない。したがって、環境／システムの差異は、必ず、複雑性の落差として現れる。環境は、システムにとって、より大きな（システムの内部では位置づけをもたない）可能性の領域である。

この複雑性の縮減を規制する要因が、社会システムの場合は、「意味」である。特定の「意味」の使用を、妥当なものとして特性化し、他を否定することによって、複雑性の縮減が果たされる。意味の使用の「妥当性／非妥当性」の区分は、もちろん、規範の働きが備給する。ところで、ある特定の時点における社会システムの諸規範に対して共通して前提となるような基本的な規範（そのシステムにとっての原規範とでも呼ぶべきもの）が存在し、しかも、その規範が、実現すべき価値を有するものとして、特定の未来の状態を肯定的に言及している場合には、その規範において措定された未来の状態（の意味）こそが、社会システムの（その時点における）「目的」と呼ぶに値するものであろう。目的は、特定の価値（的規範）のもとで、（未来にもたらしうる）結果を、システムにとって統一的・単一的なものとして想定することなのだから。

要するに、目的の設定は、複雑性を吸収する戦略（の一つ）なのである。この点を、ルーマン自身の論述に即して、もう少していねいに解説しておこう。

【2】五つの等価な戦略

ルーマンによれば、複雑性の縮減という観点からすると、次の五つの働きは等価なものである（Luhmann［1968＝1990：127–131］）。

①客観的な状況に代えて、主観的な状況を用いること。つまり、過度に複雑な客観的な現実に代えて、主観的に認知（解釈）された、単純化された世界を、利用するのである。この戦略は、以下のすべての戦略の前提をなすものだが、しかし、これだけでは、不十分である。第一に、主観的な観念の（現実に対する）適合性（≠真理性）が保証されない。第二、主観的な観念は時間的に不安定である。そして第三に、それは社会的な整合性を、必ずしももたない[9]。

②主観的な「体験処理の特定の形式（たとえば知覚の習性、現実についての判断、価値など）」を制度化すること。制度化とは、「それを学習することの妥当性が、社会システムに参与する任意の身体に対して確立されていること（それを学習することは正しいことだ、と任意の身体が考えていること）」についての認知を伴っている、ということである。これによって、主観的な現実についての社会的な整合性――それは予期の（自他間での）相補性として現れる――が高まり、その時間的な安定度も上昇する。しかし、逆に、システムの可動性が低下する。

③環境分化の戦略。以上の二つの戦略（主観化と制度化）を、環境の類型化された断片ごとに行うのである。これによって、システムの自律性——システムが環境の変動に対して不関与でいられる程度——が高まるはずだ。システムは環境の部分ごとに特殊化された関係を形成することになり、環境の変動は、多くの場合、その特殊化された部分的関係の変更をもたらすだけなのだから。とはいえ、こうしたからといって、環境の現実についての観念の適切性が保証されるようになるわけではない。

④システムの内的分化。さらに、システム自身を複数の部分システムへと分化させてしまうこともできる。システムの内的分化によって、環境からの攪乱的な影響を、システムの局所に留めることが可能になる。変化が必要な場合も、そのつど（システムの全体ではなく）部分がその必要に応ずればよいので、システムの適応能力は大幅に向上する。各システムが専門特化することによって、学習能力も高まる。内的分化は、環境に対応できるように、システム自身の内部の複雑性を（①、②、③の戦略に比して）圧倒的に高めることではあるが、もちろん、システム自身が、環境の複雑性を完全に写し取るまでに複雑になることはできない。つまり、環境の繊細な差異の一つ一つに応ずるような、内的分化を形成することは、システム自身の自己同一性を環境そのものの内に融解させてしまう。

⑤システムの内部で生起する選択の過程は、ある程度定常的な視点のもとで遂行されていなくてはならない。つまり、選択の過程は同一の前提に依拠していなくてはならない。もちろんその前提

の内容は規定されていなくてはならないが、それをあまりに明確に限定することは、かえってシステムにとって不利である。強く限定された選択前提は、環境において生ずる複雑性・可変性を吸収する可塑性をもちえないからである。選択の前提となる選択の集合――ルーマンの用語法では、選択前提となる選択の集合は「構造」と呼ばれる――を、未規定に放置しておくことが、もう一つの戦略である。もちろん、完全に未規定であることは、不可能である。このときには、選択の過程の同一性を保証するいかなる前提も存在しないことになってしまうから。

ルーマンによれば、目的とは、これら五つの戦略の総合なのである。すなわち、目的は、これらをすべて同時に可能にする（Luhmann［1968＝1990：131-132］）。目的は、①主観的であり、②制度化されうるものであり、③環境分化に対応して特殊化することも、また④内的分化の基礎として利用することもある。そして、目的は、⑤規定性の程度に関しては可変的である。目的は、複雑性の吸収に関する多くの相を媒介しているわけだ。

このように、ルーマンの理論は、目的――あるいは機能的要件――という現象が、社会システムにつきまとう必然性を、システムの根本問題との関係で説明しようとした。しかし、この説明は、再び疑問を誘発する。疑問は、この説明を支えるルーマン自身の基本的な認識を根拠にしている。

【3】「システム目的」の限界

ルーマンの議論の本質的な洞察は次の点にある。システムが存続するためには、環境の複雑性が縮減されなくてはならない。だが、ルーマンによれば、複雑性は、システムにとって原理的に解決不能な問題なのである。環境が複雑であるということは、環境が常に過剰な可能性を提示すること、したがってシステムは、自らの同一性を構成している諸可能性を越え出る他なる可能性に直面しつづけなくてはならない。これを時間的に捉えれば、システムがまさにシステムとして存続する以上は不可欠なシステムの恒同性に対する、環境の過度な可変性として現れる。システムは、この複雑性と可変性を否定し、縮減することが究極的にはできない。言い換えれば、システムは、自らの同一性を否定してしまうような他なる可能性に、不可避に開かれている。

このことは、先に要約した五つの戦略のいずれもが、限界をもっていることから明らかである。たとえば、状況についての主観的な把握は、必ずしも環境に適合的ではない。というより、環境の複雑性に完全に対応しうる主観的な把握はありえない（そもそも、主観的な状況が有効なのは、環境を実際より単純化しているからなのだから）。対象となる環境を分化させても、またシステム自身が内的に分化したとしても、環境の複雑性に完全に対応するまでにシステムの「主観的な世界」を複雑化してしまうことはできない。過度な複雑化は、システム内のすべての選択にとっての選択前提を、完全に未規定なものしなくては、すべては吸収できない。しかし、このときには、システムと環境の差異は無化されてしまうだろう。

過剰な複雑性とは、システムに内属する視点にとっては、「なにものとしても規定することができない、位置づけを欠いた可能性」として現象している。つまり、それは、システム内部の視点

〈システムの同一性を規定するような前提＝規範を受け入れた視点〉にとっては、同一性《アイデンティティ》を欠いた、——「なにものでもありえない」という否定的な規定しかもちえないという意味で——純粋な差異である。ところで、同一性を欠いた差異とは、〈他者〉ということの条件であろう。純粋な他者、不確実性・偶有性の源泉として出会われる他者とは、まさに同一性なき差異として定義するほかないのだから。したがって、ルーマンの洞察は、次のように言い換えることもできる。システムは、環境の内部に、不断に、その同一性の範囲内に収容できない〈他者〉を見出さざるをえず、そのような〈他者〉を究極的には排除できない、と。この場合、〈他者〉というのは、システムのメンバー以外の人物ということではない。システムのメンバーであっても、システムの同一性を規定している規範〈情報〉に内属しない可能性を、自らも十分に採用しうるもう一つの選択肢として認知し、これを選好する者は（つまり他なる可能性に快楽を見出す者は）、その途端に、システムに対する〈他者〉として現れる。システムは、このような〈他者〉の侵入を、効果的に遮断し続けることはできない。

目的は、——あるいは目的プログラム（定式化された問題）は——、「複雑性の縮減（〈他者〉の還元）」という原理的に解決不可能な根本問題が、解決可能な形態へと変形・縮小され、取り扱い可能なものとしてシステムに内部化されたものなのである。社会システムは、目的が満足されれば、根本問題も同時に解決され、存続が確保される、と想定することができるのだ。合理性は、——ルーマンの議論の内部では——、根本問題に対する目的（プログラム）の適合性によって定義される。

しかし、目的（プログラム）は、――ルーマンが述べている通りであるとすれば――、根本問題自身を隠蔽する欺瞞である。言い換えれば、合理性は、究極的には獲得されない。

このような隠蔽のゆえに、目的やこれに相関したシステムの内部組織は、独特な展開をこうむらざるをえない。たとえば、ときに、システムは、異なる時点、異なる場所で矛盾した目的をかかげざるをえなくなる。このような矛盾は、目的設定の機能を考えれば、通常考えられているように排除されるべきものではなく、場合によってはむしろ有用なものですらある。矛盾は、目的（プログラム）が根本問題を写し取ろうとしたことの補償なのだから。逆にいえば、目的の達成を指向するシステムは、必ず、（根本問題の解決に）失敗するように運命づけられているのだ。

ルーマンの洞察が、以上のようなものであるとすれば、ここから、次のような疑問がどうしても生じてくる。いかにして、根本問題は、目的へと矮小化されうるのか、と。たとえば、目的は、世界についての主観化された「像」を前提にしている。しかし、その「像」は、客観的な真理であるかのように見えていなくてはならず、それゆえ、目的は、獲得可能で合理的な結果として現れていなくてはならない。しかし、それは、必然的に、環境の複雑性を無視しているのであり、その意味では、真理を裏切っている。どのような場合に、不完全な主観的「像」が、真理として機能するのだろうか？

仮に根本問題との関係で、「目的」が必要であることを確認したとしても、「目的」が根本問題を代替することが可能であることの十分条件が解明されたわけではない。たとえば、ある種の「組織」のように、特定の同一の目的への積極的で自覚的な指向を前提にして構成されている（と信じられている）システムについては、それでも、人は、そこに目的の共有という現象を見たとしてもさして驚くことはない。しかし、「全体社会」のような、あるいはまた「コミュニティ（地域社会）」のような、明示的に措定された目的への自覚的な指向を前提にしていない社会システムにおいても、全体としてのシステムに相関した、消極的に指向された目的（機能的要件）が存在している。そうだとすれば、こういったシステムの内部で共有された目的（機能的要件）が、いかにして可能だったのかは、説明されなくてはならないだろう。

さらに、問いを一歩進めることもできる。ルーマンの説明では、システムの根本問題は、「目的（プログラム）」に対する必要条件ではある。しかし、複雑性の縮減自身は、「目的（機能的要件）」ではないのか？　システムは、複雑性の縮減の結果として存立する。そうであるとすれば、複雑性の縮減自身は、システムにとっての目的ではありえない。だが、そうだとすれば、複雑性の縮減は、誰にとっての問題なのか？[10] もちろん、それは、システムにとっての問題であるほかない。そうだとすれば、ここでは、言わば「遠近法の逆転」が生じていることになる。つまり、後になって現れるような事柄が、遡及的に原因としての位置に投入されているのである。

5. 他者の呪縛

【1】「共同の目的」の基礎としての協働

「共同の目的」が発生してくる機序を、直接に考察してみよう。それは、廣松渉が「協働」と呼んでいるような状況の中で自然に発生してくるようにみえる。協働の原初的な層は、「役割行為」が自己と他者の間で共互的に生じているような場合である。ここで役割行為と呼ぶのは、他者の期待に応じた行動のことである。

廣松渉は、一者と他者が、互いに相手の手段となりあう——したがって互いに相手を手段として使役しあう——ことにおいてそれぞれの目的を達成しあう関係性のことを、「共互的役割行為」と呼んでいる。それは、さらに、両者が交替に役割遂行を行う場合（物の遣り取りなど）、完全に単一化した目的のために協同する場合（一緒に岩を動かすなど）、相互の補完的な応接によって単一の行為を形成する場合（握手など）といった下位類型が可能であろう。交替的な共互的役割行為に関していえば、発達心理学的には、たとえば幼児の「お頂戴遊び」やさらに以前の「微笑み－微笑み返し」のようなきわめて初発の行為に発しているように思われる。もちろん、もっと「高度な」関係、たとえば、一方が他方のために労働し、他方がそれに賃金を支払うなどという関係も、交替的な共互的役割行為に属している（廣松［1993：329ff］）。

交替的な共互的役割行為においては、一者が他者に何らかの方法で期待を表明し、他者がこれを察知し、それに即応した役割行為を選択することによって、前者の目的を達成する、という関係が、相互に交替しながら進捗していく。共互的役割行為は、他者を自己の手段となしつつ、自己が他者の手段であるような関係である。

協働とは、このような共互的役割行為の編成体である。このような協働においては、利害の共同性が実現している。協働においては、それぞれの行為がみな他者の目的の達成のための手段となっているのだから、その継続は、その参与者全員の利益に合致しているはずだ。それゆえ、ここでは、参与者の全員が、協働において達成される単一の目的を共有しているということができるだろう（廣松［1993：382ff］）。

協働が及んでいる全範囲を、もちろん、一個の社会システムと見なすことができる。廣松渉の論述を参照しつつ、共互的役割行為に基礎を有する協働が、システムに帰属している「共通目的」を発生させうる、ということを確認してきた。

しかし、この議論においてまさに前提になっているような条件、すなわち自他の期待の間の相補的な関係が、いかにして成立しえたのかを、問わなくてはなるまい。なぜ、自己は、他者の期待に即応した行為を選択するのだろうか？　さしあたっては、他者がまさに自己の期待に即応した行為を選択することにおいて、自己の目的を達成してくれるからだ。しかし、そうだとすれば、同じ問いは、他者に関して、再び提起される。結局、問題は、互いに相手の期待に即応することにおいて達成される、目的の相補性・共通性は、いかにして保証されるのか、ということである。共互的な役割行為が成立している場合には、他者の期待を実現することが、それ自身、自己にとって、直接的・間接的な目的として現れている。それゆえ、ここで探究されるべき問題を言い換えれば、他者の期待が、自己にとって達成されるべき価値として現れる機制は何か、ということである。

【2】空虚な秘密／空虚な門

スラヴォイ・ジジェクが「ヘーゲル的」と形容したジョークを、ここでの考察のための手掛かりとして転用することができる（Žižek［1988=1993：199-202］）。

最初にあげられているのは、ポーランド人とユダヤ人の間の会話を題材にした小話である。ポーランド人とユダヤ人が同じ汽車に乗り合わせた。ポーランド人は何かそわそわと落ちつかない。そして、ついに意を決したようにユダヤ人に尋ねた。「君たちユダヤ人はどうやって他人から有り金をまきあげ、富を築くのか、その方法を教えてくれ」と。ユダヤ人は答えていう、「いいとも。だが、ただではだめだ。五ズロティよこしたまえ」。金を受け取ると、ユダヤ人は話しはじめた。「死んだ魚を手に入れ、頭を切り落とし、腹わたを水の入った器にぶちまけなさい。満月のとき、その器を墓場にうめるのだ……」。「それで」と、ポーランド人がせきこんでたずねた、「それを全部やったら、金持ちになれるんだな？」と。「あわてなさんな」と、ユダヤ人は答える、「まだ話は終わっていないぞ。続きを聞きたければ、もう五ズロティよこしなさい」。再び金を受けとり、話を始めたかと思うと、すぐにまたユダヤ人は金を要求する。それを繰り返すうちに、ついにポーランド人は怒りはじめた。「ケチくさい奴め。おまえが何を企んでいるか、気づかないとでも思っているのか。秘密などありゃしない。たんに俺から有り金すべてを巻き上げる魂胆だな」。それにユダヤ人は平然と答える。「よろしい、ついにわかりましたね。どうやってユダヤ人が……」。

まずこの小話に関して解釈しなくてはならないことは、ポーランド人がユダヤ人に呪縛されてしまったのはなぜか、ということである。ユダヤ人は、ポーランド人が欲している、いかなる「秘密」ももってはいない。にもかかわらず、ポーランド人は、ユダヤ人の期待に即応して行為してしまう。なぜか？

答えは簡単である。ユダヤ人は、「真理」を所有している、と（ポーランド人によって）想定されているからである。「真理」とは、ユダヤ人にとっても、ポーランド人にとっても価値（的な妥当性）を有すると見なされている知のことである。それは、両者にとって価値をもつにもかかわらず、ポーランド人には、「まずはユダヤ人にのみ優先的に所属しており、自身には欠落しているもの」として現れている。かくして、ポーランド人にとっては、（本来自身にとっても積極的な価値を有するのに）欠落している真理の獲得が、「目的」となる。だが、ユダヤ人が、ポーランド人にとって真理の所有者として現れたのはなぜだろうか？　もっとも、この「幻想」は打ち破られ、ポーランド人は、本当の「真理」を、まさに真理（秘密）の不在として、得ることになるのだが。

ジジェクが述べているように、この小話は、カフカの有名な短篇「法の門」と同じ構造をもっている。田舎者が法の真理を知ろうとして、法の門の前までやってくる。そこには、門番がいて、田舎者に、法の中に入るのをしばらく待つように命ずる。田舎者がいつまで待っても、門を通過する許可はでない。月日が過ぎ、ついに田舎者は死んでいく。その死の直前に田舎者は、門番に尋ねる。誰もが法を知ろうと願っているのに、長い間、自分以外に誰も中に入れてほしいと頼まなかったのはなぜだろうか、と。門番は、耳が遠くなりつつある田舎者に、大声で教えてやる。「この門は、おまえ以外、誰も入ることはできない。この門は、お前一人のために作られているのだから」、と。そして、田舎者の死とともに、門は閉められる。

　ここでも、主人公は、空虚な「真理」に捉えられ、その「真理」の獲得を目的として設定してしまう。そして、最後に、真理は空虚であること、そしてそのことこそまさに真理であることを知るにいたるわけだ。二つの物語の唯一の差異は、次の点にあろう。ユダヤ人とポーランド人の小話では、「真理」の座は、他者（ユダヤ人）そのものの場所であったのだが、「法の門」においては、「真理」の座は、直接に他者（門番）の場所ではなく、その背後に見出されているということ、これである。実際、「法の門」では、門番は、自分が、何も知らない単なる門番に過ぎないことを何度となく強調し、「真理」の座と自分自身とを分離しようとしている。

　どちらの場合も、特殊な「錯認」を通じて、自己（ポーランド人、田舎者）は、他者（ユダヤ人、門番）の期待に即応することを、自身にとっての目的と、あるいはより正確には、目的へといたる過程（手段）と見なすに至る。このように他者の期待に応ずることが目的への整合的な経路として現れるということが、協働的な関係の中から、共有された「目的」が生成されるための条件だった。

この二つのジョークに見出される原理を、普遍化することはできないだろうか?

6. 全体の視点と局所の視点

【1】物質が呈する「目的指向性」

もう一つ補助線を引いておこう。通常、本来の「科学的」な説明の中には、「目的」という概念は現れてはならない、と見なされている。つまり、「科学的」な説明は、機械論的である(因果論的な説明である)。しかし、社会システムのみならず、たとえば生命のような物質を理解するためには、どうしても目的に類する現象が、位置づけられていなくてはならないように思われる。生命もまた間違いなく物質ではあるが、それを通常の物質と分かつのは、その活動のさまざまな水準で、目的への指向性を有しているように見える、ということである。物質についての通常の理解と矛盾することなく、生物が呈するこの「目的指向性」を位置づけるような説明が、どうしても必要になる。松野孝一郎が、そのような説明にむけた、非常に挑戦的な準備作業を試みている(松野[1991])。それは、われわれのここでの課題に、重大な示唆を与える。

通常の方途で「科学的」に説明された現象が、目的性を持ちえないのは、そこに「選択」という契機が入らないからである。過程がまさに「選択されたもの」であると見なされない限り、それが「ある特定の達成へと指向している」と見なされることはない。「科学的」な説明、つまり機械論的説明は、二つの構成素から成り立っている。すなわち、結果は、①境界条件と②（運動）規則＝法則から、導かれるのである。（運動）法則は、一般に、個々の（運動）変数の軌道を一義的に定める。だから、運動は、過去と現在の間の一対一の写像を描くことになる。このような運動法則を補完する境界条件は、システムの周囲の諸条件のことであり、原理的に、完全に同定されうるものとして措定されている。しかし、このような過去が現在を、そして現在が未来を一義的に決定してしまうような構図のもとでは、絶対に、選択という性質は現れない。一般に、物理学（力学）は、このような、一対一写像の（運動）法則を想定している[11]。

逆に、松野が述べているように、選択が生起するためには、一対多型の写像で描かれるような運動法則を想定していなくてはならない。現在に対して、多数の可能性が準備されているような運動法則のみが、選択の余地を、したがって「目的」を適切に位置づける余地を残すのだ。

ここで、松野に倣って、次のような思考実験を試みてみよう。孤立システム（孤立多粒子システムのようなもの）を想定してみる。孤立システムでは、（エネルギーや力などの）保存則が成り立っている。ここではエネルギーで考えてみよう。境界条件の完全同定性のもとでは、全エネルギーはもとより、エネルギーの分布状態もすべてあいまいさをともなうことなく、定められている。これは、一対一の運動法則を想定したことの当然の帰結である。もちろん、個々の運動法則の変化は、エネルギー保存を満足する。ここで、この孤立システムのある局所に、外部から僅かなエネルギーを付加してみる。つまり、揺らぎを作為的に作ってやる。当然、いくぶん高いエネルギーのレベルで、やはり、一対一の運動が成り立つことになる。

しかし――松野が指摘するように――、これは奇妙なことなのである。揺らぎ（エネルギーの僅かな付加）が生じた瞬間に、システムの全体で、運動変数の完全決定性とエネルギー保存とが両立するような再調整が、行われなくてはならない。エネルギーの揺らぎは局所で生じているのに、その効果は無限大の速度で、システムの内部を伝播したことになるのだ。このように一対一写像型の運動法則を認めた場合には、保存則が指定する何ものかの「保存性」が、無限大の速度で伝播することを認めたのと同じことになる。しかし、いかなる物理現象も光速を越えて伝達されるはずがない（つまり有限である）。

したがって、逆に、保存性の伝達が――つまり（力やエネルギーの）揺らぎによって生じた効果の伝達が――有限の速度のうちに止まる場合には、一対多型の運動法則が成立していると、考えるほかない。一対多型の写像に対応する運動法則が成り立つということは、運動変数の自由度に比して拘束条件が少ないということである（等しければ一対一型になる）。言い換えれば、境界条件の、原理的な（つまり物質そのものの本性に根ざした）、不完全同定性を認めることである（松野［1991：15-22］）。

確かに、一般に、非生物的な物理システムにおいては、粒子の伝播速度は、ほとんど光速に近い。それは無限大であると想定しても、大過ないほどである。しかし、生物システムでは、力やエネルギーの伝播の担体は、蛋白質のような高分子である。このサイズの粒子の伝播速度は、著しく遅い。

力やエネルギーが釣合いを回復するには、有限の時間を要する。このことの意味は、すでに述べたように、境界条件の原理的な不完全同定性である。

ここで揺らぎというのは、結局、境界条件の根本的な非決定性に由来する物質の取りうる状態の多様性のことなのである。それゆえ、これを「偶有性 contingency」という概念で指示してもよいだろう。偶有性とは、他でもあり得た（現在の＝現実化している一つの状態に対して、多数の可能性が開かれている）ということである。したがって、それは、過剰な複雑性（第4節）の現象形態だということができる。揺らぎとは、物質の（運動）状態の、偶有性に対する表現なのである。

重要なことは、この偶有性の効果が、決して、吸収されつくされない、ということである。揺らぎが導入されるということは、保存則を壊そうとする不均衡を導入したことを意味する。このとき、各変数（各状態）は、保存則——釣合い——を回復しようと変化する。しかし、粒子の伝播速度が有限であるときには、決して、究極的に釣合いは回復されない。つまり、つねに不均衡であるがゆえに、不断に均衡化しようとするプロセス（松野［1991：25-26, 107-143］）が、反復的にいつまでも生ずるのだ。

【2】 内部測定

一対多型の運動法則を想定すること——したがって物質の運動に揺らぎ＝偶有性を認めること——は、システムの大域に関係する巨視的な法則＝保存則と、それを担う微視的な相互作用に関する

(還元的な)法則の間に、分裂と相互交流とを持ち込むことを意味する。

保存則は、先験的に成立しているのではなく、事後において満たされる――というより事後＝未来において満たされようとしている――だけである。もちろん、それをもたらすのは、微視的な相互作用である。微視的な運動は、結果として保存則を満たすような方向へと、過程を次々と選択していく。このとき、保存則は、個々の微視的な運動(相互作用)を導く「目的(機能的要件)」であるかのように現れる。がしかし、保存則の成立は予め保証されているわけではなく、事後的に実現されるだけなのである(というより、厳密には、事後的にすら、不断均衡化の運動のもとでは、保存則は完全には満たされない)。そのことによって、保存則が、さながら先験的に課せられていたかのような、錯覚が生ずるわけだ。

このような錯覚が宿るのは、システムを全体として外部から対象化する視点である。すなわち、システムを全体として対象化する視点が、システムを構成するすべての要素(粒子)に妥当するような規則性として保存則を発見する。他方、システムのミクロな過程を担う物質に定位すれば、このような全体を観望する視点を採ることはできず、その全体的視点は、つねに拒まれている。保存性の伝播が無限大の速度で進行する一対一型の運動法則のもとでは、このような視点の分裂は、決してありえなかった(局所の効果が瞬時に全体に及ぶので、局所の視点を独立して措定することができないから)。

だから、一対多型の運動法則のもとでは、物質が、結果として(事後的に)保存則を成り立たせるような、内生的な実現能をもっている、と考えなくてはならない、と松野は指摘する。その能力は、一種の測定の過程（①成し遂げられたことを検知し、②保存則実現のために必要なことを実現する）として特徴づけることができる。それは、システムの内部の物質の視点にたった測定なので、「内部測定」と呼ばれる。

測定とは、要するに、物質の間の相互作用を、一方の物質から捉えることである。測定は、作用体に反作用する任意の相互作用において生ずる。測定は、測定器から被測定物への反作用があるにもかかわらず、それを潜在化し、測定器への作用のみを顕在化することなのだ（松野［1988：141］）。だから、測定の過程は、潜在的には自己参照の形式をもっているが、それを他者参照としてのみ、現実化するのだ。このことは、逆に、潜在的には、他者を測定するということが、同時に他者に測定されることでもある、ということを含意する。測定には、このように、潜在的には、反転の可能性が孕まれているはずだ。

偶有性を担い、かつそれを現実性へと媒介するのは、この内部測定である。つまり、多様な可能性と、唯一の実現を、橋渡しするのが、内部測定なのである。システムが「目的」性を発現させるためには——つまり保存則を指向しつつ選択していく過程を現象させるには——、揺らぎ（不完全決定性）をはらんだ物質が、このような内部測定の能力を持っていなくてはならない。

松野孝一郎の考察から得られる教訓を、整理しておこう。システムが特定の「目的」へと指向しているように見えるときには、第一に、システムの局所に定位する視点とシステムの全体を観望し、全体に対して成立する事態を確認しうる視点との間に、分裂がもたらされなくてはならない（この分裂は、時間性の構造、すなわち伝達速度の有限性に起因している）。前者の視点に対して、後者の視点からの展望は基本的に拒まれており、両者が合致することはない。しかし、両者が単純に無関係であっては、システムに目的性は発生しない。第二に、局所の視点に対して、全体の視点が拒まれているという否定性を介して、両者が相互に交流しなくてはならない。システムは、事後（未来）において成立させようとするある傾向性を全体として呈しているので、局所の過程は、まさにそのような傾向性を実現しようとして、多様な可能的選択肢からの選択を遂行していると見なさざるをえなくなる。全体を観望する視点において確認されるような到達点への傾向性は、既定的であるのに、局所の視点はそこに未だに到達していない（しかし、全体の視点が確認するある傾向性を有する）。両者を調停するためには、全体の視点が、局所の視点にとって、「現在拒まれているが、未来において獲得される水準」として、先取り的に定位するしかない。このような全体の視点のあり方を前提にした上で、あらためて位置づけられた局所の視点の作用が、「内部測定」である。こうして、「目的」を指向する選択として、局所の過程を理解することが可能になる。ここで指向されている「目的」とは、全体の視点においてあるべきものとして確認されているような事態である。

7. 目的の生成

【1】「第三者の審級」の存立機序

さて、長い回り道を通ってきたが、再び、社会性の領域に立ち帰らなくてはならない。われわれの社会の「素材」ともいうべき「身体」は、松野が物質に関して述べた「内部測定」と同型的な性能を備えている。内部測定というアイディアの中核は、測定の過程が、測定する物質と測定される物質の相互的な作用だということである。自身が他を測定することは、他が自身を測定することでもあるのだ。この双方向性に対応するのが、身体の求心化作用と遠心化作用である。

身体の発動するどのような認識・実践（志向作用）も、対象を、まさにこの身体に対するものとして把握し、この身体を中心とした領域（近傍）に配置する。このような身体の自己中心化の操作を求心化作用と呼ぶ。他方で、しかし、身体は、まさにこの領域（近傍）の中心を、他へと移転する操作を伴ってもいるのである。これを遠心化作用と呼ぶ。それは、たとえば、「触れる」（求心化）ということが「触れられる（他が触れる）」ということへと反転する（遠心化）関係の内に、典型的に現れている（詳しくは大澤［1990］等参照）。この二重の操作を前提にしたとき、どの身体に対しても、〈他者〉が純粋な形式のもとで、つまり同一性に下属させえない差異性として、顕現することになる（大澤［1994］）。

求心化－遠心化作用が連動しているとき、志向作用に現前する志向内容は、この身体（自己）に帰属した相で現象する〈求心化作用〉と同時に、遠心化作用によって必然的に顕現する他の身体〈〈他者〉〉に対しても共帰属するものとしても現象してしまう。このとき、自己と〈他者〉との差異は、——同じ一つの志向内容を共帰属させているというその限りで——無関連化し、一個の間身体的な連鎖が構成されるだろう。

以上のような機制を前提にすると、間身体的連鎖という関係態に対して個別の身体が相対化され、このような相対化の程度が高い場合には、間身体的連鎖の全体へと直接に帰属する、半ば抽象的な志向作用が存在しているかのような仮象がもたらされることになるだろう。これと並行して、間身体的連鎖という関係態が、それ自体で固有の実在性を有する実体であるかのように把持され、右の抽象的志向作用の帰属点となるような抽象的身体へと変換されるに違いない。このような抽象的身体を、「第三者の審級」と呼ぶ。以上の理路から示唆されるように、個別の身体の志向作用〈とそれに随伴する実践〉は、第三者の審級に帰属する〈と想定された〉抽象的志向作用が規定する可能性の範囲内に属するはずのものとして、定位されることになる。要するに、第三者の審級は、個別の身体のどれにも妥当する価値を指示し、そのことにおいて、規範の帰属点として確立されるのである。

第三者の審級は、さしあたって、まさに直接に対面している〈他者〉の場所に実体化されるに違いない。第三者の審級は、自己〈に帰属する志向作用〉が、まさに遠心化作用のゆえに、同時に〈他者〉〈に帰属する志向作用〉でもある、という「自己の自己からの分離」とでも呼ぶべき現象に基礎を置いているからである。第三者の審級の実在性は、自己にとって〈他者〉〈の存在〉が避けようのない現実であるということを利用して、確立されたのだ。とはいえ、第三者の審級と〈他者〉とは、異なる作用を担う契機として、異なる場所に配分されている。前者は、経験の可能性を構成する超越（論）的な領域に、後者は、経験的な内在性の領域に、所属しているのだから。それゆえ、第三者の審級が、その固有の実在性を強化した場合には、それは、やがて、対面する〈他者〉の場所から遊離して、経験そのものに対して論理的な先行性を有する領域へと、押しやられるはずだ。

目下の段階で次の諸点を暫定的に述べておこう。例のポーランド人にとってユダヤ人は、まさに第三者の審級としての働きを担った〈他者〉なのである。それゆえに、ユダヤ人は、ポーランド人にとって、価値（真理）の所有者として想定されてしまうのだ。ポーランド人がユダヤ人に魅了され、呪縛されてしまうことの究極の必然性は、ここにある。ポーランド人は、ユダヤ人という〈他者〉を核とした「第三者の審級の投射の機制」に、巻き込まれてしまったのである。第三者の審級が〈他者〉の場所から遊離したときには、ポーランド人／ユダヤ人の小話から法の門の寓話への移行が図られる。法の門においては、内在的な〈他者〉（門番）の向こう側に、規範＝法の帰属点となりうる場所（第三者の審級）が想定される。

【2】目的の生成

第一節で考察した『ゴドーを待ちながら』を想起しておこう。ゴドー（神）は、もちろん、ヴラジーミルとエストラゴンにとって、第三者の審級である。ところで戯曲は、いつまでも到来しない神（ゴドー）は実は待っている彼ら自身なのだ、ということを何重ものやり方で、示している。たとえば、二人の愛称、ゴゴ（エストラゴン）とディディ（ヴラジーミル）は、両者が合っして、ゴドー（神）である可能性を暗示している（詳しくは大澤［1992］）。この暗示は、第三者の審級は、相互に〈他者〉として対峙しあう身体の間で成立する（間身体的）連鎖の変形から得られる、ということまでの考察と合致する。ゴゴとディディがまさにゴドーであること、経験に妥当的な形式を与える超越的審級がまさに経験的・内在的な身体（の変形）であるという循環、ここにこそ、「指向すべき価値としての目的」という時間的な現象がもたらされる、根本的な原因がある。

ここまでの議論の要点は、超越的審級は、内在的な身体が発動させる自己準拠の循環を通じてもたらされる、ということである。第三者の審級は、内在的な身体が自身を映し出す仮象なのだから。超越性が内在性でもあること、この循環は、もちろん矛盾であり、それ自身としてはなにものとしても規定できず、端的な空虚である[12]。それゆえ、自己準拠の関係は、ただ自己準拠の克服（隠蔽）としてのみ実現可能なのである。それはいかにして果たされるのか？

諸身体の相互的な作用が第三者の審級を投射する中で、経験に論理的に先行する領域を開鑿し、第三者の審級をそこに位置づけることで、自己準拠の直接性は克服される。そのことによって、第三者の審級に帰属するものとして想定された判断は、既定的なものとして、内在的な諸身体には立ち現れるのである。

と同時に、「第三者の審級によって構成された価値」と「内在的な諸身体（に所属する事物）」との間の不一致が、「欠如」の相のもとで構成される。それは、次の二つの事情の複合の上に必然化する。第一に、自己準拠の克服は、第三者の審級と内在的な諸身体との間の直接の合致を否定することを必要条件としている。第二に、第三者の審級は、自らが肯定的に承認する対象を、（規範的に）選好される価値対象として提示する。これら二つの要請を同時に満足させるのは、第三者の審級から肯定的に指示され、また第三者の審級に所属している価値対象が、第三者の審級に服属する内在的な身体には欠如している、という関係を構成することである。それは、内在的な諸身体にとっては、まさに欠如しているがゆえに希求されるのである。この欠如は、しかし、決して解消されない（解消されれば、第三者の審級と内在的な諸身体の間の階梯的な差異が否定されてしまうのだから）。

かくして、内在的な諸身体は、第三者の審級の内に見出した（想定した）価値対象を獲得することを、自らの目的として、措定せざるをえない。たとえば、あのポーランド人は、ユダヤ人を真理の所有者として想定し、その獲得を指向せざるをえなかった。あるいは、田舎者は、門の向こう側に法の真理を見ることを、一生の目的として追求しつづけざるをえなかった。

理路を切り詰めるならば、次のように言うことができる。第三者の審級を投射する自己準拠の循環の――まさに自己準拠ゆえの――空虚が、設定された「目的」によって、埋め合わされるのだ、と。第三者の審級は、身体の内在的な作用の効果でしかなく、直接には何ものでもありえない。が、価値ある目的がそこに投入されたとたんに、その空虚はたちどころに隠蔽されてしまう。

ゴドーは、すでに述べたように、ヴラジーミルとエストラゴン自身である。その意味で、超越的存在＝神としてのゴドーは、どこにも存在しない。それは、単なる空虚である。しかし、その空虚は、ヴラジーミルとエストラゴンに対しては、隠蔽されている。なぜか？　彼らがゴドーを待っているからである。ゴドー＝神の現前を、彼ら自身にとって「欠如しているもの」として認定し、それに立ち会うことを彼らの「目的」として措定したときには、ゴドーの空虚は、隠蔽されてしまうのだ。空虚＝欠如そのものが、自らにとって欠如している、という認知によって、空虚＝欠如が存在化する、という逆転がここにはあるわけだ。

以上の結論は、松野孝一郎が物理的なシステムに関して述べていたことと並行性がある。社会的な領域においても、「目的」という現象は、二つの視点の分裂とそれらの間の関係づけから生ずるのである。二つの視点とは、もちろん、超越的視点（システムを全体として展望する視点）と内在的視点（システムの局所の視点）である。

だから、行為にとって、目的への束縛は、不可避的なものである。その必然性は、能動的・自律的であろうとすれば受動的・従属的であるほかないこと（デカルトやベケットが見出した逆説）――それは「どのような選択も第三者の審級への従属を条件としているということ」の一つの表現である――、このことの必然性と、同じところに根拠をもっているのだ[13]。

【3】機能的要件の構成

したがって、少なくとも次のように言うことができるだろう。「はじめから本質的に社会的なものとしてのみ現成する目的」という現象があるということ、これである。ここで、社会的というのは、〈他者〉の存在を不可欠の条件としている、という意味である。目的ということのすべてが、社会性を前提にしているかどうかについてはおくにしても、社会性を機縁としてのみ発効する「目的」がありうるということまでは、確認できただろう。

さて、われわれの本来の問いの標的は、社会システムに対して、目的（機能的要件）が存立する機制であった。目的という現象の社会性を確認したとしても、そのことからただちに、社会システム一般に随伴する目的性ということの可能性の条件を、説明しつくしたことにはならない。が、しかし、次のことは結論することができよう。

①第5節【1】で見たように、交互的な役割行為から（システムの）「共同の目的」が成立しうるのだとすれば、そして、これが「共同の目的」が成立する過程を一般的に要約するものだとするならば、ここでみたような「本質的に社会的な現象としての目的」が生成される機序は、社会システムにおいて機能的要件（目的）が想定しうることの究極的な条件だということになろう。見てきたような「（本質的に）社会的な目的」こそが、交互的な役割行為を動機づけ、それに可能性を与えているのだから。

②目的がここで論じてきたような順路で社会的に生成されるとしても、大規模な社会システムに対して、目的（機能的要件）が構成されるまでには、まだ追加的な機制が必要である。ここで示し

た論理から、少なくとも、小規模な——相互に現前が可能な程度の身体で構成されている——社会的な範囲で、「社会的に共有された目的」が成立しうる、ということを説明できる。間身体的連鎖のみを通じて単一の第三者の審級を共同的に投射する身体たちの間には、ここで見てきたような機制から、共有の目的が成立する。とはいえ、現前性の領域をはるかに越える規模の社会システムにおいて、目的（機能的要件）が発生するためには、さらに別の機制が付加されなくてはなるまい。とはいえ、ある程度自足的でありうる最小規模のシステムに関していえば[14]、おそらく、ここで略述してきた機制だけでも十分に共同の目的（機能的要件）を構成することができるだろう。

③もし、どのような社会システム（ただし全体社会）も、第三者の審級の投射とその一般化を基礎にして成立しているのだとすれば、機能的要件（目的）を備えることは、可能であるだけではなく、必然である。システムは、よく規定されたものであろうと、あるいは規定性の程度の低いものであろうと、目的を設定することによって、第三者の審級の本源的な空虚に対抗するのである。

ルーマンの議論を思い起こしておこう。ルーマンは、目的が複雑性を縮減する、という。われわれの結論は、ルーマンの用語を使えば、こうなる。複雑性こそが、目的を可能にする、と。複雑性とは、〈他者〉を、システム全体の視点から概念化したものに過ぎないからだ。システム形成以前に、複雑性を縮減することへの要求が、無媒介に生ずるわけではない。そうではなく、過剰な複雑性が、目的という現象に可能性を与え、そのことの反作用として、そのほかならぬ過剰な複雑性を吸収してしまうのである。

われわれは機能的要件を説明概念として用いる機能主義的な社会システム論が、不可能であることを示した。なぜ不可能だったのか？　それは、機能的要件の設定を自在に制御する超越的な視点――メタ評価関数g――が不可能だったからだ。われわれが示したのは、この同じ理由が、つまり超越的な視点がそれ自体として外部に切り離せず、内在的な視点に依存してしまっているということが、ほかならぬ機能的要件＝目的を、システムに対してもたらす、ということである。そうであるとすれば、機能主義を失敗に導いた根本的な原因が、別の意味での機能主義的な見方を要請していることになる。機能的要件の可能性を考慮に入れる論理の可能性は、まさに機能主義そのものの失敗の内に予告されているのである。

8. 機能の顕在性／潜在性

【1】失敗という成功

先のポーランド人は、いつまでもユダヤ人に呪縛されているわけではない。彼はやがて、ユダヤ人が何の真理も所有していないということに気づき、怒りを暴発させる。このとき、実は、彼は、すでに、本当の真理に到達しているのだ。真理の不在こそが、真理だったのだから。しかし、彼は、自分がすでに真理を語っている、ということには気づいていない。スラヴォイ・ジジェクがこのジョークを引用したときにとりわけ主題化しているのは、実は、真理があとからまさに真理の否定として見出される、ということの転換である。ここには、社会システム論に対する教訓は何もないのだろうか？

　たとえば、ポーランド人がユダヤ人の欺瞞を見破ったとき、ポーランド人をそれまで捕らえていた第三者の審級の権威は消え去ってしまうのだろうか？　実はそうではない。確かに、第三者の審級としてのユダヤ人の権威は否定される。が、しかし、第三者の審級自身は、まさにこの否定を通じてこそ、完成するのである。ちょうど、真理が否定されることでこそ、本当の真理たりえたように。

　ジジェクの議論から、もう少し社会学的に分かりやすい事例を引いておこう（Žižek［1988＝1993：204-205］）。ジジェクは、ローザ・ルクセンブルグが、革命プロセスの弁証法について語っていることを主題化している。ローザ・ルクセンブルグの議論は、ユダヤ人の小話と同じ構造をもっている。彼女は、「客観的な条件」が熟する前に、つまり「時期尚早」に権力奪取を図ってしまうことに対する、修正主義者（ベルンシュタイン）の恐れに反論している。最初の権力奪取は常に「時期尚早」なのだ、というのがローザ・ルクセンブルグの反論である。時期尚早の権力奪取を繰り返さない限り、決して、革命の好機はやってこない。なぜなら、時期尚早の権力奪取の試みの反復的な失敗こそが、革命の主体を教育し、その主観的条件を成熟させるからである。時期尚早の権力奪取は、最初は、失敗に見える。さしあたっての目的を獲得できないからである。しかし、後で、その失敗こそが、成功（への過程）だったことがわかる。その失敗は、真の目的——革命的な精神を育成すること——にはかなっていたからである。

真理の不在こそが真理だったのと同じように、失敗こそが成功だったのである。ローザ・ルクセンブルグの議論の中で、われわれの関心にとって意味あるのは、次の点である。目的を達成しようとする最初の試みは、本源的に誤ったものであることがわかる。なぜなら、原理的に達成できないような目的を追求しているからである（最初は時期尚早であることがわかっているのに、権力奪取を図る）。しかし、その失敗が、別の目的設定の中で――後から――救い出されるのである。

【2】システムの「ほんとうの目的」

ローザ・ルクセンブルグの議論は、実は、社会システムに対して設定された目的（機能的要件）が被らざるをえない、宿命的な転換を代表しているのである。

先に見たように、目的という現象は、超越的な視点（第三者の審級の視点）を前提にしている。目的とは、超越的な視点において構成された価値を獲得すること、なのだから。しかし、強調してきたように、その超越的な視点とは、擬制でしかありえない。それは、「本当の」超越性ではなく、一種の幻想である。したがって、このような視点に相関して与えられた価値は、必然的に「客観的な状況」に適合しない誤りである。たとえば、ローザ・ルクセンブルグの逸話に即して述べておけば、誰も、歴史の外部の超越的な場所に立って、客観的に妥当する「革命の好機」を指摘することはできない。つまり、提起された目的は、必然的に不適切であり、それは、目的を実質化する超越的視点が、自己準拠の循環を通じてのみもたらされている、ということに究極的に由来している。

この不適切性は、実際に目的を追求する、という遂行の中で、やはり必然的に露呈する。目的の設定が必然的に不適切である、ということを、われわれの論理の筋の中で位置づければ、次のようになろう。もし目的が、第三者の審級の投射に相関して生み出されるのだとすれば、部分的な目的はともかくとして、最終的な目的は、原理的に達成することができないのである。なぜならば、目的は、第三者の審級に従属する身体に「欠如」をもたらすためにこそ、導入されていたのだから。偶然的にではなく、原理的に達成できないような目的は、不適切な目的であると言わざるをえまい。それでも同じ目的に拘泥すれば、いつまでも目的に到達することのない、強迫的な反復を、帰結するしかない。

ここで、物理的なシステムとの類比を再確認しておこう。物理的なシステムにおいて、「目的性」は、松野が指摘したように、局所的な物理的変化が、有限の速度で伝播する、ということから現れる。ところで、もし変化が有限の速度でしか伝播しないのならば、物理的システムにおいても、目的（保存則の貫徹）は、原理的には、決して達成されない。ただ、そこへと漸近する反復があるのみだ。

さて、目的の本源的な不適切性が露呈したときには、どのような事態が引き起こされるのか？　確か目的の妥当的な価値を保証していた第三者の審級の権威が、根底から否定されるのか？　確かに、最初に掲げられていた（不適切と判明した）目的は放棄される。あわせて、これと相関している第三者の審級が否定されるだろう。が、しかし、まさにそのような否定を通じてこそ、ときには、

（システムに相関した）「目的」という現象と「第三者の審級」は、真に完成するのである。目的は、述べてきたように、もともと、第三者の審級の原理的な矛盾（空虚）を埋め合わせるものとして措定される。第三者の審級の矛盾（空虚）に代えて、ある具象的な、つまり限定的な内容をもった目的が、価値ある対象として実体化されるわけだ。この目的は、述べてきたような必然性にもとづいて、すなわちその本源的な不適切性のゆえに、やがて否定される。だが、この限定的・具象的な内容の否定をこそ、自身を積極的＝肯定的に限定＝規定する条件とするような、（もう一つの）「目的」が存立しうるのである。この第二次の目的は、最初の第一次の目的の（具象的な）実体性の否定をこそ、自身の実体性（限定的な内容）の条件としているわけだ。こうして措定された第二次の目的は、必然的に、第一次の目的よりも抽象的で未規定的である（第一次の目的の内容的な限定性を否定することこそ、その本質的な条件なのだから）。しかし、それは、その分、普遍的である。普遍的である、というのは、第一次の目的（を達成しようとする試み）の挫折そのものが、第二次の目的を達成するための手段として、あらためて位置づけ直されるような包括性を、第二次の目的が備えている、ということである。

第一次の目的が本源的に不適切であることが明らかになったとき、それを否定する操作そのものを利用して、しばしば、述べたような、抽象的な第二次の目的への置き換えが生ずるのだ。この置き換えを可能にするのは、独特の視点の移動である。それによって、突然、第二次の目的こそが、本来指向されていたかのように、見えてくるのだ。

「視点の移動」と述べた。何の視点が移動するのか？ 目的を価値あるものとして構成する視点、つまり第三者の審級に属する視点が、同時に移行するのだ。目的の不適切性が露呈したとき、第三者の審級の権威も一端は失墜する。第三者の審級は、擬制的・欺瞞的な超越者として、何らかの意味で具象的に実体化されていた。この「第三者の審級」を相対化し、その権威を否定する立場（他者）を間身体的な連鎖に巻き込みつつ、あらためて、同じ「第三者の審級の投射の機制」を再帰的に反復するならば、今度は（それまでの第三者の審級の）具象的な実体性の否定ということをこそ、自身を規定する条件とするような、（もう一つの）第三者の審級が、存立しうるのである。詳述はしないが、これを可能にする条件は、（最初の）第三者の審級が、まさに自己準拠の循環を通じて自己否定されること、その自己否定によって、（最初の）第三者の審級とそれに帰属する目的（の価値）の権威を相対化する異和的な立場が露呈することである。この異和的な立場が、第三者の審級を――間身体的な連鎖を媒介にして――産出する際に不可欠な、他者（性）として作用するわけだ。ともあれ、目的が第一次のそれから第二次のそれへと置き代わるのと並行して、第三者の審級も、第一次の形態から第二次の形態へと移動する。第二次の第三者の審級は、第一次の第三者の審級の具象的な実体性の否定をこそ本質的な条件としているので、常に、より抽象的な実体として再来する。と同時に、それは、より普遍化された判断を可能にする視点として、もたらされるのである。

目的という現象は、このような置き換えによって、真に完成する。それは、第三者の審級をもたらす自己準拠の循環の矛盾そのものを、自身を定義する条件として利用しているので、もはや、その矛盾に脅かされるおそれはない。もちろん、同じことは、第三者の審級に関しても妥当する。自己準拠による自己否定は、第二次の第三者の審級の構成条件なのである。

第三者の審級とそれに相関した目的性が完成するということは、具体的に言えば、次のようなことである。それらは、もはや、「原理的な失敗」ということによって、その権威を脅かされることはない。なぜならば、第二次の目的は、（第一次の目的を追求する試みの）失敗をその過程として含むような形態で、つねに「既に達成されてしまったもの」としてのみ、出現するからである。第一次の目的が、挫折せざるをえないのは、この目的を指向する身体が、つねに欠如として意味づけられてしまい、決して、この目的に到達しないからである。それは、いつも「未だに」という様相のもとで、捉えられている。それに対して、第二次の目的は、「既に」という様相においてのみ、与えられるのだ。この「未だに」から「既に」への移行の必然性は、自己準拠が帰結する（目的の内容の）原理的な決定不能性を克服する最も効果的な方法が、時間という形式を利用すること、すなわち「既に決定されてしまっている」という体裁を取ることだ、という点を考えると理解することができるだろう[15]。自己準拠が決定不能であり、それゆえ矛盾として現れるのは、ただ決定の事前に立っているからである。

【3】「真のはじまりは最後に生ずる」

ジジェクに倣って、歴史の反復についてのヘーゲルの理論を利用しながら、以上の機制を解説しておこう。ヘーゲルが利用しているのは、「カエサルの死」という事例である（Hegel［1822–31］：Žižek［1986＝1993：205–207］）。

カエサルは、当時の共和政に反して、自身を個人的権限を強化しようとしていた。その後の歴史的展開から遡及的に展望すれば、カエサルは、客観的（即自的）には、正しい行動を取っていたことになる。遡及的な展望を可能にする視点は、第二次の目的を肯定する視点である。ともあれ、一般の人々はいまだに共和政を信じており、それゆえ、カエサルを殺害してしまう。しかし、この陰謀は、究極的には、失敗だった。なぜなら、カエサルを殺したのに、共和政は帰って来なかったからである。カエサル殺害の結果は、まさに「皇帝《カエサル》」であった。すなわち、カエサルの殺害後、アウグストゥスが初代の皇帝として君臨し、皇帝政治（césarisme）の基礎を築いたのだから。

最初の行為は、誤った偶発的な試みとして、現れる（このときは共和政への執着が支配している）。しかし、後には、それこそが、真の帝政への過程だったことが、明らかになる。つまり、目的が、共和政の実現から帝政の実現へとおきかわっているのだ——そして、もともと、歴史の過程は帝政をこそ指向していたと見なされるのである。結果として成立してしまった帝政の方をこそ真の目的として肯定する視点から——つまり歴史の帰結の方から遠近法を転倒させて——、過程を捉え直しているのである。それゆえ、どんな過程も、合理的なものとして現れる。

ここで興味深いのは、この目的の置き換えに対応して、個人としてのカエサルから称号としての「カエサル（皇帝）」への変換が生ずることである。具象的な身体としては否定されてしまったカエサルが、抽象的な地位として反復されるのだ。後から現出する「真の目的（この場合は、称号としてのカエサル＝皇帝）」が、具象的な内実の否定を条件としている、というのは、たとえば、このような事態をいうのである。

この目的の抽象化と連動して、この目的を指定する視点が抽象的なものとして構想される。置き換えられた（抽象的）目的は、もともとは、誰にも直接に経験されていなかった（欲望＝選択されていなかった）のだから、この目的を設定＝選択した作用＝視点は、経験の領域——具象的に現前可能なものの領域——を越えたところに、措定されるほかないのだ。そのような抽象化された——具象的な経験的内在性を否定された——視点に対して、ヘーゲルが一般的に与えた名前が、「理性」である。失敗を成功の条件とするような視点の変更は、それゆえ、「理性の狡智」の支配として、意味づけられるのである。

こうして、後になって、失敗（カエサルの偶発的な殺害）が、それ自身として、成功（帝政の実現）のための条件として、現れることになる。ヘーゲルはそれゆえ、「真のはじまりは最後になってはじめて生ずる」と述べたのである。

【4】潜在的機能

以上の議論を利用して、「潜在的機能（Latent function）／顕在的機能（manifest function）」という社会学的機能主義が提起した分類に、新たな解釈を与えることができる。機能に潜在的な形式と顕在的な形式があると述べたのは、ロバート・マートンである（Merton［1949=1961］）。しかし、機能が顕在的であるとか、潜在的である、ということはどのようなことを言うのか？

潜在的機能とは、言わば無意識の内に追求されていた機能とでもいった意味で理解されている。ここで「機能」というのは、システムの目的＝機能的要件に対する貢献作用のことである。しかし、ある機能（的要件）は、システムによって自覚され、ある機能（的要件）は自覚されていない、ということはどういうことなのだろうか？　潜在的機能は、システムそのものに定位した視点に直接に現れていない。このことから、たとえば、顕在的機能はシステムに内在する視点に対して現れるもので、潜在的機能は研究者の視点において設定されたものだ、といったような解釈がなされることがある。しかし、第4節【1】で述べたように、システム自身の視点に対して、まったく無縁であるような事象は、もはや、機能（的要件）ということの固有の意味を失ってしまうだろう。それは、「意図していない、あるいは意図を越えた結果」の一例であるにすぎない。

「顕在的機能／潜在的機能」という分類を意味あるものとして保持しようとするならば、それは、次のように解釈すべきではないか？　顕在的機能とは、システムの第一次の目的（機能的要件）の追求である。それに対して、システムの作動を第二次の目的との相関で理解した場合には、それは、潜在的機能の追求として捉えられる。

たとえば、ローザ・ルクセンブルグの議論の例に定位すれば、革命運動の顕在的機能は、もちろん、権力奪取である。しかし、その潜在的機能は、その運動において果たされる、人々の教育である。重要なことは、潜在的機能は、決して、顕在的（自覚的）に指向することはできない、ということである。この革命が、権力奪取が真の目的ではなく、革命する主体の教育にこそ真の目的がある、ということが最初から明らかであれば、かえって、そこから教育的な効果を得ることはできない。権力奪取が真の目的だと信じて、本気に革命するからこそ、結果として革命的精神への教育が果たされるのだ。

潜在的機能か本質的に潜在的なのは、それを、「未だ達成していないもの」として追求することが不可能だからだ。それは、システムに内在する者に対しては、常に、「（気づかないうちに）既に遂行されていたもの」としてのみ、現れるのだ。この置き換え、つまり「未だに」から「既に」への置き換えを可能にしているのは、第三者の審級の抽象化（具象的な実体性の否定を存在条件とするような様態への転換）と、それに連動する時間的な遠近法の逆転である。そのとき、第一次の目的（顕在的機能）を追求し続ける無駄な反復が、突然、成功の条件として、現れるのである。

ここまでの考察は、機能主義的なシステム理論の失敗もまた、まさに、固有の潜在的な機能を担っていたのではないか、ということを示唆する。それは次のような意味においてである。第一に、機能主義の失敗は、機能主義の無益な反復を執拗に動機づけたものは何か、という問いを設定することを可能にした。さらに、第二に、この問いを動機づける視点の移動は、機能主義の失敗の原因であったものこそが、その問いへの解（の一部）を構成しているということを明らかにしたのだ。つまり、機能主義的な説明の失敗こそが、システムに機能（的要件）が具備されているかのように事態を構成した要因は何か、という問いの地平を開き、かつそれに対する根本的な解を暗示してもいたのである。

注

1 コミュニケーションと行為は、実的に異なる出来事を構成するわけではない。両者は、同じ出来事に対する、異なった見方である。両者の関係について、詳しくは、第Ⅰ部第3章を参照。

2 「意味」という概念は、現象学が規定してきたような含意において、ここでは使用している。

3 規範が与える「妥当性／非妥当性」の区別には、さまざまな種類がありうる。それとの相関で、さまざまな種類の「価値」がありうる。価値の分類については、廣松［1993］参照。

4 構造－機能分析を批判するために、まず理想化された構造－機能分析の理論モデルを整備しておくこと、そしてそのモデルを構造－機能理論と名付けること、これらの方針を、われわれは、志田［1980］、あるいは恒松ほか［1981］の論法にならっている。

5 本節における構造－機能理論の定式化にあたって、志田基与師、恒松直幸、橋爪大三郎の仕事を参照にした。志田等のモデルは、構造－機能分析の一般的な可能性について、非常に行き届いた配慮がなされており、たいへん参考になった。ここで提起した構造－機能理論のモデルに関しても、若干の部分では修正をほどこしたが、多くの部分で彼らのモデルに直接従っている。

6 変数variableは、数量でなくてもかまわない。それは、さまざまな状態を取りうる、システムの要素を表現しているのである。

7 ここでは、「空間」は「集合」と同じ意味である。

8 第二節で示したように、ここでは、社会状態の機能評価は、まず、社会状態に機能的要件に応じて（弱）順序を割り当て、ついで、その順序に整合するように「許容域1／非許容域0」への弁別を行う、という二段階で構成されている、と考えた。しかし、実は、本節で示した証明は、評価関数が機能的要件に応じた順序の割り当てという媒介を経ていなくても妥当する。すなわち、社会状態が――（弱）順序を割り振られるとこなく――直接に許容域に含まれるか非許容域に含まれるかについて、機能評価される、と考えても、ここでの証明は妥当する。また、「許容域／非許容域」という二値的な区別自身を、「選好順序」の最小限の形式とみなすこともできる。

9　ルーマン自身は、ここで指摘した三つの問題のうち、最初の一つのみを指摘している。

10　これは、ルーマンとの論争の中で、ハーバーマスが提起した疑問である（Habermass & Luhmann［1971：154］）。

11　量子力学の場合も、波動関数の時間発展を一義的に定める限りは、同じことが言える。

12　もちろん、この空虚の論理的な表現が「嘘つきのパラドクス」である。「矛盾」は、対応する存在をもちえず、これを存在の領域に投影すれば、「空虚（存在の否定）」として、指示されるほかない。

13　ここでの議論は、ヘーゲルの有名な「主人と奴隷の弁証法」に対する、新たな解釈を示唆しているだろう。たとえば、ポーランド人はユダヤ人を自らの目的のために利用しようとした――いわば奴隷的な位置に置こうとした――が、まさにそのことによって、ユダヤ人に従属してしまったのである。このようにして、主人と奴隷は逆転してしまう。

14　もちろん、完全に自足した社会システムなど、原理上、ありえない。ここで問題にしているのは、厳密には、自分自身を部分として含むような包括的な社会システムを想定しない「最上位のシステム」の中で、最小のもと、ということである。

15　第一次の第三者の審級が投射されるとともに、「時間」という次元が構成される。これだけでも、自己準拠の矛盾を非問題化する効果がある。つまり肯定とその否定が共存しているのに、それが十分に可能であるかのように事態が構成される（大澤［1988］参照）。第二次の第三者の審級は、さらに、すでに構成されていた時間性を利用して、矛盾を除去してしまう。矛盾が含意する決定不能性はもはやなく、すでに決定されている、という外観が生ずるからである。

文献

Arrow. Kenneth J. 1963 *Social Choice and Individual Value*, Yale University Press. = 1977 長名寛明訳『社会的選択と個人的評価』日本経済新聞社

Habermas, Jurgen & Luhmann. Niklas 1971 *Theorie der Gesellschaft oder Sozialetechnologie*, Suhrkamp. = 1984, 1987 佐藤嘉一・山口節郎・藤沢賢一郎訳『批判理論と社会システム理論（上）（下）』木曜社

橋爪大三郎・志田基与師・恒松直幸 1984「危機に立つ構造-機能理論——わが国における展開とその問題点」『社会学評論』三五巻一号

Hegel, Georg W. F. 1822-31 *Vorlesungen über die Philosophie der Geschichte*, = 1971 武市健人訳『歴史哲学（上）（中）（下）』岩波文庫

廣松渉 1993『存在と意味 第二巻』岩波書店

今田高俊 1986『自己組織性』創文社

小室直樹 1974「構造-機能分析の論理と方法」、青井和夫編『理論社会学（社会学講座1）』東京大学出版会

Lawvere, A. 1969 "Diagonal Argument and Cartesian Closed Categoriesl," *Lecture Note in Mathematics* No. 92.

Levy Marion 1952 *The Structure of Society*. Princeton University Press.

Luhmann, Niklas 1968 *Zweckbegriff und Systemrationalität*, J. C. B. Mohr. = 1990 馬場靖雄・植村隆広訳『目的概念とシステム合理性』勁草書房

——— 1984 *Soziale Systeme*, Suhrkamp. = 1993 佐藤勉監訳『社会システム理論（上）』恒星社厚生閣

松野孝一郎 1988「生命——またの名、物質の選択能について」『現代思想』一六巻一号

——— 1991『プロトバイオロジー』東京図書

Merton, Robert K. 1949 *Social Theory and Social Structure*, The Free Press. = 1961 森東吾・森好夫・金沢実・中島龍太郎訳『社会理論と社会構造』みすず書房

大澤真幸 1988『行為の代数学』青土社

——— 1990『身体中比較社会学Ⅰ』勁草書房

——— 1992a 「待つことと待たれること」、いとうせいこう『コドーは待たれながら』太田出版
——— 1992b 『身体の比較社会学Ⅱ』勁草書房
——— 1994 『混沌と秩序——その相互累進』『社会科学の方法X——社会システムと自己組織性』岩波書店→本書第I部第3章
Parsons, Talcott 1951 *The Social System*, The Free Press. = 1974 佐藤勉訳『社会体系論』青木書店
志田基与師 1980 「機能理論の説明方式」『ソシオロゴス』四号
——— 1982 「機能要件と許容域——二分法的評価の限界」『ソシオロゴス』六号
——— 1984 「複機能要件理論の不可能性——構造分化仮設の場合」『ソシオロゴス』八号
富永健一 1965 『社会変動の理論——経済社会学的研究』岩波書店
恒松直幸・橋爪大三郎・志田基与師 1981 「機能要件と構造変動仮説——構造-機能分析のIdentity Crisis」『ソシオロゴス』五号
——— 1982 「Parsonsの構造-機能分析——彼自身による展開／その批判的再構成」『ソシオロゴス』六号
吉田民人 1990a 『自己組織性の情報科学』新曜社
——— 1990b 『情報と自己組織性の理論』東京大学出版会
Žižek, Slavoj 1988 *Le plus sublime des hysteriques : Hegel passe*, Points Hors Ligne. = 1993 守永直幹訳「ヘーゲル、最も崇高なヒステリー患者」『現代思想』二一巻八号

第6章 複雑性における〈社会性〉

1. 複雑性の縮減と増大の一致

【1】カオスの縁

複雑ではあるが（トリビアルではない）有意味な秩序をもってふるまうシステム（系）についての探究に可能性の道を開いたのは、カオスについての数理である。単純な秩序でもなく、複雑な無秩序でもない状態にこそ、われわれは興味をひかれる。というのも、たとえば生命は、まさにこうした状態を呈するという点においてこそ際立ったシステムにほかならないからである。ここでは、カオスがどのようにして複雑な秩序の可能性を拓くのかを考察してみよう。

この考察が導き出すはずの結論はこうである。カオスという事態をまさにカオスたらしめているのは、そこに潜在している〈社会性〉にある、ということ。この結論が支持されるならば、カオスの数理の核を成している基本的な「精神」――カオスの数理そのものということではなく――に関して言うならば、それは、他のシステムではなくとりわけ社会システムの作動の解明に対してこそ、その最も豊穣な可能性を見出すことになるだろう。

カオスと複雑な秩序との関係を確認するために、まず、スティーヴン・ウォルフラムのセル・オートマトンに関する研究成果を受けてクリストファ・ラングトンによって導かれた、非常に広く知られている次のような帰結を、あらためて参照することから始めよう。

セル・オートマトンとは、あるセル（格子）の状態を周囲のセルの状態によって変化させる規則を定めておき、セルの大域的な振る舞いを観察する一種のゲームである。一つのセルがとりうる状態は、通常、2つ（黒／白）にしておく。最も単純な場合には、セルは一次元に（横一列に）並べてある。その場合、周囲のセルは両隣の2つなので、そのセルの状態の可能な組み合わせは、2×2の4通りになる。したがって、セルが黒のとき、そのセルを、周囲の4通りのそれぞれに対応してどのように変化させれば良いか、白のときにはどう変化させれば良いか、を定めるのが規則である。可能な規則は、2^8＝256通りになる。規則に従って変化していくセル・オートマトンの様子を、縦に並べていくと、白と黒の格子模様が得られる。

こうして得られる格子の変化を規準にして、ウォルフラムは、256通りの規則が4つのクラスに分けられることを発見した。クラス1は、黒または白の一様な状態に収束する。クラス2は、単純な模様(秩序)に収束する。クラス3は、ほとんどランダムな、無秩序な模様に向かう。この無秩序は、しかし、決定論的な規則に従っているので、すぐ後に述べるように、一種のカオスであると見なすことができる。さて興味深いのは、クラス4である。それは、非常に複雑だが、独特な秩序を残す。

この帰結を、さらにラングトンは発展させた。ラングトンは、セル・オートマトンの規則を評価する一種の確率値λを定義する。これによって、256通りの規則のそれぞれに0以上1以下の値が与えられ、それらは、一次元的に並べられる。すると、クラス1は、0になり、逆にクラス3は、1に近い値になる。クラス2の単純な秩序——つまり一様な状態に近接した秩序——は、予想通り、0の近傍に配列される。

問題はクラス4だが、それは、クラス2とクラス3の間の非常に狭い領域に集中する(λ＝0.454)。しかも、クラス4に配分されるこの領域は、ある種の「複雑性」が最大値になる地点にあたる。ある種の「複雑性」と呼んだのは、通常の複雑性ではなく、情報理論でいう計算的複雑性のことであり、要するに、ここで計算能力が最大値になるということを意味する。クラス4が描く図形は、言わば、有効に識別可能な状態が最も多いシステムになっているわけだ。クラス4が位置づけられた領域は、クラス3のカオスへと没しさる臨界点にあたる。それより小さなλに対応しているのは単純な秩序であり、それを越えると、複雑すぎてほとんど混乱した状態がまっている。両者の際どい境界にクラス4が置かれるのだ。このカオスへの臨界点が、今日、「カオスの縁 edge of chaos」と呼ばれ、この呼び名は、複雑性の研究者にとっては、ほとんど常識的な標語にまでなっている。

λ　0 ←――――――――――――――→ 1

クラス1、クラス2、　クラス4、　クラス3

（一様）（単純な秩序）（複雑な秩序）（無秩序）

【2】システムの根本的な観点

以上の広く知られている結論は、カオスと複雑な秩序とのある種の関係を暗示している。この結論は、社会システムの理論の中で主張されてきた、次の議論と類比させてみることができるだろう。それは、今日のカオスの理論とはまったく無縁に、かねてよりニクラス・ルーマンによって展開されてきた議論である。

ルーマンによれば、ある根本的な一つの観点との関係で（社会）システムは形成される。根本的な観点とは、（環境の）複雑性を縮減すること、である。ここでルーマンが「複雑性」と呼んでいるのは、要素（行為）および要素間の関係（コミュニケーション）の多様性のことだ。システムが外部の環境から区別され、その同一性を維持するためには、その内部では、非任意的な要素と関係のみが許容されていなくてはならない。言い換えれば、システムは、環境において可能な要素と関係のある部分を脱落させ、その可能性を縮減しなくてはならないはずだ。

ところが――とルーマンは論ずる――、このような複雑性の縮減によって、システムが可能的な要素と関係を選択し、環境から自身を区別する能力の大きさは、システム自身がとりうる内的な多様性に、つまりシステムの複雑性に依存している。システムが識別しうる環境の多様度は、システム自身が採用しうる多様度に比例しているので（アシュビーの「最小多様度の法則」）、システムの複雑性が十分に高くないときには、環境から自身を区別する能力も小さくなるのだ[1]。そうであるとすれば、自己否定的な逆説が、つまりシステムによる複雑性の縮減そのものが複雑性の増大を通じてもたらされるという逆説が、結論されねばなるまい。

カオスの縁とは、複雑性の増大が複雑性の縮減へと折り曲がることができる、繊細なバランスが維持されている点であると見なすことはできないか。ラングトンのλの値が小さすぎる場合には、単純なシステムが導かれる。だが、λが臨界値を越えたときには、複雑性が大きすぎて、手に負えないものとなり、システムは瓦解するほかない

2．偶然性と必然性の一致

【1】カオスの数学的定義

ところで、カオスとは何か？　すでに、前節でもこの語を使っているが、数学でいうところのカ

オスとは何であろうか。実は、カオスについての合意された定義は存在しない。よく指摘されるカオスの顕著な特徴は、初期条件に対する極端な感応性である。通常は、一定の規則や法則に従っている以上は、初期条件の小さな相違は、それに比例した、結果におけるわずかな相違に対応するはずだ、と考えたくなる。だがカオス的に振る舞うシステムにおいては、ごくわずかな初期条件の相違が、極端に大きく異なる結果を導くことになる。

抽象的に言えば、次のような二条件を満たす、離散的で決定論的な力学システムでカオスは生ずる。

(a) 任意の自然数nに対して、n周期の軌道が存在していること。

(b) 周期的でなく、かつ周期的な軌道に漸近することもない軌道が存在していること。

たとえば、クラス3のセル・オートマトンは、ほとんどランダムな模様を結果するのだから、(a)と(b)の条件を満たしている（ランダムの中には、n周期の軌道も含まれれば、周期軌道に漸近しない軌道も含まれているはずだから）。その上、セル・オートマトンは連続的ではなく離散的であり、明確な規則に従う以上は決定論的でもある。これらのことから、クラス3がカオスであることがわかる。少なくとも数学的には（物理的ではなく）、リーとヨークによって定式化された有名な条件（周期3の存在）を適用することで、(a)と(b)の条件が満たされているかどうかを、要するにそのシステムがカオスであるか否かを、比較的容易に判別することができる。

【2】偶然性と必然性の一致

だが、こうしたカオスの定義によっては、カオスの革新的な意義は理解しがたいかもしれない。カオスという現象が奇妙なのは、伝統的にはまったく対立的で相容れないものとして理解されてきた二つの様相が、そこにおいては、まったく同一的なものとして捉えることができる、という点にある。要するに、カオスは、偶然性と必然性の同一性として定義することができるのである。もう少し厳密に言い換えれば、カオスは、決定論的な規則によって支配された確率的な振る舞いが観察されるシステムなのだ。しかし、偶然性つまり「他でありうること」と、必然性つまり「他でありえないこと」とは、いかにして合致することになるのか？

伝統的には、必然性、つまり決定論的な過程が、ニュートン以来の古典力学の対象であった。それに対して、「他でありうる」という留保を残すような現象、つまり偶然性を対象にした数学が、言うまでもなく確率論である。さらに偶然性を、数学の抽象的な対象としてではなく、物理の具体的な対象として主題化したのが、統計力学である。こうして、物理は、古典力学と統計力学へと分極化し、そのことによって、それぞれ必然性と偶然性を扱う科学として相補的な関係に立ったのである。ちなみに、ボルツマンが統計力学を定式化するのは、一九世紀から二〇世紀への転換期であるが、その数学的な基礎となる確率論を創始したのはパスカルである。つまり、必然性と偶然性は、ほぼ同じ時期（一七世紀中盤）に――前者はニュートンにより後者はパスカルにより――数学化への歩みを開始しているのであり、この事実が、両者の「分業に基づく相補性」を反映しているとみることもできるだろう（吉永良正『「複雑系」とは何か』講談社［一九九六］の指摘参照）。

ところが、このように分極化していた必然性と偶然性が、カオスにおいては、一致してしまう。その一致の様は、入門的なテキストでしばしば紹介されている、次の事例によって示すことができる。たとえば、今、コインを投げ、表が出たらA、裏が出たらBを記していけば、AとBの完全にランダムな列を得ることになろう。AとなるかBとなるかは、まったく偶然であると見なすことができる。第n回がAまたはBであるということは、あるいはn回目までの列がどのようなものであったかということは、第（n＋1）回目に何らの影響も与えないと考えられる。

他方で、次のような方程式によって、$\{x_n\}$ の数列を作ってみる。

$$x_{n+1} = 4x_n(1-x_n) \qquad 0 \leqq x_n \leqq 1 \qquad ①$$

この関数は、「0以上1以下の値」から同じ「0以上1以下の値」への写像になっているので、その区間に属する適当な初期値 x_0 を与えてやれば、この関数を使って、0以上1以下の値の数列を得ることができる。この関数の下では、x_n が定まれば一義的に x_{n+1} が決まるので、要するに初期値さえ定まれば数列が一義的に決まるので、生み出される数列は、完全に決定論的なものであるこ

図1

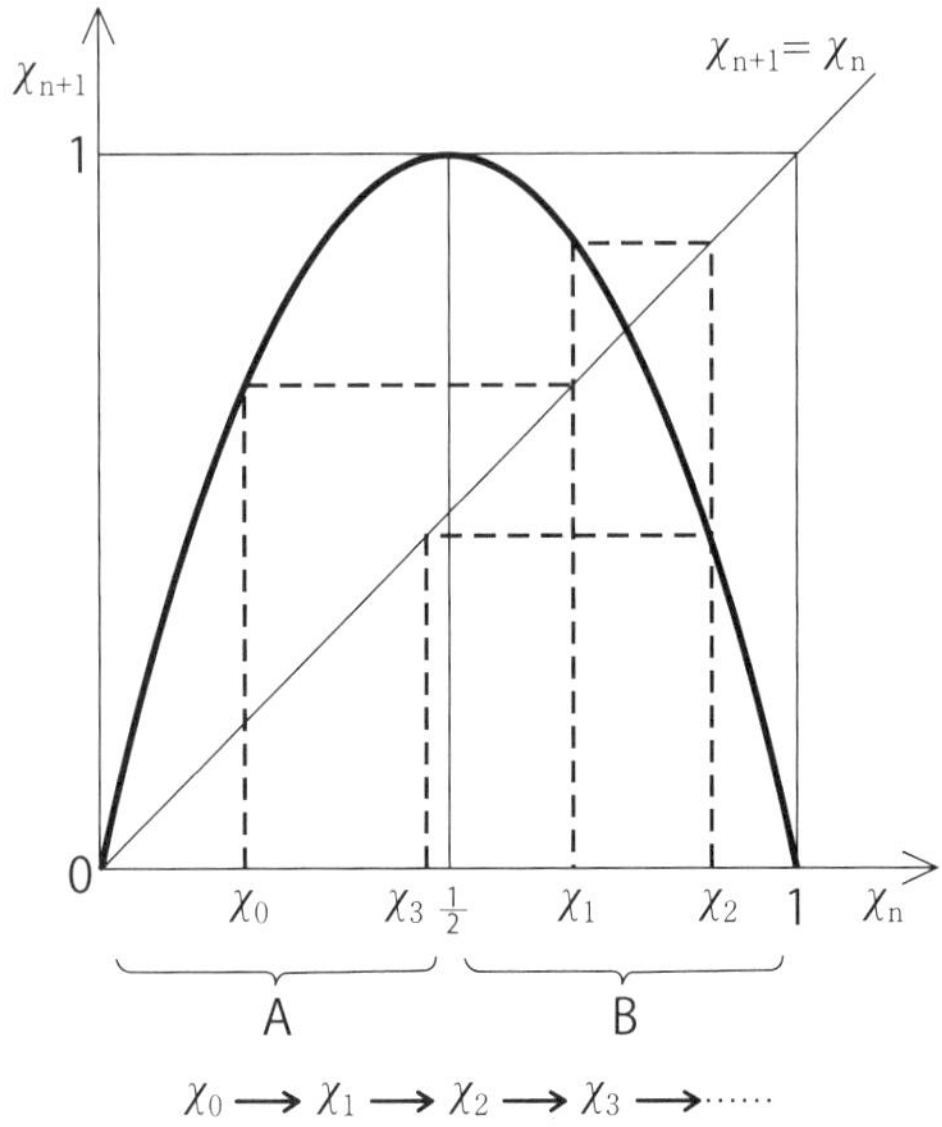

とになろう。ここで、

$0 \leqq x_n < 0.5$　のとき　A
$0.5 \leqq x_n \leqq 1$　のとき　B　②

と対応させれば、やはりAとBから成る列が得られる（図1）。

このAとBの例に関して、次のことがわかっている。コイン投げによって得られる、AとBのどのような列に対しても、適当な初期値を選べば、①と②の操作から得られるAとBの列を一致させることができるのだ。ところで、コイン投げによって得られる列は、完全に偶然的な列である。だが、①（と②）の関数から得られる列は決定論的であり、その意味で、必然的なものであると言うほかない。つまり、同じ（AとBの）列を、偶然的に得られたものであるとも必然的に構成されたものであるとも解釈することができるわけだ。

以上は、最も極端なケースである。カオスにおいては、必ずしも、決定論的な軌道が、完全にランダムな軌道と合致していなくてもよい。ランダムではないにせよ、確率的に生起しているように見える軌道[2]を、決定論的に生み出すことができるとき、それをカオスと呼ぶのである。

それにしても、偶然的に生起していると見なされる現象が、同時にまた必然的な過程とも見なされうるという逆説は、いかにして可能になっているのか?

3. カオスにおけるウィトゲンシュタイン

【1】規則は行為の仕方を決定できない?

ウィトゲンシュタインの次の有名な警句は、この問いに対する解決の糸口を与えているように思える。

> われわれの逆説はこうであった。すなわち、規則は行為の仕方を決定できない、なぜなら、いかなる行為の仕方もその規則と一致させられうるから。(『探究』第二〇一節)

われわれが目下直面している困惑の源も、この警句に指摘されている状況とまったく類比的なものである。

通常、規則は、行為の形式を一義的に決定する。したがって、規則に従う限りにおいて、与えられた状況である行為の形式が出現することは、必然と見なされる。たとえば、「68＋57」の解答を問われれば、加法の規則に従う限りは、「125」という答えは必然である。したがって、ある者が間違いとはとうてい見なし難いようなまったく突飛な解を答えるとすれば、たとえば「5」と答えるとすれば、彼は、当てずっぽうにやっているだけではないか、と見なされるに違いない。言い換えれば、彼の答えの列は、まったくランダムな数列に過ぎず、仮にそこまでの彼の解答が、加法の規則から得られる解答と一致していたとしても、それは単なる偶然の一致に過ぎないのではないか、との疑いすらさしむけられるのである。

だが、ここでウィトゲンシュタインが述べているのは、こうした常識的な状況ではない。ウィトゲンシュタインは、驚くべきことに、仮に誰かが「5」と答えたとしても、そういう答え、そういう行為の仕方も、加法の規則と一致していた、と見なしうる、ということである。したがって、規則に厳格にしたがった行為の必然の列と、まったくでたらめな偶然的に生起するだけの行為の列とが、判別することができないのだ。つまり、ウィトゲンシュタインの指摘した逆説もまた、偶然性と必然性が等置されうる、ということに由来しているのである。

ここでいくぶんか繊細にウィトゲンシュタインの議論の含意に立ち入っておく必要がある。ウィトゲンシュタインは、『探究』第二〇一節で指摘した逆説によって、つまり（でたらめな行為の）偶然性と（規則に従うことから導かれる）必然性を等置することによって、さしあたって、後者（必然性）の方を否定しているのである。言い換えれば、「偶然性＝必然性」という等式を樹立することを通じて、左辺（必然性）が右辺（偶然性）の方に還元されてしまうのだ。これに対して、カオスの数理においては、「偶然性＝必然性」という等式において、両辺が、言わば同じ力をもっており、一方が他方に還元されて解消されてしまうことはないように見える。あるいはむしろ、そこでは、偶然性を必然性（規則によって支配された）の方に還元しようとする志向性が働いている。この志向性が逆の傾向性に打ち勝つことができる地点が、言わば「カオスの縁」である。

翻ってウィトゲンシュタインの議論に立ち戻れば、二〇一節で否定された「必然性（規則に従うこと）」は、特異な議論の中で復活するような配備になっている。そうであるとすれば、つまりカオスの数理が偶然性の方こそを必然性へと還元しようとする志向性を有するのだとすれば、この点でもわれわれはウィトゲンシュタインの議論を参照する必要があるだろう。

【2】懐疑論者の挑戦

その前に、「いかなる行為の仕方も規則に一致させることができる」というウィトゲンシュタインの主張の意味を確認しておこう。この逆説を明快に解説してみせたのが、ソール・クリプキの有名な議論である（クリプキ『ウィトゲンシュタインのパラドックス』産業図書、また大澤『意味と他者性』勁草書房も参照）。

どの人も過去において経験した加法の計算の回数は有限であるはずだ。だが加法の規則は、経験したことのない無数の加法の計算に対して答えを決定できなくてはならない。今まで私は「57」以上の数の加法を経験したことがないと仮定しておこう。

ここにクリプキに召喚された懐疑論者がいて、こう主張する。私が過去において「プラス」という語を用いたとき、「68＋57」に対して私が意図したはずの答えは、「125」ではなく「5」であったはずだ、と。私は、過去において用いた規則と同一の規則を用いたら「125」になるはずだ、と反論するだろうが、過去における経験の事例は有限個しかないのだから、それらは、次のような関数――われわれの通常の「アディション」と区別できるように「クワディション」と呼んでおこう――によって定義される規則とも両立するはずだ。この関数を「⊕」（クワス）によって記号化しておく。

もし$x, y < 57$　ならば、$x + y = x + y$

そうでないならば、$x + y = 5$

懐疑論者は、自分が従ってきた規則も、そして私が従ってきた規則も、通常の「プラス」ではなく、「クワス」だったはずだ、と主張するのである。[3]

詳述はしないが、懐疑論者のこうした議論を斥けることはできない。したがって、「68＋57」に対して「5」と答えるような突飛な行為でさえも、規則と一致させることができることになる。これが、ウィトゲンシュタイン－クリプキの議論の趣旨である。

【3】懐疑論のカオス的表現

この懐疑論者の挑戦によって作られた事例を、カオスの数理を用いた次のような状況と類比させることができる。今、「A／B」列が与えられているとする。この列が、偶然のAとBの生起を並べたでたらめな列なのか、それとも決定論的な規則（法則）に従った必然の列なのかを判定する、という場面を想像してみよう。

第n番目まで、前出の①の関数に、ある初期値x_{00}を与えて得られる決定論的な列と、与えられた列がまったく一致しているとする。（n＋1）番目は、関数①（と条件②）を使った予想ではAである。しかし、与えられた列ではBだったとしよう。この局面は、プラスを行う人（A）とクワスを行う人（B）との差異が明示された局面と対応させることができる。二つの列の不一致が発覚したことで、与えられた列は、決定論的な規則に支配されたものではなく、でたらめな列だということになるのだろうか。

否、である。初期値の観測にはわずかな誤差があるかもしれないではないか。初期値は、x_{00}ではなくx_{01}であったかもしれない。初期値の微差に対する極端な感応性にこそ、カオスの特徴があった。だから、初期値をごくわずか変化させるだけで、第（n＋1）番目に今まで（A）とはまったく反対(B)の結果を導く数列を得ることができるはずだ。与えられた数列は、x_{01}から始まる数列に対応していたと解釈することで、これを必然の列と見なす道が再び開かれる。それは、「68+57=5」という突飛な反応も、加法の規則が、「アディション」ではなく「クワディション」によって定義されていると解釈することで、妥当な解答と見なしうるのと同様である。

こうして、与えられた「A/B」列と、①によって予言される列とのどのような不一致も、初期値をわずかに変化させることで、解消することができるのである。カオスの奇妙さはウィトゲンシュタインが規則と行為の関係に関して見出していた逆説に対応しているのだ。

4. 二重化した視点の統一

【1】規則をでっちあげながら

物理学においては、言うまでもなく、「規則(運動法則)」と「状態」とが厳密に区別されている。前者が方程式として、後者が具体的な値として表現される。値を方程式に代入すれば、規則によって状態がどのように変化していくかが、予見できるのである。

だが、今、ウィトゲンシュタインの議論と類比させたカオスの状況では、このようにはなっていない。少なくとも事実問題の水準で言えば、カオスを構成する一つ一つの軌道——ここでは「A/B」の文字列——に拘泥する限りにおいては、まず状態が出現してしまった後で、その状態を出力するような適当な軌道（あるいは「A／B」の文字列に対応した数列）が選ばれているのである。つまり、状態が出現した後に、その状態が、規則を規定するどのような集合（軌道）に含まれていたか、ということが決定されているのだ。このような逆転が生ずるのは、今しがたの考察が示唆しているように、カオスがあまりに初期値に鋭敏に感応するためである。

こうした逆転が許されているのだとすれば、規則と状態との間の古典的な区別が危ういものとなっている、と言わざるをえない。津田一郎は、実際、まさにこうした構成に着眼して、カオスにおいては、状態（初期条件）と規則（運動方程式）が独立ではない、と述べている（大澤真幸・津田一郎「カオス理論のダイナミズム」『本』一九九五年九月、一〇月）。規則は、その本性上、状態に先立って規定されていなくてはならない。だが、ここでは、状態が規則を選びだしている――あるいはでっちあげている――とでも表現したくなるような事態が成り立っているのだ。

そうだとすれば、この事態は、再びウィトゲンシュタインの言葉を想起させる。次の文章は、「（言語）ゲーム」という言葉の意味を、例示によって解説している箇所である

確かにわれわれは、人々が野原でボール遊びを楽しんでいる、という状況を、まったく容易に想像することができる。彼らは、さまざまな既存のボールゲームを始めるのだが、大抵は最後までやらず、その間に、ボールを無計画に投げあげ、ふざけながらボールを持ってお互いに追いかけあい、ボールを投げつけあい、等々、をするのである。さて、その様子を見ていたあ

る人が言う、彼らは、その全時間を通じて、ある一つのボールゲームをしているのである、そしてそれゆえ、彼らは、ボールをいつ投げるときにも、ある一定の規則にしたがっているのである。

そして、われわれはゲームをし、そして――「ゲームをやりながら規則をでっちあげていく」――という場合もまたないであろうか？　それどころか、――ゲームをやりながら――規則を変更する場合すら、あるのである。（『哲学探究』第八三節）

人々の営みを「（言語）ゲーム」と呼ぶということは、ある意味で、それを「規則に従って行為」と見なすことになる。だが、その場合の規則は、「やりながらでっちあげられている」という表現を許すようなあり方をしているのである。しかし、行為において創りあげられたり、その度に変更されているようなそんな規則に、まさにその行為が従っている、という関係は矛盾ではないか？

しかし、カオスは、まさにその矛盾において生起しているのだ。

【2】二つの視点

カオスが、一方においては偶然的な過程として現れ、他方においては必然的な帰結として解釈されうるのはなぜなのか？　このような二重性が生ずるのは、現象を捉える二つに分裂した視点があり、しかもその二つの視点が独特な仕方で関係づけられ、総合されているからなのである。

〔1〕カオスは多数の軌道の集合である。そのなかのいずれか特定の一本の軌道の過程の内にあり、その軌道上の出来事の「現在」を共有している視点にとっては、要するに軌道上に生起する出来事に内属する視点にとっては、軌道上に一つひとつ生起していくその出来事は、まったくの偶然として現れるほかない。たとえば、コインを一回一回投げて、表が出たり、裏が出たりということをやっている者にとっては、表／裏のいずれかの出現は、完全に偶然である。軌道に内属する視点とは、特定の軌道の近傍に視野が限定されている視点である。言い換えれば、それは、その単一の軌道においてまさに生起している出来事のみを——そして同じ軌道において過去において生起した出来事（およびそれに因果的な影響を与えた出来事）を——捉えることが可能な視点として定義することができる。

〔2〕しかし、軌道上の過程は　同時に必然の帰結としても解釈されうる。カオスの数理は、たとえば、コイン投げのある回に表が出るということは、先立つ回に裏であったことの必然の帰結として解釈することを許すのである。だが、このような解釈がほどこされるときには、前節の最後の思考実験が暗示しているように、軌道が完結してしまった事後から、この軌道を捉えているのである。あるいは——物理においてカオスを判定する実際の作業に則して言えば——軌道の一本一本に拘泥するのではなく、軌道のそれぞれを均等に捉え、それを単一の集合として捉えることができる視点からすれば、カオスは、決定論的な規則

に従う過程として解釈することができるのである。

したがって、あらためて整理すれば、偶然かつ必然であるという、カオスの様相上の二重性は、視点の分裂に対応しているのだ。単一の軌道（の現在）に内属し、視野がその軌道の近傍に限られている視点からすれば、それは偶然の過程として現れる。しかし、軌道を事後から捉え、また軌道の集合を全体として捉えることができる視点からすれば、それは規則（法則）に支配された必然の過程である。

問題は、これら二つの視点の関係である。事後から、全体を均等に捉える、後者の外的な視点は、過程に内属する前者の視点によって想定されている、と見なさなければならない。外的な視点は内的な視点において想定されているのでなくては、（前出①のような）差分方程式が予言する決定論的な帰結と現象との一致は、それこそ、偶然以上のものではありえなくなる。つまり、外的な視点が規則に従った必然の帰結を解釈する有効な視点たりうるためには、その視点自身が、内的な視点において想定されていることが必要条件となるのだ。

もちろん、軌道に内属する視点は、これを事後からとらえる外的な視点に対して現れることの内容を、その定義上、捉えることはできない。ただ、内的な視点は、事後からの外的な視点が存在しているということを、あらかじめ想定していなくてはならないのだ。（現在の視点に対して）偶然として現れる様相が、同時に、（想定された事後の視点に対して）必然としての様相をもつとき、これを、伝統豊かな哲学上の用語を借用して「偶有性contingency」と呼ぶことにしよう。

【3】心の社会性

ここでまたウィトゲンシュタイン－クリプキの議論との並行性を確認することか、有効な示唆を与える。彼らは、先に説明したような逆説を指摘することを通じて、「規則に従うこと」の不可能性を結論として導く。「規則に従っている」と言うことができるということは、「私が加法の規則に従っているならば、私は68＋57＝125と答えなくてはならない」（☆）と言明することができるということである。ところが、私の心の中には、「68＋57」に対して、「5」ではなく「125」と答えなくてはならない、ということを示すいかなる事実も存在しない。このようにして、「規則に従うこと」の不可能性を導きつつ、ウィトゲンシュタインとクリプキは、しかし他方で、その同じ「規則に従うこと」の可能性をまったく搦手から救い出しているのだ。

心が単独で存在している限りは、つまり私的な心において考えている限りは、規則に従うことについてのここまでの懐疑論は妥当である。ところで、☆の言明は不可能だが、この言明の対偶ならば言明可能だ、というのがウィトゲンシュタイン－クリプキの論点である。すなわち、「私が68＋57＝125と答えないならば、私は加法の規則に従っている、と見なされない」（★）という言明の形式で、「規則に従うこと」の可能性を救い出すのである。☆は不可能なのに、論理的に等価な★は可能であるとされる根拠はどこにあるのか？

☆の形式で考えているとき、どうしても、心の中に「加法の規則」に対応する事実が存在しており、これに命令されて「68 + 57 = 125」と答えている、という像を描きたくなる。★は、規則に対応する心的事実の存在を仮定しなくても理解できる。まず私が「68 + 57 = 125」と答えるという行為をしてしまった後に、あるいは「68 + 57 = 5」と答えてしまった後に、これに対する承認あるいは否認によって、私が規則に従っている／従っていない、という事態が構成されるのである。

ここで肝心なのは、行為の規則随順性を承認または否認する者が存在していなくてはならない、ということだ。もちろん、それは、行為する私自身ではありえない。要するに、私の行為を承認したり否認したりする他者が存在している場合においてのみ、行為が規則に従っている、ということを有意味に語ることができるのである。これがウィトゲンシュタイン－クリプキの結論である。

ウィトゲンシュタイン－クリプキによるこの構図は、カオスに関してここまで論じてきた見通しと同型である。複数の心が存在しているような世界でのみ、つまり心が社会性において捉えられている場合にのみ、規則に従うということを積極的に語ることができる。これと同様に、カオスをカオスたらしめているのは、視点の二重性（複数性）である。言うまでもなく、カオスにおける事後の視点に対応するのが、ウィトゲンシュタイン－クリプキの構図においては、行為（が規則に従っていること）を、まさに行為の後に承認／否認する他者である。

ここでウィトゲンシュタイン－クリプキの議論に幾分か修正を加えておかなくてはならない。私はかつて次のことを示したことがある（『意味と他者性』、特にその第1章参照）。承認を与える他者は、通常の他者であってはならない。それは、超越論的（先験的）な性格を有する――その意味で経験的な自己とは対等ではありえない第三者的な位格にたつ――他者でなくてはならないのだ。そのような他者のことを、私は「第三者の審級」の呼ぶ。第三者の審級は、まさにこれに従属する者にとって第三者の審級の実在が想定可能である場合に限り、実効的なものとして存立することができる。つまり、（事実問題としては）事後的に承認を与えることになる第三者が、（権利問題としては）先験的に存在しているものとして、事前の領域に想定されるのである。ところで、こうしたあり方は、カオスにおける内的視点と外的視点の関係と同一である。外的視点は、内的視点による想定によって確保されるしかなかったのだから。第三者の審級が、個々のその度の行為の偶然性を、偶有性に転換する。

5. 〈社会〉としての複雑性

【1】 複雑系は〈社会〉である

こうして概観してくると、カオスの数理が「自然科学」の主潮に対してもつ、革新的な意義が明らかになってくる。言うまでもなく、どのような自然科学的な現象も、これを観察する視点の存在を前提にして、初めて認識にもたらされる。自然科学的な認識においては、観察行為の現象に対する無関連性が本質的であると考えられている。すなわち、観察される現象のあり方は、観察とは無関連に同一性を保持すると考えられているのである。[4] こうした自然科学の常道に対して、カオスの数理は次の諸点において、まったく新しい。第一に、述べてきたように、カオスにおいては、現象そのものにも、観察する視点が内在していると見なされなくてはならない。第二に、その現象を観察する外的な視点は、内的な視点において想定された視点として位置づけられる。つまり、内的な視点の優位の下で両者が統合されており、外的な視点の、「現象〈に内在する視点〉」に対する無関連性が、保証されてはいないのである。

そうだとすると、われわれは次のことに気づかざるをえない。観察される対象が、それ自身、固有の視点であると見なされなくてはならないということ、最終的な外的観察者が、対象でもある固有の視点に対して意味をもつ、独特な他者として存在していること、これらのことは、カオスが、一種の〈社会性〉の領域を形成していることを意味している。カオスにおいて見出した諸点は、とりわけ、社会システムを観察する営みをこそ特徴づけている。社会システムを観察するとき、われわれは、観察される対象がまた、それ自身、観察する能力を有する独自の身体であることを考慮しなくてはならず、また社会学的な観察者の観察者としての権利を、観察される身体との関係において定礎しなくてはならないからだ。このことは、社会システムこそがカオスの原型であることを示唆している。ウィトゲンシュタインの理論とカオスの数理との間のここまで見てきたような並行性は、この点にこそ根拠をもっているのだ。複雑性がカオスの数理を通じて概念化することができるのだとすれば、それは、複雑性〈複雑系〉は、広義の〈社会〈システム〉〉として把握すべきだということを示しているはずだ。

実際、松野孝一郎の議論はこのような含意をもっている（松野『プロトバイオロジー』東京図書）。ここでカオスの数理にそって見出したような諸点を、松野は、因果関係の伝播速度が有限であるようなシステムに見出される特徴として発見している。ところで、どのような因果関係の伝播速度も光速を越えることはない（つまり有限である）。したがって、原理的には、松野が指摘するような特性は、任意のシステムに対して妥当する。とはいえ、たとえば重力によって因果関係が作用するような、多くの非生物的な物理システムの場合には、因果関係の伝播速度は、ほとんど光速の域に達している。このような場合には、伝播速度を無限大であると近似しても大過ない。しかし、生物システムの場合には、力やエネルギーの伝播の担体は蛋白質のような高分子であり、このサイズの粒子になる伝播速度は著しく遅くなる。この場合には、われわれは因果関係が伝播していくのに時間が経過するという事実を勘案して、理論的な説明を試みなくてはならなくなる。結局、カオスは、松野が指摘したような原理的には任意のシステムにおいて見出しうる特徴が、最も端的に顕出する場面として、あらためて位置づけることができるだろう。

古典的な科学的説明は、先にも述べたように、初期状態（変数の初期値）と規則（運動法則）とから得られる。規則は（連立）方程式で表現されており、個々の変数の軌道（変化する過程）を一義的に決定することができる。ここでは、変化（運動）は、過去（原因）と未来（結果）との間の一対一の写像として描かれるはずだ。初期状態もまた原理的には完全に同定されうると見なされる。

さて、ここで松野は、一つの思考実験を試みる。環境との間に物質やエネルギーの交換がない孤立システムを仮定してみる。孤立システムでは、エネルギー等の保存則が成り立っている。初期状態が完全に同定されているので、ここではエネルギーの総量もその分布状態もあいまいさをともなうことなく決定できるはずだ。ここに外部から僅かなエネルギーを添加してみる。つまり作為的に揺らぎを与えてみるのだ。当然、古典的な説明方式の下では、いくぶん高いレベルでエネルギーの分布状態が決定される。

しかし、このような推論には、重大な見落としがある、と松野は指摘する。このように推論する場合には、揺らぎ（エネルギーの僅かな付加）が生じた瞬間に、システムの全体で、状態（変数）の完全決定性とエネルギー保存とが両立するような再調整が行われていなくてはならない。揺らぎはシステムの局所で生じているのに、その効果は、無限大の速度でシステムの全体に伝播したことになるのだ。これは、一対一写像型の規則を仮定したことの必然的な帰結である。つまり一対一写像型の規則を認めることは、保存性の伝達が無限大の速度で果たされることを仮定したことに等しくなるのだ。

だが、揺らぎの効果の伝達が有限の速度のうちにとどまる場合にはどうなるのか？　エネルギーの分布状態を規定する規則——つまり保存則——は、システムの全体を考慮に入れた場合にのみ成立するのだから、効果が未だに全体に到達していないときには、結果を一義的に決定できないような状態を認めなくてはならないことになる。つまり、状態を表現する変数の自由度に比して規則

（法則）が要求する拘束条件の数が少ないのだ。したがって、松野はこう結論する。因果関係の伝播が有限の速度の内にあるときには、原因（過去）と結果（未来）の間を一対多の写像で結ぶような規則（法則）が成り立っている、と認めざるをえないのだ、と。

したがって、次々と時系列にそって現実化する状態（現実化する軌道）は、多数の可能であったはずのものの一つであることになる。つまり、それは、原理的に偶然の結果として現実化する。ところで、揺らぎを加えるということは、保存則によって規定されたバランスを壊す不均衡を導入することを意味する。状態を表現する各変数は、保存則に規定された均衡を回復しようと変化するわけだが、因果関係を媒介する粒子の伝播速度が有限であるとすれば、原理的に言えば、いつまでも究極の均衡には到達しない。したがって、他でありえたことがらの偶然の現実化という構成は、いつまでも還元され尽くされることはない。

【2】物質に帰属する観察の能力

保存則は、システムの全域に関する巨視的な規則（法則）である。それは、最初から成り立っているのではなく、事後（無限の未来）において満たされるだけである。これをもたらすのが、局所の微視的な相互作用だ。それは、述べてきたように、一義的な最終の結果にいつまでも到達しない永遠の過程の内にある。ところで、この局所の相互作用は、事後の結果を規準にしてとらえれば、その結果へと向かう必然の経路を歩んでいるとも見なしうる。つまり、この局所の相互作用は、先に定義したような意味において偶有的な過程として見なすことができよう。

この微視的な相互作用は、保存則が要請するような究極の結果が存在していることを先取り的に想定しておけば、まさに保存則の充足状態を志向して軌道を次々と選択している操作として、特徴づけることができるはずだ。ここで、この相互作用の過程を「選択」と見なしえたのは、第一に、それは、多様な可能性の中からの一つの偶有的な現実化という構成の内にあるからであり、第二に、しかしにもかかわらず、ある固有な状態を志向しているものと見なすことができるからである。

したがって、一対多型の規則のもとでは、物質が、結果として（事後的に）保存則を成り立たせようとするような、内生的な実現能をもっている、と考えなくてはならない、と松野は指摘する。その能力は、物質そのものに帰属する一種の観察の能力である。すなわち、それは、第一になしとげられたことを検知し、第二に保存則を達成するために必要なことを実現しようとする能力である。この観察の能力は、システムの局所の物質の、しかも究極の結果には到達していない過程の内にある視点であるため、松野は、これを「内部観察」と呼ぶ。

こうして、われわれは再び――因果関係の伝播の速度の有限性という事実を起点として――、観察される現象である物質そのものに帰属する観察の能力を、つまり内的な視点を剔出することができたことになる。それは、局所の過程の内にある視点であり、終わりから観望することでシステムの全体を見渡すことができる視点ではない。が同時に、その局所の視点に帰属する作用が、（規則に則った）選択として現れるのは、局所の内的な視点が、全体を見通す外的な視点を――その内実を決定できないままに（できないからこそまさに）――、その存在に関してのみ予め想定している、との解釈が許される場合である。

【3】揺らぎの内生性

ところで、松野が提案した思考実験においては、揺らぎは外生的に導入されるものと考えられている。だが、揺らぎとは何か？　内部観察を不可避なものとしてもたらすのは、揺らぎの効果が完全には吸収され尽くさないからである。だが、揺らぎは、偶発的に外部からやっている雑音《ノイズ》なのか？

ここでまた、ウィトゲンシュタイン－クリプキの議論に回帰してみよう。彼らの議論が含意していることは、クワス風の突飛な行為を選択する者を排除する方途は、規則そのものには内在していない、ということである。クワス風の行為は、規則に対する反逆として登場してくるわけではない。むしろ、まさに規則の遵守の名のもとに、このような突飛な行為が出現しうるのだ。したがって、規則に従うことそのこととの内に、プラス風の通常のやり方とクワス風の突飛なやり方への分岐の可能性が常に潜在していると見なさなくてはならない。一義的に行為を決定するはずの規則が、このような分岐を許容しているのだ。したがって、クワスとプラスの差異が、それ自身、同一なることとして提起されていることになる（郡司ペギオ－幸夫『厚生計算と存在論的観測』東京大学出版会の議論を参照）。

このような事態を、複雑性（複雑系）の理論の方に逆投影してみよう。カオスの理論においては、先の思考実験で示したように、クワスとプラスに相当するような反応の相違が生じてもなおそれらの反応が同一の規則（法則）に支配されていると見なされる場合には、時間的な逆行によって、初期状態の微妙な差異があらためて発見されることになるのだった。つまり、システムにとって、ありえたはずの反応との相違――これは社会的な関係においてはクワスとプラスの相違に対応している――は、初期状態の微妙な差異と等しい価値を担うことになる。こうした、初期状態の微差こそが、揺らぎと解しうることがらではないか。揺らぎは、ちょうど、規則への従属ということが、クワス風の突飛な行為を選択する者を排除することができないのと同じ理由に基づいて、物理的な複雑系にも内生的に生じうる。このように理解してみることができるのではないか。

6. 超越的な他者の想定可能性

したがって、複雑な関係がまさに複雑なままになお秩序を保持しているように見えるのは、言い換えれば複雑な関係が規則に従っていると見なしうるのは、内的な観察者にとって――つまり偶有的に振る舞う行為者にとって――、超越論的な他者の外的な観察が想定可能である、と見なすことができるときである。超越論的な他者の想定可能性がどのような場合に、いかにして保証されるのか。

われわれはクワス風な突飛な解答を提起する他者に遭遇したとき、原理的には、ウィトゲンシュタイン–クリプキの議論にそって論じたように、その他者もまたわれわれと同じ加法の規則に従っていると見なすこともできる。が、しかし、実際には、われわれは、この解答を承認することはできない。つまり、クワス風の突飛な反応をも同じ加法の規則に従っているものとして承認するような他者の存在を想定することは、著しく困難なのである。したがって、すべての人が互いにクワスとプラスの相違に匹敵するような差異をもって対応しあうような人々の集合は、同一の規則にしたがった(秩序のある)共同体と見なすことはできないことになろう。

だから、ウィトゲンシュタインにとっては、行為における「一致Übereinstimmung」は、これ以上説明することができない、根本的な事態である。人は、一定の状況(テスト状況)において、共同体の他者(たち)とよく一致する(とまさにその当の他者(たち)に見なされた)行動を選択する限りにおいて、規則に従っている、と判定されるのである。だが、問題は、一致とは何かということ、どの程度の偏奇(差異)までが一致(同一性)の範囲内になるのか、そしてその一致はいかにして保証されるのか、といったことがらである。これらの問題に対する、圧倒的に普通の解答、つまりア・プリオリに存在している規則が一致の範囲を指定しているとか、規則の共有によって一致した反応が導かれるのだ、といった解答は、すでに懐疑論によって排除されている、ということを理解しておかなくてはならない。

同じ問題は、数理的な現象としてのカオスに関しても、見出すことができる。述べてきたように、原理的に言えば、カオスと見なしうる限りにおいては、まったくの無秩序でさえも、つまりランダムに生起している現象ですらも、決定論的な過程として、つまり規則（法則）に支配されている秩序として見なすことができる。とはいえ、極端に散乱した、ランダムに近い現象に関しては、それを単一の秩序と認定することには、——原理的ではなく——実際上の困難が伴う、と言わざるをえない。ランダムに近い現象を、同時に決定論的な過程として解釈するためには、——コイン投げについての思考実験が示唆しているように——、まったく機会主義的に、結果がでる度に——出来事が生起する度に——、出来事が内属している軌道を修正してやらなくてはならなくなる。このことは、出来事の生起の度に、事後的に、その出来事を観察する超越論的な外部観察者が認知している内容を、修正することを意味している。

たとえて言うならば、われわれの共同体の支配者は、行為＝出来事が生起する度に、こんな風に宣言しているのである。その行為＝出来事は、それまで共同体で妥当していると見なされていた規則にまったく反しているように見え、そのため、その規則の権威をまったく失墜させかねないスキャンダラスなものなのだが、わが支配者は、その度に、言わば朝令暮改式に、「実はわれわれが従っていた規則はしかじかだったのだ」と宣言し、その行為＝出来事がスキャンダラスな違背にならないような形式に規則を定式化しなおすのだ。このとき、規則も、またその認定者であるところの支配者も、実効的な権威をもったものとしては、存在していないに等しいことになろう。言い換えれば、ほとんどランダムに近いような散乱した状態においては、現象に内属する視点が、現象の全体を事後的に見通し、そこに単一の秩序を見出す外的な視点の存在を想定することができる、と認定することは著しく困難なのである。

だから、諸現象が規則に従っているように見え、固有の秩序を呈していると見なすことができるためには、カオスは、単なるランダムに近いものであってはならない。つまり、現象の無秩序さの程度――あるいは複雑性の程度――が縮減されていなくてはならない。どの程度縮減しているときに、有意味な規則や秩序を見出すことが許されるのか？　その臨界域を示しているのが、冒頭に言及した「カオスの縁」である。それゆえ、われわれの問いはこうである。カオスの縁において、現象の極端な散乱（過剰な複雑性）を抑止しているメカニズムは何か？　このことが、翻ってわれわれに社会学的な示唆をも与えよう。

7．撹乱的な他者の構成的な作用

【1】カオス的遍歴

この点に関して、興味深い数理的なヒントは、金子邦彦のカオス結合系の研究から得ることができる。金子の独創は、複数のカオス的に振る舞うシステムや軌道を、「結合格子マップ」と呼ばれる手法によって結合させたときに現れるシステムの様態を解析しようとした点にある。とくに重大な帰結は、隣接する軌道（要素）の間の局所的な相互作用だけではなく、すべての軌道（要素）の相互作用を伴う――「大域的結合マップ」と呼ばれる――モデルを通じて得られる。たとえば、平均を媒介にして全軌道が相互的に関係するようなモデルをつくってみるのである。

大域的結合マップから、ウォルフラムのセル・オートマトンの分類に鮮やかに対応する、次のような結果が得られる。

(1) 平均との結合の程度が非常に強いときには、いわゆる引き込み現象が生じて、軌道の位相がそろった斉一的《コヒーレント》な状態へと至る。

(2) 個々の軌道のカオス的な振る舞いに比して、平均との結合度が低い場合には、各軌道が無関係に振動するカオス的で無秩序な状態が帰結する。

興味深い状態は、この両極端の中間に、つまり平均との結合度が強すぎもせず、弱すぎもしない場合に、現れる。中でも、

(3) 平均との結合度が相対的に強いときには、軌道は少数のクラスターに固定されて、システムの上に単純な秩序が現れる。

これに対して、

(4)平均との結合度が相対的に弱いときには、クラスターの数とそれを構成する軌道とが、常に変化しつづける、部分的な秩序が現れる。

ウォルフラムのセル・オートマンとの対応は、次のようになる。とりわけ、(4)が、カオスの縁にあたるクラス4に対応していることが重要である。

(1)クラス1、(2)クラス3、(3)クラス2、(4)クラス4(カオスの縁)

(4)の部分秩序相は、金子邦彦や津田一郎が「カオス的遍歴」と呼ぶ、通時的なダイナミクスを描く。最初、極端に多くの軌道を乱雑に含む無秩序状態にあったシステムが、やがて少数のクラスター(軌道の束)に別れた秩序だった状態へと変化し、その状態が暫く続いたかと思うと、やがて再び無秩序状態へと遷移し、そのうちに、またしても少数の——しかし以前とは異なる——クラスターに別れた秩序へと遷移していく。システムが辿るこうした変遷が、カオス的遍歴である。

【2】秩序の原因としての撹乱的な他者

さて、このモデルが、社会システムの理論にもたらす教訓を記して、当座の結論としておこう。

われわれの問いは、こうであった。「システム内の現象の総体をとらえ、その秩序を承認する超越的な視点（第三者の審級）」の存在の――内的な視点にとっての――想定可能性は、いかにしてもたらされるのか？

カオス的遍歴は、カオス的に振る舞う各軌道の間に（弱い）相互作用を与えたときに得られる。ところで、カオス的な現象の根本的な特徴は、観察する視点が個々の軌道そのものに帰属している、と見なさなくてはならない（内的視点）という点にあった。このことを社会システムの理論に対応させるならば、次のように言うことができるだろう。すなわち、システムを構成する各身体は、世界を固有に認知し、また世界に固有に働きかける実践の帰属点であるという意味において、単一的な視点（内的視点）を構成するのだが、まさにその単一的な視点としての認知・実践は、それ自身において、他者（他の内的視点／他の身体）の同様な認知・実践の存在を前提とし、その他者の認知・実践への関係を必然的に随伴したものとして実現されなくてはならないということ、このことが、システムに秩序がもたらされるための必要条件になるはずだ。これが第一の教訓である。

さらに、カオス的遍歴が現れるためには、相互作用は、局域的なものではなく、平均を媒介にしたような大域的なものでなくてはならなかった。ここから、第二の教訓として、秩序が生成されるためには、社会システムに内属する十分に多くの諸身体の多様な視点が相互的に関係しなくてはならず、それらが、ちょうど「諸要素の平均」を指標として現れるような統一的な全体性――これがウィトゲンシュタインの言う「一致」である――を呈するまでに至らなくてはならないはずだ、という予想を引き出すことができるだろう。

カオス的遍歴を呈するシステムでは、「自由度のジャンプ」とでも呼ぶべき現象が、観察される。自由度とは、システムの複雑性の程度、システムが呈しうる多様性の程度、要するに独立して運動しうる変数の数である。極端に高い自由度は、もちろん、無秩序を帰結する。言い換えれば、有効自由度がある程度押されられていること（複雑性の縮減）こそが、秩序の出現を意味している。カオス的遍歴とは、この自由度が柔軟に変遷していくシステムである。先に述べたように、カオスにおいては、揺らぎは、外部から到来する攪乱因子ではなく、内的に生じうる構造的な因子である。揺らぎの出現は、過剰な自由度の生成を意味しており、シテスムの秩序にとっては脅威となろう。実際、軌道の間に相互作用をもたないシステムにとっては、それは秩序の崩壊へと繋がりうる。しかし、多様な自由度をもち、かつ構成要素の間に一定以上の相互関係を有するシステムにおいては、不安定な揺らぎは、固有の自由度を分配され――これが自由度のジャンプである――、新たな秩序生成の駆動因となりうる。

揺らぎとは、われわれが何度も引照してきた社会的な状況においては、――たとえばクワス風の突飛な反応によって加法の計算に応じるような――攪乱的な他者の出現に対応する。もちろん、こうした他者は、社会システムの秩序に対する重大な挑戦者であろう。だが、今し方「教訓」として引き出したような二つの条件を備えている場合には、――カオス的遍歴において自由度のジャンプが生じたように――まさにその反抗的な他者こそが、同時に、秩序が生成されるための不可欠な因子でもあるのだ。つまり、複雑性が縮減しているときには、複雑性は上昇していなくてはならないわけだ。

注

1　たとえば、複雑で柔軟なネットワークや組織をもった企業は、複雑で変化する環境に対処しうるが、硬直的で単一的な組織しかもたない企業は、環境の変化に対処することができず自滅することになるだろう。

2　ランダムな列の中には、すべての周期軌道も、そして周期軌道に漸近すらしない軌道も含まれる。つまりランダムな列は、カオス的な軌道についての先に挙げた二つの条件（a）と（b）を満たしている。ただしランダムな列には、あらゆる種類のn周期が含まれているが、カオスは少なくとも一種類のn周期を含めば十分なので、ランダムはカオスの一つではあるが、カオスは必ずしもランダムではない。

3　念のために述べておけば、「クワス」の定義は、われわれ「場合分け」を含んでおり、「プラス」の定義に比べて簡潔性を欠くように見えるかもしれないが、それは、われわれが「プラス」を妥当な加法の規則としてはじめから前提にしているから——ここでもそういった前提を有する者に訴える形態をとっているから——である。「クワス」が加法の規則であると見なしている者にとっては、「プラス」（アディション）の定義の方こそ、不自然な場合分けを要求するのである。

4　ただし、量子力学においては、観察する行為と観察された状態とをそれぞれ独立に定義することはできない。しかし、ここでは、量子力学のことは考慮から外してもかまわないだろう。量子力学については、以下を参照。大澤真幸『量子の社会哲学』講談社、二〇一〇年。

第7章 自己準拠の条件——社会システムにおける

1. 社会システムの自己準拠

【1】システムの定義

社会を一個の秩序だった全体として可能にする、基本的な機制《メカニズム》を探ってみよう。この試みは、行為の集合である「社会」を「システム」として把握する理論の伝統に連なるものである。社会の「秩序」とは、システムのある種の様態として概念化することができるからだ。

最も一般的な水準で捉えるならば、システムとは、相互に関係しあう諸要素の集合である。アーサー・ケストラーは、ある集合がシステムであるかどうかを決定する一つの規準を提案している。それは、――ここでの議論に適合するように若干抽象化して述べるならば――次のような方法による判定である。集合内の一つの要素に注目して、その要素の変化の幅を、一定時間以上計測し、その変化幅の累積を求める。同じようにして、識別しうるすべての要素に関して、変化の幅（の累積）を計測する。その上で、これらすべての要素の変化の幅の総和を求める（もう少し集合論的に厳密な表現を使えば、各変数の変化幅の直積を求める）。他方で、集合全体に関して、同じように変化の幅を計測する。要素の変化の幅の総和と集合全体の変化の幅を比較して、後者が前者に比して十分に小さければ、その集合はシステムと見なしうるというわけである。[1]個々の部分を独立したものと見なした上でその変動を総計した場合の方が、システム全体の変動幅よりも小さくなるのは、諸要素が互いに条件づけあっているために、他の要素との関係におかれた各要素の変動が規制されるからである。

　システムが示す状態に、――それぞれの要素の変化幅から論理的に可能なものとして予言しうる全体との対照において――特殊な偏奇が現れるとき、そのような状態が「選択された」ということができる（もっとも、この表現は今のところ暫定的なものである。そもそも、「何が」選択するのか？）。このような「状態の選択」を方向づける要因として働く事象が、「情報」である。

（現実的あるいは可能的な）行為の集合的な様態もまた「システム」として把握することができる。社会システムは、まさにそのようなシステム（の一つ）である。行為の集合が、その内部の要素＝行為の連関のゆえに、他の諸可能性を許容する環境から（一貫して）境界区分されているとき、その行為の集合は社会システムと呼ぶにふさわしい同一性《アイデンティティ》を備えている。行為とは、「意味」への志向をともない、まさにそれゆえに選択として機能する、（内的・外的な）すべての身体的な実践である。したがって、社会システムの要素である行為の間の連関とは、意味の連関である。社会システムの状態を、つまり社会システムの振る舞いを指定する情報は、行為の集合に、選択が許可されている領域と禁止されている領域との区分を与えることができなくてはならない。社会システムに相関したこのような情報を、「規範」として解釈することができるだろう。社会システムは、規範によって、自らの同一性を確保する。「意味」は、規範に相関した現象である。すなわち、対象の「意味」とは、規範によって妥当なもの（許容されたもの）として特性化された行為に対して現れるような、対象の（妥当な）同一性——その対象が「何であるか」ということ——である。[2]

システムとその外部、すなわちシステムと環境の差異は、複雑性の落差として検出されるはずだ（Luhmann［1984＝1993：36-43］参照）。ここで複雑性というのは、要素と（要素間の）関係の多様性のことである。たとえば、社会システムの複雑性とは、システム内部で許容されている行為と、許容されている行為の接続関係の、それぞれの多様性のことだと概念化することができる。どのような場合にも、環境はシステムよりも複雑なものとして現象する。環境は、要素と関係の可能性の、包括的な領域であるかのように、現れるのである。それに対して、システムの内部では、要素の数が制限されているだけではなく、要素が他の要素と結びつく能力が内在的な限定を受ける。すなわち、システムの内部では、ある要素が、他のすべての要素と接続するわけにはいかないのだ。もう少し厳密な表現を使えば、システムの内部では、ある要素の特定の状態（値）は、他の要素の任意の状態（値）と共存したり、連続的に継起したりすることができるわけではなく、特定の要素の特定の状態（値）に対してのみ、共存したり、連続したりすることが許容されているのである。この文脈では、社会システムの「秩序」は、環境に比して縮減された複雑性として理解しておくことができるだろう。いうまでもなく、複雑性は、情報によって——社会システムの場合は規範によって——、限定される。

【2】自己組織性

その継時的な状態の変化が、「生成」とか「進化」という語によって形容したくなるような様相を呈するシステムが、存在する。直感的な表現を使えば、「わるいシステムからよいシステムへと変化している」ようにみえるシステムが存在するのである。もちろん、このような把握に対しては、システムの「よさ」の基準は何か、という根本的な問題が提起されなくてはならないが、今は、その点に拘泥する必要はない。

生成し、また進化するものとして現象するシステムは、厳密には、次のように定義できるだろう。システムの状態を規定する「情報」自身を、システムの状態が選択しているシステムである、と。このようなシステムを「自己組織システム」と呼ぶ。生命体や、あるいはそのさまざまな下位的な水準（細胞や器官など）は、自己組織システムの典型であると見なされてきた。個体の「意識」もまた、自己組織システムと見なすことができるだろう。そして、われわれの目下の関心の対象である社会システムも、自己組織システムである。

すべてのシステムが自己組織的なシステムであるわけではない。たとえば（ほとんどの）機械は、自己組織的システムではない（もちろん、システムではあるが）。機械の状態を指定する「情報」は、機械自身の行動からもたらされるわけではなく、あらかじめ与えられているからである。だが、自己組織システムがシステムの特殊なケースであるとしても、その作動を説明することは、システム理論にとって、周縁的な主題にとどまるわけにはいかない。そもそも、「システム」のような概念は、あるいはその先駆ともいうべき「有機構成organization（組織）」のような概念は、「生命」という「存在の第三領域」――「精神」と「物質」に次ぐ――の発見に導かれて構想されたのだから（河本［1992a］）。すなわち、自己組織システムこそが、システム概念を案出させ、またそれによって標的とされている、固有の課題なのである。

自己組織システムの作動は、自己準拠の構成を取っている。なにものかの同一性が、その当のものの作動――その当のものに帰属させることができる操作――によって構成されているような場合に、その自己の自己への関係を自己準拠と呼ぶ。要するに、自己準拠という概念は、「それ自体として存在している統一体」（Luhmann［1984＝1992：50］）を指示しているのだ。自己組織システムにおいては、システムの全体性の水準において、自己準拠の連関が現れている。システムの状態を選択し、システムを環境から区別された全体として特性化する情報が、その当のシステムの状態によって選択されているからである。要するに、システムと環境の差異（境界）自身が、システムの内的な状態によって、選択されているのである。自己準拠の連関は、論理的には、矛盾として——「嘘つきのパラドクス」に代表されるような矛盾として——現れる。このことが、自己組織システムの作動を説明しようとする理論に対しては、根本的な困難として立ちはだかるのだ。

【3】二重の自己準拠

社会システムの自己組織的な作動の様態を例示するために、ごくありふれた一つの習俗を取り上げてみよう。柳田國男によると、村落共同体の春祭・秋祭は、本来豊穣祈願の穀霊祭であり、祭儀の中心的な目的は、認知的あるいは価値的な規範的判断を神を経由して共同体に対してもたらすことにあった。規範的判断をもたらす技術は、憑依を利用した「神降ろし」である。共同体は、内部の特定の成員を選び出し、これに神を憑け、この成員の口からの託宣の形式で規範的判断を導出したのである。

神降ろしという技術は、具体的には、次のようなものであった（勝島［1987：25］、柳田［1962a：237-8］［1962b：254-5］、大澤［1992：53］参照）。——たとえば越後の三面村の秋の山祭では、村の中の任意の一人が、神の依代《よりしろ》として選出される。通常、選出されるのは、「人の好い壮年の人物」である。人々は、この人物を囲んで、ホーイホーイ等と囃したてる。すると、この人物はやがて眠ってしまう。これをもって、彼は神に憑かれたと見なされる。人々は、彼を起こして託宣させる。—

―依代を目標に降りる神は、折口信夫が「まれびと」と名付けたような、共同体に外部から来訪する神の一種である。

規範をもたらすこのような技術を、ここでは、日本の伝統的な共同体から採取したが、これは、世界各地の原始的なタイプの共同体のほとんどすべてに見出すことができる定型的な方法である。さらに、かなり複雑な宗教においても、神を人間に媒介する技術は、多くの場合、この単純な技術の変形または発展として理解することができるように思われる。

これらの類似の技術の中で神の依代として利用される身体――三面村の山祭では「人の好い壮年の人物」にあたる――に共通に見られる、特徴に注意を向けておこう。神が降臨することを、「ヤス」という（以下、橳島［1987：30］、大澤［1992：54］参照）。折口信夫［1955：469-70］によれば、この語は、神が憑いているときの接待者の身体の状態を指すものであり、「瘦《や》す」と表記できる状態、すなわち体力が極端に消耗している状態を表現する。さらに、一説によれば、「瘦す」は、「恥《やす》し」の語根である。「恥し」という語は、他人の見る目が気になり身が瘦せ細る状態を意味している。実際、諏訪神社前宮の祭のやり方は、このような解釈を裏付けている。すなわち、――野本［1981：881］によると――、この祭では、依代となる幼童は、精進小屋に閉じ込められ、シトミ戸の外から絶えず見つめられ続けることによって、体力を消耗させられ、ついには心身喪失に追い込まれる。心神喪失こそ、神がその身体に憑依したことを示しているものと理解されているのである。

神降ろしは、社会システムの自己組織性をもたらす技術となっている。社会システムの特定状態である行為群——すなわち神降ろし——が、（それらの行為群を含む）システム内の諸行為のそれぞれが「しかじかのもの」として存在することを根拠づけているかのように見える規範を、備給する操作になっているのだ。だが、このような単純な技術が、——自己準拠性に伴う矛盾をいわば乗り越えて——、社会システムに規範をもたらしうるのはなぜだろうか？

ところで、ここで、われわれはもう一つ重要な論点を確保しておかなくてはならない。すでに述べたように、自己組織性は、システムの全体としての同一性をめぐって生ずる自己準拠の連関であった。しかし、神降ろしが社会システムの規範をもたらす操作であるとするならば、自己準拠は、いわば、もっと強化された形態で現れていることがわかる。自己準拠の循環は、単にシステムの全体性の水準で生じているだけではなく、システムの要素の水準でも生じているのである。行為の本質が意味への志向性だとすれば、いうまでもなく、行為は、規範を離れては端的に存在しえない。規範をもたらすことは、それに従う（ものとして現れる）行為そのものの同一性を構成することでもあるはずだ。そうであるとすれば、社会システムにおいては、要素＝行為自身が、要素＝行為の関係を通じて、産出されていることになる。もちろん、産出された要素＝行為も、その要素＝行為を産出したのと同じ、要素＝行為の関係性（ネットワーク）の内に組み込まれていく。

このように、自己準拠がシステムの要素の水準でも生じているとき、すなわち、要素が要素自身の関係によってもたらされているとき、そのシステムを、マトゥラーナとヴァレラは「オートポイエーシス・システム（自己創出システム）」と名付けた。注意すべきことは、全体の水準と要素の水準で検出される二重の自己準拠の循環が、異なるものとして生起するわけではない、ということである。要素の水準における自己準拠が、同時に、全体の水準における自己準拠でもあるのだ。

自己創出の技術として捉えた場合に、神降ろしのような行為は、一見したところ、二つの面で制限されている。第一に、それがもたらす規範は、共同体の規範の一部に過ぎないし、第二に、それ自身が、共同体の行為のごく限られた部分領域である。しかし、社会システムの内部要素である行為（の接続関係）が、社会システムの状態と行為の同一性を決定するような情報＝規範を準備してしまうという状況は、社会システムのあらゆる場所において見出される。原理的には、任意の行為が、自己創出の働きを――つまり要素の自己準拠の連関を――（部分的に）担っている。また任意の規範が、行為の関係によって、はじめて実効的なものとしてもたらされる。つまり、任意の行為が、「神降ろし」的な働きをもっているし、また任意の規範が、そのような行為の所産であるほかないのだ。

たとえば、ヴィトゲンシュタインは次のようなことを述べている。われわれはゲームをするとき、しばしば、やりながら規則〔規範〕をでっちあげたり、規則を変えてしまっているではないか、と。しかしこの「やりながら規範をでっちあげる」という描像は、社会システムの全体に対して妥当する。してみれば、行為の関係のネットワークを全体として眺めたときには、それは、自らの存在の前提条件を、自らの帰結としてもたらしていることになる。神降ろしという技術は、この任意の行為に内在している奇妙な捩じれを、いわば展開し、かつ局所化したものなのである。

問題は、自己準拠に随伴するこの奇妙な捩じれが、いかにして可能なのか、ということである。

2. オートポイエーシス論

【1】オートポイエーシス・システムの四つの特徴

自己準拠の強化された形態ともいうべき、オートポイエーシス・システムの作動を記述しようと最初に試みたのは、もちろん、この概念の創始者であるマトゥラーナとヴァレラである。彼らの論述に従って、あらためてオートポイエーシス・システムを規定しておこう。しばしば引用される、マトゥラーナ＝ヴァレラのオートポイエーシス・システムの定義によれば、オートポイエーシス・システムとは、要素が要素を産出するという産出（・変形・破壊）のネットワークとして有機的に構成された――つまり単一的なものとして現れる――システムである。その場合、要素は、第一に、要素を産出するネットワークを不断に再生産し続け、第二に、ネットワークが実現する位相的な領域を特定する（Maturana & Varela[1980＝1991：70–1]）。ここで位相的な領域を特定するというのは、必ずしも物理的な空間としてではないが、境界づけられた内部を構成するということである。たとえば、社会システムはオートポイエーシス・システムの一種であり、自らを「内部」として、外部の環境から区画しているのだが、その内部が、物理的な空間――土地や建物――に対応している必要はまったくない。

マトゥラーナ＝ヴァレラは、オートポイエーシス・システムの特徴を、

①自律性をもつこと、
②個体性をもつこと、
③自身の境界を決定すること、
④インプットもアウトプットももたないこと、

の四点に整理している。自律的であるということは、自らの変化の原因となる操作を、自ら（の内部）に帰属させうる、ということである。つまり、①は自己準拠的であることの一つの現象形態である。②と③も同様に、自己準拠性の諸側面として、直接に理解することができる。奇異に見えるのは、④の特徴である。オートポイエーシス・システムの一例と見なしうる生物個体や細胞等は、絶えず外部の環境と物質やエネルギーの交換を行っているように見えるからである。もちろん，社会システムの場合もそうである。実は、この④の特徴にこそ、河本英夫［1991］が力説しているように、オートポイエーシス・システムのきわめて重要な性能が現れているのである。

システムの同一性が自己準拠的にもたらされるということは、まさにその同一性を規定するような差異、すなわちシステム自身とその外部＝環境との差異が、システム自身の内部に（システム自身によって）観察される、ということを含意する。システムの同一性は、システムと環境の差異を通じて構成されるのだが、自己準拠の仮定より、そのような差異の認知＝観察が、システムのシステム自身に対する操作――つまりシステムが自身に対して設定する区別――において実現されるほ

かないからだ。つまり、自己準拠的なシステムにおいては、「システム／環境」の差異自身が、システムに再参入しているのである（Spencer-Brown［1969＝1987］、大澤［1988］参照）。

そうであるとすれば、「外部」つまり環境からの作用自身が、システムの内的な因果関係として実現していることになる。このような関係を確立することによって、はじめて、オートポイエーシス・システムは完全なものとなる。オートポイエーシス・システムでは、システムの内的な要素を産出したり破壊したりする環境（「外部」）からの影響、環境（「外部」）への影響が、システムの要素の内的な相互作用として生起しなくてはならないからである。ここでは、「インプット」あるいは「アウトプット」として現れる関係も、システムの内部の相互的な因果関係に過ぎず、もはや本来のインプットやアウトプットではない。

【2】閉鎖性に基づく開放性

システムの「内部」と「外部」の差異がシステムの内部に再参入しているような状態を思い描くには、オートポイエーシス・システムの具体例を参照する必要があるだろう。有名な、N・K・イェルネの「ネットワーク説」が想定している免疫システムは、オートポイエーシス・システムの一種であると見なすことができる。実際、ヴァレラは、彼のオートポイエーシス・システムの理論が、イェルネのこの説から大いに啓発されている、ということを認めている（Varela［1979：212］）。免疫システムは、いうまでもなく、生体が外部の異物を認識する機構である。その機構を、イェルネは、ほぼ次のように説明している（多田［1993：51-76］、また河本［1993b：282］より）。

可能的には一千万ものヴァリエーションがあると考えられている抗体分子は、相互に反応しあいながら、一個の閉じたネットワークをなしている。ここで偶然新しいタイプの抗体ａが作られると、この抗体自身が「異物」であるから、これに対応するもう一つの抗体ｂが形成され、さらに抗体ｂに対応して抗体ｃが形成され、といった具合に、反応が次々と引き起こされ、やがてネットワークを巡回し、収束する。つまり、免疫システムのネットワークが平衡状態に到達する。興味深いのは、抗体自身が異物＝抗原として認知され、これに対応する新たな抗体が抗体のネットワークの内部に形成されるという反応が、反復されるということである。実際の異物＝抗原が生体内に侵入した場合も、基本的にはこれとまったく同じ反応が生ずる。異物ｘが生体内に侵入した場合には、それを抗原と見なした抗体――この抗体はもともと異物と類似した、ネットワーク内の別の抗体を認知している――が、Ｂ細胞を刺激し、抗体を大量生産する。これによって、大量生産された抗体を認知していた別の抗体が刺激され、自らを大量生産する。もちろん、これが次の抗体を刺激し、反応が連鎖する。こうして、やがてネットワークの平衡点が別の点に遷移することになる（新しい平衡点は以前の平衡点の「記憶」を保存する）。もし異物が侵入したり、抗体の突然変異が起きたりしても、これを認知する別の抗体がネットワーク内になければ、ネットワークにはいかなる変化も生じない。つまり、変化を引き起こさない抗体は、認知されず、免疫システムにとっては存在しないのと同じことになるのだ。

したがって、免疫システムが外部の「非自己」を認知するということは、すでに成立していたシステムの内的な反応への攪乱――平衡状態からの偏差――に対して、反応することである。つまり、それは、ネットワーク＝システムのある部分の変化に対する、ネットワーク＝システムの諸部分の反応以外のなにものでもない。システムとその「外部」の差異が、それ自身、内部化されているということは、このような状態をいう。ヴァズとヴァレラは、それゆえ、次のように要約している。[3]

「生体は外界分子の『内部イメージ』に応答するのであり、すなわち、ネットワークが以前より利用していたことばに翻訳された『意味』に応答するのである。したがって、考えようによっては、免疫応答は、すべて『自己－免疫』的（内向き）であり、外因性抗原は、『交互反応』によって認識されることになる。」（Vaz & Varela［1978＝1984］）

システム／環境の差異自身を、システムの内部に再参入させるということは、システムがもはや真正な外部を持たないということであり、したがって、外部からの影響に対して自らを完全に閉鎖させていることを意味する。しかし、このことは、オートポイエーシス・システムが、環境に開かれていない、孤立したシステムであるということを意味してはいない。それどころか、システム／環境の差異が自らに内部化しているがゆえに、自己準拠的なシステムは、無限に環境に対して開かれているのである。すなわち、このようなシステムは環境の内部の任意の要素の任意の変化に対して、反応することができるはずだ。環境に生起することは、それが内部化された外部であるがゆえに、原理的にオートポイエーシス・システムの関係のネットワークに組み込まれているからであり、またそのような環境の内に現れないような（真正な）外部は、――反応する抗体を持たなかった異物と同様に――、システムにとっては、端的に存在していないからだ。それゆえ、ルーマンは、オートポイエーシス・システムにおいては、システムの開放性が閉鎖性によって基礎づけられているのだ、と形容している。

だが、このようにすでに完結しているオートポイエーシス・システムの作動を記述したとしても、まさにこのシステムの閉鎖性が、つまりシステムの自己準拠性がいかにして可能なのか、という本来の問題には解答が与えられない。それは、たとえば、神降ろしの技術が規範をもたらす技術となっていることを確認したとしても、このような技術によって規範がもたらされ、人々に受容されるのはなぜか、ということが解明されないのと同様である。オートポイエーシス論と同様に比較的新しい、システム論の別の潮流の方に眼を転ずることによって、解明の手掛かりを得ることができる。

【3】揺らぎからの秩序の創出

自己準拠的に生成したり、進化するように見えるシステムの解明にとって、理論上の障害を構成していることがらは、自己準拠からくる論理的な逆説だけではない。このようなシステムは、物理学的なマクロ法則に反して振る舞っているかのような、印象を与えるのである。マクロ法則とは、エントロピーの不可逆的な増大を予言する、熱力学の第二法則である。エントロピーの増大は、情報の劣化に正確に対応している。それは、システムが新たに生成されたり、進化したりという現象に、明らかに反している。

プリゴジーヌ等によって推進されてきた「散逸構造論」やハーケン等による「シナジェティクス」は、核となるアイディアを共有している、ということができるだろう。これらの理論は——とりわけ散逸構造論は——、自己準拠的なシステムが開放システムであることの、より正確には平衡から遠く隔たった状態にあるシステムであることとの、痛烈な自覚に端を発している。このように考えることによって、第二法則に矛盾することなく、システムの挙動を説明することができるのである。システムが、高度な秩序のもとで——つまり複雑性の（環境に対する）落差（複雑性の縮減の程度）が大きな状態で——変動するためには、いわゆる「自由エネルギー」が必要になる。つまりシステムは、内部に絶えず自由エネルギーを湧出させていなくてはならない。このような状態が出現するためには、システムが、エネルギーの湧き出し《ソース》と吸い込み《シンク》となる二つの異なるシステムに対して開かれていることが必要条件となる。このとき、システムの内部をエネルギーが絶えず一方向的に移動していることになる。このようなシステムにあっては、最初の状態よりも小さなエントロピーの状態が実現したとしても、第二法則に違反するわけではない。システム内を移動するエネルギーが、システムを平衡状態に近づけようとする傾向に抗する仕事に使用される可能性があるからだ。

プリゴジーヌ等が理論的・実験的に確証しようとした、システム（の秩序）の生成の機制は、

「揺らぎからの秩序の創出」というフレーズによって、一般には要約されている。揺らぎとは、システムのマクロな規則性――つまりシステムの全域を単一の全体として観察したときに現れる規則性――からの逸脱である。つまり、それは、システムの最頻的な状態から逸脱する確率によって表現することができる。偶発的な――制御＝選択できない――揺らぎは、どのようなシステムにも存在する。平衡から隔たったシステムは、平衡近辺にあるシステムとは違って、ミクロな揺らぎに対して不安定である。そのため、非平衡システムにおいては、揺らぎの中の特定のものが増幅される。この傾向は、システムが平衡から隔たっていればいるほど強い。それゆえ、平衡からの距離が十分に大きくなったときには、揺らぎはマクロな平均値の振る舞いに影響を与えるほどにまで拡大する。このとき、システムのマクロな相に、新たな「秩序」が成立するのが、観察されるのだ。

つまり、ある種の秩序＝規則性からの逸脱が、同一方向に大量に生起することで、それ自身、もう一つの秩序として現成したのである。この秩序は、局所において観察するならば――つまりミクロには――、揺らぎである。言い換えれば、それは、特定の状態から乖離していこうとする偶発的な運動である。しかし、この運動を、システムの全域において、全体として観察するならば、静的な秩序として現れるのである。

【4】自己準拠のための二つの条件

散逸構造論は、そしてまたシステムに関する類似の諸理論は、システムの自律的な（自己準拠的な）秩序の生成の機制に関して、どのようなことを示唆しているだろうか？　これらの理論にしたがうならば、自律的な秩序の生成の機制が作動しているときには、少なくとも次の二条件が成り立っている（清水［1978］に準拠している、また詳しくは大澤［1986］参照）。

第一に、システムは、揺らぎのようなミクロな因子を自己複製する機構を備えていなくてはならない。自己複製の機構とは、（揺らぎとして生ずる）変化（A→X）の産物（X）が、その変化自身を産出したり、促進したりする仕組みのことである。化学システムにおいては、このような複製機構の代表的なものが、自己触媒反応である。

しかし、自己複製機構が備わっておりさえすれば、必ず秩序が生成される、というわけではない。第二に、複製が増殖的に進行するような条件をシステムはもたなくてはならない。このことは、システムが十分に不安定でなくてはならない、ということを意味する。つまり、平衡状態からの隔たりがある閾値を越えたものでなくてはならないのだ。

さて、ここで留意すべきことは、秩序のミクロな実質ともいうべき「揺らぎ」の両義的な性格である。揺らぎはシステムの内的な要素なのか、それとも外的な要素なのか？　無論、差し当たっては、内的な要素である、といわなくてはならない。開放システムにおける秩序の創発が、他律的な秩序の形成としてではなく、自己準拠的なものとして理解しうるのは、それが、閉鎖システムにおいても存在しているような可能性にのみ依拠したものだからである（河本［1992b：149］）。そのような可能性が、揺らぎである。先にも述べたように、揺らぎは、どのようなシステムにおいても―

―平衡状態にあるようなシステムにおいてすら――必ず存在する。

しかし、他方で、揺らぎは、ある種、外的なものでもある。まず、揺らぎは、システムが「縮減された複雑性」として（さしあたって）積極的に確保していた可能性に対する、差異としてしか、検出されない。揺らぎの「差異」としての消極的な存在が意味をもつのは、揺らぎが、外部（環境）からの作用の効果を、システムの内部に現出させる反響板の働きを担うからである。自己準拠的な秩序の創出に関する「第二の条件」が重要なのは、揺らぎからこのような働きを引き出すためである。システムが不安定であるということは、システムとその外部との状態の格差が大きいということであり、その格差は、揺らぎの増殖として、システムの内部に効果を残すのである。したがって、要約すれば、揺らぎとは、外的な要素（環境に所属する要素）の痕跡をシステムにもたらすような内的な要素である、ということができるだろう。このような、揺らぎの境界性が含意していることは、次のことである。すなわち、秩序が創出されてくるダイナミズムの中では、オートポイエーシス・システムの閉鎖が完結してしまっているときには不関与なものとして分離されてしまっている、（真正な）外部が、本質的な作用を担うのだということ、これである。

【5】シェリングの自然哲学

河本英夫［1993a：161-8］は、以上に概観してきたような現代的なシステム理論とシェリングの自然哲学に同型的な着想がある、という興味深い指摘を行っているので、簡単に検討を加えておこう。一見、この対応は奇抜である。システムの理論は、情報化社会を背景にした「最新の理論」であると考えられているのに対して、シェリングは二百年近くも前に活躍していた哲学者だからである。しかし、今日、われわれがシステムという概念で把握しようとしている現象の領域が「発見」されたのは、十八世紀末から十九世紀にかけての時期なのである。これは、まさしくシェリングが思索していた時期にあたる。先にも述べたように、当時は、これらの現象を統括していた概念は、――「システム」ではなく――「有機構成」であった。シェリングの哲学は、システム論的な着想への衝動が宿った時期に完成したのだ。そうであるとすれば、現代のシステム論の着想が、十八世紀末から十九世紀にかけて思索した学者の思想と類似していたとしても、驚くにはあたらない。その学者が、経験科学的な実験に必ずしも厳密にはこだわらず、概念が照準しようとした現象への構想力の方により忠実であるような哲学者であれば、なおのこと、対応関係はありうるところである。

シェリングは、知が直接には及ばない現象の根底に、「無制約的なるもの」を想定する。自然の本性は、無制約的な活動性であると見なされる。と同時に、これと対立する制約する活動も自然に属している。個物は、無制約的な活動と制約する活動との拮抗を通じて産出される。だが、この二重の活動は、本源的に不均衡である。それゆえ、両者の拮抗関係は、いつまでも持続する。だから、これらの活動の諸産物も、二重の活動性のバランスによって結晶するのではない。それらは、不均衡のゆえに持続するダイナミズムの、一つの姿であるに過ぎない。言い換えれば、二重の活動の産物は、それ自身、産出のプロセスそのものなのである。

ここには、動的な活動が、それ自身、静的な秩序として現象している、とする散逸構造論に類似した着想が見出されるだろう。また産出された形態が、同時に産出する過程であるという円環は、オートポイエーシス・システムの産出のネットワークの循環や、また散逸構造的なシステムに具備された自己複製の仕組みと、比較することができるかも知れない。

だが、ここで着眼したいことは、シェリングの理論的な装備と現代的なシステム論との部分的な類似ではない。興味深いのは、この理論を全体として支えている、自然の（無制約的な）活動性の水準が、どのようにして確保されているのか、という点である。つまり、ここで問いたいことは、「自然」の認識論的な位置である。シェリングにあっては、それは、「先験的過去」と呼ばれている（河本［1993a：161-2］）。先験的過去とは、自己意識の追想が到達することができない過去、原理的に思い起こすことができない過去である。先験的過去は、決して形而上学的な仮定ではない。それは、実は、誰でも観察することができる、意識の機構から抽象されたものである。人は、行為しながら、まさにその行為を意識することはできない。たとえば、パンを食べながら、まさにそのパンを食べるという行為を認識し、そのことを通じて「パンを食べる」という行為を遂行しようとすると、たちどころに、かえって行為は滞ってしまう。われわれは行為しているとき、その行為を、まさに無意識の内に選択しているのである。つまり、行為そのものを本源的に規定する選択に対して、常に意識は遅れているのであり、それはすでに完了してしまったものとしてのみ、観察されるのだ。行為そのものであるような選択性が所属している、この「すでに完了してしまったこと」の水準こそが、先験的過去である。シェリングの「自然」は、行為の選択性が帰属するこの過去の次元に、位置づけられる。だから、自然が、選択＝行為として、つまり活動性として把握されるのである。だが、それにしても、選択しようとしたときには、すでに完了してしまっているような選択は、いかにして実現されるのであろうか？

3. 超越性の経験的構成

【1】システムの「脱逆説化」

社会システムの——要素と全体の二重の水準における——自己準拠の機制を解明すること、これがわれわれの本来の課題であった。

すでに述べたように、社会システムをオートポイエーシス・システムとして把握することは妥当なことだと思われる。実際、ルーマンは、社会システムをオートポイエーシス・システムの一類型として分析する試みを、繰り返してきた。ルーマンの議論は、ここでの考察に有益な示唆を与えるだろうか？

確かに、ルーマンの議論は、社会システムの特性とオートポイエーシス・システムの特性の間の対応を見出してはいる。そして、そのことによって、社会システムが、さまざまな水準で、自己準拠の循環を保有していることを確認する。だが、このような対応の確認のみでは、社会システムに即して、社会システムの作動の様態を説明したことにはならない。ルーマンは、自己準拠が逆説であることを承認する。それゆえ、社会システムは、――要素の水準でも全体の水準でも――「脱逆説化」を果たさなくてはならないと指摘する。しかし、問題は、いかにして脱逆説化が実現されるか、である。すなわち、社会システムが、自己準拠が呈する逆説を「克服」することによって、まさに自己準拠の循環を実現する方途を解明しなくてはならない。

たとえば、ルーマンによれば、選択（行為・体験における）の接続関係の不確実性（非蓋然性＝ありそうもないということ）は、メディアによって、許容しうる程度の確実性（蓋然性＝ありそうだということ）へと変換される。つまり、メディアは、社会システムの複雑性の縮減（特定の秩序の実現）を促進する装置として働いていることになる。たとえば、ある者の選択が、コミュニケーションの受け手によって受容され、選択の成果が保存されることの保証はない。このような課題状況に対して、受容の可能性を高める作用素として働くのが、真理、愛、貨幣、権力等の「シンボルによって一般化されたコミュニケーション・メディア」である。

このような立論を仮に承認したとしても、その上でさらに問われなくてはならないのは、社会システムはメディアをいかにして獲得しえたのか、ということである。ここで問題になっているのは、メディアの歴史についての「事実問題」ではない。メディアをもつということについての「権利問題」である。

メディアのような装置を先験的な仮定として、外部から導入することが許容されているのだとすれば、システムが自己準拠的であるとする、もともとの設定が没意味化してしまう。自己準拠の循環は、このような仮定が見出されないところに生じていたのだから。

【2】身体の求心化－遠心化作用

前節の議論から直接にヒントを得ることはできないか？　前節の【4】において、自己準拠的なシステムの形成には、二つの条件が必要であるという結論を引き出しておいた。この条件に対応する契機を社会システムにおいても見出すことができれば、説明の拠点を得ることができるに違いない。まず、自己複製的な揺らぎに対応するような因子を、社会システムの内に探ってみよう。社会システムの要素である行為に、あるいはまさに行為を行為たらしめている志向作用に、自己複製の機構を認めることができるだろうか？

メルロ＝ポンティはワロンから次のような事例を引用している。ここから、（原初的な）志向作用が、不可避に、一種の自己複製の機構を作動させてしまうということを、確認することができる。

「それは小さな女の子の話なのですが、彼女はその家の女中ともう一人の女の子のそばに坐りながら、何か不安そうな様子をしているうちに、やがて不意に隣の女の子に平手打ちを食わせ、そしてその理由を聞かれたとき、意地悪で自分をたたいたのはあの子だから、と答えました。その子の非常に真剣な様子からすると、でっち上げの嘘を言っているとは思われません。従って、その子は、誘発されなくても人をたたき、しかもそのすぐ後に、自分をぶったのはあの子だと説明して、明らかに他人の領分に侵出しているわけです。」(Merleau-Ponty［1975：72＝1966：181］)

この事例は、志向作用に、双対的な二重の操作が随伴していることを示しているのである。まず、あらゆる志向作用は、事象をこの身体(の上の一点＝求心点)の近傍の内に配列させた相(＝パースペクティヴの構造)で把握する。このような志向作用の有する無際限の自己中心化の働きを求心化作用と呼ぼう。だが、同時に、身体は「近傍の中心」を他(遠心点)へと移転させる作用を共働させうる。このような作用を遠心化と呼ぼう。この事例の女の子は、殴る運動の能動性を最初、求心的に「自己の身体」において覚知し、ただちにそれを遠心化させ「他者の身体」において体験しているのである。つまりこの女の子は、身体のこの座における体験(求心化作用)とあの座(もう一人の女の子の座)における体験(遠心化作用)とを、反転しうるような形態で所有しているのだ。

この求心化－遠心化作用が、志向作用を担う任意の身体に対して、不可避に、他者(異なる志向作用が帰属する身体)を顕現させる。すなわち、背反的な方向性を持ちながら、相互に反転しうる求心化－遠心化の二重の作用は、任意の身体に、他者への直面を余儀なくさせるはずだ。求心化作用が、その否定としての遠心化作用と連動することによって、「あの身体」に、「この身体」に帰属する志向作用とは異なる志向作用が帰属することを、「この身体」は承認せざるをえないからだ。

ここで注目すべきことは、身体上の求心化－遠心化作用の連動が、志向作用の複製機構として作動する、ということだ。ある志向作用が認知する任意の内容は、遠心化作用が必然的に顕現せしめる他の多数の志向作用（他者達）に均しく帰属した相で、現象するはずだ。すなわち志向内容は、求心化－遠心化作用を通じて連結された一個の間身体的連鎖の上に共起する、一連の志向作用（他者達）に共帰属するのである。この共帰属性は、複数の志向作用を同じ一つの志向内容へ関与するものとして資格づけるので、志向作用の間の差異を、無関連化してしまう。したがって、求心化－遠心化作用にもとづいて、異なる志向作用（を担った身体達）が間身体的連鎖へと連結されたときには、それらの志向作用は、互いが互いの複製であるかのように現れることになるはずだ。求心点と遠心点――自己と他者――が、互いに他を反射しあうことによって、同化してしまうのである。

原初的な位相では、求心化－遠心化作用の生起の様式は、不確定・不安定で、特殊な方向性をもった傾動をはらんではいない。それは一種の「非平衡状態」であるといえるだろう。ある種の身体――統合失調症の身体や幼児の身体――に、求心化－遠心化作用の不安定ではあるが活発な作動によって特徴づけられる原初的身体の、比較的純粋な形態を見出すことができるように思われる。たとえば精神科医が統合失調症の身体に感受する「プレコックス感」は、このような原初的身体の上での求心化－遠心化作用の不安定な作動状相に対する、精神科医自身による直観的な認知ではないだろうか（木村敏［1975］参照）。

興味深いのは、（志向）作用の側の以上の「揺らぎ」に対応して、対象の側での「意味論的揺らぎ」とでも呼ぶべき現象が随伴するということである。すなわち、この段階では、対象の「意味＝同一性」は一意に確定されず、ときには論理的に両立不可能な複数の意味が同じ対象に与えられることすらある。この準位にある身体にとって、対象は、言わば複数の意味の間を不確定に揺らぐのである。このような現象は、志向作用が、自らの同一性を保存できず、異なる志向作用へと（つまり他者へと）次々と転移してしまうことによって、すなわち遠心化してしまうことによって、生ずるのではあるまいか。このような「意味論的揺らぎ」の事例は、たとえば、統合失調症の錯論理の内に豊富に発見することができる。

【3】第三者の審級の先向的投射

社会空間の局所的な（ミクロな）志向作用に、一種の複製機構が存在することを確認してきた。ここからさらに、次のような論理的な推論を得ることができる。

もし同時に生起する志向作用の数が十分に大きかったならば――つまり志向作用が十分に増殖的に複製されれば――、第一に、志向作用の対象は、どの個別の志向作用（身体）に対しても既在性を帯びて現前するだろう。対象がある個体の志向作用に対して現前しているとき、既に別の個体の志向作用に対して現前していたものとして、受け取られてしまうからである。と同時に、第二に、志向作用の対象は、どの個別の志向作用（身体）からも独立して自存するかのごとく現前するはずである。志向作用が捉えた対象は、複数の志向作用の「全体」に帰属しているのであって、特定の志向作用に専一的に帰属しているわけではないからだ。要するに、複製機構を通じて互いに連結しあう志向作用の数が十分に大きいときには、志向対象は、それら多数の志向作用に共帰属してしまうために、どの個別の志向作用の偶有的な揺らぎからも独立した分節形式において分凝し、その分節形式を自らの「正当な様態」であるかの如く身に帯びてしまうのである。このことは、その「正当な様態」を、対象の意味（的な同一性）として把捉する志向作用の有り方が、「規範（的に妥当な選択肢）」として確立したことを含意している。

以上のプロセスを、次のように捉えることもできる。志向作用の複製機構を通じて同一の間身体的連鎖を内に組み込まれた身体の数が十分に大きいとき、間身体的連鎖の内に組み込まれた個別の身体に対して、（諸々の個別の身体に帰属する複数の志向作用とは別に）間身体的連鎖の全体に直接に帰属する半ば抽象的な志向作用が存在しているかのような仮象が、もたらされるのだ、と。この抽象的な志向作用こそが、規範の選択性とその拘束力を体現する。このような抽象的な志向作用についての仮象とともに、当然、この志向作用を担う、超越的で仮構的な身体が擬制されるだろう。この超越的な身体は、どの個別の身体もこれに対等に対峙できない「第三者」のように現れるから、これを「第三者の審級」と呼ぶことにする。生成された規範は、この第三者の審級に直接に帰属し、第三者の審級によってもたらされたものとして、認知されるはずだ。

規範の供給者として擬制される第三者の審級は、その本性上、経験に対して論理的に先行する場所に、つまり超越論的な次元に存在しているかのように、構成されなくてはならない。しかしながら、むろん、それは身体の経験的な諸活動の所産でしかない。第三者の審級は、このように、経験によって、経験そのものに先行する場所に投射されるから、この機制を、「第三者の審級の先向的投射」と呼ぶことにしよう。

以上のような微細な身体的な相互作用を通じて、社会システムは、自らの状態を決定する情報である規範を構成することができる。いまや、我々としては、社会システムの自己準拠の（少なくとも一つの）形式は、ここに描き出した第三者の審級の先向的投射である、と結論することができる。先向的投射の過程は、プリゴジーヌが提起したような、散逸構造的な秩序の創出の過程と、非常によく対応している（ミクロな揺らぎの自己複製機構の存在、複製の増殖にもとづくマクロ的な秩序の出現）。

【4】誰でもない身体

こうして我々は1【3】で観察した、神降ろしの事例に回帰することができる。この神降ろしの過程は、次のような推察を許容する。依代となる人物は、共在する他の諸身体の志向作用——眼差しと声——の交錯する中に置かれることによって、自らの個体としての同一性を完全に解体してしまうまでに、その志向作用を外部へと遠心化させ、拡散させてしまう。睡眠は、このような自己同一性の拡散の最も端的な表現である。神の降臨を意味する「ヤス」という語の語源学的な探索が、このような理解に傍証を与えてくれる。「ヤス」は、依代となる身体が、他者たちの視線の交叉する中心に置かれることによって、――それらの他者たちへの遠心化を絶えず強いられるために――、その同一性を拡散させ、疲弊しきった状態を指示していたのではないだろうか。

この事態を、依代となる身体を取り囲む他の諸身体の側から捉えれば、依代が、他の諸身体がそこへと遠心化しうるような特別な「孔」として機能しているということでもある。なぜならば、いまや、この依代は、「誰でもない身体」と化しているからであり、それゆえにこそ、「他の誰でもありうる身体」として現象してしまうからだ。してみれば、諸身体は、依代となる特異的な身体へと遠心化することを通じて、その特異的な身体を媒介にして連鎖される間身体的な全体の部分として、自身を定位することになるだろう。依代は、間身体的な連鎖を接続する触媒のごときものである。それゆえ、依代となる身体の口から表明された指示が、共同化された規範として、聴かれてしまうわけだ。

我々の理解では、中央の身体に降臨するとされる「神」は、この共同化された規範の選択性が帰属する場所として構成された「第三者の審級」の一形姿であり、間身体的連鎖の全体を積分させて実体化するところに像を結ぶ仮構的な身体にほかならない。しかし、それは、どうしても、超越(論)的に存在していたものとして、認知されてしまい、そのように認知される限りで実効的な規範の供給源となりうるわけだ。原初的な共同体ならばどこにでも見出されるこのような技法は、第三者の審級を投射する機制を、儀礼的な仕方で擬態するものなのである。

第三者の審級がそこにおいて現象する身体――つまり依代となる身体――は、「誰でもない身体」

にまで漂白される。誰として積極的に現れない身体とは、他者としての本性（他者性）を純化させた他者である。他者が、求心化作用からの背反＝逃避（遠心化）を通じて与えられるのだとすれば、それは、どの特定の志向作用にたち現れる領域の内部でも、積極的に現前することができない。したがって、他者は、その本来的な姿においては、同一性を欠いたものとして、消極的に定位されるしかない。逆に、他者を、特定の規範の内部で意味的に同定することは、このような他者の他者性の隠蔽にほかなるまい。そのようにして与えられていた同一性を拡散させ、「誰でもない身体」へと空虚化することで、儀礼は、他者の他者性が回復するのである。こうして、遠心化作用の焦点としての他者の働きを、十全に引き出すことができたのだ。

このように、「第三者の審級の先向的投射」の機制にとっては、他者なる身体の特殊な利用法の内にこそ、その核心がある。しかし、他者（の他者性）への訴求は、システムにとって、危険な衝動でもある。他者は、その空虚のゆえに、社会システムの同一性を規定する任意の規範に対する外部でもあるからだ。他者を援用することで、システムはこのような外部への通路を開いてもいるわけだ。ここで再び「揺らぎ」の両義的・境界的な性格のことを想起しておこう。揺らぎもまた、システムの真正な外部＝環境の（システム内における）痕跡であり、そのことのゆえに、秩序創出の素材たりえたのであった。

ここで、不可解な呼び出しにどういうわけか応じてしまい、そのことによって法（規範）に従属したことになってしまう、カフカの小説の主人公達のことを想起しておくのもよいだろう。彼らは、呼び出しが不可解であるがゆえに、つまりそれが空虚であり何物としても同定できないがゆえに、かえって従属してしまうのである（Žižek［1989］参照）。この不可解さが開示しているのは、純粋な他者のあり方である。

【5】先験的過去における選択

シェリングの「先験的過去」、つまり既に常に完了したものとして現れる選択ということに関して、われわれは、一つの見通しを得ることができた。それは、先向的に投射されている超越的な他者（第三者の審級）に帰属する選択なのだ、と。意識的な選択は、常にそのような超越的な他者の選択に内属するような形で――つまり超越的な他者の選択を肯定的な前提として――のみ、生ずる。だが、このような超越論的＝先験的な他者の水準自身が、これに従属する身体たちによる投射の帰結なのである。その意味では、そのような疎遠な他者であることが、この身体の主体性なのだということもできるだろう。ヘーゲルは『精神現象学』で次のように述べている（加藤尚武［1992：125］参照）。

生きた実体とは、真実には主体であるような存在である。すなわちその実体が、自分自身を定立する運動であり、みずから他者となりつつ、他者となることを自分自身に媒介する働きであるかぎりにおいてのみ真に現実的であるところの存在である。

ここでは、主体であるということが、他者であること――他者を投射・定立すること――と等置されている。自我の単純な主体性に拘泥したフィヒテは、シェリングが見出したような、先験的（超越論的）過去の水準、主体の選択に常に既に先立ってしまうような選択の水準に到達することはできなかった。シェリングは、これを、主体に疎遠な客観性として、見出した。そして、ヘーゲルが再び、これを主体として、他者の内にあるところの主体として、回復したのである。

最後に、オートポイエーシス・システムに関連して見出した、「システム／環境」の差異のシステムへの再参入が、社会システムにおいては、どのような形式で確保されているのか、ということについて簡単に論じておこう。もちろん、この種の再参入は、システムの同一性を規定するような基本的な規範に関連した、「規範／反規範」（あるいは「法／不法」）という区別自身が、規範的（法的）である、という構成として現れる。ここで注目しておきたいのは、「規範／反規範」という区別自身を規範的なものとし規定する選択が、常に既に「完了してしまったもの」として現れるあの超越（論）的な選択として存在している、ということである。

橋爪大三郎［1993］が指摘している「社会契約」のモデルが有する逆説的な性格が、このことを例示する助けになる。個人の利己的な主体性を仮定する社会システムのモデルは、社会秩序を説明するために、社会契約という媒介を利用することになる。社会秩序とは、諸個人がその利己的な主体性（自由）を部分的に放棄しているような状態である。したがって、個人の主体性についての

表１

A＼B	権利を放棄する	権利を放棄しない
権利を放棄する	（１，　１）	（－２，　２）
権利を放棄しない	（２，－２）	（－１，－１）

括弧内の右の数字がＡの、左の数字がＢの利得を表している。

仮定を維持するためには、この放棄自身を、主体的な選択として説明しなくてはならない。それが全員一致の合意にもとづく自然権（本性としての主体性）の放棄、すなわち社会契約だ。しかし、すべての個人が主体的に（自由に）自己の利益（幸福）を追求しており、そのために合理的な（つまり最善の）選択が可能であるとした場合には、社会契約は、まったくありそうもない事態である。このことは、橋爪に倣って、社会契約の状況を、ゲームの理論に翻訳してみると、たちどころに理解できる。単純化のために、参与者がA、Bの二人だけであるとしておく。それぞれにとって選択の主題は、「自然権を放棄する／放棄しない」という二項対立である。可能な2×2の社会状態に、次のような利得行列を配分してみる（これは十分に合理的なものである）。

これは、いわゆる囚人のジレンマの状況である。起こりそうなのは、社会契約の成立に相当する（1,1）ではなく、（-1,-1）という状態である。だから、社会契約が可能であるとすれば、諸個人の選択は、強いられていた、つまり契約の合意へと方向づけられていた、と考えざるをえない。言い換えれば、社会契約に合意するか否かという選択に直面するとき、根本的な選択はすでに――「合意（自然権の放棄）」として――完了してしまっているかの如くなのである。

いま、「自然権を放棄する」という選択肢の方に「規範性」を、そして「自然権を放棄しない」という選択肢の方に「反規範性」を、それぞれ対応させれば、社会契約のモデルを、われわれの状況にそのまま書き換えることができる。確かに「規範性／反規範性」という選択は、社会システムの内部で主題化されうる。だが、それは、システムの同一性を規定する「規範性」という選択が、先行的に完了している限りにおいてなのである。このような、再参入の形式を、社会システムは、第三者の審級に帰属する、超越（論）的な選択を利用することで確保するのだ。

＊

われわれのここまでの考察は、まだ部分的なものである。社会システムの自己準拠を実現する機制を、われわれは主として、原始的な――それゆえ普遍的な――儀礼を説明することを通して導き出した。しかし、自己準拠は、儀礼のような特異的な行為においてだけではなく、通常の行為においても実現されていなくてはならない。すなわち、通常の行為においても、儀礼において見出した先向的投射と等価な機制が、不断に作動していなくてはならない。この作動の様態は、どのようなものであろうか。

さしあたって次のことだけは留意しておく必要がある。以上の議論は、行為に伴う志向作用の中に、二種類の選択が一体化していた、ということを示唆していた。一つは、もちろん、対象をなにものかとして同定する選択である。だが同時に、この選択自身を他者へと提示し、伝達しようとする選択が、存在している。このことは、志向作用に、求心化－遠心化作用が随伴することの不可避の帰結である。そうであるとすれば、どのような行為も、本源的には、コミュニケーションとして遂行されているのだ、と結論することができるだろう。ここでは、主要には、二種類の選択性が一体化しているような場合だけを、議論の対象としてきた。この二種類の選択の区別自身が認知され、その上で統合されたときには、狭義のコミュニケーション（自らコミュニケーションとして志向しているコミュニケーション）が成立する。日常の行為が不断に実現する（社会システムの）自己準拠の機制は、主要には、この狭義のコミュニケーションに定位して説明されるだろう。他者性という様態は、日常的には、主として、狭義のコミュニケーションの内部での指向を通じて、明示的に姿を現すからである。

注

1　ただし、この方法は、情報的・エネルギー的・物質的に閉じた集合に対してしか適用できない。

2　社会システムの要素は、行為ではなく、コミュニケーションである、とする議論もある。たとえばルーマンはそのように論じている。私は、このアイディアに究極的には賛成だが、さしあたっては、システムの要素を「行為」とするより広い定義を採用しておきたい。そうすることによって、後に、社会システムの要素を、コミュニケーションとして、より狭く限定することの理由を明示することができるからである。

3　同じことは、マトゥラーナが主として経験的な参照点とした神経システムに関しても妥当する。

文献

橋爪大三郎 1985 『言語ゲームと社会理論』、勁草書房

——— 1993 「逆説としての権力」、『宝島』

今田高俊 1986 『自己組織性—社会理論の復活』、創文社

河本英夫 1991 「解題」、Maturana & Varela[1980 = 1991]

——— 1992a 「第三世代システム：オートポイエーシス１」、『現代思想』 20 - 8

——— 1992b 「第三世代システム：オートポイエーシス２」、『現代思想』 20 - 11

——— 1993a 「第三世代システム：オートポイエーシス３」、『現代思想』 21 - 3

——— 1993b 「第三世代システム：オートポイエーシス４」、『現代思想』 21 - 4

加藤尚武 1992 『哲学の使命』、未來社

木村敏 1975 『分裂病の現象学』、弘文堂

Luhmann, N. 1984 *Soziale Systeme*, Suhrkamp. = 1993 佐藤勉監訳『社会システム理論（上）』、木鐸社

Maturana, H.R. & Varela F.J. 1980 *Autopoiesis and Cognition*, Reidel Publishing Company. = 1991 河本英夫訳『オートポイエーシス』、国文社

Merleau-Pnty, M. 1975 *Les relations avec autrui chez l'enfant*, Centres de Documentation Universitaire. = 1966 滝浦静雄・木田元『眼と精神』、みすず書房

野本三吉 1981 『邑が蘇えるとき』、野草社

橳島次郎 1987 『〈神〉の比較社会学』、弘文堂

折口信夫 1955 「小栗判官論の計画」、『折口信夫全集』全３巻、中央公論社

大澤真幸 1986 「身体の微視政治技術論」、『現代思想』 14 - 14 →本書第Ⅰ部第２章

——— 1987 「まれびと考」、『現代思想』 15 - 4 →2012 『近代日本思想の肖像』講談社学術文庫

——— 1988 『行為の代数学』、青土社

Osawa, M 1989 'Algebra of Action and Phenomenology of Sociality', *Biological Complexity and Information*.

Prigogine, I.　1980　*From Being to Becoming : Time and Complexity in the Phisical Science*, Freeman.
Prigogine, I., P. Gransdorf　1971　*Thermodynamic Theory of Structure, Stability and Fluctuations*, Willey-Interscience.
Prigogine, I., I. Stangers,　1984　*Order out of Chaos : Men's New Dialogue with Nature*, Bantan Books.
Spencer-Brown, G.　1967　*Laws of Form*, George Allen and Unwin Ltd. = 1987　山口昌哉監修　大澤真幸・宮台真司訳『形式の法則』、朝日出版社
桜井徳太郎　1979「沖縄民俗宗教の核―祝女《ノロ》イズムと巫女《ユタ》イズム」、『沖縄文化研究』6
清水博　1978　『生命を捉えなおす』、中央公論社
多田富雄　1993　『免疫の意味論』、青土社
Varela, F. J.　1979　*Principles of Biological Autonomy*, North Holland.
Vaz, N & Varela, F. J.　1978　'Self and non-sence', *Medical hypothesis* 4. = 1984　小泉俊三訳「自己と無意味」、『現代思想』12－14
Wittgenstein, L.　1936-49　*Philosophische Untersuchungen*.
柳田國男　1962a　「巫女考」、『定本柳田國男全集』第9巻
――――　1962b　「日本の祭」、『定本柳田國男全集』第10巻
Žižek, S.　1989　*The Sublime Object of Ideology*, Verso.

第 II 部

社会システムの応用理論

第1章
経済の自生的（反）秩序――ルーマンに映したハイエク

1．自生的秩序

【1】自主的秩序と自由

フリードリッヒ・A・ハイエクは、彼が「自生的秩序spontaneous order」と呼んでいる事態の実現可能性、規範的な価値、そして手段としての優位性に対して、絶対的な信頼を置いている。自生的秩序とは、行為の持続的な遂行が、結果として、自然に実現してしまう〈社会〉秩序のことである。自生的秩序は、決して意図して作られたわけではない。それは、行為が集合的に接続するとき、ただ結果として、生み出されてしまうのである。つまり、それは行為の「意図せざる結果」の一つである。[1]

ハイエクによれば、行為の連関は、必ずこのような自生的秩序を帰結する。行為の集合に秩序が存するということは、それらの行為が、一定のルール〔群〕に従っている〔ように見える〕ということである。実際、ハイエクは、集合的な行為の持続的な連関は、それらの行為に対して先験的な規制力をもったルール＝規範を生成することができる、と主張している。

これとは逆に、社会における秩序を意図的に構成したり、制御することができるとする発想を、ハイエクは厳しく斥ける。言うまでもなく、社会主義が、特定の社会秩序を合理的・意図的に構成しようとする発想の典型である。このような「構成的合理主義」を拒否すること——したがって社会の究極的な秩序はすべて自生的であることを承認すること——は、社会が、一切の〔明示的な〕目的をもたないということを、認めることでもある。つまり、社会には、いかなる目的に資すると も明示しえない秩序のみが存在する、というわけだ。

このような理論的な前提は、当然、ハイエクをして、自由の理念の擁護者たらしめる。各個人がそれぞれ自由に行為することによって、そしてそうすることによってのみ、それらの行為の集合に、信頼にたる秩序が実現するのだから。このようなアイディアのもとでは、自由の理念を、より上層に設定された理念によって統制し、社会に意図的に秩序を生み出そうとするいかなる方法も、誤っている、と断じられる、だろう。

ハイエクの理論のもとでは、経済的環境である市場も、というより市場こそとりわけ、自生的秩序でありうるはずだ。ここでは、市場、あるいは経済システムにのみ的をしぼって、自生的秩序を可能にするところの条件を探索してみよう。

【2】均衡化

当然のことながら、ハイエクの自生的秩序の理論に従えば、経済の方法として、計画経済の体制よりも、自由主義的な体制の方が優れている、ということになる。市場においては、人々の行為は、資源の獲得をめぐる競争の形態をとる。この競争は、参与者たちの間の互いの行為の相補性を高めながら、やがて、望ましい資源の配分をもたらす社会的分業（自生的秩序）を結果する、というわけだ[2]。

注目すべきことは、ハイエクの言う市場の自生的秩序とは、均衡状態（すべての財・サーヴィスに関して需要と供給が均等している状態）ではない、ということである。通常は、均衡状態こそが、市場の理想的な状態[3]として認定され、また完全競争のもとでは、事実、均衡状態〔に近い状態〕が実現していると考えられている。しかし、ハイエクによれば、競争的な市場は、常に均衡していない。逆に言えば、いわゆる「完全競争」とは、その名に反して、本質的にはいかなる競争もない状態を指しているのである。

厳密には、次のように考えられているのだ。すなわち、存在しているのは、均衡状態ではなく、不断に均衡へと向かう運動、均衡化の動態なのだ、と。自生的秩序とは、この均衡へと漸近しつつある過程そのものなのである。均衡点においては、商品の価格は、その商品の〔限界〕生産費と合致する。つまり、市場を支配している秩序は、価格の面で見れば、生産のためのコストへと収束しつつある運動だということになる。しかし、このような動的な秩序とは、どのようなものなのだろうか。ハイエクの議論を、もう少し子細に見ておこう。

ハイエクの立論の特徴は、市場を、情報の非人格的な伝達機械のようなものと考えるところにある。言い換えれば、競争は、各競争者にとって発見の過程であり、この過程を通じて均衡が次第に創出されるのである。

各行為者は、出発点において、有用な知識を部分的にしかもっていない、という仮定が重要である。一般均衡論においては、すべての行為者がすべての財の相対価格を知っていることが仮定される。しかし、二、三の財しか存在しない小さな市場ならばともかく、数千万の財が集積している市場に関しては、この仮定は、あまりにも極端な抽象である。むしろ、行為者は、財について、ごく部分的な知識しかもっていない、と仮定すべきであろう。つまり、ハイエクの表現を借りれば、労働における分業（division of labor）に対応する、知の分担（division of knowledge）が存在するのである。

行為者たちは、それぞれ、自身の目的や、そのための手段の可能性やそのコストについての主観的な知識をもち、それにもとづいて、予期を形成する。しかし、予期は、それぞれの行為者の主観的な知識を基礎にしているので、つまり誤っているかも知れないので、必ずしも満たされず、相互に整合もしない。このことは、市場の競争によって、つまり現実の相互作用（コミュニケーション）によって、結果的に明らかになる。こうして予期が裏切られたとき、行為者たちは、当然、知識を改訂し、予期や自身のプランを修正し、再び市場へと向かう。こういった試行錯誤をともなう競争によって、市場は、均衡へと次第に近づいていく、というわけである。均衡は、市場の運動が、そこへと向かっている極限として、想定されているのだ。

ハイエクの理論の中では、知識の部分性に対応して、欲求や目的のような行為者の内的な心理状態も初発においては未完成である、と仮定されている。もちろん、通常の一般均衡論の枠組みでは、欲求や目的は、予め与えられている。つまり、行為者は、自身の欲求や目的に対して透明な認識をもっており、それを満足させるために、完全なプランをもって市場に向かうのである。しかし、ハイエクによれば、単に〔市場における〕事実（たとえば財の価格についての事実）に関する知識だけではなく、内的な欲求でさえも、行為者は、市場での活動を通じて、あとから発見するのである。たとえば、消費者は、市場に提供されている多様な財を見て、あるいは自身の競争者（ライバル）である他の消費者が獲得した財を見て、はじめて、自分が本当のところ何を購入したかったのかを、発見するのだ。要するに、欲求は、市場に対して完全には外生的ではない。

市場に、不断に均衡へと向かっているダイナミズムを生じさせるためには、行為者は、どのような（主観的）知識をもっていなくてはならないのか。ハイエクによれば、それは、多様な財の獲得方法とそれらが満たしうる目的についての知識である。とりわけ、ある時点——現在時点——で獲得可能な財が関与する、目的と手段の代替性についての知識が重要である。つまり、ある同じ財が、どのような他の目的を充足しうるか、また同じ目的を、他のいかなる財を用いて充足させることができるか、についての知識である。

このような知識をもとに各行為者が自由に活動するとき、市場には、さながら、すべての財の価格と行為者たちの欲求を知って、それらを調整する全能な指揮者が存在しているかのような、秩序が実現する。もちろん、実際には、このような全体を見通しうる立場には、誰一人として立っていない。すべての行為者の視野は、局所的なものに限られている。がしかし、ハイエクによれば、まさにそれゆえにこそ、かえって、均衡へと向かう圧力が生ずるのである。

図 1

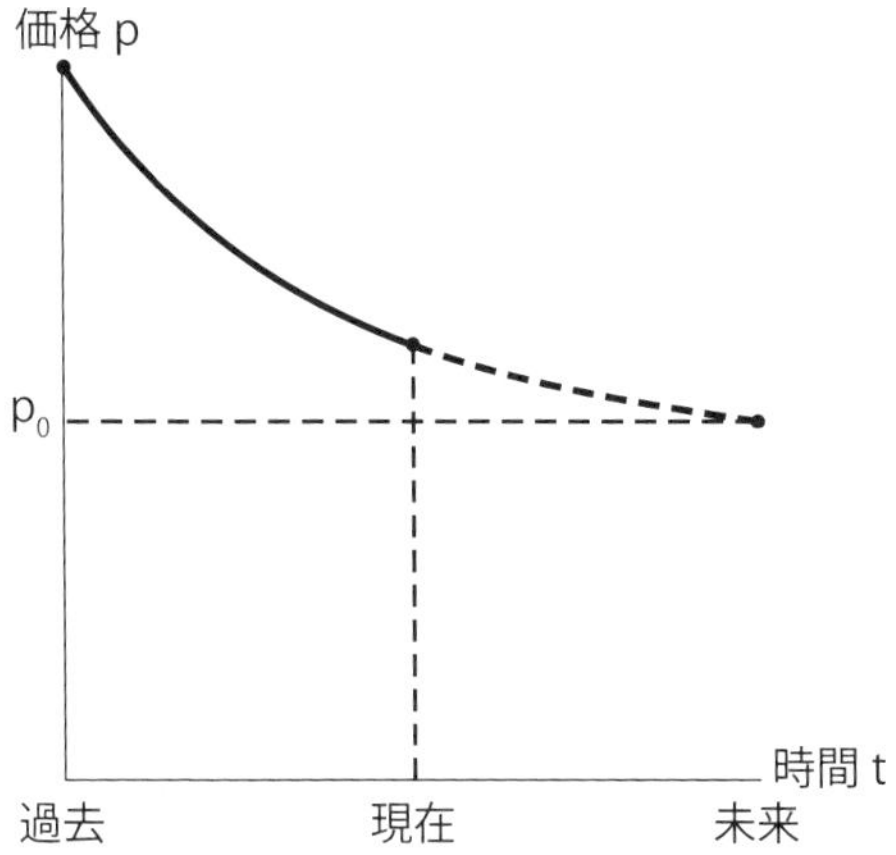

この均衡化のダイナミズムを、価格と時間に関して抽象すれば、たとえば、上のようなグラフによって単純に表示できるだろう。

もちろん、p_0は均衡価格である。それは、〔限界〕生産費と同一の値であるはずだ。未来において実現するに違いない極限として、現在の運動は、この価格を指向しているのである。

一般には、「完全競争」が理想的な状態であるとされている。このような考え方に立てば、価格と生産費の乖離は、競争が「不完全」で、したがって何らかの不正が行われている証拠になる。それゆえ、乖離が存在しているときには、市場に政策的に介入することが正当化される。

しかし、ハイエクの想定では、均衡価格は、現時点では実現しておらず、それゆえどこに落ち着くか予め完全には予知できない。確かに、それは、競争的な秩序を可能にする焦点ではあるが、見えていない焦点なのである。一方では、均衡価格は、重要である。というのも、競争は確かにそこへと向かっており、それゆえ市場に秩序が生まれるのだから。しかし、そのようなことが可能なのは、この均衡価格が、さしあたっては現在化していないからなのだ。だから、政策的に介入して、無理やり価格を設定することは、競争を抑止し、かえって潜在的な最低生産費（p_0）の実現を阻止することになる。これがハイエクの見解である。

特定の一企業だけが、ある商品を独占的に供給しているからといって、競争が存在しないわけではない。他の諸企業が、まさに市場への不参入によって、競争に潜在的には参入している、ということがありうるからである。つまり、現在独占を果たしているその企業の生産費が低く、他の企業がその技術水準にまだ追いつかないために、待機状態になっている場合には、競争は確かに生じており、しかも、最低生産費 p_0 へと向かうダイナミズムは健在なのである。また、自分自身しか供給できない個性的な商品（典型は芸術作品）を供給することによって、独占を果たしている企業の場合にも、市場は重要な意味をもつ。消費者の不払いの可能性——つまり購入すべきかどうか勘案したのちに他の商品に所得をふりあててしまう可能性——を考慮に入れれば、その企業は、他の商品を供給している無数の企業と競争状態に置かれているのだから。こうして、生産者と消費者の双方が、ときに否定的な選択肢（不参入、不払い）によって市場に関与しているため、独占的な状態も含めて、市場は常に競争的な環境になっている。そして、ハイエクによれば、その競争は、均衡価格へと向かう運動を喚起し、市場の自生的秩序の実現に貢献するのである。

【3】市場のための二条件

以上のように、市場に自生的秩序が成立しうるということが、ハイエクによって理論的に説明される。しかし、ハイエクが論じたような過程が生起できるためには、いくつかのきわめて基本的な——それゆえしばしばトリヴィアルなものと考えられてきた——条件が満たされていなくてはならないはずだ。

第一に、常に均衡していない市場が、しかし均衡化する動態を発動し続けるためには、市場における経済的なコミュニケーションが、それぞれ結果を残しながら、終わることなく何度も継続、再生産されていなくてはならない。経済的コミュニケーションとは、もちろん、支払い（購買）が作り出すコミュニケーションのことである。支払いという行為が、実現される度に価格形成力をもち、しかも、永遠に再生産されないことには、市場に、均衡化し続ける不断の運動は、生じえない。

たとえば、互酬的な贈与と大差がないような、単純な物々交換のようなものを考えてみよう。このような相互行為に、均衡価格へと向かうベクトルを見出せないことは、明らかである。均衡へと向かう不断の動態が生ずるためには、一つの交換が、次の交換を誘発することができなくてはなるまい。しかし、一つの物々交換が、次の交換を誘発する必然性はない。物々交換は、一般には、個々別々に分離されているのだ。つまり、複数の物々交換が次々と継起したとしても、それらは、各々、独立した相互行為として営まれているのが、通常なのである。

支払いという行為が、無限に接続されていくということは、次のことを意味している。経済システムの中では、各行為者は、自らの欲求に関連づけられた「目的」を所有しているのだが、それにもかかわらず、「目的」というものが、システムの同一性（アイデンティティ）には不関与であり、単なる一つのエピソードの終結しか意味していない、ということ、これである。支払い行為は、しばしば、各行為者にとっては、目的の実現である。しかし、「目的」の実現は、決して経済システムを終わりに導かない。システムの中では、常に、無数の「目的」が実現しているが、しかし、そのことは、システムの存続にはまったく関係しない。システムが継続的に存在していることの理由は、「目的」とは別の場所になくてはならないのだ。

物々交換が、均衡化の運動を導くことがないのは、物々交換を要素とするシステムが、まさにその交換が指向している「目的」によって規定されているからである。だから、このような場合には、「目的」が実現されるや、速やかにシステムは解消されてしまうわけだ。

第二に満たされるべき条件は、さしあたって、主観的な心理に関するものである。ハイエクによれば、市場の秩序が成立するためには、各行為者は、目的に対する財の有効性（必要性）、財と目的の代替関係についての知識をもっていなくてはならない。この知識が、人を市場に導くのは、その背後に、次に述べるような、未来に対する配慮があるからだ。自分の目的にとって必要であることの財は、他者が現在または将来に必要とするかも知れない、他者の活動が自分の活動の妨げになるかも知れない、だから、自分の将来の欲求の充足（目的の実現）のために、他者が現在すでに必要としている財をできるだけ多く、自分のために確保しておきたい、というわけだ。だから、市場における売買は、未来の問題（未来に生じうると認知された問題）を、現在において解消することなのである。このような未来の現在化が生ずるためには、現在の活動が、未来の確実性を保証することができなくてはならない。経済システムの中で、未来の確実性——未来についての確実な予期——は、どのようにして調達され、そして未来の欲求充足に関する問題を解消することができるのだろうか。

ちなみに、トマス・ホッブスの政治理論で言うところの「万人の万人に対する闘争」という自然状態の概念は、今問題にしているような未来の確実性に対する保証が、一般にはありえない、というところに着目するところから、導き出されている。現在のいかなる活動も、他者が自分の将来の欲求充足を妨げるかも知れない、という不安を取り除くことができないのならば、結局は、他者を抹殺したり、完全に自己に隷従させたりするしか、解決の方途はない。しかし、市場に、ハイエクが期待するような運動が成立するためには、経済システムは、ホッブスの自然状態が想定している、不安の無際限の拡張を、抑止できなくてはならない。

2. 貨幣

【1】コミュニケーション・メディアとしての貨幣

ハイエクが想定していたような状態を可能にする二つの条件は、いかにして、満たされているのだろうか。まずは、第一の条件を支持する機制の方から、考察してみよう。この点に関しては、ニクラス・ルーマンの経済システムの理論が示唆的である。[4] 結論から述べれば、経済的コミュニケーションの継続的な再生産を保証している要素は、「貨幣」である。

言うまでもなく、経済システムは、社会システム（全体社会）の部分システムである。社会システムは、コミュニケーションの可能な到達範囲の全体によって定義される。では、経済システムを定義するのは、いかなるコミュニケーションなのか、あらためて確認しておこう。経済的なコミュニケーションを構成する単位行為は、支払いである。そうであるとすると、経済システムは、ルーマンがマトゥラナやバレラから借用した用語によって表現すれば、典型的な「オートポイエシス・システム」だということになる。オートポイエシスは、もともとは生命システムの特徴を記述するために構成された概念だが、その抽象的な定義は、「構成要素のネットワークが構成要素自身を再帰的に生産するようなシステム」というものである。支払いという行為は、（先立つ）支払いにもとづいてのみ可能になり、そしてまた（後に来る）支払いを可能にするということ以外のいかなる、積極的な効果ももちえない。つまり、支払いは、支払いの網の目の中に再帰的に参与して、互いに互いを可能にしているのであり、この点で、オートポイエティックな要素の性質を完全に備えているのだ。

しかし、以上の説明は、実は精確なものではない。経済の単位行為は、支払いだけではなく、支払いの否定、つまり非支払いによっても構成されているのである。この点に、ルーマンの重要な着眼がある。要するに、経済の単位行為は、支払い／非支払いの二項的な選択なのである。ここで非支払いというのは、支払いについての予期や願望があるが、それにもかかわらず何らかの理由で（たとえば商品が高価すぎて目下の予算の制約の中では手が届かないなどの理由で）それが行われていない、という事実である。

貨幣の導入とは、行為が直面している状況を、「支払い／非支払い」という二元的・相互否定的な値によって、コード化することなのである。ルーマンの理論の中では、貨幣は、「象徴的に一般化されたコミュニケーション・メディア symbolically generalized media of communication」の一つである。このようなコミュニケーション・メディアは、意味提案（選択）の受容と拒絶の双方が可能なような開かれた状況を作り出すとともに、受容の方に拒絶よりも高い選好を配分し、受容が生起する確率を高めるような働きをもっている。コミュニケーション・メディアのおかげで、ある選択された意味提案が、完全な拒絶によって、消失してしまうことの危険性が減少し、選択が接続されていくのである。貨幣も、このようなメディアの一つである。

経済が貨幣経済へと全面的な移行をするためには、経済的に利用されうるすべてのものが、貨幣的な量的表現に還元されなくてはならない。たとえば、はっきりと特定できない善意のようなものによって負債が作られてしまう、互酬的な経済は、貨幣経済とはほど遠い。貨幣経済のもとでは、たとえ市場に提出された商品になっていなくても、経済的に利用されうるすべてが、貨幣換算される。たとえば、まったく売るつもりのない家宝の骨董品や、自分の生命までも、保険会社が、貨幣表現に置き換えてくれるのである。

貨幣によるこのような極端な普遍化を可能にしたのは、ルーマンによれば、すでに論じてきたような、貨幣による限定なのである。普遍化と限定は、逆方向のベクトルをもっているように考えられがちなので、この結びつきは一見逆説的である。しかし、貨幣の導入によって、関与的な選択肢を支払いと非支払いにのみ限定することを条件にして、貨幣による普遍化は可能になったのだ。[5]このような限定は、この二項的な対立に関係のない他のいかなる内容も二次的なものにしてしまうという意味において、極端な抽象化を意味していよう。貨幣経済は、このような貨幣による普遍化と抽象化の同時進行によって特徴づけられる。

問題は、均衡への運動を惹起し続ける、経済的コミュニケーションの不断の再生産は、いかにして可能か、ということであった。この可能性の条件になるのが、支払い（／非支払い）のオートポイエティックな性能なのだが、さらに、これを帰結したのが、貨幣というメディアである。貨幣を受け取るということは、これを支出するか手元に止めるかという選択権を握ることである。つまり、貨幣は市場における自由を、支払うか支払わないかという二項に単純化するのだ。決定によってこの自由を放棄すること――つまり支払ってしまうこと――は、まさしくこの自由を他者に順送りすることである。他者における自由の創出は、自己における同じ自由の放棄と、ちょうど釣り合っている。文字通り貨幣は循環し、その度に、支払いの可能性が他者において再生産されるのだ。

ある者がある財を受け取るのに一定量の貨幣を支払ったという事実は、市場において公示され、常にその度に価格形成に貢献する。形成された価格は、他者において必ず留保されている[6]「支払い／非支払い」についての決定に際して利用され、新たな予期のための地平となる。こうして、再生産され続ける支払いの度に、市場は、均衡点へと徐々に向かっていくはずだ。というのも、貨幣は、原則として、より小さな「自由の放棄」の方へと――つまりより安い価格の方へと――、流れていくだろうから。

【2】セイの法則の限界

われわれはルーマンの論点によって、ハイエクの議論を補ってきた。しかし、均衡化の運動と貨幣的なコードの関係についての以上の議論は、まだ第一次近似にしか過ぎない。ルーマンの到達点を踏み越えて、われわれは、この問題をもう少し厳密に考察しておく必要がある。

まず、貨幣によって、均衡へと向かう運動を引き起こす圧力が生ずるのだとしても、逆に、まさに貨幣こそが、市場の恒常的な不均衡を運命づけるものなのだ、ということを銘記しておく必要があろう。均衡を創造しようとする運動が市場に生じているということは、言い換えれば、任意の時点において、市場が均衡していない、ということでもある。貨幣というメディアに訴えることは、不均衡の本源的な原因となる。少なくとも、貨幣を経由することで、均衡が、ほとんどありそうもない奇蹟的な事態にならざるをえない。

総需要と総供給が常に互いに相等しい――供給はみずからの需要を創り出すのだから――、という有名な「セイの法則」を主張することは、貨幣を交換の便宜としてのみ考えること、つまり市場を本質的には物々交換によって成立していると考えることに等しい（Iwai [1981 : 79－82, 113]）。物々交換経済では、ある者が余分にもっているモノを他の者がちょうど欲しがっており、同時に逆に後者が余分にもっているモノを前者が欲しがっている、という欲求の二重の一致が成立している。つまり、ある行為者が何かを供給するということは、これと同価値な別の何かを需要することを含意しており、他方で何かを需要するということは、これと同価値の何かを供給することなのである。売ることはすなわち買うことであり、買うことはすなわち売ることでもある、という売りと買いの完全な合致が、物々交換経済の特質であり、セイの法則を必然化するわけだ。

しかし、貨幣というメディアは、前項で述べたように、支払わない可能性をもコード化する。支払わないということは、貨幣の所有によって生ずる、市場における自由を、自分のもとに止めておくことである。支払いはこの自由の放棄を含意しているから、貨幣を自分の手元に止めておくことに、十分な誘因がある。貨幣が開示する自由のことを、経済学は「流動性 liquidity」と呼び、この自由を留保しようとする志向を、「流動性選好 liquidity preference」と呼んでいる。貨幣そのものが欲せられているということは、貨幣が、セイの法則が想定しているような、（モノとモノの間の）透明な中間経路ではない、ということである。貨幣そのものが、モノ＝商品と同じように欲求の目標となってしまっているからだ。

このとき、需要と供給の一致は、一般には保証されない。商品を供給することによって獲得された支払いの可能性が、直ちに行使される――別の商品が購入される――とは、限らないからである。こうして、貨幣こそが、市場を均衡からひきはがす原理的な要因となる。

しかしそれでも、その同じ貨幣が、支払いという単位行為を継続的に再生産していくことを可能にし、均衡へと向かう運動を現出させもするのである。この点については、すでに前項で論じてある。

だがルーマンに従って展開した前項の議論は、まだ本質的な欠落がある。なるほど確かに、支払い能力を獲得するためには、（先立つ）貨幣の支払いがなくてはならず、また任意の支払いが、（後続の）貨幣の支払いの可能性にとって、不可欠であろう。しかし、支払いを受けるということは、支払いの可能性にとって必要条件かも知れないが、十分条件ではないのだ。

【3】支払のトートロジー

ルーマンは、経済システムの中では、貨幣を所有すること――これは先立つ支払いによって可能になる――によって支払い／非支払いという選択の自由が獲得されるかのように、論じている。ルーマンに従えば、支払いを行うことによって、他者において支払い可能性が生成され、支払いという行為の接続が完遂するのである。しかし、これは間違っている。支払いを受けたということ、つまり自己に対して向けられた支払いがあったということだけでは、支払いの可能性は保証されない。これは、どういうことか。

貨幣を所有する行為者A_0が貨幣を支払おうとしても、財を所有する他者A_1がこれを受け入れるとは限らないからである。先行する支払いp_0が、後続する支払いp_1の可能性を開く、と述べてきた。しかし、逆に、まさに先行の支払いp_0を可能にしているのは、その支払いを受ける他者A_1による、後続の支払いp_1である、とも言えるのである。貨幣は、支払いにしか使えない。【1】に論じておいたように、貨幣の用途は、支払い／非支払いの二項的な選択肢に限定されている。貨幣による支払いを受け入れる者は、したがって、自分自身、〔さらなる他者に〕支払いを行う準備のある者だけである。後続の支払いp_1が、先立つ支払いp_0を可能にしているというのは、このような意味である。p_1という支払いの可能性が、はじめてA_1に、貨幣を受け入れさせるのだから。

それゆえ、相前後する二つの支払いp_0とp_1は、互いに相手を、異なる意味において、可能にしているのである。p_0がp_1を可能にしているという場合には、前者が後者の欠かすことができない原因〔の一つ〕になっている、という意味である。他方、逆にp_1がp_0を可能にしている、というときには、前者の存在が、後者の存在にとっての、論理的な前提になっている、ということである。もちろん、ある支払いp_0は、直前と直後の支払いp_{-1}とp_1から、異なる仕方で、可能性の条件を与えられるのだ、と言っても同じことである（図2）。

ここで提起した貨幣の循環（支払い行為の継続的な再生産）のための条件の意義、つまり、後続する支払いの存在〔可能性〕の先行する支払いに対する関係の意義を評価するためには、貨幣を受け取るということが、非常にリスクの大きい選択である、ということを理解しておかなくてはならない。一般には、貨幣そのものは、欲求の最終的な対象ではない。人は、何らかの財やサーヴィスを購入するために、貨幣を受け入れるのである。[7]それゆえ、支払いを受け、貨幣を所有するということは、自身の最終的な欲求対象に到達する前に、自分が所有していた財やサーヴィスを放棄してしまうことを意味している。支払いを行い商品を購入した者は、とりあえず、欲求対象に到達したのだから、安全地帯に入ったことになる。だが、逆に、商品を売り払い、貨幣を入手した者は、危険な立場に追いやられたことになる。なぜならば、貨幣を所有している者は、さらなる外部に、「最終的な欲求対象に到達する前に自分の財を放棄し、貨幣を所有すること」を容認するよ

図2

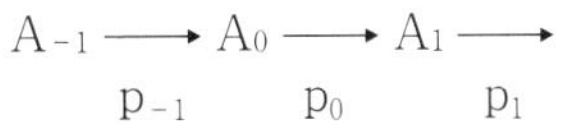

A_1：行為者

p_1：A_1による支払い

→：貨幣の循環

うな他者を、探し求めなくては、決して、本来の欲求対象を入手できないからだ。そのような都合のよい他者が存在していることの保証が、あらかじめ与えられているわけではない。だから、貨幣はババ抜きのババのようなものである。誰でも、貨幣を早く支出してしまった方が安全である。しかし、速やかな支出のためには、他方で、貨幣を積極的に受け入れる者がいなくてはならない。

支払いの関係においては、だから、この行為の始発点と終着点にいる者の間に、明らかな非対称性がある。終着点にいる者は、自分を、積極的に危険な場所に押しやる者なのである。このような非対称性は、物々交換経済では、ありえない。その場合には、参与者はすべて、欲求していた対象に到達できる場合にのみ、自分が所有していた財やサーヴィスを放棄するのだから。

さて、今、われわれは一つ後の支払い p_1 が、一つ前の支払い p_0 を可能にするのだ、と述べてきたが、これだけではまだ不十分であることは、直ちに理解されるだろう。というのも、その一つ後の支払い p_1 も、さらにその直後の支払い p_2 が実効的なものでありうることを、その存在の条件としているからである。もちろん、同じことは再帰的に、p_3、p_4……に適用される。任意の支払い p_i が、その後続 p_{i+1} の存在によってのみ存在可能なのである。それゆえ、結局、p_0 が可能であるためには、それに、無限の支払いの連鎖が接続されなくてはならないのである（図3）。

このことは、結局、次のことを意味している。誰もが支払いを受け、貨幣を受容するとき、自分の後に、自分の受け入れたところの貨幣を再び受け入れる他者が存在していることを確信しているのである。そして、この確信に導かれて、結局は、自分が支払った貨幣を受け入れる他者の無限の

図３

$$A_0 \longrightarrow A_1 \longrightarrow A_2 \longrightarrow A_3 \longrightarrow A_4 \longrightarrow \cdots\cdots\cdots$$
$$p_0 \qquad p_1 \qquad p_2 \qquad p_3 \qquad p_4 \qquad \cdots\cdots\cdots$$

連鎖が存在している、ということを信頼してしまっているのである。これは、とてつもなく無謀な確信である。第一に、このような他者が次々と存在している、ということは、ほとんどありそうもないことであり、第二に、単純に、このような他者の無限の羅列は、経験的な世界では、そもそもありえないことなのだから。[8]しかし、経済システムの作動は、このような確信によって支えられているのだ。

　われわれは、支払いが支払いを可能にし、貨幣の循環を構成する、というルーマンの論点から出発した。だが同時に、貨幣は、貨幣の無限の循環の可能性によってこそ、実効的なメディアでありうるのだ。つまり、貨幣の支払いは、自らが原因になって構成される支払いの連鎖を、存在の根拠とすることで、経済システムの単位となりえているわけだ。

　右の議論から、次のことが論理的に導かれる。貨幣を所有するということは、さしあたっては、自分自身に、例の「支払い／非支払い」という二項的な選択肢よりなる選択の能力を帰属させることだが、間接的には、後続する無限の他者たちに、同じ選択の能力を帰属させることを意味する。言い換えれば、貨幣の所有者は、自分自身と（未来の）無限の他者たちに帰属する規範的な選択の能力を、（現在時点において）自らに帰属させていることになるわけだ。[9][10]

　さて、もともと、われわれの問題は、ハイエクの言う「自生的秩序」を市場に生み出すような、経済的コミュニケーションの不断の継続は、どのようにして生ずるのか、ということであった。それは、貨幣を支払う行為が、無限の同じ形式の行為を再生産しうる、ということによって、保証されるのだ。ところが、個々の支払い行為の可能性の方こそ、逆に、そのような行為が無限に連鎖しうるということに依存して、はじめて構成されるのである。とすれば、ここには、トートロジカルな循環が作られてしまう。

だから、われわれは、ここで次のように問わなくてはならない。支払いが、高度な蓋然性をもって、後続の支払いを見出すことができ、したがって、実際に支払いの連鎖が生じていくのはなぜか。支払いの無限の連鎖の存在についての予期が、通常主題化されることがないほどまでに高い信頼によって、裏打ちされているのはなぜか。すでに述べたように、ルーマンが提起した論拠、つまり支払いが後続の支払いの可能性を開くという事実は、事態を部分的にしか説明できない。

【4】欲求

支払いは、〔後続の〕支払いを条件として成立し、〔後続の〕支払いに可能性を開くということを、効果としてもたらす。〔前後の〕支払いのために存在する支払い。ここには、支払いの連鎖を根拠づける理由が、支払いそれ自身の他には存在しないように見えてくる。

もちろん、実際には、外的な理由なしには支払い〔や非支払いによる節約〕は行われない。つまり、経済システムは、このような理由を見出さなくてはならない。経済システムは、支払いの網の目からなるシステムなので、その内部には、支払いを外的に根拠づける理由は存在しない。理由は、支払いがシステムの環境と結びつくような地点に存する。このような環境との接触点を、われわれは、ルーマンにならって「欲求」と呼ぶのが良いだろう。

支払いのオートポイエティックな循環は、経済システムの閉鎖性の条件である。それに対して、ルーマンによれば、支払い理由としての欲求とは、システムの開放性が、その表現を見出す場所である。ただし、欲求も、単純に環境における所与ではなく、環境についての情報処理のシステム内的な形式なのである。

まずは、次のことを確認しておこう。欲求は、少なくとも支払うことの理由を、直接に説明する。他方、それは、支払われることの理由を、部分的あるいは間接的にしか、説明できない。というのも、前項で論じたように、支払いを受けただけでは、まだ欲求されている対象には到達していないからだ。つまり、貨幣の所有は、むしろ、そのような対象から距離を取ることだからだ。だがしかし、対象がまさに支払いによってしか獲得できないような状況の下では、特定の対象への欲求の存在が、支払いを引き受けることの理由となるだろう。

しかし、それでも、欲求の存在は、支払いの連鎖の可能性を、説明しきることはできない。第一に、支払いによって、次々と行為者たちが欲求していた対象を獲得したとしても、それが可能であるのは、最後に必ず、貨幣を所有している――したがって欲求の対象に到達していない――もう一人の他者が残っている場合に限られるからである。たとえば、図4で、A_1とA_2が欲求していた対

図４

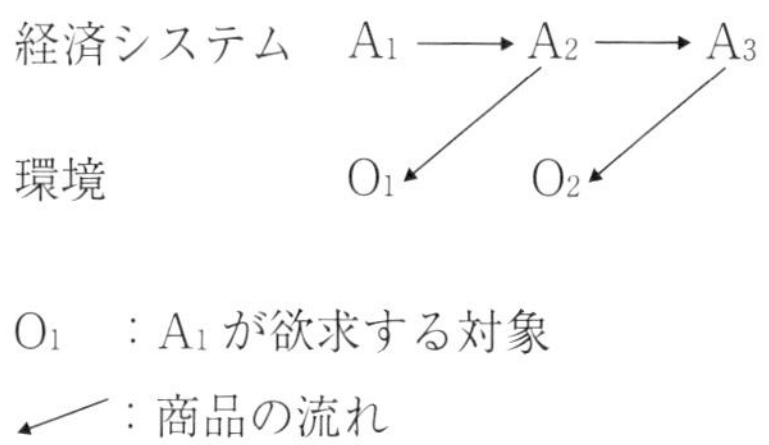

象——それぞれO_1とO_2——に到達できるのは、A_3が未だにそのような対象に到達していないからだ。もちろん、A_3が対象を獲得しようとすれば、そのときには、A_4が対象に到達していない他者として取り残されるだろう。

つまり、欲求という理由ではその選択を説明できない余剰的な他者が存在している場合にのみ、欲求にもとづく支払いの連鎖の説明が、可能になるのだ。この他者は、少なくとも支払いに外在する何かを欲求してはいない。余剰的な他者は、ただ、支払いの可能性（貨幣）を欲求している、というほかない。こうして、欲求という概念をもち出したとしても、支払いそのものを理由にした支払いという循環に、差し戻されてしまう。

いま指摘した問題は、支払いの連鎖の終点にのみ局在していた。しかし、第二に、欲求そのものが、経済システムの内的な形式であることを考慮に入れれば、難点は、支払いの連鎖のすべての地点に生じている。いま、人間の身体そのものの再生産に関係する基本的な欲求は、とりあえず別にしておこう。そうすると残るのは、たとえば、ある程度奢侈的な性格をもった欲求である。ところで、このような欲求は、ルーマンも指摘しているように（Luhmann［1988＝1991：48］）、貨幣が自由に使えるということから、つまり支払い可能性を十分に蓄積しているということから、生ずるものである。つまり、奢侈的な欲求は、支払いという行為を説明するどころか、逆に、支払いという行為によって条件づけられているのである。

ここで翻って基本的欲求のことを考えてみよう。そもそも、奢侈的欲求と基本的欲求とを分かつ明確な境界線などというものは、存在するのだろうか。ほとんどの欲求が、なにがしかの程度において奢侈的だと言うべきではないか。とりわけ、よく指摘されるように、「消費社会」と呼ばれる段階にあっては、生の基本的欲求というものを想定することは、ほとんど不可能である。

さらに、経済そのものにもっと密着した欲求、とりわけ経済的生産にともなう欲求――労働力や原材料などに対する需要――は、明白に、それ自身、さらなる支払いの可能性へと指向している。つまり、このような生産にともなう欲求は、より多くの貨幣、より高い支払い可能性の蓄積への欲求に派生して、二次的に生じてくるものである[11]。

したがって、欲求という環境についての形式を取り出しても、それ自身が、経済システムの自己欲求とでも呼ぶべきものに還元されてしまう。すなわち、諸対象への欲求は、支払いの可能性そのものを獲得しようとする欲求の姿を変えたものに過ぎない。一節で見ておいたように、これはハイエクの認識でもある。「欲求」は、経済システムにとって与件ではなく、市場の競争の中で創り出されるのだ。

こうして、二つの論拠から、われわれは支払いのための支払いという、最初の循環に差し戻されてしまったのである。そうであるとすれば、われわれは再び問わなくてはならない。支払いの〈無限長であると想定されるような」連鎖は、どうして生じうるのか、と。この問題が重要なのは、支払いが次々と継続的に生じ続けるということだけが、「自生的秩序」の可能性を保証するからだ。

この問題に立ち向かう前に、1【3】に指摘した第二の条件を可能にするような機制を考察しておくことにしよう。この考察が、われわれを、ここに指摘してきたのとまったく同じ問題へと、連れていくことになる。すなわち、第二の条件の基礎に、再び、支払い（／非支払い）の無根拠な連鎖を見ることになる。

3. 稀少性（1）——循環形式と所有

【1】土地と労働力の商品化

われわれは、市場に、ハイエクの言う「自生的秩序」——それは均衡へと不断に向かう競争の形態を取る——が成立しうる条件を探索している。自生的秩序が可能であるためには、経済的コミュニケーション（支払い）が、終わることなく無限に再生産されなくてはならない。この不断の再生産は、どのように根拠づけられているのか、をわれわれは探究してきた。しかし、われわれの考察は、完全に初期の問題設定の場面に差し戻されてしまったのである。初発の地点へと連なる経路は、次の二本である。

第一に指摘したのは、連続する支払いの間の次のような相互規定の関係である。先立つ貨幣の支払いは、後続の支払いの原因であるという意味で、後続の支払いの可能性の条件になっている。ところが、これと同時に、逆方向の規定関係も存在しているのだ。すなわち、後続の支払いの存在可能性こそが、先立つ支払いの論理的な前提条件になっているのである。貨幣というメディアを実効的なものにしているのは、それを用いた任意の支払いに対して、後続の支払いの存在を想定しうる、ということである。それゆえ、岩井克人は、貨幣の存在が、自然数の無限性と類比的である、と指摘している。自然数の無限は、任意の地点で後続が存在しているということ、によって定義されているからだ。もちろん、このような無限性は、事実的なものではなく、理念的なものでなくてはなるまい。そうであるとすれば、事実的には有限であるはずの支払いの連鎖を、無限なものに見せる錯視の機制が、当然にも、問われなくてはならない。

したがって、次のような、トートロジカルな循環が見出される。支払いという経済的コミュニケーションの継続的な再生産を可能にしているのは、支払いという単位が、別の支払いをオートポイエティックに生成しうるという性能である。だがしかし、他方で、各支払いをまさに支払いたらしめているのは、支払いの無限の連鎖の方なのである。それゆえ、支払いの連鎖の根拠には、まさにその、支払いの途切れることがない（と想定されている）連鎖が、存在していることになるのだ。

第二に、われわれは、支払いの連鎖を駆動する根拠を、経済システムが、その環境（外部）と接する地点に求めたのであった。経済システムが環境と接触する場所は、「欲求」と呼ばれる。しかし、われわれは、このようなシステムの開放性そのものが、システム内的な形式と化していることを確認した。すなわち、欲求が、支払いを動機づけるというより、欲求そのものが、支払い可能性の集積に依存して形成されるのである。

このことは、経済システムの環境への依存関係そのものが、経済システムに依存しているということを意味している。システムの外部との関係そのもののシステム内部へのこのような再参入を画している出来事は、――ルーマンが示唆するように（Luhmann［1988＝1991：56］）――、土地と労働力の商品化であろう。経済システムは、二つの方向に向かって開かれている。それは、一方では、内在的な自然環境へと向かって開かれ、他方では、超越的な人間身体に向かって開かれているのだ。経済システムは、この二つの開口部から、自身の再生産のための条件――物質的な条件と規範的な条件――を引き出す。しかし、土地も労働も貨幣の支払いによってしか手に入らなくなったとき、そのような再生産の条件そのものを、経済システムは、自身の内的な契機として表示することになるのだ（Polanyi［1944＝1975］参照）。

もっとも、土地と労働という二つの生産要素、とりわけ労働は、通常の商品と完全に同等な扱いを受けることを、長いあいだ拒み続けてきた。労働が価値の源泉であるとする発想は、労働のこのような抵抗の思考の領域への屈折した反映である（日本では、「自然」の方にこの種の抵抗がより大きかったため、土地が労働より圧倒的に大きな価値の源泉として現象した）。

いずれにせよ、経済システムを環境（外部）との接点へと遡ってみても、支払いの運動を基礎づける実質に到達することはできない。むしろ、支払いの運動の方が、自らを根拠づける「理由」という仮象を、不断に生みつづけているのである。

【2】稀少性

われわれとしては、とりあえず、1【3】で提起した第一の条件をめぐる問いかけを断念しなくてはならない。ここで、同時に提起しておいた、自生的秩序についての第二の条件の方に、眼を向けてみよう。

第二の条件は、将来の先慮に関するものであった。経済システムは、未来の安定についての心配を、いかにして、現在の分配を通じて解消することかできるのだろうか。言い換えれば、経済システムは、いかにして未来を現在化し、未来（についての予期）に確実性の外観を与えることができるのだろうか。未来の現在化についてのこの問題を解決することができなくては、市場は、決して、ハイエクが想定したような不断に均衡へと向かう運動――自生的秩序――を実現することができない。

ここで、将来についての先慮を導いているのは、「稀少性 Knappheit」という問題である。財やサービスなどの資源が稀少であるとの認識が、自分の（未来の）欲求の充足が他者によって阻まれるかも知れないという憂慮を産むのである。すなわち、稀少性のゆえに、他者が現在ある資源を奪ってしまったという事実が、自分の将来の欲求充足に必要な資源を不足させるかも知れない、という不安へとつながるわけだ。それゆえ、われわれは、経済システムが稀少性をどのように処理しているのかを、確認しなくてはならない。われわれは、先に、発達した——全体社会から分化しきった——経済システムを「支払い」という単位行為によって定義したが、経済システムをより原始的なものまで含めて一般的に考えるならば、資源の稀少性に対する一貫した対処のシステムとして、機能的に定義しておくのが、わかりやすいだろう。稀少性によって引き起こされるかもしれない未来の問題を、現在解決しておく方法を提供することができたとき、はじめて、市場に、「自生的秩序」が成立するための準備が整うのである。

断じて誤るべきではないのは、資源が稀少であるということと、その資源が有限であるということとは、まったく別のことだ、ということである。あらゆる物質、エネルギー、情報には、量の限界があるし、このことは、広く知られている。しかし、この資源の有限性についての認知が、ただちに稀少性についての困難として認識されるわけではない。

稀少性は、世界についての「客観的な事実」ではない。稀少性は、それに対処し、それについて何らかの有効な決定がなされるべき「問題」として、システム相関的につくり出されているのである。問題があって解決へと駆り立てられているというよりも、問題解決的なシステムの志向の相関項として、稀少性という問題が形成されるわけだ。

【3】占有のパラドクス

ここで、われわれは、またしてもルーマンの議論に助けを求めることができる（Luhmann［1988

＝1991：178-233ほか]）。ルーマンの基本的な着眼は、稀少性が、自己準拠的循環の一形式だということである。ここには、嘘つきのパラドクスと同じタイプの自己否定の構成が、伏在している。それは、次のような循環的な作動である。すなわち、ある量を占有することが、占有の可能性を制限し、逆にその制限が、占有を誘発するということ、これである。この循環は、ある命題が真であるとする仮定が、その否定を、つまり同じ命題が偽であるとする結論を導き、逆に偽であるとする仮定が、真であるとの結論を導くのと同型の関係だ。たとえば、われわれは、ある資源のある量を占有することに固執するとき、その理由について次のように述べる。その資源の占有の可能性に限界があるからだ、と。しかし、逆に、占有の可能性に限界をつくっているのも、その占有という行為なのである。だから、占有は、自ら自身に否定的に関与し――すなわち自分自身を制限し――、しかもこの否定的な効果を、自分自身が発動する動機であると主張するのである（Luhmann [1988＝1991：179-80]）。

もちろん個々の占有においては、通常は、このような循環は現われない。各占有の動機となっている可能性の制限は、別の占有がつくり出しているからだ。つまり、個々の占有は、自己準拠的にではなく、他者準拠的に自分自身を根拠づけることができるのだ。しかし、それら諸占有が生起するシステムから出発した場合には、ここには、自分のことを嘘つきだと主張する人物の告白と同じ、パラドクスを見て取ることができるはずだ。

ルーマンが述べているように、システムが作動するためには、この稀少性の原型は、制限され、隠蔽されなくてはならない（Luhmann［1988＝1991：181］）。この循環は、このままの形態においては、まったく端的な矛盾なので、システムは完全に規定不能な状態（規定不能な複雑性）へと追いやられてしまうからだ。占有の自己否定的な循環を不可視化することを通じて、矛盾による封鎖から、システムは解き放たれるのである。

問題になっている矛盾は、稀少性が占有によって克服されかつ除去されるということ、つまり稀少性の増大と減少が、おなじ占有によって、同時に引き起こされるということ、である。この矛盾は、ルーマンが指摘するように、次のような分岐によって、非問題化されるだろう。すなわち、稀少性が、資源を占有した者にとっては相対的に減少し、それ以外の他者にとっては増大するということ、しかも、この二つの過程が同じ一つのシステムに所属しているということ、これである。つまり、占有による成果を直接にシステムの全体に帰属させず、「持つ／持たざる」の差異を設定するように不均等に帰属させることによって、稀少性の原型に含まれているパラドクスを緩和するわけだ（Luhmann［1988＝1991：182］）。

【4】所有

占有の分岐を利用した、このようなパラドクスの解決は、まだ原始的なものである。この種の分岐は、偶然的に生ずる。典型的なのは、暴力に基づくケース、だろう。しかし、稀少性についての問題は、【2】に述べたように、時間的な次元にかかわる問題である。それは、未来についての確実性が与えられたときに、解消する。そのためには、パラドクスを解決するはずの「持つ／持たざる」の差異が固定され、反復可能なものにまで凝固されなくてはならない。しかし、偶然に生じた占有の分岐は、それが後続の異なる作動（占有）の前提として採用される保証はない。つまり、それは、たとえば異なる暴力によって破棄されてしまうかも知れず、将来を保証するはずの反復可能性を獲得できない。

それゆえ、占有にもとづく分岐は、やがて、「所有 Eigentum」によるコード化に取って代わられる[12]。所有は、ルーマンによれば、最初の、経済にみあった、「象徴的に一般化されたコミュニケーション・メディア」である。所有は、コードとして作用する。ここで照準されている差異は、もちろん、「所有／非所有」の差異である。所有は、――ルーマンの表現を使えば――、稀少な量の占有が持てる者と持たざる者という立場を圧縮する場合に生ずる（Luhmann［1988＝1991：187］）。ここで圧縮というのは、意味素成が、――状況の変化に抗して――、何度も反復して使えるということである[13]。この反復可能性が、予期形成の基礎を与える。反復をあてにできる場合にのみ、未来の欲求充足／不充足についての確実な予期を持つことができるからだ。

したがって、所有のコードが、われわれが自生的秩序のための第二の前提としてあげておいた条件を充足させるために、不可欠な要素であることがわかる。たとえば、現在、ある財を所有しているということが、未来の稀少性から所有者を（相対的に）解放してくれる、ということを確実にあてにすることができなくては、決して、ハイエクが予想するような動的な活動は生じえまい。

所有／非所有という差異による関係のコード化ということが、自明に実現されうることがらであると、考えてはならない。ある者が、ある財を所有しているということは、他のすべての者が、その財の所有から排除されているということである。所有がメディアとして機能するためには、通常は圧倒的に多い他のすべての者に、所有からの排除を甘受させなくてはならないのだ。しかも、ときには、占有という事実に抗して、所有から排除される者（占有していても所有しているとは見なされない者）すらいる。だから、所有というメディアは、所有からの排除を動機づけることができない限り、獲得されえない。そのためには、非所有者が、まさにその非所有によって、経済システムに包摂されるような仕組みが準備されていなくてはならない[14]。言い換えれば、非所有者を単純に稀少性の増大に委ねてしまうのではなく、非所有者にも、稀少性を克服するための道を、残しておくような配備が必要である。それは、所有／非所有の境界を横断する可能性のことである。

所有から非所有への、また非所有から所有への「横断 cross」の諸形式の中で[15]もっとも重要なものが、――ルーマンが述べているように――、「交換」である（Luhmann［1988 = 1991：188–9］）。［等価］交換の制度化は、もちろん、経済の貨幣化を意味する。貨幣化によって、貨幣の使用が他者への貨幣の譲渡と他者からの所有の移転を惹起する、ということが、保証されるのである。しかし、この段階では、交換は、所有が制度化されているということの副次的な効果である。つまり、交換は所有に従属しているのだ。

正確にいえば、稀少性とは、未来の欲求充足の問題を、現在に射影したものである。未来の欲求充足について現在あれこれと心配しようとすれば、それは稀少性について心配することになるだろうから。だから、ルーマンの表現をそのまま使えば、経済システムの本来の機能は、「将来の欲求充足を脱問題化するために稀少性をつくり出し調整するところにある」のだ。つまり、経済が照準している課題とは、「その時々に直面する現在の将来」（Luhmann［1988 = 1991：52］）なのである。所有の設定は、現在／未来という時間的次元を、所有する自己／所有しない他者という社会的次元の差異へと、変換することを意味しているだろう。

【5】身分制

しかし、所有というメディアには、限界がある。つまり、所有によって、稀少性の問題に対処するためには、特別な条件がそろっていなくてはならない。この点を、説明しておこう。

所有／非所有という区別が反復可能なものとして圧縮され、（交換のような正式な二次的手段を経由しない限りは）持続的に維持されるのは、所有が正当化されているからである。所有／非所有の差異は、明確な選好の落差を形成している。所有の方が、より求められているのである。にもかかわらず、所有者が非所有者からの反撃を受けず、所有／非所有の区別が維持されるのは、この選好の落差に対応して、――ちょうどそれを補償するかのように――、所有する者と所有しない者の間に、価値（威信）の不均等な配分があるからだ。あるいはむしろ、所有に対する選好は、この価値の不均等を直接反映したものと見なすべきかもしれない。所有するということの価値（威信）は、たとえば「身分相応」な生活というアイディアに、要約されている。所有する者は、まさにそれにふさわしい価値を、自ら自身の身体に帯びているのである。所有が正当化されている、というのはこのことである。

実際、たとえばルーマンは、所有するということが、かつては社会への加入資格であった、ということを指摘している。所有は、所有する者の自立性を保証しており、市民社会の成員となる資格要件だったのである。そのため、市民 cives という概念や、民衆 populus という概念でさえも、一つの地域に住むすべての人々のことではなかった。したがって、人々は、市民 cives, Bürger と住民 habitatores, Einwohner とをはっきりと区別していた（Luhmann［1988 = 1991：191, 225］）。これは、所有するということが、身体の集合に与えた明確な断層の一事例である。

所有／非所有の区別が安定化するのは、——理想的には——所有を正当化するために、外的な根拠を必要としない場合である。つまり所有が、あるいは所有から派生する享益が、直接、それ自身で正当なものである場合である。ルーマンによれば、この所有と享益の直接的な正当性は、——ヨーロッパにおいては——、一七世紀あたりから、徐々に切り崩されていく（Luhmann［1988 = 1991：191-2］）。

おそらく、所有制度にもっともふさわしい経済は、再分配の様式で資源を分配するような経済であろう。資源は、究極的には、十分に価値ある少数の身体に所属する。そして、他の諸身体には、その価値の相対性に応じて、つまり「身分相応な形で」、資源が分配されるのである。この種の経済の特徴は、全体社会にとっても、また各個別の身体にとっても、資源の絶対量を固定的なものと見なすことができる、ということである（つまり、経済成長ということを、考える必要がない、ということである）。所有量は、各身体が帯びている価値の限界に対応しており、その価値は、既定的でありかつ固定的だからである。確定された所有量の範囲で問題になることがらは、それらを、さまざまな使用目的や身体にどのように分配するか、ということだけである。[16]

したがって、所有が、中心的な経済のメディアとしてよく作動するのは、経済システムが経済外的な規範（道徳）から十分に分離していない段階なのである。もちろん所有／非所有の差異は、稀少性を直接に道徳的にコード化したものではない。つまり、それは、善悪の差異とは独立である。しかし、にもかかわらず、経済の活動からは直接に導出できない価値の正当性——身体に絶対的な序列（身分制的差異）を与える価値の正当性——に支持されなくては、所有／非所有の差異を、反復可能なものとして維持することはできない。このような価値に媒介されたとき、諸身体は、まさに自身に割り当てられた価値の大きさに比例して、自身の欲求の質や量を、自己限定してしまうのである。彼らは、その限定された欲求をもって、経済に立ち向かうわけだ。

だから、逆に、経済システムの中では、誰もが、ありうるすべての欲求に対して開かれているということが承認された場合には、所有を、経済の主導的なメディアとして使用することは不可能になる。ルーマンによれば、一八世紀の政治経済学の中で、「富 wealth」の概念とともに、欲求の概念の一般化が実際に生ずる（Luhmann［1988＝1991：199］）。もはや、身分に応じた生活様式の枠内で充足されるべき欲求とか、資格付与や限度といった視点から道徳的に評価されるべき欲求の質といったものは、まったく問題にならない。つまり、支払いさえ可能ならば任意の欲求が満たしうることが、保証されるのである。

こうして、経済にはめられていた、身分制的な枠づけが取り払われる。そうすると、人々の欲求はあらかじめ特定化されていないため――したがって持つものとも持たざるものの差異にそって人々を固定的に分割することができないため――、稀少性のパラドクスは直接に露呈せざるをえなくなる。このような事態に直面して、いかなる方法で、再びパラドクスは解消されるのだろうか。

4．稀少性(2)――二重化

【1】稀少性の二重化

欲求の多様性・一般性は、貨幣の持つ抽象性[17]を、欲求の平面にひきうつしたものであるといえる。だから、「所有」に代わって、経済の主導的なメディアとしての地位を引き受けることができるのは、「貨幣」である。これは、ルーマンの認識とも合致する。こうして、われわれは、第一の条件の探究（2節）と同様に、ここでもまた貨幣と出合うのである。もちろん、貨幣は、所有が機軸的なメディアであった段階に、すでに登場している。しかし、そこでは、貨幣は所有と所有を媒介するものであって、所有というメディアに従属していた。だが今や、貨幣の方が、より基礎的なメディアとなったのである。転換点は、――西欧の歴史の中では――、一八世紀あたりに求めることができる（Luhmann［1988＝1991：193］）。

根本的な革新は、貨幣の登場による稀少性の二重化である（Luhmann［1988＝1991：51, 192-9］）。ここに、ルーマンの最も重要な着眼がある。もちろん、一方には、財やサービスの稀少性がある。しかし、それだけではなく、他方に、貨幣の稀少性が設定されるのである。前者の財やサービスの稀少性は、いってみれば、自然のものである（たとえば土地が一定の拡がりしかもたないように、その限界ははっきりと知覚できるのだから）。それに対して、後者の貨幣の稀少性は、純粋に人為的なものだと考えなくてはならない。貨幣の量は、変えることができるからである。したがって、ごく表面的に眺めても、二つの稀少性は、異なった機制によってつくり出されている。つまり、貨幣は稀少財の部分集合ではないはずだ。

貨幣というメディアが照準している差異は、すでに述べておいたように、「支払い／非支払い」という対立である。貨幣は、支払いの形でしか使えない。貨幣はこの点で、さまざまな使用法が予想される物財とは、まったく異なっている。支払い（または非支払い）が、この差異にそった選択として有効であるためにも、貨幣はどうしても稀少でなくてはならない（Luhmann［1988＝1991：195］）。貨幣が溢れるほどあるならば、支払おうか支払うのをやめようかと熟考することに、いかなる意味もないだろう。そもそも、そのようなときには、貨幣を受け取ることはまったく無意味なこととなり、支払いは、財やサービスの獲得を保証できないはずだ。貨幣が稀少な場合には、パラドクスは、支払い人の支払い能力の減少（不足）と受取人の支払い能力の増大（過剰）の両立と分岐という形で、現れている。

貨幣が稀少なものとして保たれているとき、われわれが直面していた当初の問題に解決が与えられるということを、確認しておこう。われわれの問題は、いかにして未来を現在化するか、いかにして将来についての先慮を現在に結び付けることができるのか、ということであった。

貨幣が与える支払い可能性というものには、原理的に、すでに無限の未来が組み込まれてしまっている。それは、次の二重の意味においてである。第一に、経済システムのもとでは、支払いが後続の支払いを可能にする。貨幣を受け取った者にとって、貨幣の唯一の使用法は支払いなので、システムは決して最終的な終結には至らないだろう。第二に、各支払いは、それだけで、後続の無限の支払いの存在を先取りし、前提にしていることになる。つまり、各支払いによって、後の支払いが単に可能になるだけではなく、後の支払いの存在はあらかじめ必然的なものとして想定されているのである。

そうであるとすれば、貨幣を所有する者は、つまり支払い／非支払いの選択の自由を持つ者は、未来についての抽象的な確実性を保有することができる。ここで、貨幣が与える確実性を、抽象的であると形容したのは、貨幣が、未来において購入される財やサービスの具体的な内実を未規定なものとして開いたまま、支払いの可能性のみを、つまり何らかの財やサービスの獲得の一般的な可能性を、保証するからである。こうして人は、貨幣の獲得（または支出）ということに関心を特化させて、未来の欲求充足／不充足についての憂慮を除去することができるのである。ここでは、未来／現在という時間的な次元が、貨幣の所有をめぐる社会的な次元に――つまり自己のもとに貨幣を止めるか他者に支払うかという問題に――、転写されているのだ[18]。

貨幣の所有ということの内に封じこまれた社会性は、貨幣が、取引を外から眺める第三者に対して持つ効果の内に、間接的に表現される。ルーマンは、支払いが貨幣によってなされるがゆえに、第三者は、いつでも支払いを安心して傍観することができるのだ、と指摘する（Luhmann［1988＝1991：56］）。これは驚くべきことである。というのも、第三者も同じ財やサービスを欲しているかもしれない（将来欲することになるかもしれない）のだから。もし支払いが貨幣によってなされていなかったら――あるいはもし道徳的な規制がなかったならば――、取引が引き起こす、稀少性をめぐる第三者の憂慮は、たいへん深刻なものになるはずだ。そして、場合によっては、第三者による（強引な略奪などの）積極的な介入を誘発することもありえたはずだ。しかし、取引が貨幣を用いてなされている限り、このような心配はない。なぜならば、貨幣は支払いにしか使えず、また始めから後続の支払いを内部に折り込んでいるので、目下の取引は、必ず、別の場面で貨幣というメディアを再生しないわけにはいかないからだ。そして、第三者の欲求や必要も、貨幣が与えるはずの支払いの自由によって満たされるはずのものだからだ。

このような第三者への効果は、支払いという行為の他者への志向性が、直接に対面している他者（取引相手）だけではなく、潜在的には第三者にまで及んでいることを示している（なにしろ、それは無限の他者の可能性を想定しているのだから)[19]。

【2】所有と交換の主従関係

貨幣の稀少性が財の稀少性から独立するための基礎(必要条件)は、もちろん、貨幣の量が、所有関係から独立している、ということである。貨幣の量は、財の所有者の変更や貧富の差の拡大などに影響されるべきではない。しかし、このことからのみでは、貨幣の稀少性を、財の稀少性とは独立の領域として、構成することはできない。

貨幣の稀少性が、単に財やサービスの稀少性の貨幣的な表現に過ぎない場合もある。つまり、貨幣の稀少性が、財やサービスの稀少性の部分でしかない場合もある。この場合でも、支払い(非支払い)の選択は意味ある決定として性格づけられるだろう(前項で論じたように、支払い/非支払いの選択が意味あるものとなるためには、貨幣は稀少でなくてはならない)。とはいえ、このような状況のもとでは、貨幣は、所有メディアにまだ従属しており、固有なメディアとしては成立していない。

しかし、前項で論じたような稀少性問題に対する貨幣的な対応――未来の欲求充足についての先慮を貨幣の獲得によって解消すること――が可能であるためには、貨幣の稀少性が財の稀少性から分化していなくてはならない。そうでない場合には、交換が真に標的にしている対象は、常に財の方であって、貨幣ではない。それゆえ当然、この場合には、貨幣の所有/非所有の分布を通じては、決して、稀少性の問題を解決するには至らない。

貨幣が所有に従属している間は、そもそも、原理的に、貨幣の稀少性が、固有の水準として成立することはありえない。というのも、この場合には、貨幣は、所有と別の所有とを結ぶ中間経路に過ぎず、貨幣の分布は、完全に、財の所有量に規定されているからである。つまり、貨幣の固定された絶対量が各所有者に、交換を通じて彼が喪失した財の量に比例して、配分されているに過ぎないからである。各所有者が所有する貨幣の絶対量は、彼が交換過程を通じて失った財の量（初期手持ち量と現在所有する量の差異）である。つまり、彼がもともと持っていた財が、貨幣に単に置き代わっただけである。それゆえ貨幣は、それ自体として見た場合には、稀少でもなげれば、過剰でもないのだ。

あるいは、単純に貨幣の媒介としての機能に注目したならば、貨幣の稀少性は、財の稀少性と逆相関の関係にあるということができるかも知れない。財やサービスの量や流通速度が大きいときには、それだけ多くの媒介＝貨幣が要求されるからである。このように考えた場合でも、いずれにせよ、貨幣の稀少性と財の稀少性を、同時に、しかも相互に独立したものとして、成立させることはできない。

逆にいえば、貨幣の稀少性が固有の問題領域として現われるということは、貨幣と所有という二つのメディアの間に断層が生じていることの証拠になる。貨幣の稀少性が成立した場合には、所有と交換との間の従来の関係は逆転してしまう。貨幣が固有な意味で稀少なものとして現われているということは、交換が貨幣（の所有）に志向していることを意味する。貨幣の獲得を通じて、3

【2】で述べたような未来の現在化が、実現される。ところで、貨幣に志向した交換とは、交換の可能性そのものに志向した交換にほかなるまい。そうであるとすれば、今や、所有に交換が従属しているのではなく、逆に、所有の方こそ交換に従属しているのだ。ルーマンが、「所有が交換をコントロールするのではなく、逆に交換が所有をコントロールする」のだ（Luhmann［1988＝1991：196］）、と述べるとき、指示されているのは、このような状況である。要するに、人々は、所有物が利益（貨幣量の増大）をもたらすか、損失（貨幣量の減少）をもたらすかを勘案して、それを手元にとどめるか売却するかを決めるのだ[20]。

ルーマンが強調するように、稀少性が二重化することによって、交換を稀少性に対処するものとして専門特化することができるようになる。貨幣のメディアとしての登場以前の段階では、交換は、経済外的な価値によって動機づけられている。そのような価値を——たとえば社会的地位に付随する価値を——、稀少性への対処を通じて、解消してしまう、などということは決してできない（Luhmann［1988＝1991：197］）。

貨幣が稀少なものとして成立しているとき、稀少性一般をおそう自己準拠のパラドクスは、貨幣という資源において、まったく正確に再現する。このパラドクスを一手に引き受けているのが、銀行である（Luhmann［1988＝1991：197-8］）。銀行においては、パラドクスは、貯蓄（稀少性の克服）と貨幣支出（稀少性の増大）とを同時に誘い出さなくてはならない、という課題として現われる。この課題は、馴染みの社会的な分岐の様式によって、つまり、貨幣を過剰に持つ者（貯蓄者）と貨幣を欠いている者（支出を予定している者）との分化によって、解決される。しかしながら、パラドクスが消えてしまうわけではない。というのも、銀行システムを全体として眺めてみると、あるいは市中の銀行と中央銀行との関係を眺めてみると、パラドクスが直接に露呈しているのがわかるからである。たとえば、市中の銀行は、中央銀行との関係において、自ら自身を、単独で貯蓄しつつ支出する者として、つまり稀少性を減少させつつ増大させる者として、性格づけなくてはならない。

【3】貨幣における「稀少性のパラドクス」

それゆえ、われわれの次の問いは、貨幣の水準に見出される稀少性のパラドクスは、どのようにして不可視化されるのか、ということである。しかし、この問いの前に置かれるべきより一層基本的な問いが、われわれにとっては、まだ未解決である。そもそも、貨幣の水準で稀少性がつくり出されるのはいかにしてなのか。この二つの問いは、実は密接な関係にある。

経済システムが、貨幣の稀少性のパラドクスに対抗する場合に採用する方法は、さしあたり単純である。ルーマンによれば、それは二つある。第一に、供給と需要を分化させることである。豊富であると同時に稀少であることの統一を、供給者と需要者に分岐させるのである。供給者のサイドで豊富なものが、需要者のサイドでは不足している。そして分岐したものは、再び統一される。それが需要と供給の「均衡」である（Luhmann［1988 = 1991：200-1］）。第二に、量と配分の分離である。所与の量を、さまざまな目的、個体〔身体〕、集団に配分することのみが可能で、この配分が量に影響を与えないと仮定してみよう。そうすれば、誰かのある貨幣量の支払いは常に別の誰かの同量の貨幣量の獲得と均等するはずだ（Luhmann［1988 = 1991 : 203］）。

前者の交換理論的に概念化される形式と、後者の分配論的に概念化される形式を、ルーマンは、稀少性のパラドクスに対する異なる対処法として説明している。しかし、むしろ、両者は同一の過程の異なる表現であると考えるべきだろう。たとえば、貨幣の配分量の変化は、需要と供給の遭遇を通じて実現されるに違いない。あるいは、需要と供給の均等を通じて、貨幣の増加と減少を互いに相殺させるためには、貨幣量が一定であるという原則を必要とするはずだ。

確かに、一見このようなシステムの作動は、貨幣の稀少性をめぐるパラドクスを解決しているように見える。しかしながら、このような作動は、貨幣が固有のメディアとして現れる以前の段階、すなわち所有によって経済がコード化されているような段階にしか、有効性を持たない。このことは、交換理論的な第一の概念化を見ると、ただちに理解される。需要と供給の合致によって、稀少性の増大と減少を分離すると同時に統一するというのが、ここで描かれた戦略である。それは、「セイの法則」が成立する世界を描いている。それは、――2で述べたように――、「流動性選好」〔貨幣への欲求〕がまったく存在しない世界である。つまり、ここでは、貨幣は、〔ある財の〕所有と〔別の財の〕所有とを結ぶまったく透明な通路であって、いかなる積極的な作用素にもなりえていない。

分配論的な第二の概念化においては、貨幣量が一定であるとする原則に、限界が現れる。発達した貨幣経済のもとでは、貨幣の配分だけではなく、量も決定の対象となりうるのだ。つまり、量は可変的なのである[21][22]。しかも、一般には、量は、その量が配分される仕方に依存して変化すると見なされている。このように貨幣の量と配分が相互依存的に変化すると見なされている場合における、貨幣の量のことを、「資本」と呼ぶのである[23]。

貨幣の量が可変的であることを考慮に入れると、貨幣が稀少であるということは、実に奇妙な事態であることがわかる。貨幣の量は、人為的に変えることができる。つまり、貨幣は容易に創出しうる。しかも、その量には、原理的にはいかなる限界もない。それにもかかわらず、貨幣が稀少なものとして現象するのは、いったいなぜであろうか。

驚くべきことは、貨幣の創造は、特権的な公的主体によって独占的に行われているわけではなく、原理的には、市場に参入している任意の私的な主体によって、行いうるということだ。貨幣量増加の典型的な手法は、信用創造の機制に基づくものである[24]。ちなみに、中央銀行による貨幣の発行も、結局、市中の銀行が中央銀行を利用して行った信用創造の形態を取っている（信用創造という手法の奇妙な構造については、大澤［1991：17-63］参照）。

信用貨幣の創造とは、ごく単純化してしまえば、未だなされていない支払いが既に完了してしまったと仮定することによって、貨幣を創出する方法である。つまり、それは、未来の現在化——未来を現在に比しうる確実性として先取りすること——によって、貨幣を創出する方法である。この方法は、明らかに、貨幣の稀少性に対抗している。

しかし、この稀少性への対抗措置そのものに、何度も言及してきた「稀少性のパラドクス」が生のまま、直接に現われているのである。一方では、信用貨幣は、貨幣を創造した主体自身に向けられた債券の形態を取っているから、稀少性の増大をもたらすことになる。ここで稀少性が増大するのは、貨幣量の総計一定の原則が貫かれているからである（つまり創造された貨幣量に等しい借金——不足分——を、創造主体が負うのである）。ところが他方では、貨幣がすでに創造され、まさに貨幣として機能しはじめている以上、貨幣の量は確かに増大し、貨幣についての稀少性は緩和されているのである。したがって、結局、これら二つの効果が合っして、貨幣量の一定が保持されかつ破棄されているわけだ。

だから、信用の創造は、稀少性に対抗することで、逆に稀少性（のパラドクス）の基本的な構成を直接に再生産しているのである。しかしこの方法によって貨幣を妥当なものとして流通させることができるのだとすれば、まさに貨幣価値の根拠は、貨幣の稀少性であるというべきかも知れない。

だが、貨幣というメディアの登場とともに、貨幣の稀少性が不可避なものとして現れるのはなぜだろうか——貨幣の創造が可能であるにもかかわらず。また稀少性が貨幣の価値の保証人となるのはいかにしてであろうか。

信用という現象にそくして考察をいくぶん前に進めておこう。信用創造は、未来の支払いを過去（あるいは現在）のものとして前提にしてしまうことであった。ここには未来の支払いの先取りがある。しかも、原理的には、この先取りはいくらでも重複することができるので、結局は、無限の未来の支払いが先取りされてしまうことになる。信用創造を可能にしているのは、（無限の）未来の支払いを先取りしてしまうということの構成である。われわれはこうして、2とまったく同じ問題場面に到達したことになる。独断的に前提にされてしまっている、無限の未来へと続く支払いの連鎖が、それである。ただ、2において主題化された支払いの連鎖は、他者たちを担い手にしているだけでも十分なのに対して、信用創造を可能にするためには、その連鎖が、いずれは貨幣の発行主体に回帰してくるものとして仮定されていなくてはならない、という相違はあるが。

3、4を通じて探究されてきたのは、経済システムが、未来の確実性をどのようにして調達するか、という問題であった。それを可能にするのは、貨幣メディアである。貨幣メディアが開示する支払い（／非支払い）という選択肢には、すでに無限の未来が折り込まれているからだ。しかし、この貨幣メディアの価値を裏打ちしている根拠を探ろうとすると、われわれは、2と同様に、無限に続く支払いの連鎖を見るほかないのである。そうであるとすれば、ここには、トートロジカルな循環――（現在の）支払いと無限の未来との間の循環――のみが残る。

5. 欲求への欲求

【1】時間軸の問題／社会軸の問題

こうして、自生的秩序についての第二の条件の根拠を探っていくと、われわれは、第一の条件を支えていたのと同じ問題場面へと導かれる。この点を、もう一度、ごく簡単に確認しておこう。

経済システムは、将来の安定についての先慮を、「稀少性」を作り出すことで、脱問題化する。それは、現在／未来という時間軸を、自己／他者という社会的次元に置き換えることを意味する。

重要なことは、稀少性が、自己準拠的な循環の一種だということである。嘘つきのパラドクスが、真であると同時に偽であるのと同様に、稀少性は、増大しつつ減少するのである。経済システムは、だから、自己準拠からくるこの矛盾を隠蔽すべく、稀少性に特殊な処理を施さなくてはならない。たとえば、「所有」というメディアは、このような処理の一つである。所有すること（稀少性が減少すること）と所有しないこと（稀少性が増大すること）の分化を用いることで、稀少性の矛盾は、さしあたって解消することになる。しかし、所有メディアが安定的に作動するためには、外的な規範による支えを必要とする。

結局、稀少性の問題は、貨幣メディアによって解決を図るしかないことがわかる。貨幣を経済システムの主導的なメディアとして使用するということは、稀少性を二重化することを意味する。一方に、財（そしてサービス）についての自然な稀少性があり、他方に、貨幣についての人為的な稀少性がある。貨幣が与える支払い可能性には、無限の未来（の支払い可能性）が組み込まれているので、これを手に入れたものは、未来についての（抽象的な）確実性を有することになる。つまり、貨幣は、将来についての不安を、解消してくれるはずである。

実際、貨幣は、その創出の仕組み（たとえば信用貨幣の創出の仕組み）に示されるように、稀少性（のパラドクス）そのものを、根拠にして成立している。信用貨幣の存在は、貨幣の稀少性が、一方では増大しつつ（それは債務を生み出すのだから）、同時に他方では減少している（貨幣の創造によって）、ということを意味しているのだから。信用による貨幣の創出は、貨幣が稀少であること（貨幣の稀少性が増大したこと）を前提にして可能になる。しかし、貨幣がこのように人為的に創出できるのだとすれば、それでもなお、稀少なものとして現れるのはなぜだろうか（つまり、〔信用〕貨幣が、自身の前提を否定して、自らを無効化してしまうことがないのはなぜか）。財の稀少性とは独立した、貨幣の固有の稀少性は、どのようにして作り出せるのだろうか。

さしあたって、次のように言うことができる。貨幣の稀少性は、未だに存在しない将来の支払いを現在において先取りする――未だないのに現在において既にあるべき（あるはずの）ものとして想定する――ことから、生じている。貨幣が想定している無限の未来を、顕在化させることから、稀少性の外観を作りだすのである。時間的には後続するが、論理的には前提されてしまっている無限の支払いの連鎖を、――信用貨幣を発行する当人に回帰するものとして――あてにするわけだ。こうして、われわれは、支払いのこのような連鎖が生じうるのはなぜか、ということを問わなくてはならなくなる。これは、第一の条件の探究の果てに到達したのと、同じ問題である。

【2】欲求構造の転換

支払いのためにのみ支払いがなされること、また常にその度に貨幣が稀少なものとして現象しているということ、これらのことが成立するためには、貨幣が、欲求の対象、欲求の最終的な目標となっているということが、必要条件となる。しかし、これは奇妙な条件である。というのも、貨幣は、単なる媒介に過ぎないからだ。つまり、貨幣は、本来、欲求されている財やサービスなどの対象へと向かうための、通路に過ぎないはずだからだ。しかし、この奇妙な構成が、実現していなくてはならない。

もう少し厳密に規定しておこう。2【4】で論じたように、商品への欲求によって、支払いが連鎖し続ける理由を説明しきることはできない。任意の支払いの連鎖は、商品に到達しない他者が、連鎖の末端に存在していることを必要とするからだ。しかし、もしこの他者が、支払いの可能性そのものを欲求していたとすれば、連鎖は充足する。支払いの可能性を欲求するということは、具体的な財ではなく、多様な財への欲求の可能性を、それ自身、一個の対象であるかのように欲求するということである。特定の財ではなく、このような財の一般的な選択可能性が欲求の対象となっていなくては、支払いが自らを可能にする後続の支払いに安定的に遭遇しうる可能性は、保証されない。逆に、財の選択可能性自身を欲求する者が（少なくとも一人）存在するとき、各支払い行為は、自らを有効なものとして資格づける後続の支払いを、見出すことができるのである。

実際、このようなタイプの欲求の成立——すなわち「特定の財への欲求」から「財の欲求可能性への欲求」への欲求構造の転換——によってこそ、市民社会の成立は特徴づけることができるのである。ヨーロッパでは、遅くとも一八世紀には、この種の新しい欲求は成立している。だから、「市民社会では、あれかこれかの特定の欲求をみたす能力ではなく、欲求一般が問題である。なぜなら明日にはどのような新しい欲求が現れるのか知るすべはないのだから」（Xenos［1980：232］．Luhmann［1988=1991：200］より引用）と言われることになる。

ハイエクは、市場における競争過程を通じて、参与者たちの欲求や目的が変態したり、新たに生成されたりする可能性を重視していた。このように欲求や目的の最終形態が、任意に変化したり生成したりするように見えるのは、欲求が、まずは、欲求の一般的な可能性という潜勢的な形式において、主題化されているからである。つまり、ハイエクが秩序の自生的な生成を主題化したのは、このようなタイプの経済に関してなのである。

欲求とは、すでに述べたように、経済システムとその外部環境との接触点に与えられた形式である。しかし、欲求が、まずは可能性に対する欲求として成立している場合には、それは、完全にシステムに内部化されていることになる。そのような欲求は、支払いの可能性に対する欲求として、現象するのだから。

【3】無限への欲求

特定の財への欲求とは異なる、欲求可能性に対する欲求の顕著な特徴は、次の点にある。特定の具体的な財やサービスへの欲求においては、通常は、限界効用が逓減する。しかし、欲求の一般的な可能性に対する欲求に関しては、限界効用は、原理的に常に一定であるはずだ。欲求の可能性への欲求は、具体的には、何に対する欲求としても特定化されうる。言い換えれば、それは、ある特定の欲求が他のどのような欲求へと変化することをも許容する。いつでも、「他」でありうる（変化しうる）可能性が留保されている欲求は、決して充足されることはなく、そのような欲求に応じた限界効用も逓減しないはずだ。要するに、特定の財については限界効用は逓減したとしても、貨幣については限界効用は決して逓減しないのである。貨幣が特定の財を獲得するための二次的な手段であることを越えて、それ自身として欲求されているときには、「これ以上貨幣を持つ必要がない」というような貨幣量の上限は存在しないのだから。

貨幣が稀少なものとして現象することの一つの条件は、ここにある。貨幣への欲求が決して充足されることがなく、貨幣の限界効用が決して逓減しないとするならば、貨幣のどのような所有においても、貨幣は不十分なものとして――つまり稀少なものとして――、現れざるをえないはずだ。貨幣への欲求は、原理的に、無限（の貨幣）への欲求なのだから。

限界効用が逓減しない欲求が発見されたことの社会的な帰結は、欲求が貧困や欠乏ということから無関連なものになった、ということである。欲求が、常に特定の具体的な対象への欲求である段階では、欲求を持つということは、貧困であること、欠乏していることの証であった。しかし、今や欲求の概念が、貧困・欠乏と結びつけられることはない。つまり、欲求が貧困や欠乏から生まれるものとは見なされなくなった（この点については、Luhmann［1988＝1991：199］参照）。たとえば、「資本家」のステレオタイプの内には、裕福であることと過度な欲求を有することが共存している。

正確を期すために、議論をいくぶん補正しておこう。ここまで、貨幣への欲求（つまり流動性選好）と欲求の可能性への欲求とを、完全に等置してきた。しかし、厳密には、両者は分けて考えるべきである。貨幣とは、欲求の可能性そのものに最も近接した対象である。貨幣としていったん対象性を与えられてしまった場合には、もはや、それは欲求の一般的な可能性そのものではありえない。それは、一般性を擬制した特定の対象である。欲求の一般的な可能性そのものは、どのようにしても、特定の対象として現実化しえない。このような転倒は、次のような症状の内に現れる。すなわち、欲求の一般的な可能性は、なにものでもありうることの自由をその本性にしているのに対して、貨幣への欲求は、他のなにものでもありえない貨幣への固着を伴うことになるのである。

貨幣による擬制——欲求の可能性そのものの現実化という擬制——にともなうこのような症状をも考慮した上で、われわれは、この段階では、まだ次のように結論しなくてはならない。欲求が、欲求の一般的な可能性への欲求——それは「貨幣への欲求」として現実化されるしかないのだが——として成立していたとしても、まだ、支払いの無限の連鎖についての信憑を構成するには不十分である。むしろ、この条件だけからでは、逆の結果、すなわち支払いの連鎖の切断が帰結しうる。

というのも、このような条件のもとでは、ひとびとは、現実化（現在化）している貨幣を自らのもとに止めようとする固着を示すだろうから。つまり、誰もが自らに対する支払いを回収しようとし、逆に自分自身からは支払おうとしないような状況が、帰結しうるだろう。もともと支配の連鎖が無限に連鎖しうるはずだとの幻想的な信憑が成立していたときに、突然、このような転換――任意のひとびとが貨幣へと固着しようとする転換――が生じたケースが、恐慌（信用の崩壊）という現象である。

それゆえ、支払いの連鎖（についての信憑）を基礎づけるためには、他の追加的な条件が必要である。

6. 反秩序

【1】利潤

欲求可能性への欲求（貨幣への欲求）が支配的な欲求の形式でありながら、積極的に支払い（貨幣の放棄）がなされるのは、それがより広範な欲求の可能性――より大きな支払いの可能性――を生み出す（との期待がある）からである。要するに、利潤（貨幣の増殖）という準拠が、支払いを動機づけでいるのである。支払いの可能性を放棄することが、より包括的な支払いの可能性へと結びつきうるならば、貨幣への固着を離脱することができるはずだ。

ルーマンは利潤について次のように論じている。利潤が生じているのは、支払いが支払った者自身のためになっているときである。支払いは、さしあたって直接的には、他者の支払いを可能にする（他者の支払いの原因となる）。貨幣を受け取ったものだけが、再び支払うことができるのだから。しかし、経済システムを、支払った者自身も支払いの可能性を得るように編成することもできるのである。この場合、ひとびとは、自分自身の支払い可能性をあらたによみがえらせるために、しかもその可能性をできる限り増大させるために支払うようになる。つまり、支払いの可能性（の増大）のために支払いの可能性を積極的に放棄するようになるのだ。この利潤という基準は、経済システムにとって、自己制御の視点として活用しうる。つまり、利潤という基準をもつことよって、経済システムは――なんらかの対象やサービスの調達に志向するのではなく――、ただ自分自身にのみ志向することが可能になる（Luhmann［1988＝1991：44］）。

しかし、支払った者自身に支払い可能性が回帰してくる（利潤が得られる）ようなシステムの編成とは、どのようなものであろうか。理論的に言えば、企業間の競争が「完全」である場合には、産業から（長期的には）〔超過〕利潤がまったくなくなってしまうということが、知られている。つまり、均衡点においては、すべての企業が、利潤ゼロで操業せざるをえないのである（この問題については岩井［1982：（3）124］参照）。ここまでの理路から明らかなように、システムがこのような状態にあるときには、支払いの尽きない連鎖は、決して生じえない。

だがハイエクが想定している市場の競争は、いわゆる「完全競争」ではない。言い換えれば、ハイエクによれば、競争状態にある市場は、均衡点に到達しているわけではない。そこに見出されるのは、不断に均衡へと向かう動態のみである。したがって、商品の価格は、未だに商品の〔限界〕生産費とは合致していない。それゆえ、市場から未だに利潤が全面的に吸い上げられてしまってはいない（↓1【2】）。このようなシステムでは、支払いをいつまでも誘発し続けることができるように見える。しかし、はたしてそうであろうか。

ハイエクが描いているような構図においては、確かに市場の「現在」は均衡に到達してはいない。しかし均衡点が、市場の運動を方向づける準拠点であることは、間違いない。つまり、市場の動態は、利潤＝０の地点を目指すプロセスと見なすことができるのである（三四七頁 図1参照）。

だから、虚の焦点となっている均衡点においては、――もはや利潤を見込むことができないので――それ以上の支払いを誘発することはできない。ところで、すでに述べたように、それぞれの支払いの存在は、後続の支払いが存在しうるということを前提にしてのみ、可能なのである。さらなる支払いの受け手となる他者が存在していると信じうる場合にしか、誰も自ら進んで支払いを受け入れる（貨幣の所有者になる）ことはない。そうであるとすれば、仮定された最終局面（均衡点）において、支払いの連鎖の停止状態が予想されているということは、それより一時点前の支払いを無意味なものに変えてしまう。つまり、そのような支払いを存在不可能なものにしてしまう。こうなれば、「最終局面」は、言わば一時点分遡るわけだから、同じ原理が、さらにもう一時点前の支払いにまで伝染する。こうして、二時点前の支払いの存在が不可能になる。以下再帰的に同じ原理を適用することによって、結局は、任意の時点の任意の支払いが、自らの存在を意味あるものにする前提を失ってしまうことになる。

したがって、仮に市場の現状が均衡点に到達していなくても、その動態を嚮導する準拠が均衡点である場合には、無限の支払いの連鎖（についての信憑）を構成することはできない。それゆえ、当然、利潤を目指す支払い（貨幣の放棄）も生じえない。このことは、ハイエクが想定した市場の状態が、ルーマンの言う「支払いが支払った者自身に支払い可能性をもたらすようなシステムの編成」にはなっていないことを、意味するだろう。

【2】冒険する英雄とその平凡化

ルーマンは、利潤を正当化する初期の言説について、次のように要約的に述べている。

人々はおそらく、まず利潤性向を本性とみたうえで、ボッカチオのものと思われる論拠を使って、この欲求がコントロールできないことを納得させたのであろう。次いで、利潤獲得の可能性を主として外国貿易に、また文学上のモデルになったものでは冒険旅行の領域に、見いだし、かつそれを正当と認めた段階で、利潤性向の導入は一層容易になった。こうして国内的な分配問題や政治的反作用から切り離して、新しい動機を許容しうるようになった（これでまた同時に、経済的行為の自己正当化というこの再帰的原理の導入にさいして乗り越えるべき道徳的境界線がどこにあったかも分かる)。過渡期にはこのような「槍騎兵の意味論」がどうしても必要だったのかもしれないし、じっさいこれによって、利潤性向が成果を収めるケースがたくさん見られるようになった。……

(Luhmann [1988 = 1991 : 44-5])

もともとは、利潤という基準は、経済の正常な作用素として認められてはいない。利潤が部分的に承認されるようになったときに動員された言説の配置は、利潤が、本来どのようなものとして迎えられていたかを、教えてくれる。利潤は、まず外国貿易や、異邦の地への冒険的な(ときには遭難のような偶然的な)旅行によってのみ、獲得可能なものとして、承認された。この段階では、国内の局地的な市場で利潤を得ることは、あいかわらずいかがわしいものであった。十分に空間的に隔離された地点を繋ぐ者のみが、利潤を獲得できたのはなぜか。

その理由は容易に推察できる。遠く隔たった二つの市場においては、異なる価格の体系が支配しているに違いない。それぞれの市場において、異なる「均衡価格」が成立しているのである。利潤は、その差額から得られる。すなわち、一方の市場で低く評価されている財が、他方の市場では高く評価されている場合に、その財を前者から後者へともたらすことによって、利潤が生ずるわけだ。

初期の段階では、遠く隔たった二つの市場の間を移動する者だけが、「利潤」を得たとしても、ひとびとの道徳的な拒否反応を引き起こすことがなかったわけだ。なぜだろうか。遠く隔たった外国に行って戻って来たものは、まさにこの往復運動を実行したという事実のゆえに、半ば異邦人として、あるいは異邦人を代理する者として、迎えられたに違いない。冒険的な大旅行は、移動した身体の自己同一性《セルフアイデンティティ》を、変容させてしまう。要するに、移動する身体は、もどってきたときには、他者になってしまったのである。だから、移動を介することで、物理的にはもちろん同じ一人の人物（身体）が同じ財を異なった価格で取り引きしているにもかかわらず、異なる者（身体）がそれぞれにとって妥当な価格で売買した場合と同じ、虚構的な状況を作りあげることが可能になったのである。市場を媒介した者が、利潤を獲得しても道徳的な拒否反応が生じなかったのは、このためである[25]。

しかし、まさに媒介されてしまったという事実が、異なる二つの市場を、単一の市場へと変換する圧力を帰結することも確かである。外部の市場は（一度）媒介されてしまえば、もはや純粋な外部ではなく、いわば「内なる外部」へと変換される。つまり、相互に媒介された二つの市場は、定義上、より包括的な単一の市場の内部の二つの局地的な部分にしか過ぎなくなる。ルーマンは、冒険旅行の物語が利潤獲得の可能性を示すモデルとして承認されたということを指摘した先の引用箇所に、脚注をつけ、次のような興味深い指摘を行っている。冒険というコンテキストに利潤動機が移植されることによって、冒険する英雄の平凡化（たとえばロビンソン・クルーソー）が生じた、と（Luhmann [1988 = 1991 : 77]）。われわれの理解では、これは、利潤動機をともなうことで外部の地がその外部的な性格を減殺させたことが、物語の登場人物にもたらした反響である。旅行する人物は、いまや純粋な外部性を体現するはかり知れない異能者ではなく、自分たちの仲間の中で相対的に優れた者であるに過ぎなくなる。

【3】 均衡点の多重化

さて、われわれの市場では、利潤は、一般に正常な作用素として認められている。利潤が正当化されるケースが、外国貿易のような特殊な取り引きに限られているわけではない。以上の議論を踏まえるならば、このことから、次のような含意を引き出すことができる。利潤という基準の使用が一般に正当なものと見なされているということは、われわれの市場は、単一に見えながら、原理的には、二つの（複数の）市場の重合として、存立しているのではないか。ある市場が単一性の外観を持ちながら――つまり物理的には隔離されていないのに――複数的である、ということはどういうことか。それは、市場に、二つの（複数の）均衡価格が存在している、ということである（柄谷[1978]参照）。

外国貿易が利潤をもたらすのは、一方に外国のより低い均衡価格が存在し、他方に国内のより高い均衡価格が存在しているからである。利潤を見いだす最後の売りのとき実際に顕在化するのは、もちろん後者の均衡価格だけであり、前者は潜在的なままにとどまる。これと同様に、一見単一的である市場においても、次のような状況では、同じことが生ずる。すなわち、顕在的な競争が、ある均衡価格 p_0 を焦点としながら、他方で、別の均衡価格 p_1 がすでに成立してしまっているとき

（ただし$p_0 > p_1$）、両者の差額から、利潤が生じうる。つまり、均衡点が、顕在的なものと潜在的なものとに二重化するのである。しかし、このような均衡点の重層化が生ずるのは、具体的にはどのような場合であろうか。

このような二重化（多重化）は、さまざまな方途によって、もたらすことができる。最も典型的には、ある企業が技術革新によって、生産費用をp_1のところまで下げてしまった場合である。この場合に、技術革新を成し遂げた企業にとって、均衡価格がp_1のところまで下がってしまったのと同じことなのである。しかし、市場における競争は、まだp_0を焦点として行われている。このように、競争がまさにそれへと指向している均衡価格は、実際に実現してしまった潜在的な均衡価格に対して遅延しているのである。われわれの理解は、このような遅延からくる均衡点の落差が、利潤の最終的な根拠になっている、ということである。

図５

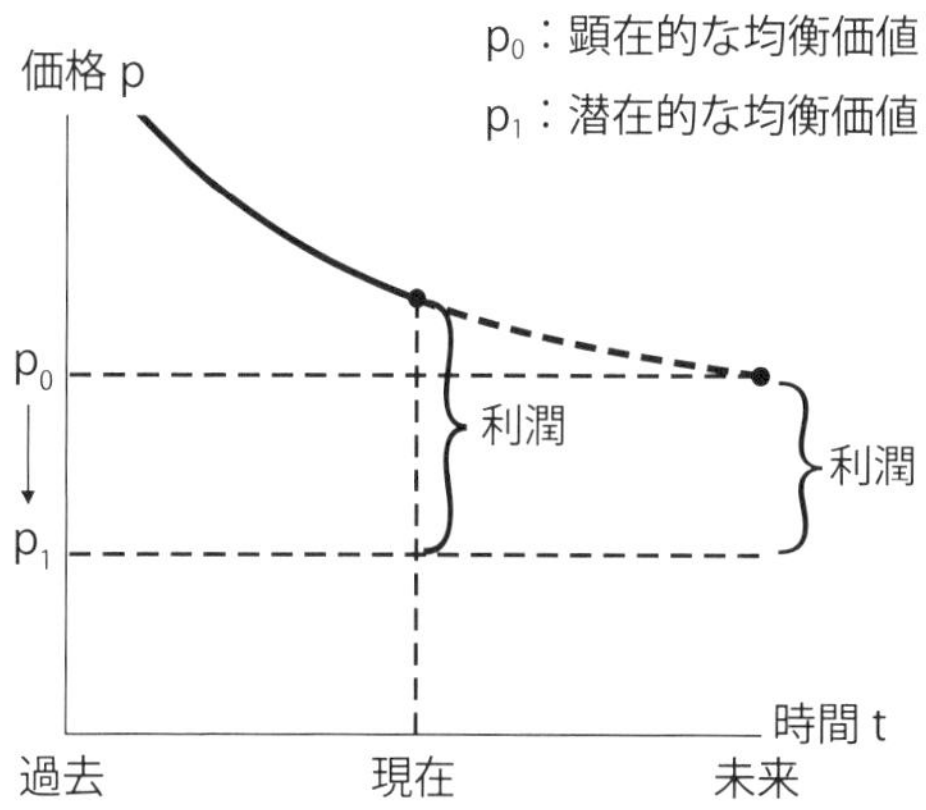

　すでに述べたように、市場における競争が均衡を焦点とする動態として描かれるハイエク的な状況は、

支払いの無際限な連鎖を基礎づけることはできない。しかし、もし、何らかの方途によって、均衡点が二重化（多重化）しているのだとすれば、競争が（さしあたって）それへと向かっている「最終局面」においても、利潤は無化しない。この状況は、1で掲げた図1を手直しした、次のようなグラフ（図5）によって表現することができる。図示したように、競争の軌跡を導いているのは、「遅れた均衡価格 p_0」の方である。

このような状況のもとでは、最終局面に到達しても、市場では、なお、利潤という基準に導かれて後続の支払いが生じうる（いやむしろ必ず生ずる）。したがって、支払いの無限の連鎖についての信憑を、成立させることができるに違いない。

もちろん、継続的な外国貿易が、二つの分離した市場を次第に統一してしまうように、顕在的な均衡価格はやがて潜在的な均衡価格に近づいていき、両者の落差は失われていくに違いない。たとえば、ある企業が技術革新によって（自らにとっての）潜在的な均衡価格 p_1 を実現した場合には、他の諸企業も、技術を開発したり模倣したりすることによって、p_1 こそが顕在的な均衡価格であるような水準に市場は近づくだろう。しかし、このように p_1 をめぐって競争が生じてしまっているときにはすでに、その p_1 を、「遅れた（過去的な）」顕在的な均衡価格とするような、より「進んだ（未来的な）」新たな均衡価格 p_2 が現れうるのである。こうして、潜在的均衡価格と顕在的均衡価格の落差が生み出され続ける限りにおいて、経済的システムのオートポイエティックな（自己創出的な）作動は継続するに違いない。これがわれわれの仮説である。

要するに、次の二条件が成立しているとき、経済的なコミュニケーション――すなわち支払い(／非支払い)の選択――が、終わることなく継続的に再生産されるのである。第一に、欲求が、具体物から離脱して、欲求の一般的な可能性そのもの(を代理する貨幣)へと指向していること、第二に、均衡価格の多重化によって、競争の現在的な局面だけではなく未来的な局面を含む全体で利潤が生じうること、以上である。

利潤という概念が正当なものとして承認されたことは、貨幣の稀少性をもたらす要因ともなる。すでに述べたように、「欲求の一般的な可能性」を対象とするような欲求が登場したときに、貨幣は稀少なものとして現象する。しかし、この場合には、貨幣の稀少性は、消極的に基礎づけられるだけである。どのような貨幣量も、「まだ不足しているもの」として、欠如の相によって特徴づけられるのみなのだから。それに対して利潤は、貨幣の稀少性の積極的な条件となっているのである。たとえば、ある企業が潜在的な均衡価格を実現してしまったとき、あるいは少なくともそのような潜在的均衡価格の創出に向かって自己の活動を組織しているとき、それと顕在的な均衡価格の差異(以上の価格)として、利潤が先取り的に想定されてしまうはずだ。そうであるとすれば、現在の貨幣は、この「当然獲得されるはずの利潤」との相関において、稀少なものとして現象するだろう。利潤が稀少性を条件づける仕方が積極的だというのは、それが、現在の貨幣の量を無限定に不十分なものとして特徴づけるのではなく、明示的な目標を準拠とすることでそのようなものとして特徴づけているからである。

信用貨幣は、利潤という想定が積極的であるがゆえに――つまり当然にももたらされるはずのものとして予期されるがゆえに――、利潤を現在化してしまう――既に獲得されているかのように振舞ってしまう――ときに生まれるのだ。信用という操作においては、すでに述べたように、稀少性のパラドクスは、直接に現出する。パラドクスが生ずるのは、貨幣によって未来の確実性を保証するだけではなく、保証された未来を、直接に現在に回収してしまうからである。信用貨幣は、ひとびとが未来と現在に共帰属することが可能であるような社会においてのみ、可能になる（つまりパラドクスがパラドクスでなくなる）。少なくとも利潤という作用素が承認されている社会では、信用貨幣の可能性は予示されていると言えるだろう。利潤を獲得するということは、潜在的には、未来的な均衡価格を現在的な均衡価格と重合させる操作を、前提にしているのだから[26]。

【4】自主的な秩序の条件としての反秩序

われわれはハイエクの述べるような自生的な秩序が市場に成立するための条件を探究してきたわけだが、その結果、ハイエク的な現象を支持しているのは、ハイエクが想定していたのとはいくぶん異なった状況であることを、明らかにしてしまった。ハイエクの言う自生的な秩序とは、均衡価格へと漸近する動態であった。しかし、われわれが示したことは、――奇妙に聞こえるかもしれないが――、均衡価格へと漸近する動態が可能であるためには、その動態が向かっている「均衡価格」が、すでに棄却されていることを要する、ということである。つまり、ある均衡価格が、市場の秩序を可能にする焦点になりうるのは、それがすでに、真の均衡価格ではないからなのだ。

ハイエクの自生的な秩序は、競争の過程である。競争は、もちろん、利害の相剋状態を意味する。にもかかわらず、それが一個の「秩序」として認定されるのは、その競争が均衡点への過程として解釈することができるからである。均衡点においては、売り手は、彼（女）が合理的な予期にもとづいて売りたいとみなしている価格で商品を得ることができ、買い手も同じような意味において買いたい価格で商品を入手できる。つまり、そこでは、双方の間の「期待の相補性」が成立している。市場の動態が、まさに、秩序であると見なされたのは、それが、このような調和的な関係へと向かう生産的な過程だと理解されていたからである。

しかし、われわれが分析してきたように、均衡が二重化（多重化）しているのだとすれば、事態はもう少し複雑である。一方の均衡において成立する価格の体系に準拠した視点からすれば、他方の均衡は、破壊的、反秩序的なものである。すなわち、一方を妥当で調和的な関係にもとづく価格とみなす視点から見ると、他方は、高すぎたり安すぎたりする価格として、現れるはずだ。つまり、均衡価格が重層化しているということは、市場に単一の原理、単一の視点に回収できない差異が孕まれていることを、示しているのだ。われわれの結論は、市場に「自生的な秩序」をもたらすのは、市場にこのような根本的な反秩序性が成り立っているからだ、ということである。反秩序性（均衡の多重性）は潜在化されている。しかし、潜在化されるべきものとしての反秩序が存在して、始めて、「秩序」への運動が喚起されるのである。

このように考えると、貨幣経済への全面的な移行が、近代社会に至るまでありえなかった理由もわかる。もちろん、貨幣は近代社会に先立つ段階にすでに登場している。しかし、貨幣経済と言うべきものが成立するのは、近代社会においてである。貨幣経済とは、価値ある資源（富）の総体が、（それらを実際に売る気があるかどうかに無関係に）貨幣表現へと還元されている経済のことである。すなわち、貨幣の極度な普遍化が成立している経済である。３【１】で示唆したように、貨幣経済への移行を画するのは、土地と労働の商品化であろう。貨幣経済は、すべての財が自身の「貨幣的な分身」をもつ段階であり、そこでは、財の稀少性とは独立した貨幣の人為的な稀少性が、成立している。

このような経済が可能であるためには、見てきたように、経済システムは、自身の秩序を評定するような視点を不断に置き換えていくような極端な動的な過程を、発動させていなくてはならない。このような、ダイナミズムを許容できる社会は、特殊な社会であろう。それが、近代だったのである。他の諸社会（の経済）においては、その秩序を評価するための準拠を他に移すことは、端的にその社会（の経済）の同一性の崩壊だったはずだ。このような移行が、経済システムの同一性の破棄を含意しなくなってやっと、社会は完全に貨幣経済に身を委ねることができるのである。

このとき、労働や土地と同時に、経済システムの極度なダイナミズムを象徴する特別な作用素が、商品化する。すなわち、貨幣そのものが、商品化する（Polanyi［1957=1975］）。貨幣の価格は、もちろん、利子である。利子範疇が成立するのは、貨幣の支払いが、一般には利潤をもたらすからである、つまり貨幣を与えることは利潤獲得のこの機会を放棄したことになるからである。利子は、それゆえ、経済システムの運動――単に均衡に向かう運動ではなく均衡そのものを置き換えてしまうような強い運動――を、規格化した形式なのである。

【5】国家の役割

最後に国家と市場の関係について、補足的に説明しておこう。

ルーマンの表現を使うと、「市場」は、生産と分配組織から眺めた消費の知覚である。競争相手もまた、販売チャンスに影響を与える限りは市場の一要素として現れる。「市場」という鏡を通じて眺めると、(企業にとって) 消費者は、つねに稀少に見えてくる。つまり、欲求が少なすぎるように見えてくる。そのことがかえって、ルーマンによると、過剰生産を――それゆえ不均衡を――推奨する結果となる。企業は、――消費者が稀少であるがために――、与えられた販売チャンスをすべて利用する用意がいつでもできているようにしておかなくてはならないからである (Luhmann [1988 = 1991 : 60])。

しかし、市場という鏡が、ルーマンが述べているような効果を生むのはなぜか。つまり市場という鏡が消費者を稀少に見せるのは、なぜだろうか。われわれの考えでは、それは、企業が、すでに述べたような機制のもとで、利潤に指向しているからである。企業が指向している潜在的な均衡価格は、つねに脅かされている。顕在的=現在的な均衡価格が、そこに迫ろうとする圧力が、不断に働いているからである。この圧力は、企業がもともと想定していた利潤を浸食しようとする。つまり、企業は、所定の価格で売り払うことができないかも知れないという、脅威につねに晒されているのである。この脅威を市場に投影すれば、消費の稀少性として、把持されることになるだろう。

市場が、生産組織に過剰生産を推奨する傾向があるとすれば、恐慌を防ぐためには、何らかの手段によって、過剰生産に見あったもう一つの錯覚をつくりあげなくてはならない。このもう一つの錯覚をつくるのが、国家の役割である。ルーマンによれば、国家は、市場の鏡とは異なる別の鏡を置く。その鏡は、消費者のための鏡であり、これを消費者が眺めると、そこには、自分たちが商品をめぐって競争しており、商品は稀少であるかのような像が映っている。鏡に映っているのは、過剰供給ではなく過少供給なのである（Luhmann［1988＝1991：61］）。二つの鏡が映し出す二つの錯覚は、結果的には調和する。こうして、恐慌が回避される。

しかし、今日、市場の鏡が映し出す領域は、国家の鏡が管轄しうる領域を、大幅に凌駕している。市場的な錯覚への国家による対抗は、もはや、困難な段階にある。

注

1　ハイエク理論の理解には、嶋津格〔1985〕、落合仁司〔1987〕の紹介が、とりわけ役に立った。
2　市場に関するハイエクの議論は、嶋津〔1985：72-80〕に手際よくまとめられている。
3　そこでは、〔パレート的な意味で〕最適な資源の配分が保証されているのだから。
4　ルーマンの経済に関する理論は、Luhmann〔1988＝1991〕で、全面的に展開されている。さしあたって、本節の議論に関係しているのは、とりわけ、その第1章、第2章、第7章である。
5　これをルーマンは「悪魔的な一般化 diabolische Generalisierungen」と呼ぶ。
6　ある地点での貨幣の喪失は必ず別の地点での創出を伴っているので、「支払い／非支払い」についての決定権が、市場から消失してしまうことは、絶対にありえない。これが、一般の商品と貨幣メディアの決定的な相違である。商品の場合は、市場から完全に消え去ってしまうということが十分にありうる。それに対して、貨幣は、多くの人が非支払いを選択することによって市場に顕在化していない場合でも、まさにその不在によって、機能しているのである。
7　われわれは、後に、貨幣そのものが目的となるような経済行為が、経済システムにとって本源的なものであるということを、論ずることになる。また、前項で論じたセイの法則の侵犯も、このような経済行為への傾斜が、市場のいたるところに存在している、ということを前提にして導かれていた。しかし、ここでは、とりあえず、通念に従った単純な想定――すなわち貨幣は究極的には交換の媒体に過ぎないという想定――を採用しておく。
8　経験的な世界は、有限の要素によって構成されているのだから。
9　ここで「規範的な選択」と表現したのは、もちろん、「支払い／非支払い」という二項対立が、前者をより妥当的なもの（選好された選択肢）として指定するような、規範的な弁別になっているからである。
10　つまり、貨幣の所有者は、経済システムの内部にあって、一個人でありつつ、「第三者の審級」の位置に立っているのだ。なお「第三者の審級」という私の用語については、第Ⅰ部第1章、第2章、第7章を参照いただきたい。
11　ここで示した欲求の三類型（基本欲求、奢侈欲求、生産欲求）は、Luhmann〔1988＝1991：48-9〕の分類にもとづく。
12　所有によるコード化は、稀少性の道徳的対応（宗教に基礎づけられた）が、十分に機能しなくなったときに始まる。道徳的コードによる経済の統制が困難であることが明らかになる時期は、ルーマンによれば、ヨーロッパの場合、遅くみつもっても一八世紀である（Luhmann［1988＝1991：185］）。

13　圧縮 condensation というのは、スペンサー＝ブラウンが、自らが創始した独特の算術・代数の基礎においた概念（の一つ）である。そこでは、同一性は、無限の反復可能性（冗長性）によって定義されている（Spencer-Brown［1969＝1987］、大澤［1988］参照）。

14　ちょうど、非支払い——支払いの断念——が、支払いと並んでもう一つの経済的な行為であるのと同様に。

15　横断 cross もまた、スペンサー＝ブラウンの概念である。この概念の意義については、Spencer-Brown［1969＝1987］および大澤［1988］を参照のこと。

16　ちなみに、最初の鋳造貨幣が登場したのは、再分配経済においてである。貨幣は、財を、諸身体や諸集団に適当に配分するのに有効な媒体として機能したものと、考えられる。

17　自らは具体的にはなにものとしての同一性も持たず、それゆえ他のなにものにもなりうる（他のなにものとも交換しうる）ということ。

18　Luhmann［1988＝1991：52］参照。ただしルーマンは、支払いがいかなる意味で無限の未来を組み込みうるのか、ということに関してここでわれわれがあげた二つの論拠の内の最初のもののみを、主題化している。しかし、より重要なのは、後者の点、すなわち単一の支払いが、それだけで無限の支払いの連鎖を必然的なものとして先取りしてしまう、ということである。支払いが、後の支払いを可能にしている、というだけでは、まだ他者の拒絶に遭遇するかも知れないという不安を、除去できないだろう。このような不安が、まるで存在しないかのように振舞えるのは、時間的には後の支払いが、論理的には前提になっているからだ。もっとも、このような無限の連鎖の先取りがなぜ可能であるのか、ということについては、まだわれわれはこの段階では解いていない。

19　ルーマンは、「ある一つの行為すなわち稀少な財の占有行為の選択は、貨幣というメディアのコードを通じて、第三者にとってのたんなる体験に変換される」と述べている（Luhmann［1988＝1991：56］）。すなわち、他者の占有行為が、自分が選択的に関与すべき対象——たとえば略奪行為を組織するような対象——にはならず、ただ、自分の今後の行為の前提にしておけば良いものになる、ということである。

20　このような段階に経済があるとき、貨幣とは、現金や銀行に置かれた利用可能な貨幣（預金貨幣など）だけではない。だから、もはや、貨幣の量は、初期手持ち量からの喪失分とは一致しない。貨幣の量は、流動化の可能性という点から評価された、あらゆる資産の総価値であると、考えるべきである。だから、貨幣は、もはや財の集合の部分ではなく、財の全体と拮抗する財の分身なのである。貨幣のこのような特性が顕著に現われるのは、財が担保としての価値をもつ場合である（Luhmann［1988＝1991：198］）。

21　流動性選好の存在を仮定することと、貨幣の量が可変的なものであると仮定することは、理論的なモデルに対して同じ効果をもたらす。たとえば、流動性選好にしたがって、経済主体が貨幣を自分のもとに止め置くことは、貨幣量を減らしたのと同じ意味を持っているのだから。

22　量を一定に保ったまま分配についてのみ決定を下すという方法は、先に述べたように、再分配経済の代表的な方法である。

23　このような経済システムの特徴は、下位レベル（配分の状態）だけではなく、それを包摂する上位レベル（量）をも、偶有的で選択可能なものと見なすところにある。ルーマンによれば、これと同型な構造は、近代社会の他の下位システムにも見ることができる。たとえば、法システムでは、法制定と法適用がともに偶有的なものとして位置づげられ、学問システムでは、方法論上の妥当性の保証（超越論的問題設定）と認識の発見（経験的問題設定）とが、ともに選択の余地があるものと見なされている（Luhmann［1988＝1991：201-2］）。

24　貨幣が、私的な主体によって創造されうる、と述べた。もちろん、実際には、「銀行システム」の助けなしに貨幣を創造することはできない。しかし、銀行の役割は、触媒のようなものである。つまり、銀行は、創造の過程（化学変化）を促進する働きを持つが、原理的に不可欠な要素というわけではない。貨幣経済のもとでは、結局、私的な主体によって貨幣が発行されてしまったことになる、という問題については、大澤［1991：第一章］参照。

25　このような虚構の存在は、ルネサンスまでのヨーロッパの金融操作の工夫から、実証することができる（大澤［1991：42-7］）。

26　信用貨幣が資本制のもとで成立しうる機制の詳細については、大澤［1991：17-63］参照。

文献

橋爪大三郎　1983「資本：形而上作用としての」(1)(2)、『広島修大論集』二四―一、二四―二

―――　1986『仏教の言説戦略』、勁草書房

Hayek, Friedrich A.　1948 *Individualism and Economic Order*, Chicago U. P.

―――　1973 / 76 / 79 *Law, Legislation and Liberty*, Chicago U. P.

Iwai Katsuhito　1981 *Disequilibrium Dynamics : A Theoretical Analysis of Inflation and Unemployment*, Yale U. P.

岩井克人　1981-2「シュンペーター経済動学」(1)(2)(3)、『季刊　現代経済』一九八一冬、一九八二春、一九八二夏

―――　1987『不均衡動学の理論』、岩波書店

柄谷行人　1978『マルクスその可能性の中心』、講談社

―――　1986『探究 I』、講談社

Luhmann. Niklas　1984 *Soziale Systeme*, Shurkamp.

―――　1988 *Die Wirtschaft der Gesellshaft*, Shurkamp. =1991 春日淳一訳『社会の経済』、文眞堂

落合仁司　1987『保守主義の社会理論―ハイエク・ハート・オースチン』、勁草書房

大澤真幸　1991『資本主義のパラドックス―楕円幻想』、新曜社→2008 ちくま学芸文庫

Polanyi, Karl　1957 *The Great Transformation : The Political and Economic Origin of Our Time*, Beacon Press.
=1975　吉沢英成・野口武彦・長尾史郎・杉村芳美訳、『大転換―市場社会の形成と崩壊』、東洋経済新報社

嶋津格　1985『自生的秩序―ハイエクの法理論とその基礎』、木鐸社

Xenos, Nicholas　1980 "The Apolitical Discourse of Civil Society", *Humanities in Society* 3.

第2章 乱調の自己準拠——〈資本制〉

1. 自己準拠するシステム

社会システムはコミュニケーションの集合である。相互に接続しあうコミュニケーションが、その接続する関係のゆえに他の諸可能性の環境から区分されているとき、それらのコミュニケーションの集合が、社会システムを構成するのである。社会システムにおいては、過剰な可能性が排除されることで、コミュニケーションの関係に特定の傾向＝秩序が与えられる。社会システムにおける複雑性の縮減は、要素であるコミュニケーションが志向する諸々の「意味」の間の整合的な関係によってもたらされる。社会システムの内部で可能なものとして許容されている「対象の意味」への志向を、他の非許容的な志向から区別する情報を、「規範」と呼ぶ。さらに規範の「社会システムへの帰属性」が、社会システムの成員（要素）自身によって認知されているとき、その規範を「制度」と呼ぶ。

コミュニケーションの連鎖を可能な限り（つまり末端まで）辿ってみる。こうして被覆されるコミュニケーションの連鎖の最大到達範囲によって、一個の社会システムを定義してみよう。そのような包括的な社会システムを、社会学者たちは「全体社会」と呼んできた。たとえばコミュニケーションの連鎖が、ある一定の共同体の範囲――たとえば国民《ネーション》の範囲――で閉鎖していたとすれば、その共同体は、全体社会である。

少なくとも全体社会のような包括的な社会システムは、常に、二重の水準で自己準拠的に構成されている。ある存在者の同一性《アイデンティティ》が、専ら、その存在者の自己自身への関係によって規定されているとき、その自己の自己への関係を自己準拠性と呼ぶ。社会システムの総体としての同一性――システムと環境との境界――は、「規範」を通じて与えられる。規範は、システムに対してア・プリオリに与えられるわけではなく、システムが自身の作動を通じて、自ら構成し選択しなくてはならない。このように、システムが、自己の状態を選択する情報を自己自身の作動によって選択しているとき、そのシステムは「自己組織システム」と呼ばれる。社会システムの要素であるコミュニケーションの同一性も、予め与えられているわけではない。そのコミュニケーションが「何であるか」ということは、コミュニケーションの相互的な連関《ネットワーク》の内部における各コミュニケーションの位置を通じて、反照的に規定される。さらにコミュニケーションのどのような接続関係が許容されるかということは、（それ自身コミュニケーションの産物である）規範によって規定されている。社会システムのように、要素が要素自身の関係を通じて構成されているシステムを、マトゥラーナとバレラは「オートポイエシス・システム」と呼んだ。自己組織性は、システムの全体の水準における自己準拠性を、オートポイエシスは、要素の水準における自己準拠性をそれぞれ指示しているのである。

問題は、社会システムの自己準拠性がいかにして実現されるのか、ということである。逆説的なことだが、社会システムの自己準拠性は、自己準拠性を外観の上で否定してしまうことによって、可能になるのだ。近代に先立つ〔全体〕社会システムの場合は、その「自己準拠性の否定」が明示的である点に、その特徴がある。すなわち、通常の社会システムは、システム内の要素が従属する究極の規範の選択性を、システムに外在する超越的な審級に帰属させることによって、発効させるのである。超越的審級が「システムに外在する」とは、システム内のコミュニケーションにとって、自らがそれに働きかけ、それを選択することが原理的に不可能なものとして現れて<ruby>い<rt>、</rt></ruby><ruby>る<rt>、</rt></ruby>、ということである。

超越的審級を機能させるためには、それに、何らかの仕方で表象可能な具体的形象を与えなくてはならない。超越的形象の典型は、「神」のような超自然的な実体である。超越的形象の最も原初的な形態は、ウェーバーが言う「カリスマ」であろう。カリスマとは、人間の身体の上に直接に表象された超越的審級である。システムに同一性を与える究極の規範が、シンステムに外在する超越的形象に帰属するものとして表象されることによって（「神に与えられた法」、「カリスマ的支配者の命令」等）、社会システムの本源的な自己準拠性（規範の妥当性自身が社会システム内のコミュニケーションの効果であるという事実）は隠蔽されてしまうのだ。超越的な形象は、システム内の任意のコミュニケーションにとっての前提を供与するという意味で、コミュニケーションの一般的な媒体として現象するだろう。システムの自己準拠は、その不純性を装うことで機能してきたのである。

だがいわゆる「近代化」は、システムの自己準拠性をその隠蔽において稼働させていた外的な超越的形象を還元する過程であった。近代以降の秩序に属する社会システムは、内部のコミュニケーションの継続的な再生産と自ら自身の存続を、外在する超越的形象に訴求することなく維持しているように見えるのである。このことを最も徹底的に押し進め、集約的に表現しているのが経済システムである。経済システムの内部のコミュニケーション（支払い）が準拠する「規範」（目的）は、――理念形的に純化した場合には――、利潤の獲得である。個々の要素における利潤の獲得は、システムの全体においては経済成長として現れる。要するに、システムの全体と要素の二つの水準における「価値の増殖」が、経済システムの作動を方向づける規範（目的）を構成するのである。ところで、経済システムにおける価値とは何か？　それは、経済的コミュニケーションすなわち支払いの可能性以外の何ものでもあるまい。貨幣によって体現される価値を所有するということは、それに相当する支払い能力を所有するということである。したがって、経済的なコミュニケーションとシステムは、ただ自ら自身の再生産を、存在理由としていることになろう。

それゆえ、近代的な経済システムは、自己準拠性を隠蔽＝否定することなく、直接に、自身の構成原理として組み込んでいることになる。それは、純化された自己準拠システムなのである。経済的コミュニケーション＝支払いは、自ら支払いを受けること、そして自身に後続する支払いの鎖列が永続すること、このことのみを条件として、再生産される。この条件は、オートポイエシス・システムの定義に厳密に合致する。[1]

経済システムの純化された自己準拠性は、既に述べたように、価値の増殖を、システム内の諸要素が指向する目的＝規範として措定することから生じている。コミュニケーションの連鎖を通じて自己増殖する〔ように見える〕価値のことを「資本」と呼ぶ。

経済システムは、もちろん部分システムである。しかしそれは、二つの意味において包括的な社会システムの隠喩となっている。第一に、ルーマンが指摘するように、近代の社会システムの根本的な特徴は、各機能領域ごとの分化の相対的な強さにある。強い機能分化は、それぞれの領域ごとにシステムが自己準拠的に閉鎖することから可能になる。そうであるとすれば、自己準拠性という形式的な特性に着眼する限り、他の部分システムと包括的な社会システムが、経済システムと同型的に構成されていると見なすことができるだろう。その上で、第二に、諸部分システムに通底するゆるやかな共通前提を与えているのは、経済システムである。経済システムの存続こそが社会システムにとって最も緊要な問題であり、経済システム自身が全体的な社会システムと重ね合わされるのである。

それゆえ、逆に言えば、〈近代的な〉社会システムの作動の原理を、経済システムのそれの一般化から類推することもできるだろう。自己準拠性を隠蔽することなく組み込んでいる〈ように見える〉社会システムを、それゆえ、ここでは、一般的な意味で〈資本制〉と呼ぶことにしよう。資本の内に、自己準拠的なシステムの「規範」の様態が隠喩的に表現されるからである。

ところで、システムの自己準拠性の最も単純な数学的表現は、関数についての不動点

v＝s（v）　①

である。ここで関数sは、システムの状態を選択する情報の性能を、変数は、選択されるシステムの状態を、それぞれ表現する。①は、選択されている状態vが、自ら自身を選択していることを表示している。不動点は、選択の操作の継続的反復が——厳密には無限回の反復が——、自己準拠の構成に到達することを表現してもいる。このことは、①を、

v＝s（s（s（…）））　②

と置き換えることができることから示唆される。しかも——関数を適当に取れば——、どのよう

な初期値から出発しても関数が表示する操作の反復は同じ不動点に到達する。[2]
もし自己準拠性が、不動点によって表現されるのだとすれば、自己準拠的システムは、一般に、最終的には定常状態に到り着くはずだ。だがこの描像は、〈資本制〉とわれわれが呼んだ社会システムの自己準拠性のあり方とは、まったく対照的なものになってしまう。〈資本制〉は、システムの要素と全体において、価値の増殖・膨張が――〈資本〉が――指向されていることにおいて可能になっているように見える。〈資本制〉は、価値の増殖を実現すべく不断に自己拡大していく非定常的なシステムでなくてはならない。社会システムにおいては、自己準拠性が純化されたとたんに――理論的に予想される事態とは逆に――、システムが非定常化してしまうのはなぜだろうか？
資本制の成立過程についての有名な古典的研究をごく簡単に振り返ることから、問題解決の手がかりを得ることができる。

2. 神話学的範式

レヴィ＝ストロースは、神話分析の方法を論じた有名な論文の終結部分で、あらゆる神話の構造が、次のような謎めいた等式によって表現される標準的関係へと還元される、と断定している。

$$f(a) : g(b) \simeq f(b) : a^{-1}(g)$$

ここで、項（変数）は、登場人物や神話素（神話内の個々の出来事）を、関数は、〔神話の内部での〕それらの意味を表現していると解釈しうるだろう。この等式は、二つの状況の間の等価関係を表現している。状況は、次の諸条件のもとで関係づけられる。〔α〕項の内の一つが、その「逆」に置き換えられること（a→a^{-1}）、〔β〕この置き換えと相関して、関数と項（gとa）の間の逆転が生ずること。[3]

同じ論文の中で、レヴィ＝ストロースは、神話は、社会構造の上での「矛盾」を表現するのだと論じている。より後に書かれた『神話学』では、神話は、社会の「起源」を説明するものだとされている。これらを総合すれば、神話とは、自己準拠的に完結した社会システムが、――言わば手持ちの材料によって――自らの存立を自ら説明したものだと、結論することができるだろう。そうだとすれば、システムの自己準拠性を覆い隠していた超越的形象（システムの「外」）が還元され、自己準拠性が直接に露呈してくる近代的な社会システム（〈資本制〉）においてこそ、神話がその内部の諸項の形式的関係（構造）を通じて表現しようとしていた「論理」が、純粋な形で現れるのではないだろうか？

この予想は、思いがけない仕方で満たされる。F・ジェイムソンによる『プロテスタンティズムの倫理と資本主義の精神』の読解が示しているところに従えば、この論文でウェーバーが仮説的に描きだした社会変動の過程は、レヴィ＝ストロースの上記の神話についての範式に完全に適合するからである。[4] ウェーバーのこの著名な研究がわれわれの考察にとってもつ戦略上の意義について、最初に確認しておこう。ウェーバーは、ルターやカルヴァン等によって提起した宗教的な観念が、資本主義の精神の成長を促進した、と論じている。したがってウェーバーの考察は、超越的形象に媒介されたシステム（自己準拠性のあからさまな隠蔽をともなうシステム）から〈資本制〉（自己準拠性を顕在化させたシテスム）への転換を主題化していることになるだろう。

ウェーバーの仮説は、ジェイムソンによると、次のような解釈を与えることによって、レヴィ＝ストロースの範式に適合させることができる。

f・・合理化　g・・宗教化（純宗教的価値への転換）
a・・（諸）目的　b・・（諸）手段

つまりウェーバーのテーゼの形式的な構造は、次のように要約できる。目的の合理化〔f(a)〕と手段の宗教化〔g(b)〕との関係は、手段の合理化〔f(b)〕と宗教の非目的化〔a^{-1}(g)〕との関係に相当する、と。[5]

ルターは、修道院的な秩序の価値を否定することよって、実質的には、彼岸的・超越的な目的を直接に追求することを不可能なものとした。もはや、彼岸的＝超越的な価値を地上において現実化する制度（修道院）の価値が、すなわち日常生活からの退却を是認する制度の価値が、全面的に否定されてしまっているからである。もちろん、宗教的・彼岸的な目的への適合性こそが、宗教（キリスト教）的な規範によって同一性を獲得しているシステムにおいて、妥当な要素（行為）として特性化されることになる。だから、宗教的な目的の地上からのこのような喪失は、手段としての行為の世俗化を帰結するように見える。ところが実際には、とりわけカルヴァンの登場とともに、手段としての日常の行為が、厳格に宗教的な枠組みに統合されることになったのだ。カルヴァン派は、宗教的な目的（救済）を人間的な手段（日常的な活動）から完全に分離する。しかし、そのことが、かえって、逆に、日常的な活動の全体を余すことなく、宗教的な手段へと転換させた。ルターは、修道院を否定した。しかし、その結果は、修道院の普遍化であった。「いまやすべてのキリスト者が生涯を通じて修道僧とならねばならないのだ」[6]。

このような帰結は、目的／手段の分化の徹底化によってもたらされる。目的とは行為が未来において実現しようとしている状景の規範的な価値である。原初的な社会システムにあっては、しばしば、目的と手段は十分に分化していない。分化のためには、行為を、それがもたらしうる結果において評価しなくてはならず、したがって、常に、より後続する未来を、規範的な評価のためのより本源的な場として確保しつづけなくてはならない。さもなければ、未来のどの時点かに、目的と手段が直接に合致する端点を設定しなくてはならなくなる。ところが、たとえばムビティは、アフリカの土着の言語の分析を通じて、アフリカ人の時間意識の内には未来は存在しないと述べている。現在の直接の延長上にある近接の未来についての意識や言語は存在するのだが、常により後の目的を位置づけるための「無限の未来」を指示する時制が存在しないのだ。[7] このような共同体では、目的と手段は行為において融合してしまう。目的／手段の分化が完全であるためには、目的を、行為の経験的な（時間的）連鎖から離脱した純粋に超越的な場所に設定するほかなくなる。カルヴァンの予定説とは、まさにこのような目的の超越化にほかならない。

しかし目的の完全な超越化は、奇妙な逆説を帰結する。目的（救済）が手段としての行為の経験的な連鎖から完全に切り離されてしまっているために、もはや、いかなる行為もそれに因果的な影響を与えることができず、目的達成の確率を上昇させることができなくなるのだ。目的（救済）は未来のことだが、（神によって）既定されている、とする構成はこうして生まれる。目的と手段の完全な分化はつまり現実的・経験的な行為の全的な手段化は、行為の手段としての価値の否定によってかえって実現されるのである。しかしそこでもう一段の逆説が生じ、日常の一切の行為が、救済＝目的が〔既に〕達成されていることを確証する場としての意義を獲得することになる、というのがウェーバーの論述であった。目的の超越化は、超越性を経験的世界において具現する形象（たとえば修道院）を抹消する。つまり、それは「魔術からの解放」と、すなわち（目的の）合理化と連動する〔f (a)〕。そしてこれは、見てきたように手段の宗教化〔g (b)〕を伴う。

その結果、手段としての日常の行為は、全体として組織的に、つまり方法的に、合理化を被ることになる〔f (b)〕。世俗内禁欲とは、これである。その最終的な帰結が、ウェーバーによれば、「資本主義の精神」、すなわち究極的な目的としての宗教の消滅である〔a^{-1} (g)〕。

ここで注目しておかなくてはならないのは、宗教的・超越的目的の奇妙な働きである。それは、システムの作動と変動に一貫性を与える媒体――システムの同一性を規定する規範として作用する媒体――である。しかしそれは、システムの最終状態からは消滅しており、そこからは到達することができない。つまり、それは消滅することにおいてシステムの動態を規定する媒体であり、最終的には、システムの内側にも外側にもその存在の痕跡を残さないのである。それゆえ、ジェイムソンは、プロテスタンティズムは、中世から近代への移行において「消失する媒体」としての機能を果たすのだと説明している。中世的な社会システム（宗教的な規範によって統括されているが、行為の方法的な合理化を欠いたシステム）から近代的な資本制（宗教的な規範を欠いているが、行為の方法的な合理化が進捗しているシステム）への移行は、プロテスタンティズム（宗教的な規範による統括と行為の方法的な合理化をともに有するシステム）を経由するが、プロテスタンティズムは、移行が完結したときには消滅しており、ただ移行の説明に一貫性を与える要素として遡及的にその存在が仮設されるに過ぎない[8]。

消失する媒体の作用によって、社会システムは自己準拠性の外観を獲得することになる。重要なことは、消失する媒体の自己否定的な存在は、システムの変動をそれ自身一個の固着した存在として仮定することによって、構成されるということである。今や、われわれは、本来の疑問に回帰すべきときである。自己準拠的な社会システムが、非定常的なものとして実現するのはなぜか、これがわれわれの疑問であった。

3. 消失する第三者

既に述べたように任意の（包括的な）社会システムは自己準拠的である。自己準拠性は、一般には、その隠蔽においてこそ実現するのであった。この隠蔽はいかにして可能なのか？　社会システムの素材とも言うべき身体の原初的な様態に立ち帰りつつ、社会システムがもたらされる機序をごく簡単に追尾してみよう。

身体には、志向作用（認識と実践）の対象をまさにこの身体を中心とした近傍の内に配置する求心化作用と、その近傍を他所＝他者へと移転する遠心化作用とが、同時的に帰属している。求心化作用－遠心化作用の連動は、志向作用の自己複製機構として作動する。この自己複製機構は、志向作用を諸身体に共帰属させることを媒介にして、それらの諸身体を一個の間身体的連鎖へと編み込むことになる。遠心化作用が旺盛に作動し、間身体的連鎖の内に巻き込まれる他者の実在性が（量的・質的に）十分に高い強度で感受されているとき、そして複製される志向作用の「対象を選択・弁別する性能」が十分に高いとき、間身体連鎖に対してその内部の個別の身体が相対化され、間身体連鎖自身が固有の実在として、連鎖に内属する個別の諸身体から感受されるに至るだろう。すなわち、間身体的連鎖に直接に帰属する（半ば）抽象的な志向作用が仮構され、その志向作用を担う抽象的な身体が存在しているかのような擬制が生ずるのである。この抽象的な身体に帰属する志向作用は、間身体的連鎖に内属する諸身体が担う志向作用の「あるべき様態」を代表するものとして、要するに、規範的な弁別を表現するものとして、連鎖に内属する諸身体から受容されることになる。この抽象的な身体を「第三者の審級」と呼ぶ。

第三者の審級の実在性は、もちろん、それに、何らかの意味で経験可能な形象を与えることによってのみ確保される。第三者の審級の実在性を仮託する形象こそ、第1節で述べた超越的形象に他ならない。第三者の審級は、社会システムの自己準拠の循環の「折返点」に投射され、その循環を隠蔽するのである。

求心的に自己に帰属する志向作用が同時に他者へと遠心化＝疎外されることによって、第三者の審級は存立することを得る。それゆえ、第三者の審級は、どの個別の身体に対しても異和であるような、他者性の一般化された集積点とでも呼ぶべき位格を、獲得することになる。第三者の審級は、どの個別の身体にとっても直接自己を同化することができない〈差異〉であることにおいて、それら諸身体を規範的に捉えるのである。

そうであるとすれば、第三者の審級に経験可能な形象を与えることには、その本性に反する根本的な矛盾が懐胎していると言わざるをえない。表象可能な超越的形象を与えるということは、超越性に、経験的な世界に内在する同一性を与えることである。このような第三者の審級の実在化は、規範によって区画されたコミュニケーションの領域を、つまり社会システムの同一性を構成する。システムの同一性と超越的形象の同一性は同じ事態の二つの実現形式である。したがって、第三者に審級が形象化されたときには、それに服属する諸身体にとっては、「拡張された自己」と言うべき領域が定義されたことを意味する。もちろん、それがシステムである。超越的形象を媒介にして積極的な実体性を獲得した第三者の審級への同一化を通じて、諸身体は、システムそれ自身を拡張された自己として体験することができる。だが、第三者の審級は、もともと、従属者にとっては同一化不可能な異和性＝他者性であることによって、超越的な機能を果たすことができるのであった。言い換えれば、第三者の審級が「何であるか」、「何を欲するか」という問いは、常に開かれていなくてはならず、それに同定可能な形象を与えることは、第三者の審級の実効性を否定し去ることである。

したがって、逆に言うと、第三者の審級は、表象可能な形象を与えられたとしても、その形象の同一性に回収できない「空虚」を内部に抱え込んでいることになる。換言すれば、第三者の審級に帰属されることになる規範的な選択の内容は、常に、不確定を残存させなくてはならない。

第三者の審級を実在化することの述べてきたような矛盾は、第三者の審級を抽象的な実体として保持することによって、緩和される。すなわち、第三者の審級を、形象化することが不可能な実体として措定するのである。このことは、第三者の審級に帰属させうる超越的な選択の内容を――つまり第三者の審級の「意志」を――、原理的に不可知なものとして、想定することを合意する。ルターに始まりカルヴァンにおいて完結する宗教改革が成し遂げたのは、第三者の審級＝神のこのような意味での抽象化である。既に見たようにルターの革新は、神を地上（経験的世界）の内部で形象化する制度である修道院を否定した点にある。この指向をより推進させたのが、カルヴァンである。このことは、神の選択を、決して確定しえないものと見なすという代償を伴うことになる。それにもかかわらず、神の意志を実在的な選択として維持しようとすれば、「それは確かになされたのだが、その実質的な内容は地上の人間からは原理的に確認しえない」とする構成を取るほかない。これが予定説である。予定説は、第三者の審級の実在性を想定することの固有の矛盾を、徹底してつきつめたことの帰結なのである。要するに、第三者の審級を抽象的な実体へと変換することが、第2節に見たような目的の合理化＝超越化を導くのである。

以上の論述は、第三者の審級が抽象化するための必要条件を明らかにしているだけである。その十分条件は何か？　つまり第三者の審級の抽象化はいかにして可能なのか？　抽象化をもたらす要素は、第三者の審級の深部に生ずる空虚そのものである。第三者の審級に帰属する選択（意志）は、常に不確定性を残さざるをえない。そのことは、第三者の審級に従属する身体たちにとって、他者のまさに他者たる所以が、第三者の審級において保持されていることを意味する。第三者の審級が措定され社会システムが構成されているときには、システムに内属する他の諸身体たちは、言わば「拡張された自己」の内的な要素として現れている。システムに内属する視点からは、ただ、実体化された第三者の審級の場所においてのみ、純粋な他者性が残存するのである。ところで、第三者の審級の投射は、身体が他者の場所へと遠隔化し、その他者に接続されることを機縁にして可能になるのだった。そうであるとすれば、まさに第三者の審級の内に穿たれた他者性を媒介にして、もう一段高次の第三者の審級が再び投射される蓋然性が生ずるに違いない。

ここで「もう一段高次の」と形容したのは、次の二つの意味においてである。第一に、再投射される第三者の審級は、第三者の審級に表象可能な形象を与えたことからくる矛盾を減殺させているという点で、高次の抽象性を持たざるをえない。そして、第二に、再投射された第三者の審級は、従来の社会システムの内に統合されていなかった他者性にも照準するような、より普遍化された規範を代表する超越性へと変換されていくはずだ。

こうして構成されうる高次の第三者の審級の形態として、既に見たように、プロテスタントの神が現れる。プロテスタンティズムとともに、日常的な行為（手段）の全的な宗教化と方法的な合理化が推進されるのは、それが神＝第三者の審級の高度に普遍化された形態として信徒の上に君臨し、彼らの行為を捉えるからである。

だがプロテスタントの神へと第三者の審級を抽象化することは、第三者の審級の形象化に由来する矛盾を解消してしまうわけではない。プロテスタントの不可視・不可知の神は、抽象化の極に未だに到達していない、と言うべきかも知れない。神を形象化不可能な実体として想定することは、それ自身、裏返しの形象化である。それは、形象とはなりえないという否定的な性質を、神を定義する本質条件とすることによって、表象の領域の彼方の実体として、神をやはり肯定的＝積極的に形象化するのだ。つまり表象の不可能性自身を、神を表象するための弁別特性として利用しているのである。こうして、抽象化の果てにおいて、再び、神＝第三者の審級は形象を取り戻す。予定説にあっては、このことは、次のように現れる。そこでは、神の意志が〈人間には〉確定不可能であるということ、そのことが、まさに既に神の意志が確定されてあることの印として扱われる。意志＝選択の不確定性自身を、意志＝選択が遂行されたことを示す積極的な条件へと転ずるわけだ。

それゆえ矛盾は、ただ、第三者の審級の形象化された実体性を――より高次の抽象性の水準に向けて――その度に解消するという運動性の中でのみ、解決されるのである。特定の抽象性の水準に第三者の審級を固着させることは、結局、第三者の審級に具体化可能な形象を与えることに等しい。真の抽象性は、第三者の審級の形象性を解消しつづけるというダイナミズム以外の何ものでもない。そのダイナミズムは、形象化できないという否定性を、もう一つの形象性のための肯定的条件へと転ずることなく、直接に現実化したものである。プロテスタンティズムの「消失する媒体」としての機能は、まさにこの点に由来する。第三者の審級は、自らを消失していこうとする否定的な運動の中でのみ、その作動を真に純粋な形態で確保するのである。この運動は、システムの側では、述べたように、システムを被覆する規範の作用域（対象とする行為の集合）の普遍化として現れる。だがこの変容を規定した要因の実体性は、――その要因は自らの同定可能な形象を解消してしまうので――、後からの遡及的な眼差しの中で代補されるしかない。

第三者の審級の形象化された実体性が解除されていく運動には、以上に見たような必然性がある。積極的な超越的形象を失ったとき、社会システムは、直接に、自己準拠的なものとして姿を現すことになろう。以上の考察から提起される仮説は、〈資本制〉は、プロテスタンティズムの倫理から資本主義の精神への転換と構造的に同型的な運動を、不断に再作動させることにおいて存立するようなシステムではないか、ということである。システムの自己準拠の外観は、システムの同一性を支持する第三者の審級を否定的な形式において、つまり「消失する‐抽象化する」運動において利用することから帰結するからである。このように考えることから、〈資本制〉が自己準拠的なシステムでありながら、非定常的であるのはなぜか、という当初の疑問も解かれるのである。

第三者の審級が抽象化（消失）する運動性は、既に述べたように、そこに帰属する規範の普遍化していく変容を伴っている。それゆえ、第三者の審級がこのような運動性の内にあるときには、結局、社会システムの内部には、作用域を異にする規範が重層的に共存することになるだろう。より特殊的な作用域を有する規範と、普遍化された作用域を標的とする規範とが、システム内部に共存するわけだ。特殊的な規範は現在的なものとして、普遍化された規範は未来的なものの先取りとして定位される。規範の普遍化は、言うまでもなく、行為の至高の目的の解釈換えを伴うことになる。レヴィ＝ストロースの範式においては、それは、左辺から右辺への$a \to a^{-1}$の置き換えによって表現される。特殊的／普遍的な二つの規範的な作用圏の交流によって、資本という現象が生み出される。

今、同じ事物の価値を二つの規範的な作用圏のそれぞれで評価する場面を想定してみよう。普遍化は、一般に、特定の事物への関与《コミットメント》の度合いの低減を伴う。それゆえ、より普遍的な規範のもとでは、同じ事物の価値は、相対的に低下する。この低下を、視点を逆転させて捉えれば、（他の事物の）価値の上昇として現れる。すなわち、普遍的な規範に内属する視点から捉えたこの事物の価値を規準的なものとみなした上で——この規準的な事物はたとえば貨幣であり労働力である——、今度は、特殊的な規範的地平の内部の他の諸事物の価値を評価した場合には、他の諸事物の価値は、逆に相対的に上昇して現れるだろう。この価値の上昇こそが、言わば剰余価値である。資本は、このように、先取りされた普遍的な規範に内属する視点を、特殊的な現在的規範の内部へと還流させることから可能になるのだ。

だから、自己組織的・オートポイエシス的な社会システムの自己準拠性は、自己準拠を可能にしている当の要素を自己消費していく中で、実現される。つまり、自己準拠の不完全性、乱調こそが、システムの自己準拠を、〈資本制〉として実現するのである。

注

1 第Ⅱ部第1章
2 F. Varela, *Prinsiples of Biological Autonomy*, Elsevier North Holland, 1979.
3 C. Lévi-Strauss, "The Structural Study of Myth", *Anthropologie Structurale*, Librairie Plon, 1958（1955）. 田島節夫訳「神話の構造」、『構造人類学』（みすず書房、一九七二年）二五二頁。若干表記を変えたが、内容は同じ。
4 F. Jameson, "The Vanishing Mediator ; or, Max Weber as Storyteller", *The Ideology of Theory Volume* 2, Routledge, 1988. この論文の重要性については上野俊哉に教えられた。記して感謝したい。
5 *Ibid.*, p. 21.
6 M. Weber, "Die protestantische Ethik und der》Geist《des Kapitalismus" *Gesammelte Aufsätze zur*

Religionssoziologie, Bd. 1, Tübingen, 1920（1904-5）. 梶山力・大塚久雄訳『プロテスタンティズムの倫理と資本主義の精神』下〈岩波文庫〉（岩波書店、一九六二年）八〇－八一頁

7　真木悠介『時間の比較社会学』（岩波書店、一九八一年）二六－三二頁、六四－七一頁。J. Mbiti, *African Religion and Philosophy*, 1969.

8　Jameson, *op. cit.*, pp. 24－26.

第3章 支配の比較社会学に向けて

1. 承認の循環

本章の目的は、支配という現象の比較社会学を試みるためのごく概略的な道標を与えることにある。言うまでもなく支配という現象は非常に多様であり、闇雲に比較することで、その本質的な特徴を逸することなく抽出することができる、と期待することはできまい。どのような方針に基づいた比較が、支配をまさに支配たらしめている特徴を網羅的にかつ的確に概念化することを許すのだろうか?

支配とは、一定の明示的な範囲の人々の集合を、持続的に、〔特定の源泉（支配者）に帰属させうる」命令に服従させる可能性が存立している状態である。ここで、「服従している」という語は、命令を肯定的な前提として（つまり受容して）、事後の行為が遂行されている状態を指す。したがって、支配は、権力の下位類型である。すなわち、それは、権力が、社会（空間）的にも時間的にも安定的に一般化している状態であるということができるだろう。このような一般化のためには、通常は、ウェーバーが論じているように、支配が正統であるいうことが——まさにそれが一般化されている当の社会的な領域において——制度化された事実として確立されていることが、要件となる。

カール・マルクスは、貨幣＝一般的等価形態を存立させる仕組みとの類比によって、支配という現象を成り立たせている機制を論じている。このマルクスの議論を、支配現象の全体に見通しを与えるための補助線として利用してみることにしよう。『資本論』の中で、マルクスは、ある特権的な商品が一般的な等価形態になりうるのは、他の商品＝相対的価値形態たちが、まさに自らの等価物としてその特権的な商品を措定する価値関係が成立しているからだ、と結論する。つまり、諸商品にとっての貨幣の内在的な価値は、それ自身、商品の貨幣に対する関係が商品の方に反照してきた結果だというわけだ。この論述に対する非常に有名な脚注の中で、彼は、一般的等価形態（貨幣）と相対的価値形態（他の商品）との関係を、支配者と従属者との関係と同型的なものと見なし、次のように述べているのである。

およそこのような反照規定というものは奇妙なものである。たとえば、ある人が王であるのは、ただ、他の人が彼に対して臣下としてふるまうからでしかない。ところが、彼らは、反対に彼が王だから自分たちは臣下なのだと思うのである。（マルクス、一九七二、一一一頁）

この論述は、間違いなく、『精神現象学』の「自己意識」のパートにおけるヘーゲルの有名な議論を、すなわち「主人と奴隷の弁証法」についての議論を念頭においている。マルクスの断片は、二つの論点を含んでいる。第一に、王の臣下に対する支配の正統性は、両者の間の承認の循環によって構成されているということ。第二に、この循環が機能するためには、それは不可視化されていなくてはならないということ。王が支配者として命令を下すことで、臣下の規範的な位置（妥当／非妥当）を承認することができるのは、逆に臣下たちが、まさにその「従う」という行為によって、遂行的に彼を王として承認しているからに他ならない。しかし、この臣下の王に対する承認は、自己自身に対して隠蔽されている限りにおいてのみ、有効なものでありうる。言い換えれば、王であるという性質は、王と臣下の関係に対して内在的なものであるにもかかわらず、当事者たちには、外的な超越性によって裏打ちされているものとして現れるのである。王の支配の正統性は、内在的なものを超越的なものとして現前させる錯覚に基づいているということになる。王の身体は、臣下にとって、そしてまた王自身にとって、社会内で唯一、超越的なものが発現する特異点として現れているのだ。

マルクスの警句は、確かに、理にかなったもののように見える。だが、他方で、「われわれ」自身の方に翻ってみれば、そこでは、彼の議論は妥当しないことがわかる。「われわれ」の社会においては、支配の正統性は、マルクスの立論の中で支配を無効化する契機として指示されているその条件によってこそ、保持されているように見えるのである。マルクスによれば、王の王たる資格は、それが臣下の承認に依存していることが露呈すれば、失われてしまう。だが、「われわれ」の社会では、支配者の権力は、それがまさに被支配者によって承認されているということが顕示されていることによってこそ、支持されているのだ。だから、支配者が自らの支配の正統性を示すためには、彼は、被支配者によってまさに支配者として承認＝支持されていることを証示すれば良いわけだ。

さて、ここまでのごく簡単な観察から、われわれとしては、「支配の比較社会学」が照準すべき、支配の明確に分離できる類型として、以下の二つを導き出すことができるはずだ。すなわち、支配をめぐる承認の循環が（当事者たちに対して）隠蔽されている限りで維持されている支配の類型と、逆に、承認の循環が（当事者たちに対して）示されることによって維持されているような支配の類型である。後者のような支配の様式を、われわれは、一般に、「民主主義」と呼んでいる。だが、それにしても問われるべき問いは、一方においては、まさに不可視化されることによってこそ支配を可能にするような条件が、他方にとっては、逆に積極的に可視化されることによってこそ支配の正統性をもたらす条件となっているのはなぜなのか、ということである。

以上に加えて、支配が（ほとんど）存在しない社会の類型を、つまり支配が極小化されているような社会の類型を、考慮に入れておかなくてはならないだろう。このような類型をも含めるならば、結局、支配の比較社会学が主題化すべき支配の様式として、基本的には、さしあたって三つの形態を剔出しておくことができることになる。もちろん、来るべき本格的な研究においては、それぞれの類型に対して、さらに内的な分類を与え、図式を精緻化しなくてはならないだろう。だが、ここでは、その前提的な作業として、主要な三分類の間にどのような論理的な関係があるのかということについての、大雑把な見通しを与えておくことで満足しなくてはならない。このような見通しこそが有意味で精緻な分類に指針を与えるはずだから。

2. 支配以前の支配

今し方、「極小化された支配しかもたない」というあいまいな表現を使った。極小化された支配、つまり支配の萌芽的な形態とは何か？　それは、要するに、支配のための制度が国家の形態を取るには至っていない、ということである。ピエール・クラストルによれば、内的な複雑性（成員たちが取りうる行為の多様度）の程度が非常に低い原始的な共同体――いわゆる「無文字社会」と分類される社会――は、まるで、拡大・連合して「国家」へと成り上がることを積極的に拒否する機構を備えているかのように見える（クラストル、一九八七）。言い換えれば、ごく萌芽的な支配と国家を有する支配との間には、カタストロフィックな断絶が挟まれているのであって、両者は、連続的な移行の関係で結ぼれているわけではないのだ。

ところで、ここでは国家を、ごく表面的に見出しうる現象的な特徴によって、識別することにする。すなわち、持続的に安定した支配が及びうる範囲が、相互に対面可能な——あるいは相識関係にある——人々の集合を大幅に凌駕しているとき、その支配を維持するために動員されている制度的な機構を「国家」と呼ぶことにする。

繰り返せば、クラストルが述べるところによると、未聞の原始的な共同体は、国家への飛躍の試みが流産するような仕組みを、備えているように見えるのである。原始的な共同体も、しばしば、その全体を代表する支配者、すなわち首長を持っている。しかし、その権力は、及びうる範囲に関しても、また帰せられる内容に関しても、一般には、非常に限定されている。第一に、首長が、平時においては、他のメンバーの意志にはっきりと反するような命令を発することができない。つまり、首長は、強い強制力をもった命令を下すことはないのだ。受け入れられる命令は、事実上、人々の「共同意志」としてあらかじめ合意されていることを、上塗り的に確認するような内容をもった命令のみである。紛争がある場合にも、首長は、裁判官として振る舞うのではなく、つまり対立する陣営を強制的に従わせる調停案を提示するのではなく、平静さをとりもどすように双方を説得し、妥協を促すのである。このように、首長の最も重要な機能は紛争時に妥協を促し、共同体の内部に平和をもたらすことである。第二に、紛争時に妥協を模索する首長の戦略が示しているように、首長は、ただ言葉にのみ頼って、その機能を果たすのだ。だから、首長は、しばしば弁舌の技術において優秀な人物である。首長には、物理的な暴力を使用する特権は与えられていない。第三に、首長は、自らの物財に関して物惜しみしてはならず、従属者への絶え間ない贈与に応じなくてはならない。「気前良さ」は、しばしば、首長であることの証であると考えられている。ところが、首長は物財を収集するための圧倒的な権限を有するわけではないので、従属者から不断の「贈与」を要求されている以上は、首長の権力は、ある限度を越えて拡張していくことはない。ここでは、贈与が、首長権力の拡張を制限するブレーキとして作用しているのだ。

それにしても、そもそも、原始的な共同体における、この限定的な権力に基づく支配は、いかにして可能なのか？　それは、どのようにして存立しているのか？

非常に多くの原始的な共同体において、成人であることを承認する通過儀礼は、「拷問」を思わせるほどの、苦痛を与える儀式を、中心に据えている（Vlahos, 1979）。成人になるということは、共同体の正則的な成員として承認されること（規範の裁可の対象になり、「責任」が問われうるということ）である。重要なことは、この種の「拷問」における苦痛の体験は、必ず、これを見る眼の快楽の体験と結合されている、ということである。たとえば、アフリカのドゴン族の割礼儀礼においては、割礼の手術は、一緒に儀礼を受けている他の少年たちや一期前に割礼儀礼を受け既に成人した若者たちの面前で施されなくてはならない。手術の執行者は、宗教的・政治的な最高指導者である「オゴン」の代理人である（竹沢、一九八七、八七–一二七頁）。この構成も暗示しているように、共同体の正則的な成員になるということは、共同体を被覆する首長の支配の内に加入することをも意味している。それゆえ、「拷問」のような儀式が、支配者への〔無意識の〕持続的な承認――これが支配の正統性をもたらす――を帰結する機制を解明することができれば、さしあたっての疑問に対応することができるだろう。

身体に直接に苦痛を与える儀式は、知覚・感覚にともなう、ごく原初的でありそれゆえに基礎的な身体の作用から、持続的でありかつ社会的でもある効果を引き出しているはずだ。どのような身体の志向的な作用も、世界を「今、ここ」を中心とした「近傍」として構成し、諸対象をその内部に配備する作用をともなっている〔広義のパースペクティヴの構造〕。これを、身体の求心化作用と呼ぶ。求心化作用こそは、身体の自己性〔「私」性〕の究極の根拠である。と同時に――こちらが重要なのだが――、身体の志向作用は、「近傍の中心」を自らの外部へと、他所へと移転する作用をも随伴しているのである。これを、遠心化作用と呼ぶ。遠心化作用は〔あるいは遠心化作用と求心化作用の表裏一体性は〕、各身体を、その根本的な否定と、その根本的な欠如と、要するに〈他者〉の身体と結びつけ、両者の同値性〔自己の存在がそれだけでその否定である〈他者〉の存在を含意しており、かつ逆も真であるということ〕を開示するのだ〔詳しくは、大澤、一九八八、一九九〇、一九九二等参照〕。

これらのことを前提にして、あの「拷問」の構成を、たとえばドゴン族の割礼儀礼の構成を解析してみよう。割礼が著しい痛みを伴うことは、広く知られているが、手術中、少年は声をあげるべきではないと考えられている。少年の身体へと苦痛を備給することは、その身体の知覚の活性を極点に導くことであり、それは、同時に、この身体をめぐる求心化－遠心化作用を活性化するはずだ。そうだとすれば、苦痛に耐える少年を眺める多数の「眼」が、苦痛の体験の内に巻き込まれるはずである。まず、少年を眺める諸身体は、この少年へと遠心化することによって、いわば、その苦痛を共体験するのであり、逆にまた、手術を受ける少年の身体も、対称的な求心化－遠心化作用によって、彼を眺める「眼」を体験するだろう。こうした「共苦」の体験は、これらの身体を共通の間身体的な連鎖の内に編入するはずだ。さらに、この間身体的な連鎖は、その内部のどの身体とも等置しえない固有の実体性を担った超越的な身体として、立ち現れることにもなるだろう。首長オゴン（手術者）に実体化され、投射されているのは、こうして析出する超越的な第三者である。

私は、このようにして身体の相互作用的な遂行を媒介にして析出される超越的な身体（の幻想）を、第三者の審級と呼んできた。原始的な共同体の「拷問」が現実化する第三者の審級は、その最も原初的な形態であり、「抑圧身体」と呼ぶ。抑圧身体は、以上のような機序に媒介されることによって、（共同体に対して妥当する）規範の選択性の帰属点としての働きを担うことになる。たとえば、割礼儀礼においては、苦痛と忍耐との等価性が規範の原型なのであり、この等価性に保証を与えるのが超越的な第三者としてのオゴンである。暫定的な結論は、だから、極小化された最も原始的な支配は、抑圧身体の場所を占拠する身体によって、その可能性を与えられるということである。無論、それが首長の身体である。こうして、首長は、言葉によって表明される規範の湧出口として定位されるのだ。

ここで注目すべきことは、次の点である。抑圧身体の投射は、言い換えれば首長に対する承認は、言語的な認識に先立つ、身体的な遂行（求心化－遠心化作用）の水準に属しており、したがって、常に既に完了してしまった形態でのみ、自覚されるのだ。それは、身体の経験が、その経験そのものの可能性の条件を、つまりその超越（論）的＝先験的条件を、構成する機制である。言い換えれば、経験は、自らに論理的に先立つ自らの原因を、遡及的に措定するのであり、それゆえ、この機制を「第三者の審級の先向的投射」と呼ぶことにする。マルクスが「支配の条件」として提起した「承認の相互性の隠蔽」を可能にしているのは、この機制である。抑圧身体は、自覚的な選択（承認）に服しえないものとして、予め与えられたものとしてのみ、立ち現れるのである。

とはいえ、抑圧身体の支配は、本源的に不安定なものである。その不安定性は、論理的には、抑圧身体の支配が、単純な自己言及のループの中で与えられるほかない、ということに依存している。規範とは、身体の可能的な経験に否定（禁止）をもたらすことだが、その否定自身が、経験による肯定（無意識の承認）に直接に依存してのみ確保されている。このことは、論理的に決定不能な自己言及の構造の中に支配者の命令（否定）の効力（妥当性）は捉えられているということ、つまりそれは失効の危機にいつでも脅かされることを意味している。クラストルが描いたような首長の権力の制限された性格は、この点に由来する。

3．王の支配

王の家父長的な支配の発達した形態（行政幹部を有する家父長制）を、ウェーバーは「家産制」と呼んでいる。ウェーバーは、家産制の下にある臣下の権利に関して、次のように述べている。「家産制官吏は、とりわけ彼らの中の最高位にある者たちは、支配者の食卓が彼らの扶養に決定的な役割を果たすことをつとにやめてしまってから後も、宮廷に滞在するとき、支配者の食卓で食事にあずかる権利を、どこでも極めて長い間保持していた」（ウェーバー、一九六〇、二〇四頁）。このことは、王の権力の原型が、従属者に贈与する能力にあったことを示しているだろう。もちろん、王が惜しみない贈与によってその権力を拡張できたのは、それに見合う、あるいはそれを上回る、「奪う能力」を確保したことに依存する。それは、原始的な共同体の首長の権力からのブレークスルーなしには、実現しえないことである。王の（従属者からの）収奪を制度化したものが、租税である。こうして、王の支配は、物財のフローという観点からすると、王の身体を中心とする再分配の構成を確立したときに完成するのだと、言うことができるだろう。

クラストルによれば、「国家に抗する社会」の一つであるグアラニ・インディアンの予言者は、国家的な規模の権力への彼らの警戒心を奇妙な形而上学によって説明する。それによると、国家への欲望とは「一〔同一性〕」への欲望なのであり、それは「悪の根源」だとされるのだ（クラストル、一九八七、二〇九-二一七頁、二六八-二七一頁）。ところで、原始的な共同体において、規範をもたらす超越性が、それ自身、自己言及の循環に直接に依存した形式でのみ与えられるのだすれば、その結果は、理念的には、「意味」において規定されるあらゆる同一性《アイデンティティ》の、とりわけ共同体そのものの同一性《アイデンティティ》の原理的な決定不能性であるはずだ。グアラニの賢者の形而上学は、国家がこの決定不能性の解消として成り立つことへの直観を示しているだろう。だが、他方で、クラストルは、予言者の反逆的行為の大きな影響力は、皮肉にも、首長の権力を圧倒的に越える権力へと転換していく予兆をも含んでいると指摘する（クラストル、一九八七、二七一－二七二頁）。ここから、少しばかり大胆に推論するならば、国家への転換は、一方では、原始的な共同体における「同一性」の困難の解消であり、他方では、まさにその困難そのものを原動力としていると、仮説を立ててみることができる。

　原始的な共同体における、多少なりとも国家への転換を予感させる現象は、戦時における連帯である。戦争においては、強き者の下への半ば強制的な連合が生ずる。この連合自身が、連合する共同体の間の潜在的な対立＝戦争の解消の上に立脚しているわけだ。しかし、それは長続きはしない。この戦争（による連合）と機能的に等価な代理物は、ポトラッチのような競覇的な性格をもった、共同体間の贈与（を媒介にした接続）である。

　原始的な共同体が、外部の共同体に対して、一見無意味な贈与を繰り返す理由を、厳密に説明している余裕はここではない（詳しくは、大澤、一九九二）。結論のみ簡潔に述べておこう。贈与されているのは、実は、共同体そのものの同一性《アイデンティティ》〔を託された物財〕なのである。もう少していねいに言い換えれば、共同体の同一性と等値されたその否定が、他者（他共同体）へと贈与されているのだ。よく知られているように、嘘つきの背理のような自己言及的言明ではその肯定（真）と否定（偽）とが完全に同値になる。述べたように、原始的な共同体の自己同一性は、抑圧身体を結節する自己言及的な身体の作用の循環の中で与えられている。この「嘘つきの背理」と同一の構造は、共同体の自己自身の同一性そのものの内にその否定を含意させてしまう。この否定が、贈与物に託されるのである。

贈与のこのような意義を前提にした上で、ここから、次のような事態が出現する可能性を演繹することができる。共同体の規範的な同一性を構成する第三者の審級に関して、十分に抽象化されたその実在性が確保されている場合には、贈与による相互作用は、それぞれの共同体の上に君臨する第三者の審級を単一のものへと収束させるだろう。さらに、十分に多数の共同体が贈与によって接続された場合には、それらの共同体の集合の全体に対して支配を及ぼしうる統合された第三者の審級が、結節される可能性が出てくるはずだ。ただし、このような統合は、少なくとも、社会の成員にとっての第三者の審級の抽象的な実在性（直接の現前に依存しない実在性）が十分に堅固なものにまできたえられていなくては望めない。つまり、仮に贈与による接続があったとしても、第三者の審級のこのような統合には可能性はあっても、必然性はない。

こうして、諸共同体の中心に、それらの全体を支配の範域とするような第三者の審級が結晶する。このような統合された第三者の審級を、「集権身体」と呼ぶことにする。集権身体の座を占拠することによって支配の実効性を確保するのが、王の身体である。集権身体の下において、始めて、局所的な共同体（相互的な面識圏）の規模を凌駕する「国家」の可能性が整うのであろう。以上の構成機序から推論しうるように、集権身体は、その内部の局所的な共同体からすると、贈与の無限の発出点であると同時に尽きることのない収束点でもあるような特異点として現象することになるはずだ。このことは、当事者にとっては、集権身体に対する「無限の負債」として感覚される。この「負債」に便乗することによって、税の機構が、また再分配の財の流れが制度化されるのである。

ここで強調しておきたいことは、次のことである。贈与を媒介にして集権身体を結節する機制は、抑圧身体を結節する原初的な先向的投射の機制と、形式的な構造からすると、まったく同型だということである。各単位（個別の身体、個別の共同体）は、それ自身の存在の内に、その否定を、自らに対する他者性を孕んでしまう。諸単位の間ではじめから積極的に共有されているものは何もない。ただ、それぞれの自己否定性そのものを別にすると。ここで、この共有されている否定性が、単なる空虚ではなく、積極的に実在する実体（第三者の審級）へと換位されたとき、諸単位の全体を覆う支配が実現されるのである。だから集権身体の構成は、先向的投射の拡張された再帰的反復である。先向的投射の効果は、先にも述べたように、「承認の相互性」の隠蔽である。

先向的投射が重畳されることによって、原始的な共同体の首長の権力の極度に制限された性格が克服される。身体の経験的な相互作用と超越（論）的な第三者の審級との間の自己言及の循環が間接化されるからである。言い換えれば、国家的な規模に至った共同体に内属する者にとって、王の身体は、彼らの経験的な相互作用とは無関与な超越性として現象することになる。このことの制度の上での帰結は——詳しい説明は省くが——法規範（明示的に言及されている規範）の成立である。

4．二重化された支配

近代的な民主主義への転換は、冒頭に述べたように、承認の循環を顕在的に証示することによって正統化されるような支配の様式を生み出す。[*] こうした転換を可能にする条件は、以上の論述から判断すると、次のようなことであると考えるほかない。すなわち、個人の身体に、超越的な第三者の審級が全的に内部化されること、これである。このことによって、個人は、自らが従うべき規範の選択に関して自らが全面的に権威あるものとして、要するに規範を自己決定しうる権利を有するものとして、定位されることになるはずだ。第三者の審級を全的に内部化した個人のことを、「主体」と呼ぶことにしよう。

承認の循環の顕在化は、個人の主体化の直接の結果である。主体は、支配者の支配そのものを自らが選択したものとして自覚しうるその限りにおいてのみ、その支配を受け入れることになるだろう。第三者の審級が、個人の身体に内部化されているとすれば、その個人＝主体は、自らに外在する超越（論）的審級にア・プリオリに従属することはないからである。

だが、第三者の審級の個人への内部化は、つまり超越（論）的な第三者の審級自身が個人に所属する契機として現れるのは、いかなる機制によるのだろうか？　この点に関してここでは詳しくは論じない（大澤、一九九四-五参照）。ただ、ミシェル・フーコーの権力論を基にして確保しうる論点だけは確認しておこう（フーコー、一九七七、一九八六）。フーコーが示したことは、よく知られているように、主体化がそれ自身、独特な形式の権力に対する従属化の産物であるということである。もちろん、この権力の原点もまた、われわれの議論の文脈では、第三者の審級の固有に転換した形態であると見なさなくてはなるまい。

フーコーが「牧人型」とか「規律訓練型」と形容したその権力の特徴を、ここでの議論に整合させることができるような形式で一般化すれば、次の二点に整理することができる。第一に、権力の帰属点となる第三者の審級が、完全に抽象化されていること。第二に、その第三者の審級が――これに従属する者の視点に対して――、時間的・空間的に完全に普遍化されていること。この二つの性質は、深く連関している。規律訓練型の権力は、その原点にある支配者の身体の実在性が、従属者に対する支配者の知覚・感覚的な現前を完全に省略したままで確保されているときに、作用する。その結果として、第三者の審級は、理念的には、あらゆる時間的・空間的な領域にその効力を減衰させることなく遍在していることになる。言い換えれば、第三者の審級の効力が、可能的な経験の全領域に対して普遍化されているのである。このような第三者の審級を「抽象身体」と呼ぶことにしよう。抑圧身体の形式をとる場合でも、また集権身体の形式をとる場合でも、第三者の審級にとって、一定限の抽象性はその本質的な特徴ではある。しかし、抑圧身体も集権身体も完全に抽象化されつくしたままにその効力を確保することはなく、かえってむしろ、たとえば王の身体は、従属者の前にときに華やかに可視化されることによってこそ、支配者たりえたのである。

フーコーの権力論の含意は、次のように整理することができるだろう。すなわち、権力が、完全な抽象性と普遍性によって特徴づけられるような第三者の審級（抽象身体）に帰属した形式で発動されているときには、その第三者の審級は、個人の身体の上へと写像されてしまうのだ、と。そうであるとすれば、民主主義のもとでは、支配は二重化されているのである。まず第一に、個人を主体化する抽象身体の支配がある。この支配は、ちょうど王に対する臣下の承認が隠蔽されていたのと同様に、不可視化されている。その上に、第二に、主体によって自覚的に選択された支配者の支配が重ねられる。この支配者が、言わば、抽象身体を代行＝具現するのである。言い換えれば、民主主義のもとで、主体は、自らの支配者を自覚的に選択することによって、自らに対する不可視化されていた支配（第一の支配）を対自化するのだ。

支配者としての資格が諸個人＝主体の自覚的な選択に依存しているということは、支配の原点が社会空間の上に完全に分権化していることを意味している。今や、個人が、それぞれに固有に、自らの行為が従うべき命令を選択することができるからである。つまり、支配の原点が、さしあたって、諸個人の上に分散した状態で与えられるのである。したがって、社会秩序をもたらすためには、諸個人の上に分散している諸判断を総合し、それらの間に整合的な統一性をもたらさなくてはならない。そのための技術は、もちろん、諸個人に平等な発言権を与える討論である。

とはいえ、通常、全体社会の規模は、全員参加の討論が可能な範囲を、はるかに越えてしまっている。集権身体以降の秩序においては、支配の範囲は、相互的な面識可能性の領域を越えて拡がっているからである。それゆえ、一般には、討論の参加者をまずは選択し――選挙によって――、その間で討論が行われる。選ばれた討論の参加者は、言うまでもなく、彼を選んだ諸個人の代理人＝代表者である。通常、この代表者の討論が決定するのは、行為を直接に指令する決定（行政）ではなく、そのような決定のための決定前提である（立法）。討論に直接に参加する代表者たちが構成するのが、議会である。また、議会が決定した決定前提に基づく決定――それは必然的に単一の決定にまで完全に絞り込まれていなくてはならない――を導き出す単一の代表者（大統領のような）を、全体社会に分散する諸主体が参加しうる方法によって選択する場合もある。こうして、民主主義は、ほとんどの場合、代表制民主主義の形式をとるほかない。代表者こそが、実質的には、民主主義の下で、（人々に自覚的に承認された）支配者としての立場を占めることになる。つまり、議会や大統領は、抽象化され普遍化された第三者の審級である抽象身体を、社会的に実効性を有する形態へと具体化したものだと言うことができるわけだ。

代表者（議員）を選択する選挙を行う社会は、言わば、社会秩序を定期的に無化する機構を制度化した社会である。社会を構成する諸個人に決定権（決定主体）が完全に分権的に分散しており、それらの諸個人の判断が必ずしも整合していない状態が、選挙の度に、再現されるからである。どのような選挙制度によるのであれ、代表者を選択するという戦略は、「社会が自律的な主体によって構成されている」とする理念的なヴィジョンからすると、次のような限界をもつことになる。第一に、はるかに多様に分散している諸主体の判断を、少数の代表者に――あるいは代表者の集合としての少数の政党に――縮約しなくてはならない。代表者間の多様性を越える多様性は、存在しなかったかのように扱われるのである。この点を克服するためには、代表者の数を増やしていかなくてはならないが、もちろん、これには限界がある。もともと、代表制は、討論参加者の規模を現実的な水準にまで圧縮したり、分散した多様な決定を単一の決定に収束させるためにこそ導入されたのだから。第二に、選挙と選挙の間に生じうる主体の判断の変化が、無視されなくてはならない。その間、主体の判断が不変であることが仮定されているのだ。だから、代表制は、空間的・時間的な限界に由来する一定限度の欺瞞を、避けることができない。こうした欺瞞を極小化しようとする試みは、ときには、次に述べるような奇妙な逆説を導くことになる。そしてこのことが、以上に概観した基本的な「三類型」に、さらにもう一つの類型を付加する必要性をせまることになる。

5. 代表制の欺瞞

マルクスは、『ルイ・ボナパルトのブリュメール一八日』において、フランスの第二共和制を、すなわち二月革命（一八四八年）からナポレオン三世がクー・デタによって「皇帝」になる（一八五一年）までの過程を、鮮やかに分析してみせる（マルクス、一九七一）。マルクスのこの議論は、代表制の――とりわけ議会制の――限界がもたらす背理を暗示している。二月革命は、フランス革命の後に復活した王権を最終的に粉砕し、共和制をもたらした革命である。二月革命の結果生まれた国民議会は、新憲法によって、普通選挙を定めた。この普通選挙によって、一方では、ナポレオンの甥を名乗る人物が大統領として選出され、他方では、立法国民議会が選出された。マルクスの探究の主題は、議会に対して大統領が勝利する過程である。

マルクスの分析によれば、まず議会の方は自分で自分の首を絞め、自ら破綻してしまう。議会は、普通選挙に基づく代表者に相応しいものとして、つまり国民に対する一般的な代表者として振る舞おうとすればするほどかえって、特定の一部の人々（特定の階級）の代表へと成り下がっていくのだ。たとえば、議会内の多数派である秩序党は、選挙によって躍進した社会‐民主党を、政争を通じて排除してしまう。その秩序党は、ブルボン王朝の復活を支持する者（地主階級）と一八三〇年以降しばらくフランスに君臨したオルレアン王朝を支持する者（金融・産業ブルジョワジー）の単純な寄り合いであり、両者の意志を有効に総合した結論を下すことができず、そのためやがて政治における実質的な主導権を失っていく。このように議会は、理論上は、国民の意志の透明な代表であるにもかかわらず、実際の行動においては、代表という関係をきわめて不完全な形式でしか現実化することができなかったのだ。それゆえ、ついには議会は、制度の方を自らの限定的な性格の方に適合させようとする。普通選挙権を放棄し、制限選挙に回帰しようとしたのである。このことによって、「議会は、自由に選ばれた人民代表機関から一階級の簒奪議会になりかわったことを、みずから……確認した。議会という頭と国民という胴体を結びつける筋肉を、自分で断ち切ってしまったことを……告白した」(マルクス、一九七一、一三四頁)のである。

このように、自分の正統性の基礎である代表制度を自己破綻的に制限していく議会に対して自らを対置していく大統領ルイ・ボナパルトは、公式に表明された行動に即してみれば、まずは代表という制度の擁護者として現れる。大統領が代表したのは、まず何よりも特定の階級以前に、(階級など特定の集団の利害を)代表するという方法そのものである。つまり、大統領は代表ということの代表である。たとえば、ボナパルトは、議会が反動化して制限選挙に回帰したときには、普通選挙権への復活を主張する教書を議会に提出し、これに対抗した。

議会が実質的には特定の階級の代表になっているということは、逆に言えば、代表という関係から疎外された層が避けがたく残存するということである。何者によっても代表されていない層が出現するのである。フランス第二共和制においては、それは、分割地農民である。分割地農民とは、フランス革命のときに分割地を与えられた、夥しい数の貧農である。マルクスの分析によると、ボナパルトが代表したのは、この分割地農民である。つまり、ボナパルトは、何者によっても代表されていなかった者たちを、代表から疎外されていた者たちを、自分で自分を代表できないがゆえに誰かに代表してもらわざるをえなかった者たちを、代表したのだ。念のために述べておけば、何者によっても代表されていないということは、選挙権から排除されていたということではない。民主的な普通選挙が定められていてもなお、代表という関係から疎外される者が出てくるということが重要である。ボナパルトが代表したのは、代表制が外部に排除したものではなく、その内部に染み出してしまう残余部分なのだ。

結局、ボナパルトはクー・デタに成功し、皇帝になる。だが、これを、前近代的な王の支配への復古とみなしてはならない。そもそも、ボナパルトは、もともと選挙によって承認された大統領だったのであり、しかもその上で、クー・デタの後に、まさにその皇帝としての資格を人民投票によって圧倒的な多数で支持されてもいるのだ。つまり、彼は、自らの立場が従属者からの承認に依存しているということを隠蔽しようとするどころか、逆に、このことを従属者たちに対してあからさまに証明しているのである。

だが、それでも、このような結果は民主制にとって逆説的なものであると言わざるをえない。もともと、民主制は、支配のための決定の権限が、諸個人＝主体の上に分散していることを前提にしていた。ところが、最終的に結果したのは、社会の中に、事実上、単独の主体、単独の支配者のみが存在しているような状態なのである。この逆説は、一九世紀としては前衛的なまでに民主的な代議制のもとで結果したものであった。このことを考慮すれば、右に見た経緯から、どのような代議制をも襲いうる運命を一般化してみることもできるのではないだろうか。

代表者が具現することが求められているのは、理念上は、先に述べたように、完全に普遍化された抽象身体である。すなわち、それは、任意の行為に対して普遍的に妥当するような規範的な決定を代表することが要請されているのだ。ところが、実際には、どのような代表者も、個別の具体的な利害を代表するしかない。つまり、特定の行為を選好している者にとってのみ妥当なものと見なされるような判断だけが、代表可能なのである。どのような現実の代表者も、理念的に要請されている代表者との対照において、偶有的なものとして現れざるをえず、したがって拒否されてしまう。これが、代表制に必然的に随伴する欺瞞である。この理論的な欺瞞は、現実の政治の上では、民主的に選出された支配者の「腐敗」や「スキャンダル」として現れる。しかし、こういった腐敗は、代表制の必然的な随伴物なのである。

代表制の内に代表からの疎外が孕まれてしまう必然性はここにある。代表からの疎外とは、抽象身体の普遍性から現実の代表者が代表する個別利害の偶有性を差し引いた偏差のことである。どのような代表者の決定も、「それは私の求めているものを代表してはいない」として拒否されうる。この拒否が、代表から疎外されているという感覚へと結晶していく。こういった原理的な疎外は、何らかの偶発的な事情によって、社会内で相対的に不利な立場に置かれている者の上で、集中的に具体化されるに違いない。第二共和制においては、分割地農民が、このような立場にある者だったのである。

代表制のこのような困難は、いかにして克服されるのだろうか？　もちろん、最初は、代表制を整備することによって――たとえば代表を選出する権利をできるだけ広く拡張していくことによって――、困難の解決が図られるだろう。しかし、困難の源泉が述べてきたようなところにあるのだとすれば、これは原理的な解決ではない。

最終的な解決は、まったく自己矛盾的な要素を投入することによってもたらされる。すなわち、代表制の困難そのものを代表する者のみが、つまり抽象身体の普遍性を代表することの不可能性を代表する者のみが、理想的な代表者として現れることになるのである。抽象身体に帰せられる普遍性は、「積極的に代表されたどの個別の利害でもない」という拒否によってしか、表現しえないからである。代表から疎外された者（分割地農民）を——つまり代表が不可能であるということを——代表したボナパルトが、同時に、国民全体を普遍的に代表するものとして圧倒的に支持されたのは、このためである。こうして、代表制民主主義は、そこに内包されている困難を、完全に消去しようとすれば、かえって、民主的な代表制を否定する代表者を、つまり、人民投票によって選ばれた独裁者のみが、民主制の理想的な完成者として迎えられるはめに陥るわけだ。

6. 支配の諸類型

以上の考察は、支配の比較社会学のための準備作業である。最後に、ここまでの議論を簡単に整理しておこう。まず、われわれはマルクスの有名な警句に導かれながら、支配を大きく二つの類型に分割できるということを提案した。(A)支配者と従属者の間の承認の循環を隠蔽する支配の形態と、逆に(B)その循環を積極的に証示することによって正統化される支配の形態が、それらである。前者(A)の典型が王の支配であり、後者(B)の典型が民主制である。その上で、まず(A)の原初的な萌芽形態として、無文字社会における首長の支配(A')のごときものがありうることを示唆した。また、さらに(B)の逆説的な転回形態として、民主的な指導者の独裁(B')がありうるとの仮説を提起したのである。

非常に広く知られているように、ウェーバーは、支配の正統性が何に基づくかということを準拠にして、支配を三つの類型に分割している。このウェーバーの有名な三類型と、ここで提案した四類型との関係を最後に見ておこう。ウェーバーの類型と、ここでの類型のそれぞれが直接に対応するわけではない。しかし、まずウェーバーの言う「カリスマ的支配」と、(A')の最も原初的な支配とは、ある種の「関係」がある。私の考えでは、ウェーバーが「カリスマ」と呼んだ超越的な要素をもたらしているのは、原初的な第三者の審級(抑圧身体)を結節する先向的投射の機制と基本的には同じものである。つまり、ウェーバーが与件とみなした「カリスマ」という要素が、社会的に構成される機制の骨格をここでは示したのである。またウェーバーが「伝統的な支配」とよんだ類型の最も典型的な場合が、(A)にほぼ対応していることは、比較的容易に推論できるに違いない。さらに、ウェーバーの「合法的な支配」は、もちろん、(B)に対応している。それでは、(B')は何か? それは、正統性についての信念が浸食されてしまっているのに、なお支配の関係だけが過激に保持されるような場合だと言うことができるだろう。(B')は述べたような自己否定的な性格のゆえに、積極的に、どのような信念がそれの支えであるかを摘出することができない。しかし、このような信念の空虚が、(B')の支配を支えるのだ。これは、「正統性についての信念」に立脚するウェーバーの類型化の中には、計算に入っていなかった――入りようがなかった――支配の形態なのである。

注

＊ 広義の民主主義は、近代以前にも、たとえば古代ギリシアの都市国家にもあった。しかし、そこでは、支配者の選抜や政治的な決定に参加しうる資格自身が、一部の成員に、つまり自由人だけに先験的に与えられている。このような参加資格をもつ自由人こそ、広義の支配者である。そうであるとすれば、古代の民主主義は、支配者が、従属者による承認から独立した超越性を担っているかのように見える支配の様式に含まれることになる。

文献

ウェーバー、マックス　1960　世良晃志郎訳『支配の社会学』創文社
――――　1970　世良晃志郎訳『支配の諸類型』創文社
内田隆三　1987『消費社会と権力』岩波書店
大澤真幸　1988『行為の代数学』青土社
――――　1990『身体の比較社会学Ⅰ』勁草書房
――――　1992『身体の比較社会学Ⅱ』勁草書房
――――　1994-5「主体性の転位」『思想』八四六号、八四八号、八四九号
――――　1995「代表されざる者の普遍的代表」『情況』一一月号

柄谷行人 1995 「歴史における反復の問題」『批評空間』II－7

クラストル、ピエール 1987 渡辺公三訳『国家に抗する社会』書肆風の薔薇

竹沢尚一郎 1987 『象徴と権力』勁草書房

フーコー、ミシェル 1977 田村俶訳『監獄の誕生』新潮社

―――― 1986 渡辺守章訳『知への意志』新潮社

真木悠介 1978 『現代社会の存立構造』筑摩書房

マルクス、カール 1971 村田陽一訳『ルイ・ボナパルトのブリュメール一八日』大月書店

―――― 1972 岡崎次郎訳『資本論1（第一分冊）』大月書店

Foucault, Michel, 1978 "Governmentality", *Aut., aut* No.167－8

Vlahos, Olivia 1979 *Body, The Ultimate Symbol*, Lippincott.

Žižek, Slavoj 1989 *Sublime Object of Ideology*, Verso.

第4章
ヴィトゲンシュタインのパラドクス・代表制のパラドクス

1．民主主義と代表制

まず、民主主義や代表制の基本を考えるについて、マルクスの資本論の脚注に入っている有名な言葉を紹介します。

「およそこのような反照規定というものは奇妙なものである。たとえば、ある人が王であるのは、ただ、他の人が彼に対して臣下としてふるまうからでしかない。ところが、彼らは反対に彼が王だから自分たちは臣下なのだと思うのである。」

ここでは王様にあたるのが貨幣で、他の人というのがふつうの商品の比喩です。「われわれは王様が権威があって王が偉いから王に従うと思っているが、そうではない。彼が王であるのは臣下であるあなた方が彼を王として認めてやっているがゆえに王になっているんだ」と言っています。これが反照規定です。ヘーゲルの用語です。

ここには「承認の循環」があります。子分、臣下は王様に認められたい。ところがよく考えてみると王様が王様であるのは、こちらの臣下の方が王様を王様と認めてあげているからなんです。王様が本来的に偉いわけではない。王様が臣下を承認してやるというプロセスと、臣下の方が王様を王として認めてやるというプロセスがあって、両方合わせると、承認が循環している。臣下の視点から捉えると、まさに彼が王として承認しているその人から、彼自身が臣下として価値あるものと承認されていることになるわけです。

マルクスの言葉が含意している、もう一つの重要な論点は、この「承認の循環」が隠されているということです。人々は「彼が王だから自分たちが臣下なのだ」と思います。誰も「おれがあいつを認めてやっているからやつは王様なんだ」とは思っていません。王様がもともと偉いから従っている、と思っているわけです。

王と臣下の間の承認の循環では、循環を構成する二種類の承認の内、臣下の視点に帰属する承認、臣下から王への承認の部分が隠されているのです。王様は高貴なる血などによってはじめから権威を持っている。だからオレたちは従っているんだ、という構造になっています。

しかし民主主義はそうではありません。逆なのです。一見、両者には、重要な違いはないように思えます。民主主義も承認の循環で成り立っているからです。民主主義的リーダーと彼に従う一般の人民の間には承認の循環があります。しかし、民主主義的リーダーというのは最初からそうだったというわけではありません。リーダーは、選挙によって民主主義的に承認されてなります。国会議員が国会議員であるのは、われわれが国会議員として認めているからです。大統領が——もしいればですが——大統領になるのは、彼の指導に服する人民が、彼を大統領として——選挙によって——承認したからです。

しかし、民主主義の場合には王様の支配の場合と、ひとつの点で大きく異なっています。王様の場合は承認の循環は絶対に隠されていなくてはいけません。これがあからさまになると、王様の支配は危うくなります。彼は、裸の王様になってしまうのです。しかし民主主義的なリーダーは、逆に、自分は人民によって承認されているということを自分から言い立てる必要があります。承認の循環があからさまになることが、民主主義を成功させます。民主的なリーダーは、「私はみなさんの選挙によって選ばれました」と声高に言わねばなりません。

さて、明示された承認の循環によって成り立っているのが民主主義だとして、これを実際の制度の上に定着させた場合に出てくるのが代表制です。ある程度以上のスケールの共同体や社会システムの場合は代表制によらないと、民主主義は成り立ちません。直接民主主義はごく限られた場合にしか実現できないのです。

いま日本の社会では、この民主主義の根幹である代表制がうまく機能していないことが問題です。

一九九五年の参議院選挙で、ついに投票率が五〇パーセントを割りました。半分以上の人が選挙を棄権したわけです。これだけでも、代表制がうまく機能しているのか疑わしく思えます。

その上で、棄権しない人の中の多数派が、いわゆる「無党派層」だということにも注意しなくてはなりません。国政選挙ではありませんが、同じ九五年には、この無党派層のおかげで、東京都では青島知事が誕生したのです。投票行動の専門家によれば、統計的に見てみると、棄権層と無党派層は非常に近いタイプの人間だということがわかっています。つまり、棄権層は選挙に行けば無党派層になるし、無党派層はときどき休んで棄権する側にまわっている、ということです。

棄権層＝無党派層とは——つまり選挙にあまり行く気がせず、仮に行ったとしてもどの政党も積極的には支持しない層とは——、誰も自分のことを代表してくれないと感じている人々、誰が当選したとしても自分が代表されていると感覚することができない人々です。どの政治家によっても、自分の利害、自分の精神、自分の意見、感性を代弁されはしない、と思っているわけです。彼らは要するに代表されざる者、代表から疎外されている者たちです。この日本の社会の内部に、このような「代表から疎外されている人」が、過半数になっているのです。この事実は、代表という制度が機能障害に陥っている、ということを意味しています。

しかも、重要なことは、こうした代表からの疎外は、制度の形式の面から見れば、皆が完全に代表される可能性への道が完備している中で、生じているということです。つまり、制限選挙などによって投票権が奪われているから代表されないというわけではなく、自身の代表を選ぶための投票の権利をもっている者が、それでもなお、代表からの疎外感を覚えているわけです。最初に、このように問題提起をしておきます。

2. 複雑系とは何か

以上の話を前提として話を一転して、複雑系についての私の理解を述べたいと思います。複雑系の考え方を身につけた場合にどんな社会哲学的な意味があるのか、をお話ししたいと思います。

複雑系という言葉、「コンプレックス・システム」という言葉は、たいへんルーズに使われています。しかし、複雑系というのは、単に込み入っているということとは少し違います。複雑系の理論の成功の背景には、八〇年代のカオスの数学の発達があります。

「カオス」も「複雑系」と同じくらい大衆化した科学用語で、入門書もたくさん出ています。それらの本に「カオスの縁（エッジ・オブ・ケイオス）」という言葉が出ています。簡単に言えば、いままで複雑なものは無秩序、秩序あるものはシンプルだとされてきました。伝統的にはシンプルな秩序か複雑な無秩序のどちらかを扱うことができました。ところが複雑系とは、複雑な秩序ということです。しかも考えてみれば、僕らにとって意味のある、興味深い秩序はたいてい複雑な秩序なのです。社会秩序、あるいは自然科学の対象となるような生命の営みも複雑な秩序です。

複雑な秩序は、カオスの縁と言われる領域に出てくるということがしばしば指摘されています。

一方の極にシンプルな領域があるとして、他方の極にカオスの領域があるとすると、ちょうどその中間部分に、複雑だけれども秩序があるエリアがあります。これがカオスの縁です。こういうカオスの縁の性質に支えられて、複雑系・複雑性についての理論的な発展が起きました。ですからカオスが何かを考察していけば、複雑系の核心に迫ることができます。

専門家は「カオスの定義は難しい。それだけで大論文が書ける」と言いますが、入門書にもよく書かれている、いちおう誰でもわかる定義を与えることができます。「初期値に鋭敏に反応する」ということが、カオスの本質だとされるわけです。ふつうは初期状態が同じなら、結果もだいたい似ています。似たような父母の間に生まれ、ほぼ似たような境遇で育てば将来的にも似たような人間になっていくとすれば、これは初期値に鋭敏に反応しない例です。それに対して初期値に鋭敏に依存するというのは、ちょっと違ったことが、あとでたいへんな違いになってしまうという場合です。たとえば、双子が同じ学校に通ったのだけれども、小学校のクラス担任の言ったことが少しばかり異なっていた。そのために、二人は、まったく異なった職につき、かけ離れた人生を歩むようになったとします。こういう現象がカオスです。

よく言われるのは気象現象です。今日の天気図を見ると、二〇年前のある時の天気図の形とほぼ同じであるとします。これをもとに、明日の天気が類推で容易に予想がつくとすれば、よいのですが、なかなかそう簡単にはいきません。ほんのちょっと違っただけで結果が大きく違ってしまうから、過去のデータがあまり役立たないわけです。だから天気予報は難しいのです。

カオスには驚くような性質があります。カオスにおいては偶然性と必然性がまったく同じものになってしまうのです。証明はそれほど難しくありません。偶然と必然が一致するというのはとても神秘的な感じがします。偶然と必然というのは意味が違うからです。偶然というのは、たまたまこうなっているけれども「他でもあり得た」ということです。それに対して必然というのは「他ではあり得ない」ということです。両者は、相互に否定的であるようにすら見えます。ですから、偶然と必然が一致すると言われてもピンときません。でもカオスの数学ではそのように言わざるをえないことが起こるのです。それを少しだけ説明してから、僕の考え方を言いたいと思います。

次は、いろいろな教科書に書いてある有名な例です。高校一年生くらいの数学を思い出してください。

$x_{n+1} = 4x_n(1 - x_n)$　$0 \leqq x_n \leqq 1$　……①

$0 \leqq x_n \leqq 0.5$　の時　A

$0.5 \leqq x_n \leqq 1$　の時　B

右の二次関数の方程式で、簡単にx_nの数列を作ることができます。x_1を右辺に入れるとx_2が出ます。x_2が出たら、また元の式の右辺に入れるとx_3が出ます。その繰り返しで、xについてx_1、x_2、x_3、x_4…という数列ができます。たとえばx_nに0.3を入れればすぐに計算ができますね。

4 × 0.3（1－0.3）＝0.84。その値をまた次の式に入れていく。こうして数列ができます。

ところが、この数列は最初の x_1 を少し変えれば結果は大きく違ってきます。初期値に鋭敏に反応するということで、典型的なカオスです。ただし x の値は $0 \leqq x_n \leqq 1$ に絞られています。初期値 x_1 をこの区間内に入れておけば、あとは必ず、この区間内に戻ってきます。

最初の値が仮に0.3だったとします。次が0.84、次が0.5376、次が……となっているとします。ここで、0.5未満の値が出てきたらAに対応させます。0.5以下の値の時にはBとします。そうするとAとBの列を作ることができます。

このA、Bの列について、以下のことが判っています。コインを持っていると考えてみてください。コインを投げると表か裏がでる。これは偶然です。表が出たらA、裏が出たらBとします。何回もやれば、AとBの列を作ることができます。いまこのコイン投げで作られた列は、完全に偶然に作られた結果です。ところが、このようにして偶然に作られたどのAとBの列を持ってきたとしても、二次方程式①に適当な初期値を代入して作った、A、B列に一致させることができます。どんなA、B列を持ってきても構いません。その時にうまい初期値を選んでやれば、必ず両者は完全に一致します。

ただコインを投げただけのAとBの列は、完全に偶然に作られたものです。それに対して、方程式①をもとに作られたAとBの列は、完全に必然のプロセスです。なぜならば、これは x_1 が決まれば自動的に x_2 が決まるからです。x_2 が決まると自動的に x_3 も決まる。ということは、原理的にはx_1が決まればx_{100}も決まってしまいます。

要するに、どんな偶然の列についても、これを必然の列を対応させることができるということです。偶然と必然が一致している、というのは、このような意味です。

3．カオスにおけるヴィトゲンシュタイン

しかし、このように数学的に示されても、なお納得がいかないのではないでしょうか。偶然ということは、必然性の否定（と不可能性の否定）を含意しています。つまり、偶然性と必然性は相互に否定的な関係にあります。にもかかわらず、両者が一致してしまうのはなぜなのか。この点についての解釈を述べます。ここからは、私の独創です。同時に、システム理論家の郡司幸夫さんの説を私なりに解釈し咀嚼した産物でもあります。

ヴィトゲンシュタインが言っていたことと、カオスの数学が意味していることとが、同じことだと理解できるのではないか。これが私の結論です。ヴィトゲンシュタインの主張も、容易に理解できないパラドクスを含んでいるわけですが、それを経由することで、カオスにおけるパラドクス——偶然と必然が一致してしまうパラドクス——がなぜ生ずるのかがわかってくるのです。

『哲学探究』におけるヴィトゲンシュタインの主張は、次のような一言によって要約されます。「われわれのパラドクスはこうであった。すなわち、規則は行為の仕方を決定できない、なぜなら、

いかなる行為の仕方もその規則と一致させることができるから。」

普通、まず規則が与えられ、それによって行為の仕方が決定される、と考えますね。たとえば、足し算の規則が与えられれば、どういう答えを出すかが判ってくる。規則は、正しい行為とそうではない行為、妥当な行為とそうではない行為とを区別することができます。ところが、もしどんな行為の仕方であっても、その規則が命じることと一致してしまう、ということであればどうでしょうか。その規則は存在しないと同然ということになるでしょう。ヴィトゲンシュタインが言っていることはそういうことです。そして、カオスという現象の不思議さも、同じところに由来するのです。これが私の考えです。

曖昧な規則を用いれば、ヴィトゲンシュタインが示そうとしたパラドクスは容易に示せてしまいそうなので、議論の余地がなさそうな明確な規則によって、つまり数学の規則によって、ヴィトゲンシュタインはパラドクスを例証しています。たとえば、ソール・クリプキは、加法の規則を用いて次のような例を出しています。クリプキは、ヴィトゲンシュタインのパラドクスを実に鮮やかに解説した哲学者です。

「68 + 57」という問題を出されれば、答えは125とふつうは思う。この場合、僕らは自分が加法の規則を受け入れた以上、68 + 57 = 125と答えるのは必然である、と思うわけです。ところがこういうことが起きたらどうか。たとえばある人が「68 + 57 はいくらですか」という聞いに、「124です」と言うと、その人に「ちょっと間違っているんじゃないかな、もう一回計算してごらんなさい」という気になりますね。つまり、その程度の不一致であれば、同じ規則に従っているけれども、間違っただけ、と解釈することができます。ところがその同じ問題に、誰かが「答えは5です」と確信を持って答えたとしたらどうでしょう。この人はまったく当てずっぽうにやっているとしか思えない。

しかしヴィトゲンシュタインとクリプキは、「5」と答えてもそれはある意味で足し算の規則に一致していると言いうると主張するわけです。5でも125でもどちらでも足し算の規則に一致しているとすれば、足し算の規則というのはないに等しいのではないか。要するに、いくつと答えても正解だということになりますから。もし、小学生がヴィトゲンシュタインのパラドクスを知っていれば、足し算のテストは絶対に百点です。先生をやり込めることができます（笑）。

これが、さきほどの「偶然性と必然性の一致」と似ていることがお判りになると思います。どんなに偶然的な目茶苦茶な答えでも、足し算の規則に従っていることになる。これは、「どんなランダムな列でも、法則に従っていることになる」ということと同じ形式です。

「68＋57」に対して「5」と答えても足し算の規則にしたがったことになるのはなぜか。その前に、みなさんが生まれてから足し算を何回やったか、考えてみてください。人生は有限ですから、どんなにたくさん足し算した人でも、有限回です。話を簡単にするために、以下のように仮定します。いまみなさんは生まれてから57より大きい足し算をしたことがないと思ってください。

Pさんはみなさんです。それに対してQさんという人がいる。この人は、「5」という一見デタラメな答えを出すことになる人です。いままでは二人の足し算が一致してきた。「3 + 5 = 8」でも「9 + 4 = 13」でも、いままで100回くらいやってぜんぶ一致しているとします。二人は、まだ57以上の計算はしていない。そこで、生まれてはじめて「68 + 57」を解いて、Pさんは125と答えを出すとします。ところが、Qさんは5だと確信して答える。そして、お互いに相手がまちがいだと言い合う。

よくよく見ているとQさんの規則はPさんと違います。Qさんの足し算の規則は、

もし、$x, y < 57$ならば、$x \oplus y = x + y$
さもなくば、$x \oplus y = 5$

と定義されたクワス（⊕）という規則です。$x \oplus y$という計算をするときに、x、y両方とも57よりも小さいうちは$x + y$と同じです。x、yが「57」より小さい間はクワスとプラスは同じものです。ところがxとyのいずれかが「57」より大きくなった時にはQさんの規則ではいつでも「5」になっている。Qさんの主張は、今までわれわれがやってきた加法とは、まさにクワスであったということ、だから、それをプラスだと思っているPは間違っている、というものです。

さて、PとQがともに自分の正しさを主張したとき、どちらかが相手を説得することができるだろうか？　結論的に言えば、「できない」のです。どんな突飛な答えであっても、「いままで通りの

やり方」と両立できるからです。「125」だろうが「5」だろうが、今までのやり方と一致していると見なしうるのです。ですから、二人が従っていた「加法の規則」が「プラス」だったのか、「クワス」だったのか、判別することはできません。

多分、にわかには納得しがたいものがあり、たくさん反論を思いつかれると思います。クリプキは、反論をひとつずつ検討し、それをひとつずつ丁寧に斥けています。つまり、反論による挑戦が、かえって、ヴィトゲンシュタインの議論が、いかに強力なものであるかを証明しているのです。

たとえば、足し算というのは、数えるという操作に依存していますから、そこまで遡れば、不一致は解消できる、と思われるかもしれません。でもそうはいきません。その「数える」ということに関して、加法の規則の場合と同じことを仮定することができるからです。つまり、PとQは、最初の内は、「数える」ということについて、一致するでしょう。しかし、Qの「数える」は、ある数を越えたところから、「カウント」ではなくて「クワウント」のことであったとわかってくるでしょう。そしてQは、「数える」とはもとから「クワウント」であったと主張するでしょう。このQの反論を斥けることはできないのです。ヴィトゲンシュタインの議論に対して、ほかにもいろいろな反論が思いつきますが、ここでは、それらの検討は省きます。

デタラメな答えを出すということは、その答えは、まったく偶然として解しうる、ということを含意しています。たとえば「一億」と答えてもいい。でもどんな偶然の答えも規則に――加法の規則に――したがっている、ということになるのです。その意味では、これは、必然的なプロセスと解することもできるわけです。ヴィトゲンシュタインが「規則は行為の仕方を決定できない」というパラドクスを主張したとき、意味していたことは、「カオス」ということと同じことです。それは、偶然と必然が完全に一致している状況なのです。

カオスの数学の第一人者津田一郎さん（北海道大学）とかつて対談したときに考えたことですが、カオスにおいて、偶然と必然が一致してしまう根拠は、次の点にあります。すなわち、偶然と見なしているときと、必然と見なしているときとでは、視点が違うんです。同じ事態が、違う視点から捉えられているので、両者は一致したように見えるのです。同じことを違う視点で言っているから、一見矛盾した内容になるわけです。

さきほどのカオスの話とヴィトゲンシュタインの足し算の話が完全に同じだということを納得していただくために、もう少し補足します。

みなさんは物理学者だと思ってください。いま未知の現象に出会いました。何かわからないけれども、「A、B、B、A、B、A…」という並びがある。これには何か法則性があるのかどうか。一見デタラメに見えるが、実はある法則に従っているということで新しい理論を発表する。ある方程式で解ける、と。

$$y = 4x\,(1-x) \qquad 0 \leqq x \leqq 1$$

このxに直前の値を入れて、0.5未満の値を出力した時にはA、0.5以上の時にはBだと考えればいいと発見します。その時に初期値は0.3だとします。1000回くらいします。ところが1001回目にこの方程式を解くと、yが0.71になって、Bになるはずだとします。ところが実際には何が出てきたかというと、yは0.24であって、Aが出てきたとしましょう。Bであると予想していたのに、Aになってしまった。1000回目まで予想通りだったのに、1001回目で予想と大きく異なる結果がでてしまった。こうなると、あなたの発見は御破算となるのでしょうか。普通だと、これは反例が見出されたということになって、あなたが発見した法則は棄却されます。

しかし、カオスの場合はそうならずに済みます。カオスは初期値に敏感に反応するという点が、ポイントです。ほんの少しでも初期値が違えば結果が大きく違ってくるのです。ところで、どんな観測にも誤差があります。最初は初期値が0.3だと思ったけれども、よく調べたら0.29974だった、という場合もあります。それだけ直すと、1001回目に、ちゃんと0.24という値が出たりして、観測装置の精度が低かったということになります。

このように、どんなに予想外の結果が出ても、「法則にしたがっている」と言い続けることができる。これがカオスです。これは、どんなにデタラメな答えも「規則にしたがっていた」と言いくるめることができる構造と同じです。

4. 偶然性と必然性の同一性

さて、これを念頭に置いた上で、なぜカオスの数学の中で偶然と必然が一致してしまうのかを考えたいと思います。

カオスは軌道と言いますが、数列の集合です。無数の数列（軌道）の集まりです。カオスがまったく偶然にみえるのは、一つの数列に目をつけて、しかも自分自身が数列や軌道の中に住んでいる場合です。視点が、軌道のうちにあり、軌道と歩みをともにしている場合なのです。視点が、いずれかひとつの軌道の「現在」とともにあるときに、それぞれの数列の中での数の生起、軌道の一瞬一瞬の歩みが、まったくの偶然に見えてくるわけです。

たとえばみなさんがコインを投げている。3時に一回投げる。3時1分にもう一回投げる。3時2分にもう一回投げる。……。こういうことを、一つ一つやっている最中だとします。そういう人の目から見ると、その度に、コインが裏になったり、表になったりということが、まったくの偶然に見えます。

逆に必然とは、全プロセスを後から、集合的に捉えたときに現れる様相です。さきほどの「反例」的な結果が出ても、「言いくるめることができる事例」を考えればわかりやすいと思います。一個一個の軌道ではなく、全部の軌道を合わせて、しかも事後から眺めれば必然にみえるのです。つまり、カオス的な軌道は、一つ一つのプロセスの進行に内在している視点からみれば偶然としての様相を示しますし、プロセスを終わりから集合的な全体としてみれば必然性を帯びて現れるわけです。

実際、私たちは、歴史に関して、似たような感覚をもっています。私たちは一瞬一瞬決断し、右か左か手さぐりの選択をして生きています。しかし全体の歴史を後からふりかえると、なるべくしてなった、機が熟していて、そうした展開に必然性があったと思えるのです。

この両者の関係がどうなっているか、偶然と感覚する視点と必然と捉える視点が、偶然という様相と必然という様相が、どのような内在的な関係をもっているのか、ということが重要です。事態を偶然と捉える視点は、過程に内在・内属するので、内的視点、事態を必然と捉える視点は、事後から過程の総体を眺めるので、外的視点と、それぞれ考えることができます。ふたつの視点の関係はどうなっているか。結論を言えば、内的な視点が外的な視点の存在を想定している、仮定している。そういうときに偶然と必然が一致するのです。

重要なのは、内的視点は、まずは外的視点の存在だけを仮定するということです。外的な視点から何かがみえていることを想定しますが、具体的に何が見えているかを想定するわけではありません。小学校で先生にものを教わったときには、まだ何もわからない状態で計算をしています。「5？」「4？」と答えるうちに先生から「良くできました」と言われる。僕らはそのときに「先生はわかっているはずだ」と思います。先生が何をわかっているかはわかりません。先生が知っている内容がわかれば足し算ができてしまいます。先生が何かを知っている、先生が、具体的に何だかわからないが真理を知っている者として存在している、そう想定するだけで、生徒の行為は規則に従った行為に、言いかえれば、単なるあてずっぽうの偶然の行動ではなくて正しかったり、間違ったりしうる行為になるのです。もし先生すら何もわかっていないとすると、生徒は学習する気にはならないでしょう。なぜならば、どこにも正しい行為（正解）など存在していないかもしれないからです。これは当たり前ですが、重要なことなのです。

先生が何を考えているかはわからないけれども、先生は知っていると思う。先生の視点が外的な視点で、その存在だけが生徒によって想定されています。けれどもその外的な視点が、具体的に何を見ているかはわからない。生徒は試行錯誤で手探りでやっているわけですが、「これが、もしかしたら、先生の知っている足し算の規則に一致しているかもしれない」と思うことができます。この試行錯誤しながらやっている生徒の視点が、内的視点です。生徒の視点が、わかっているはずの先生の視点の存在を想定したときに、生徒のあてずっぽうの手当たり次第の行為が、規則に従った行為にもなりうえ、偶然と必然が合致することにもなるのです。

実はこういう解決の仕方は、ヴィトゲンシュタインとクリプキの議論と関係あります。先ほどから何度か名前を出しているクリプキはヴィトゲンシュタインの解説者でもあり、きわめて優秀な哲学者です。彼等はこう言っています。規則に従っていると言うことについてパラドクスが生ずるのは、心の私的モデルで考えているからだ。心というものを、基本的に孤立したものと見なしているからだ。もう少し具体的に言うと、個人の心の中に「規則」というものが成立しており、それに照らして行為が構成されている、と考えているからだ。

彼らは、規則という現象を社会的な関係性の中で考えれば、つまりそれは正しいとか間違っているとか言ってくれる他者が存在しているということを仮定すれば、「規則に従う」という現象を説明することができる、ということを提案しているのです。それを、規則に従うということについての「懐疑的解決」と呼びます。

私の提案していることは、こうしたヴィトゲンシュタイン-クリプキの解決の延長上にあります。しかし、同じというわけではありません。「規則に従った行為」という現象は、私的モデルでは理解できず、社会性を前提にしないと説明しえない、と主張する点で、私の考えとヴィトゲンシュタイン等の解決はまったく同じです。ただヴィトゲンシュタインとクリプキは他者との共存ということだけを問題にしますが、私は、その他者が、独特な性格をもっていなくてはならない、ということを強調しているのです。ここで「外的視点」と呼んできたのが、その他者の性格です。それは、可能な行為の集合を全体として捉え得る、事後の——未来——の視点を先取りするかのような他者です。先ほどは、その他者を、生徒に対するところの教師の比喩で説明したのです。私は、このような性格の他者のことを、「第三者の審級」と呼んでまいりました。

少しばかりテクニカルなことになりますが、重要なことは、人々によって第三者の審級の存在さえ仮定されていれば、具体的に、第三者の審級にどのような認知内容が帰属しているか——つまり第三者の審級が何を見ているのか——ということについての予期がなくても、「規則に従う行為」という現象が成立可能だということです。もし、第三者の審級に帰属する認知内容までもが先取り的に想定されていなくてはならない、と考えますと、再び、ヴィトゲンシュタインが指摘したパラドクスの罠に陥ってしまいます。

複雑系というアイディアの新しさは、単に込み入ったシステムについて主題化したということではなくて、内的な視点と外的な視点を両方の関係の中で考えたところにあります。これが複雑系についての私の解釈です。ふつうのシステムについての研究では、それをシステムとして認定する観察者は外にいるだけですから、視点は一つです。ところが複雑系では、現象の内部にも視点がある。しかも、その内的視点が外的な視点と独特な関係――存在についての想定の関係――をもっているのです。

コンピュータや自販機のメカニズムは、その機械そのものに帰属する視点がない。外から見ているだけです。しかし、ものによってはシステムの内部に視点があると考えることが重要な場合があります。私の専門領域である社会システムは、そこにポイントがあります。システムを観察している視点だけではなく、見られているシステムのほうも主体性をもっている。見られているシステムの中にそれぞれ生きている心があり、魂があり、視点がある。しかも、それが、システムを単一なものとして捉える観察者の視点と独特な関係をもっている。そう考えないと社会システムは捉えられません。

このように考えると、社会システムこそが、複雑系の原型だということになります。いままでは複雑系の理論が一般的にあって、それを生命や経済的現象にも応用してみよう、と考えられていた。しかし、そうではなくて、逆に考えるべきではないか。複雑系ということで提出できるすべてのシステムを、広い意味での社会システムだと考えるのです。社会システムは複雑系の理論の一部分ではなく、社会システムの考え方をベースに複雑系の現象をみていく。これが私の考えです。

5. 複雑系から代表制を考える

長いまわり道をしてきましたので、最初の問題提起に戻ります。私たちはここから、いったいどんな新しい教訓をえることができるか。冒頭に戻りますが、承認の循環を隠蔽したほうがうまくいくのが、王権のシステムでした。逆に承認の循環をあからさまに示すことによって、リーダーであることの正統性を示すことができるのが、民主主義のシステムでした。この二つの相違を、いまの考え方との関係で説明いたします。

王権のシステムにも、外的な視点と内的な視点の二つがある。外的な視点は社会の全体を見渡して、その中で成り立つ規則や法を定めることができる王の視点です。承認の循環を隠しているということは、外的な視点が臣下によって承認されるという部分を否認するということです。これが王権のシステムです。

言い換えると、外的な視点は、内的視点から捉えた場合に、具体的な内容を持ったものとして、最初から実体的に与えられているわけです。社会の全体を見渡して、法や規則を定める特権的な視点が最初から与えられています。なぜ王が特権的かというと、臣下がその地位に到達することが絶対できないからです。つまり、こういう社会システムは、外的な視点と内的な視点を切り離して考えても大丈夫なのです。ということは、これは複雑系以前のシステムとして記述することができるということです。

それに対して代表制民主主義の構造はこうなります。みんなが内的視点をとりあえずもちます。この場合、外的な視点はどうなっているかというと、内的視点によって、その存在のみが想定されています。さきほどのシステムとどう違うかというと、王権のシステムでは、その内容がはじめから具体的に与えられていたわけです。民主主義のシステムでは、外的視点は想定されているけれども具体的には何であるかは未知のままです。それは、まさにxです。

代表制が円滑に機能するのはこういう場合です。システムの全体を見渡すことができる視点が存在しているけれども、それが何であるかは判らない。システムの総体を観望する超越的な外的視点の存在は想定されているわけですが、その外的視点に対して何が――どのような判断や決定が――妥当なものとして現れることになるか、ということはあらかじめわかっていない。こういう関係が成り立っていることが、代表制が機能するための条件になっています。想定だけされている外的視点に具体的な内容を充塡する操作が、代表者を決定する（民主的）手続きです。要するに、代表を選挙などで選ぶということは、xという空虚に値を代入することです。

代表を選ぶ制度がうまくいくためには、外的な視点の存在が想定されていなくてはだめです。やがて代表者によって充填される、外的な視点が、いわば空席として存在していることがあらかじめ想定されていなくては、代表を選出するということが無意味なものとなってしまうわけです。たとえば「民意を問う」と言って選挙をしますね。国民の意思を問うということです。たとえば、「日本人の意思」という統一的な意思がなければ選挙は起こらないわけです。つまり、代表が選ばれる（xに値が入る）ためには、xが先にないと、代入するということが意味を持ちません。

このような民主主義的なシステムは、さきほど説明した複雑系の条件をぴったりと満たしています。つまり、民主主義的なシステムは、王権のようなシステムと違い、複雑系として記述されるべきシステムなのです。

6. 代表制のパラドクス

現代日本の政治的状況を考えると、最初に述べたように、これはもう代表制が全然うまくいっていないシステムであると考えなければなりません。こうした代表制の失敗が意味していることは、要するに、xの存在についてのリアリティが奪われているということです。代表制の機能障害というのは、超越的な外的視点の存在の想定可能性が、危機に瀕している、ということなのです。「何者によっても私が代表されえない」という感覚は、言い換えれば、何者によっても外的視点の位置を充塡することができない、ということです。このとき、人は、選挙に行く意欲を失います。問題は、超越的な外的視点の存在の想定可能性が、なぜ奪われてしまうのか、ということです。

この問題に関して、最後にマルクスの有名な論文から教訓をえておこうと思います。『ルイ・ボナバルトのブリュメール一八日』という論文です。

フランスでは、一八四八年に、二月革命が起こります。これは当時としては圧倒的に民主的な革命で、それをきっかけに普通選挙が行われるようになった。途中でまた制限選挙に戻ったり、紆余曲折はありますが、一八四八年にとにかく当時としては圧倒的に民主的な社会ができるわけです。この時の社会を第二共和制といいますが、いろいろな込み入った過程ののち、ナポレオン三世と名乗るペテン師のような男が出てきて、圧倒的な人気をえて大統領になります。大統領になったあと、わざわざクー・デタを起こして皇帝、つまり王になります。しかも自分が王になってよいか、ということを問う選挙もやって、圧倒的多数でもって承認される。マルクスはそういうプロセスを鮮やかに分析しています。

二月革命で成立した民主的な体制の中から、かえってそれを否定するような専制政治が出てきます。どうしてそうなったか。基本的には、議会対大統領（ナポレオン三世）という対立の構図が重要です。その対立の中でだんだんと民主的な議会が大統領に敗れていきます。議会ではいろいろな形で利益の一致する政党同士が、さまざまな戦術的思惑から、組んだり、離れたりしていく。このあたりは、最近の日本の議会の状況を思い起こさせます。そうしているうちに、議会の方が、勝手に破綻してしまうのです。最終的には議会が全部負けて、ナポレオン三世が勝ちます。

なぜナポレオン三世が成功したのか。どんな政党も、いろいろな階級の利害を代表しています。大地主、金融資本家、労働者……といった特定の階級の利害を代表するものでした。ところがナポレオン三世はそうではなかった。実は、パラドキシカルなやり方で、彼は誰かの特殊な利害というよりは、代表というシステムそのものを代表したのです。

どんなに議会がいろいろな党に分かれていても、フランス社会には真空地帯があった。誰によっても代表されない、疎外された人々がいたということです。それが分割地農民です。分割地農民というのは、フランス革命の時に小さな土地をもらった、かつての小作人です。要するに彼らは小さな土地をもらった貧農です。マルクスの言葉を借りれば、彼らは自分で自分を代表できず、それゆえに、誰かに代表してもらわざるを得なかった者たちであり、そういう者たちを代表したのがナポレオン三世であったわけです。

ではなぜ分割地農民が代表されていなかったか。先に述べたように、二月革命によって、普通選挙が実現しますから、貧乏人にも選挙権はある。しかしそれでも、彼らは自身が疎外されていると感じていた。制度的には選挙の道が開かれているのに、代表のシステムから疎外されているという感覚をもっていたのです。

民主制には、形式的には明らかに政治参加への道が開かれているにもかかわらず、疎外感をもつ者が現れる奇妙な構造があります。民主制の中で求められている代表者とは、人民の利益を普遍的に代表するリーダーです。ところが現実の代表者は必ず特殊な利害の代表者でしかないですね。理念上は人民の理念を普遍的に代表しなければならないが、実際の代表者は常に特定の利害を代表している。ここに不可避に乖離が生じます。この乖離は、言わば、代表性に孕まれる必然的な欺瞞です。

この乖離のゆえに、人々は、代表として選ばれた者が彼らの利益にそって動いてはくれない、と感じてしまうのです。代表からの疎外の意識は、その意味で必然的に生じます。有権者の立場から言えば、どんな代表者が選ばれたとしても、それが与えられた途端に「私の利害は代表されていない」と思うわけです。だから、民主制は原理的に代表から疎外される人を作らざるをえないのです。言い換えれば、民主制の中に、必然的に代表されざる者たちが析出されてくるのです。

その結果、あるパラドキシカルな代表者が出てくることがあります。「自分は誰にも代表されていない」という感覚（をもっている人々）を代表する者が、真の代表者として登場することがあるのです。代表から疎外された人たちがたくさんでてきて、その疎外感が深刻になった時には、一発逆転式に、その「代表不可能性」を代表する者が出てくる蓋然性が出てくるのです。普遍的な代表の不可能性を代表する自己矛盾的な代表者が、真の代表者として、人民に迎えられるわけです。ナポレオン三世がそうです。ヒットラーもそうだったのです。ヒットラーは非合法的な方法で代表になったわけではなく、きわめて民主的なワイマール共和国の中で、合法的に、圧倒的な人気を獲得していったのです。つまり、民主制の中で代表制が機能障害になっているときに、その機能障害そのものを代表する代表者が出てくることがあるというパラドクスです。わたしたちは、この反転——代表不可能性から「真の代表者（という幻想）」への反転——に警戒しなくてはなりません。

・本稿は、一九九七年九月一六日に「プロジェクト二〇一〇・複雑系分科会」で行なわれた講演「代議制とカオス」をもとに加筆・修正したものです。

第5章 身体加工の逆説的回帰

1.『パッション』へのパッション

二〇〇四年の映画界の最大の話題は、メル・ギブソン監督の『パッション』の興行的な成功とそれにともなうセンセーションであろう。ギブソンの映画は、ある歴史的な出来事――ただし現在までの人類の歴史にとって最も大きな影響を残すことになった出来事――を、ほぼリアリズムにのっとって再現しようとしたものである。ここで、「歴史的な出来事」とは、ナザレのイエスの生涯の「最後の十二時間」である。この映画が圧倒的に大きな衝撃を与えたのは、十字架にかけられる前に、そして十字架の上で、イエスの身体に加えられた凄まじい暴力を、細部にわたって生々しく、少しも怯むことなく描いたからである。先に「ほぼ」リアリズムにのっとって、と限定を付けたのは、最初、ギブソンは、登場人物にラテン語とアラム語をしゃべらせ、それを字幕抜きで公開することを望んでいたのだが結局、配給側の強い圧力に屈して、英語の字幕を許すことになったからだ。しかし、それでも、映画を見終わった直後に、ローマ法王が、思わず「あれはまさにあのようだったに違いない」とつぶやいたと言われるほどの迫真性が、この映画が描いた暴力にはあった。この映画に対しては、ユダヤ人を悪人にしたてあげる反ユダヤ主義であるとか、神の子に対する拷問をこれ見よがしに嬉々として提示し過ぎている等の批判が寄せられた。いずれにせよ、『パッションョン』の中心的な対象が、キリスト教の教義や復活の物語にではなく、イエスの身体に直接に加えられた暴力にあったことに、まずは注意を向けておく必要がある。

映画に対する反応の中で、社会学的に見て最も興味深い現象は、——マーティン・ジェイが指摘していることだが——福音主義プロテスタントたちがこの映画をきわめて好意的に受け取ったという事実である（Martin Jay, *Refractions of Violence*, Routledge : New York, 2003＝谷徹・谷優訳『暴力の屈折』岩波書店、二〇〇四）。ギブソン自身は、伝統主義的なカトリック教徒である。今日では、しばしば、合衆国の福音主義者は、頭の固い反動主義者のように言われることがあるが、ヨーロッパの反近代的な残滓を払拭して、新大陸に、言ってみれば純粋培養の近代を作り上げたのは、福音主義を含む、先鋭なプロテスタンティズムである。プロテスタンティズムは、偶像崇拝を、カトリックをはるかに凌駕する厳格さで禁じている。たとえば、中世の教会には、しばしば、十字架上で苦悶する裸体のイエス像が置かれていた。ここに偶像崇拝の疑いをかぎつけたプロテスタントは、このようなイエスの具体的な視覚像を、まったく抽象的で幾何学的な十字架に置き換えてきた。ところが、プロテスタントのこうした強い反偶像崇拝の傾向に真っ向から反するかのように、アメリカ合衆国の福音主義者たちは、ギブソンが描いたキリスト像を、すんなりと受け入れてしまったのである。それは、徹底的に感覚的なキリスト像であった。それは、鞭で切り裂かれ、杭を打ち込まれ、血にそまったイエスの身体、苦痛を直接に実感させるイエスの身体なのだ。プロテスタントたちが、こうしたイエスの描き方を率先して受け入れたということは、非常に奇妙なことではないだろうか。

もちろん、ヨーロッパには、キリストの受難を、ある共感をもって表現する伝統がある。ヴァレンティン・グレーブナーによれば、中世後期には、絵画はもとより、芝居によっても、キリストの受難がしばしば再現された。芝居は、ときには、キリスト殺害の張本人とされたユダヤ人への現実の暴力の引き金にもなった（Valentin Groebner, *Defaced: The Visual Culture of Violence in the Late Middle Age*, trans. Pamela Selwin, New York, 2004）。あるいは、もっと最近の例では、ギブソンと同じく、伝統主義的なカトリシズムの熱心な信奉者であった、フランスの作家ユイスマンスは、聖人のはでな殉教物語を創作しているが、それは、キリストの受難の反復として受け取られた。とはいえ、これらは前近代の、あるいは反近代色の強いカトリックの伝統の中での例である。肉感的なキリスト像を拒否して、近代を――ということはポスト近代をも――準備したプロテスタントまで熱狂させた点で、『パッション』の影響はまったく未曾有のものである。しかも、それは、現代的なビジュアル・テクノロジーを用いて、きわめてリアルに表現され、かつてないほど多くの――つまり世界中の――観衆に迎えいれられたのである。

身体の〈現在〉を浮上させるためのひとつの触媒として、『パッション』がもたらした騒動と反響を、とりあえず銘記しておくことにしよう。

2. 身体加工の三つの段階、そして第四の段階

現代の観衆は、キリストの身体に加えられた痛みの体験を映像を通じて視ることを享受した。しかも、伝統的には、こうしたことを忌避してきた厳格なプロテスタントまでもが、である。われわれは、こうした事実に注目してきた。ところで、「身体に人為的に痛みを刻印する体験」に着目したとき、「キリスト教」を重要な画期として含む、明快な段階区分を得ることができる（大澤真幸『生権力の思想』ちくま新書、二〇一三。Slavoj Žižek, *The Ticklish Subject*, Verso : London, 1999）。ここで、「身体に人為的に痛みを刻印する体験」とは、身体に傷を与える身体加工、刺青に代表されるような身体加工のことである。

前近代的な伝統社会においては、身体に傷を与えて、そこに図像や独特の形象を与えることは、ごく一般的なことであった。「自然の」何も加工を施されていない身体が、つまり「裸の身体」が、身体のノーマルなあり方、正則的なあり方として、完全に確立するのは、近代社会に入ってから

のことである。たとえば、ヨーロッパで身体加工が一般的でなくなるのは、啓蒙主義の時代（十七〜十八世紀）である。啓蒙主義時代における「裸の身体」の正則化を、同時期の「風景の発見」と並行する現象と見なしてもよいかもしれない。十七世紀の美術の中で、生の自然が、初めて美的な観賞の対象として見出される。それ以前には、自然は、それ自体として描かれることはなく、概念的な表現の媒体として、加工＝虚構化を施されて——つまり何かの寓意の形態をとって——描かれていた。ちょうど、身体が加工されていたのと同様に、である。三浦雅士が「身体の零度」と呼んだのは、近代において一般的になった、タブラ・ラサのような、この「裸の身体」のことである（三浦雅士『身体の零度』講談社、一九九四）。

だが、もう少しだけ事態を繊細に捉えるならば、「加工された身体」から「裸の身体」への転換は、一足飛びに果たされるわけではないことに気づく。実は、身体加工が不可欠であるような段階は、「文字」の登場とともに終わっているのである（この点に関しては、大澤真幸『身体の比較社会学Ⅱ』勁草書房、一九九二、三八九〜四〇二頁。大澤真幸『電子メディア論』新曜社、一九九五、八九〜一一四頁参照）。「文字」が登場して以降でも、様々な身体加工は、広く普及した慣習として持続してはいる。が、共同体のすべてのメンバーが、人生のある段階で、強い痛みを伴う身体加工を施されるようなことは、もはやない。身体への「生ける書き込み」が、文字という「死せる書き込み」に取って代わられたのだ。実際、文字を意味する漢字「文」の成り立ちが、こうした仮説に、ひとつの傍証を与えてくれる。白川静によれば、「文」という字は、本来、正面を向いた人間の身体の胸部に図像「×」が書き込まれた形に由来しているのだ。つまり文字を表す文字自身が、文字が身体加工を代補したものであることを自己指示しているわけだ。だから、身体加工が義務的であるような段階は、無文字社会に対応させることができる。「文字」を有する、王国・帝国にあっては、身体加工は後景に退くことになる。あの『貌志倭人伝』が、邪馬台国の刺青の習俗を、野蛮な行いとして侮蔑的に記述しているのを、想起すればよい。

近代へと至るヨーロッパの歴史を念頭に置いた場合には、この第二段階としては、「死せる文字＝律法」の民であるところのユダヤ人に、とくに注意しておく必要がある。ユダヤ教は、一つの──たった一つだけの──身体加工の技法を有する。無論、それは「割礼」である。割礼は、特権的な身体加工である。というのも、それは、身体加工を否定する身体加工だからだ。割礼は、異教徒たちの多形的な身体加工を一掃し、否定するための唯一的な身体加工なのだ。無論、この状況は、ユダヤ教の神が、異教の多神教を否定し、禁ずる唯一神であった、ということと厳密に相関している。実際、旧約聖書には、こうある。「死者を悼むために汝の身体に傷を加えたり、自らを印づけるために刺青を入れたりしてはならない。私は『主』である」（レヴィ記一九章二七節）。ここで、神の唯一性の主張が、そのまま異教的な身体加工の禁止と結び付けられている。「死せる書き込み＝律法」は、無論、その唯一的な神の声の写しである。

身体加工を否定する例外的な身体加工──割礼──を、さらに否定したのが、キリスト教である。一般に、キリスト教は、割礼を内面化したと見なされている。キリスト教による身体加工の否定の否定を通じて、ついに、身体の表層からは、身体加工の痕跡が消え失せることになる。したがって、ここに、初めて、タブラ・ラサのような身体、生の裸の身体が得られる。これは、先に見た近代的な身体の先駆けである。逆に言えば、この観点からすると、近代の身体は、キリスト教において予告されていた身体のあり方の純化であり、全面化である。実際、われわれは、近代社会が、キリスト教の徹底、キリスト教の原点回帰を媒介にして、誕生したことを知っている。無論、そうした近代への媒介こそが、プロテスタンティズムであった。このように振り返ってみると、異教的な身体加工を連想させる、イエスの身体への暴力のシーンが、プロテスタントを中核に含む現代の観衆の眼をひきつけたという事実は、たいへん不思議なことであると言わざるをえない。

あらためて、身体加工をめぐる段階を整理すれば、次の三つのステージを切り出しえたことになる。

①多様で義務的な身体加工（生ける書き込み）
②身体加工を否定する身体加工（死せる書き込み）
③身体加工の否定の否定（身体加工の消滅）

このように整理すると、明確な一本の筋道があることがわかる。これは、身体加工に対する否定の度合いが高まり、身体加工を次第に消滅させるまでの――言ってみれば弁証法的な――過程だったことになる。

だが、しかし、われわれは、現在、こうした過程の直接の延長上にいるのではなく、これとは異なる四つ目の段階にいるのではないか。しかも、それは、これまでの三つの段階を導いてきた傾向を拒否し、反転させるような段階なのではないか。というのも、今日——二十世紀末期以降——、多様な身体加工が広く流行しているからである。手を加えられていない「身体の零度」は、過去のものになりつつある。耳や、あるいは性器を含むその他の身体部位へのピアスは、今や、ごく一般的なことである。刺青、あるいは整形、さらには人工臓器を含む様々な人工輔弼等、身体上に痛みの感覚を直接に喚起する、身体への多様な人為的介入が一般化しつつある。いわゆるリストカットも、こうした傾向を代表する極端な現象のひとつと見なすことができるのではないか。『パッションョン』の異様なまでの反響の大きさも、こうした社会的コンテクストの中に位置づけることができるだろう。だが、身体加工への否定の程度を高めてきたこれまでの過程が突然のように否定され、反転したのは、なぜなのか?

3. 身体の排除/包摂

そもそも、身体加工とは何であろうか? 人間が——そして人間のみが——自らの身体を傷つける必要があったのは、なぜなのか? 身体加工の論理の中に述べたような諸段階が区別されるのはなぜなのか?

身体と政治の関係についてのアガンベンの議論が、こうした問題を大きな視野の中で考察するために好都合な手がかりを与えてくれる（Giorgio Agamben, *Homo sacer*, Giulio Einaudi : Torino, 1995 = 高桑和巳訳『ホモ・サケル』以文社、二〇〇三）。アガンベンによれば、古典的な政治は、つまり前近代社会における政治は、基本的には、自然の身体を外部に締め出すことにおいて成立していた。たとえば、人間を「政治的動物」と定義したアリストテレスの政治をめぐる議論は、こうした古典的な政治の様態を前提にするとよく理解できる。アリストテレスは、共同体の目的ということに関連して、たいへん謎めいたことを述べている。「（人間は）生きるためにうまれたが、本質的には善く生きるために存在する」と。この言葉を解釈するためには、ギリシア語には、「生」を意味する語が二つあったということを念頭におけばよい。単に生きているという事実、自然の生は、「zōē」によって意味され、個人や集団に固有な生の形式（生活）は、「bios」によって表現された。両者を包括する「life」に対応する語はなかったのだ。アリストテレスの言わんとしていることは、政治（ポリス）が固有にかかわるのは、bios（善き生）の方だということである。ならば、zōē はどうなるのか？　それは、オイコスの方へと締め出されているのである。

アガンベンの論点は、前近代の古典的な政治は、まさに「締め出す」という否定的な様態においてこそ、剝き出しの身体に依存していた、ということにある。近代社会への転換は、かつてその排除の上に政治を成り立たしめていた自然の生、自然の身体が、政治の中心的な対象として包摂されたときに画される。ミシェル・フーコーが、「生権力」と呼んだ近代的な権力は、政治のこうした段階に対応する権力である。近代以前の権力が、殺す権力、死への権力であった。権力は、臣下に死をもたらすときにこそ、その機能を最大限に発揮したのだ。これに対して、フーコーによれば、近代的な権力は、生かす権力、生かしめる権力だ。フーコーは、近代の生権力を、別の観点からは規律訓練する権力だと述べている。規律訓練型権力とは、個人の身体への持続的な監視を媒介にして、個人に内省（告白）を促し、結果として、個人を主体化する権力である。これによって、大量の、規格化された従順な身体が生産された。

それゆえ、基本的には、政治が身体を排除することにおいて成り立っていた段階から、政治が身体を包摂することに主要な力を注ぐ段階への転換があった、と言うことができる。繰り返し強調しておけば、前近代的な身体の排除が、それ自体、ひとつの政治の身体への依存の様式であった、ということが、アガンベンによってフーコーの議論に付加された論点である。このフーコー／アガンベンによって抽出された転換を、前節で概観した身体加工の諸階梯と対応させてみたらどうであろうか。

ただちに理解できることは、身体を包摂した段階に対応しているのが、③だということである。規律訓練型の権力の対象となっているのは、身体加工を施されていない、裸の身体である。言い換えれば、社会システムの——とりわけ資本主義的な社会システムの——どこに配属しても適応できるような一般的な規格品としての「零度の身体」を大量に産出したのが、規律訓練型の権力である。③は、ユダヤ教からキリスト教への転換に端を発するのであった。フーコーもまた、規律訓練型の権力の源泉を、ユダヤ－キリスト教の伝統の中に、とりわけ神を牧人に喩えたときに念頭に置かれているような神と人間との関係の中に、見出している。

こうした対応づけは、身体加工とは何だったのかということ、身体加工がどのように機能していたのかということを理解する助けとなる。政治から身体を締め出していた段階は、①と②に対応している。とすれば、身体加工は――「生ける書き込み」による場合であれ、あるいはこれを代補する「死せる書き込み」による場合であれ――、政治の領域から、剝き出しの身体を締め出す操作に対応していたのではないか、と推論することができる。アガンベンが単に抽象的な論理の中でのみ論じていたこと、(前近代の)政治と身体の間の否定的な依存関係を、具体的な操作として取り出すならば、それこそは身体加工なのではあるまいか。自然の身体を政治の領域から締め出すということは、政治の明示的な主題を、規範的な形式を帯びた生に限定するということである。そうであるとすれば、身体加工とは、身体に規範的な形式を備給する操作であり、そのことの反作用として、身体の自然的位相を排除する操作であったと解釈することができるだろう。

だが、身体加工が、身体に図像を書き込む操作が、身体に規範的な形式をも刻印することができるのは、なぜなのだろうか？　この点について詳述する余裕はないので、重要で基本的なことのみを確認しておこう。考慮に入れるべき肝心な点は、身体に傷を入れる施術の体験が、その身体を外から視ている眼の体験と連動している、ということである。刺青をマークされる受動的な身体にとっては、施術は、痛みの体験である。こうした身体加工は、一般に、同朋たちの見守る中で行われる。ここで、重要なことは、傷の刻印に伴って、それぞれの身体において――術を受ける身体とこれを視る身体の双方において――求心化／遠心化の作用が活性化されるということである。身体に帰属する任意の志向作用（知覚したり、感覚したり、思考したりといった任意の心の働き）は、求心化作用と遠心化作用の複合によって成り立っている。まず、任意の志向作用は、対象を、「この身体」に、この〈私〉に求心化させた相で現象させる。これが「求心化作用」である。これと同時に、任意の志向作用には、これを反転させた働き、すなわち志向作用の帰属点を他所へと移転させる働きが伴っている。それが「遠心化作用」である。重要なことは、求心化作用と遠心化作用は、完全に表裏一体であって、等根源的だということである。両者の一体性が最もわかりやすく現れるのは、触覚の領域である。〈私〉が何かに触れるということ（求心化作用）は、何かが〈私〉に触れるということ（遠心化作用）でもある。遠心化作用を通じて、〈私〉は、〈他者〉の顕現に、不可避に直面することになるはずだ（詳しくは大澤真幸『身体の比較社会学Ⅰ』勁草書房、一九九〇を参照）。

身体加工が、同朋たちの環視の中で行われることの意義を理解するためには、激烈の痛みを特定の身体の上に生起させるとき、そこに立ち会う身体たちは、求心化／遠心化作用を最高度の活性状態に置くことになる、ということを考慮に入れておかなくてはならない。施術において、ここに立ち会うすべての身体を舞台にして求心化／遠心化作用が作動しているとするならば、施術は、彼らの間の一種の「共苦」の体験として構成されることになるはずだ。つまり、刺青を書き込まれている身体は、それを見守る身体たちの遠心化の焦点として機能しているのである。ここで、手術を受けている身体の苦痛を媒体として、それを見守る諸身体を繋ぐ、間身体的な連鎖が構成されていることになる。このとき、やがて、その苦痛の体験の共通性そのものを体現する超越的な身体が、どの個別の身体にも等値しえない形式で投射されることになるだろう。それは、苦痛を、共同の妥当性として承認する視線が所属する身体である。これこそ、最も原初的な「第三者の審級」である。「第三者の審級」とは、規範の妥当性に保証を与える超越的な身体のことだ。

以上が、身体加工を媒介にして、身体に規範的な形式を刻印する操作のあらましである。やがて、生ける身体へのこのような直接の書き込みは、死せる書き込み（文字）に取って代わられる。生ける身体への直接の書き込みは、第三者の審級の「無からの生成」を反復することである。「死せる書き込み」への転換は、第三者の審級（たとえば超越神）が独立の固有の実体としての実在性を確保したときに、可能になる。

それならば、身体加工の痕跡を消去させてしまう③の段階への移行は、どのようなときに果たされるのか？　第三者の審級が、十分に抽象化され、個体の身体の内的な契機へと転換したとき、である。このとき、身体は、外的な媒体の助けを借りることなく、自らに対して直接に関係することができるようになる。規律訓練型の権力の対象となるのは、このような身体である。

ここで、サディズムについて一言触れておこう。サディスティックな拷問は、③の段階の身体の秩序に属するものであって、前近代的な身体加工とも、あるいは、現在流行しているポスト近代の身体加工とも、異なったエコノミーに従っている、ということを強調しておく必要がある。刺青のような身体加工において関心の焦点になっているのは、身体の表層——皮膚——である。それに対して、サディストが、他者の身体を責め苛むのは、身体の内側に、皮膚の下の肉に到達しようとしているからだ。サディストは、なぜ、身体の表層を越えて、その内側を暴き出したいのだろうか？　皮膚の内側は、言わば、裸以上の裸なのだ。③の段階にあって、底膚への関心が消え失せ、個々の身体が、身体加工を施されない剝き出しの裸として対象化されるのは、それら身体が、それぞれに特殊的な現前とは無関係な抽象的実体として措定されているからである。③の段階を形成するこうした指向性を、さらに徹底させれば、どうなるだろうか？　それは、皮膚として現れる具体的な多様性をも越えた抽象的な実体を、つまり表層の傷や変型をも越えて変わらない実体を、皮膚の向こう側に——皮膚の内側に——求める欲望という形態を取るだろう。これこそが、サディズムである。刺青は、消えることのない文化的刻印を身体の表面に与えることである。つまりは、それは脱げない服のようなものだ。それに対して、サディストは、裸の下にあるもう一つの裸、皮膚までをも脱ぎ去ったときに現れるはずの、不変の抽象的な裸を求めているのである。

さらに、小さな補足的論点を加えておこう。西洋のサディストの代表的な責め具は、鞭である。サディストは、皮膚の向こう側に至ろうとして、犠牲者の身体に、繰り返し鞭を打つ。鞭が与える傷は、「それ」の否定を通じて、内的な身体に至るための通路である。鞭打ちこそ、まさに、その「否定」の操作である。これに対して、日本のサディストの代表的な責め具は、縄ではないだろうか。緊縛は、皮膚の向こう側よりも、縄が食い込む皮膚そのものの質感・触感への欲望を表現している。つまり、緊縛するサディストは、皮膚の内側へと強迫的に貫入しようとしてはいない。サディズムのタイプのこうした相違は、西洋と日本の文化的な伝統の差異を如実に反映しているように見える。

4.「私はここにいる」

さて、それならば、③の段階の後の——つまり現代の——身体加工の流行は、どう説明されるべきなのか？ これを、単純に、前近代的な層への回帰や、原初的な層の（再）噴出として解釈してはならない。われわれと同様に、現代における身体加工の流行に注目しているジジェクは、現代の身体加工が、古典的なそれとは逆方向に作用しているという点に、注目している（Žižek, 1999 : 372）。述べてきたように、伝統的な身体加工を通じて、身体は、社会的な規範の秩序の中に組み込まれる。身体加工を施されることを通じて、各身体は、社会秩序の中でのアイデンティティを得るのである。端的に、身体加工によって、身体は、（社会的に承認された）「人間」になるのだ、と言ってもよい。（人間として）誕生することを意味する漢字「産」が、こうした解釈を補佐する証拠になる。「産」は、「厂」と「文」との複合によって成り立つ文字である。「厂」は、本来、額を意味する象形なので、「産」という文字は、古代において、誕生とともに額に図像を刻印する習俗があったことを暗示している。身体への図像の書き込みが、「人間」としての誕生を意味していたのである。伝統的な身体加工は、結局、社会秩序への忠誠の徴である。それに対して、現代の身体加工が表示しているのは、これとは正確に逆のことである。刺青やピアス等は、むしろ、非従順の、社会秩序への反抗の徴として機能する。

と、すれば、どう解釈すべきか？ 身体加工の諸段階は、先に述べたように、第三者の審級の様々に可能な存在様式に対応していた（①生成局面、②外的実体としての存在、③抽象的・内的実体としての存在）。一巡して再現しているように見える、ポスト近代の身体加工は、第三者の審級の非存在の、あるいは少なくとも第三者の審級の退却や弱体化の表現なのではないだろうか。あるいは、もう少し繊細に言い直せば――身体加工の実践は先に述べたように第三者の審級を生成する効果をもつのだから――、現代の身体加工は、第三者の審級が一旦不在化したということを前提にした上で、それを再措定しようとする試みなのではないだろうか。

現在、どのようなときに、人は、身体加工や自傷行為へと向かうのか、ということを想像してみればよい。それは、規範的な秩序の中で付与されるどのような役割、どのようなアイデンティティも、真にコミットするには値しない虚構（偽物）と感じられるときではないだろうか。つまりは、規範が機能していないときではないか。このとき、アイデンティティへの感覚を取り戻す手段が一つだけある。「私が私である」「私がここにいる」ということの感覚を回復させる手段が一つだけあるのだ。自らの身体の上に直接に痛みを実感することである。「ここに痛みを感じている」ということは、「私が、今、ここに確かにいる」ということの根拠となるからである。ピアスや、あるいは繰り返されるリストカットは、確実なる「痛みの実存」を媒介にして、アイデンティティの最小限の断片を、「実存の痛み（実感）」を取り戻す、ほとんど絶望的な試みだと解することができるだろう。

したがって、現在において、一見時代錯誤的な仕方で身体加工が流行すること、あるいは、『パッション』のような身体を暴力的に苦しめるスペクタクルに人々が魅了されてしまうということ、こうした諸事実は、おそらく、第三者の審級が可能な存在様式をすべて経巡った後に、何らかの機序によって、退却し、また崩壊していくということを、暗に示しているのである。近代の幕開けにおいて第三者の審級の徹底した抽象化を果たしたプロテスタントまでもが、『パッション』の映像に釘付けにされてしまったことは、この社会において、第三者の審級の不在を導くある強力な傾向性があることを、示唆しているのだ。身体加工を含む、身体への暴力的な介入は、こうした傾向性に抗する最後の努力である。考えてみれば、こうした暴力の、今日における最大の形態が、自爆テロではないだろうか。自爆テロは、超大規模なリストカットではないだろうか。自爆テロを通じて、人は、「それ」のために殉死したと見なすことができる第三者の審級を回復することができる。実際、『パッション』の成功の背景には、ムスリムの自爆テロリストに対する、西欧のクリスチャンの負い目がある、とする説もある。「ほんとうの殉教とはこういうものだ！」というわけである。

5. 活殺自在の境位

だが、身体加工によって、あるいは身体への暴力的な介入によって、現代の困難は克服されているのだろうか？　否、である。一方には、真にコミットできない、虚構の社会的役割の束がある。他方には、身体加工がもたらす「痛みの実存」＝「実存の痛み」がある。対立しているように見える両者は、結局、同じことの二側面でしかない。身体的な痛みへの依存（アディクション）は、逆にかえって、「私」に与えられるどのようなアイデンティティの諸要素も、偽物であること、共同主観的な社会ゲームの中の相対的な位置に過ぎないことを、繰り返し確認させることになる。そして最後に、身体を加工しうるということ自体が、最後の砦である「私のこの身体」もまた、不動の「本物」ではなく、仮構物であることを示すことになるのだ。ここには、自己論駁的な悪循環がある。ここから脱出する方法はあるのか？

この循環を打破する手段があるとすれば、それは、「真正性」を実感させる決定的な行為でなくてはならない。まず、次のことを確認しておこう。すなわち、リストカットやピアスのような自傷的な行為は、身体の潜在的可能性を、言ってみれば、半分しか活用していないということを、である。先に述べたように、身体に帰属させうる任意の操作には、求心化と遠心化の二つのアスペクトがある。「痛みの実存」を経由する方法は、つまり「ここに痛みが生起している」ということを「私」の実存の担保とする方法は、求心化作用にのみ頼るものだと言えるだろう。これは、実存の根拠を、「今、ここ」に、「現在性＝現前性」へと収束させる方法である。だが、身体の潜勢力のもう一つのアスペクト、遠心化の作用を（も）活用する方法がありうるのではないだろうか。

「痛みの実存」は、「私はこの私である」という自同律を純化させる方法、身体の自己同一的な主体性を純粋状態で抽出することに指向した方法である。だが、人が、自らの行為に真正性を覚えているとき、つまり真に為すべきことがまさに為しうるものとして為されていると実感しているとき、体験していることは、自同律の純化をめざすこうした方法の中で想定されていることとは、かなり異なったものではないだろうか。人が、為すべき何ごとかを自由に為しているとき、彼は、奇妙にも、行為に対する主体的な制御の感覚をすっかり失っているのではないか。彼は、不可抗にそうするほかないものとして、まるで操り人形のように、それを行っているのではないか。にもかかわらず、それがまさに彼の自由な選択であることをも疑っていないのではないか。その行為は、ただ、自然に起きるべくして起きている。が、しかし、同時に、彼の――彼に帰属する――行為でもある。ここでは、最高度の主体的な自由と最高度の受動性とが合致してしまうのである。

こうした逆説的な境位が可能であるとすれば、われわれはあの悪循環から脱出することができるだろう。それは、実際、可能である。こうした境位の極限的な様態が、たとえば、武道で「活殺自在」と呼ばれているようなケースではないだろうか。活殺自在とは、相手を思うがままにあしらっている状態である。内田樹は、この活殺自在の状態に関して、自分自身の合気道の体験を反省しつつ、そして彼の武道の師たちの言葉を参照しつつ、含蓄の深いおもしろいことを述べている（内田樹『死と身体』医学書院、二〇〇四）。内田によれば、武道の達人は、「構造的に勝つ」とでも表現したくなるような必勝の域に達する。無論、達人といえども、加齢とともに、フィジカルな能力は衰えてくる。それにもかかわらず、彼は、「構造的に勝つ」。どうしてか？　達人は、相手を「絶対的な遅れ」の内に置くからだ、と内田は説明する。達人とその相手は、まるで異なる時間流の中にいるかのようであり、達人は、相手よりも、ほんのわずか未来を生きているのである。だから、相手は、達人が待ち構えているところに、わずかに遅れてやってくる。となれば、相手には勝ち目があるまい。活殺自在の状態で闘っているとき、達人は、無論、自分の身体の動きを、一つ一つ意識的にコントロールしているわけではないはずだ。そんなことをしていれば、それこそ、達人の方が遅れを取ってしまう。彼は、ただ身体の自然な動きに従っているだけである。

活殺自在の境位を可能なものとしている最も重要な要素は、その時間性である。先に述べたように、「痛みの実存」に頼る方法は、身体的な体験の全体を支え、係留する中心を、ピンポイントに限定された「現在（今・ここ）」に置こうとする。これに対して、活殺自在は、現在にずれを、差異を孕ませることを通じて、未来の方に体験の中心を置く。この状態を、内田は、「座頭市」の映画に託して、巧みに解説する。座頭市は、彼を取り囲む何人ものやくざを次々と斬る。そのあと、座頭市は、刀を「チン」と収める。と同時に、彼に斬られたやくざたちが、まとめてダダダダッと倒れていく。この「チン」という音が入る直前のわずかな間、ほんの数秒間だが、まったく音が聞こえない時間帯が入る。座頭市は、速く動いているから強いのではない。彼は、早いのである。

「チン」がなるまでの無音の数秒間は、座頭市が先取りしてしまった時間を再び補正している間——言わば遅れている世間の時間を待っている間——なのではないか。内田はこんなふうに論を進める。

だが、未来を先取りする、ほんのわずか先の未来を生きるなどという言い方は、神秘主義・蒙昧主義に妥協した非合理な説明であって、ただの詩的なレトリックに過ぎないのではないか。決してそんなことはない。身体の対他的な特性、つまり遠心化作用を考慮に入れれば、こうした神秘は、十分に合理的に説明することができる。活殺自在の状態にあるとき、達人は、相手が、やってくるのを先回りして待っているかのようだ、と述べた。なぜ、達人は、先回りできるのだろうか？　なぜ、相手は、吸い込まれるように、達人がまさに待っているところに行ってしまうのだろうか？　それは、自由自在に勝手に振る舞っているように見える達人の方こそ、実は、相手に反応し、相手の動きに適合していたからだと考えるほかあるまい。すなわち、達人は、相手の身体の微妙な動き、微妙な変化に、瞬時に感応し、それに触発されて、相手よりも早く、相手が到達するはずの状態に対応する自らの身体の構えを作り上げてしまうのだ。だから、達人の自在な動きは、相手の身体の動きに触発された受動的な反応でもある。この他者の身体に帰属する志向作用に感応する能力、これこそが遠心化作用にほかならない。内田によれば、活殺自在の状態に嵌められたとき、相手もまた、負けているにもかかわらず快感を覚える。なぜか？　勝っている達人こそが、負けている者の身体の変化や動きに——先取り的に——適合してくれているからであろう（おそらく、逆の規定関係もある。すなわち、負けている相手は、そうと自覚することなく、達人の身体の動きに受動的に反応させられているのである）。

おそらく、これは、統合失調症（分裂病）患者の時間感覚と基本的には同じ機制に基づいている。木村敏や中井久夫によれば、統合失調症に親和的な者も、未来志向的な構え、未来先取り的な構えにおいて卓越している。木村は、これを「ante festum 祭りの前」的な気分であると表現し、中井は「微分回路的認知」であると記述した（木村敏『時間と他者／アンテ・フェストゥム論』著作集2、弘文堂、二〇〇一。中井久夫『分裂病と人類』東京大学出版会、一九八二）。統合失調症親和者は、微分して導関数を導くときのやり方に喩えられるような仕方で、世界のほんのわずかな変化の傾向を読み取り、これに反応するのである。ところで、統合失調症の病態の中心には、他者との関係に対する独特の感受性や妄想がある。ここでの用語を用いて結論的なことだけ述べておけば、統合失調症とは、遠心化作用に対して極端に敏感な状態なのである。先にも述べたように、本来は、求心化作用と遠心化作用は、同一事態の二側面であり、まったく等根源的なものだが、一般には、様々な理由から、発達の過程で、遠心化作用に対する自覚は後景に退く傾向がある。だが、統合失調症親和者にあっては、遠心化作用の活性がいささかも衰えることなく維持されているのだ。

統合失調症親和者の時間に対する態度と、遠心化作用に規定された彼らの他者感覚とは、おそらく、別のものではない。統合失調症親和者は、世界のわずかな変化に感応すると述べたが、感知される「変化」とは、他者の志向作用の変化——他者の身体に帰属させた層で（統合失調症親和者が）

見出す志向作用のわずかな揺らぎ――以外の何ものでもない。他者の身体へのこうした鋭敏な反応を、時間軸に投影したときには、「未来の先取り」として現れるのである。

最後にもう一度確認しておこう。身体の本性を規定する二つの潜在的能力――求心化／遠心化作用――は、最高度の自由と最高度の受動性との合致によって特徴づけられるような行為を可能にするということ、そしてそうした行為を通じてこそ、身体の上に現出している現代社会のある「困難」が克服されるだろうということ、これらの論点を、である。

あとがき

社会システムはいかにして生成するのか。システム生成のメカニズムを貫く論理は何か。これが本書に収録した論文の主題である。第Ⅰ部には、生成の論理の骨格を説明した論文が入っている。第Ⅱ部には、その論理を経済、政治、文化現象等に応用したときにどのような展開になるかを示した論文を収めた。

このように本書は社会システムの生成について論じているが、本書にはもうひとつの主題がある。社会システム論の生成である。本書に収録した論文を通じて、私は自分で独自に、社会システムの理論を、したがって社会学の基礎理論を構築した。それゆえ、ここに収録した論文は全体として、理論の生成の軌跡になっている。

私が「社会学」を専門的に勉強し始めた頃、つまり一九八〇年頃は、それまで社会学を牽引してきた二つの主要な理論がともに信頼を失い、崩壊しつつあった。二つの理論とは、マルクス主義と機能主義である。二つの理論はともに、「社会」の全体像を見えるようにした包括的なもので、互いに論争しつつ、それぞれのヴィジョンを提起してきた。しかし、二〇世紀の終盤には、どちらの理論も、もはや無条件の――つまり何の改訂もなしにそのまま通用するような――説得力はもはやもたなかった。それらの理論のうちのどちらかをそのまま継承すれば社会構造や社会現象を納得できるかたちで説明できるはずだという確信は、私には――同時期のほとんどの社会学者とともに――もはや得られなかった。だから、私は――私たちは――自分で理論を構築しなくてはならなかった。すべてが崩壊した更地のようなところに、自分で、理論という建物を、土台からすべて造らなくてはならなかったのだ。建築のための素材は、さまざまなところから得ることができる。それらは、社会学それ自体の中にもあるが、知のその他の諸分野、すなわち哲学、精神医学、人類学、生命科学、数学等々からも調達できる。そうした素材をもとにした建設のプロセスが、本書に収録した論文において示されている。

結果的に、私が構築してきた社会システム論が、社会学史の中でどのように位置づけられるのか。現在の観点から振り返ったとき、この社会システム論は学説史の中のどこにあるのか。序で、私はこの点については論じている。いささか不遜に過ぎる書き方にはなっているが、それは、状況をクリアに見えるようにするための誇張である。

本書を支える学問的な動機を要約すれば、このようになる。だが、正直に言えば、これらの論文を書いているとき、私には、こうした学問的なねらいには回収できない衝動が、もっと個人的であると同時に深刻な衝動があった。これを考えねば、これを書かずんば生きてはいけない、というような内からくる切迫した衝動が、である。そうしたことについては、しかし、明示的に語るものでもあるまい。

いずれにせよ、私は、これらの論文を通じて獲得し、練り上げた理論を、その後の社会学的な探究でも活用してきた。この理論は、私の考察の前提や基盤になっている。だから、私の著書や論文を読んでくださる方には、本書は、理解の助けになるに違いない。

理論の構築の上で最も重要な作業は、概念の創出である。適切な概念が生み出されたとき、それまで見えていなかったものが見えてくる。この意味で、概念は、幾何学の証明における補助線に似ている。補助線を一本入れるだけで、われわれはそれまで気づいていなかった関係を、合同・相似等の関係を見出すことになる。概念に働きはこれに喩えることができる。

ある概念を真に理解するためには、完成されたそれを見るだけでは不十分である。はじめから補助線を引いてある図形を見ても、おもしろくも何ともなく、証明の妙を実感できないのと同じだ。概念を理解するためには、それが案出されざるをえなかった必然性を知る必要がある。言い換えれば、概念は、その生成状態において見ることで、はじめて真に理解することができる。「第三者の審級」「求心化／遠心化作用」といった、私の社会学の諸概念は、ここに収録した論文の中で生み出され、また彫琢された。これらの概念は、この論文の中では生成の渦中にある。

本書の編集の任にあたってくださったのは中村憲生さんである。中村さんには、本書の企画、論文の選定、小見出し等の加筆の作業のすべてにわたって助言をいただいた。正直なところ、中村さんのときにはとても厳しい励ましがなければ、本書は絶対に完成しなかった。考えてみれば、中村さんほど、本書の編集に適切な方はいない。中村さんと出会ったのは、私がまだ大学院生のときで、以来ずっと中村さんは私の仕事を見守ってくださったからである。つまり、中村さんは、本書に提示されている理論と概念の生成の過程において、私にとってずっと同伴者だったからである。中村さんに心よりのお礼を申しあげたい。

二〇一五年一〇月

大澤真幸

＊初出一覧

序　社会学理論のツインピークスを越えて……『現代思想』2014年12月号

第Ⅰ部　社会システムの基礎理論

第1章　物質と形式の交わるところ……『思想』岩波書店、1982年8月号

第2章　身体の微視政治技術論……『現代思想』青土社、1986年12月号

第3章　混沌と秩序——その相互累進
……『岩波講座社会科学の方法Ⅹ—社会システムと自己組織性』岩波書店、1994年

第4章　社会システムの基底としての「カオス」……『現代思想』青土社、1994年5月号

第5章　失敗に内在する成功——機能主義的社会システム論・再考
……『岩波講座現代思想12——生命システムの思想』岩波書店、1994年

第6章　複雑性における〈社会性〉……『大航海』新書館、1997年8月号

第7章　自己準拠の条件——社会システムにおける
……『現代思想』青土社、1993年9月号

第Ⅱ部　社会システムの応用理論

第1章　経済の自生的反秩序——ルーマンに映したハイエク
……『現代思想』青土社、1991年12月号・1992年1月号・2月号

第2章　乱調の自己準拠——〈資本制〉
……『叢書《エチカ》4　システムと共同性』昭和堂、1994年

第3章　支配の比較社会学に向けて
……『岩波講座 現代社会学16—権力と支配の社会学』岩波書店、1996年

第4章　ヴィトゲンシュタインのパラドクス・代表制のパラドクス
……『パラドックス』日本評論社、2000年

第5章　身体加工の逆説的回帰……『大航海』新書館、2005年1月号

【著者紹介】
大澤真幸（おおさわ まさち）
　1958年、松本市生まれ。東京大学大学院社会学研究科博士課程修了。社会学博士。思想誌『THINKING「O」』主宰。2007年『ナショナリズムの由来』で毎日出版文化賞を受賞。2015年『自由という牢獄』で河合隼雄学芸賞を受賞。ほかの著書に『身体の比較社会学』『行為の代数学』『不可能性の時代』『〈自由〉の条件』『社会は絶えず夢を見ている』『現代宗教意識論』『夢よりも深い覚醒へ』『思考術』『〈世界史〉の哲学（古代篇・中世篇・東洋篇・イスラーム篇）』など多数。共著に『ふしぎなキリスト教』『憲法の条件』、共編に『現代社会学事典』などがある。

社会システムの生成

2015（平成27）年12月15日　初版1刷発行

著　者　大澤真幸
発行者　鯉渕友南
発行所　株式会社 弘文堂　101-0062 東京都千代田区神田駿河台1の7
TEL 03(3294)4801　振替 00120-6-53909
http://www.koubundou.co.jp

装　丁　笠井亞子
組　版　スタジオトラミーケ
印　刷　大盛印刷
製　本　牧製本印刷

ISBN978-4-335-55172-7